江西方志
文化丛书

江西进士

江西省地方志编纂委员会办公室 编著

WUHAN UNIVERSITY PRESS
武汉大学出版社

图书在版编目(CIP)数据

江西进士/江西省地方志编纂委员会办公室编著．—武汉：武汉大学出版社，2018.3
江西方志文化丛书
ISBN 978-7-307-19716-9

Ⅰ.江…　Ⅱ.江…　Ⅲ.进士—列传—江西—唐代—清代
Ⅳ.K827＝4

中国版本图书馆 CIP 数据核字(2017)第 230163 号

责任编辑:郭　芳　周卫思　　　责任校对:刘小娟　　　装帧设计:张希玉

出版发行: **武汉大学出版社** 　(430072　武昌　珞珈山)
　　　　(电子邮件:whu_publish@163.com　网址:www.stmpress.cn)
印刷:虎彩印艺股份有限公司
开本:720×1000　1/16　印张:18.5　字数:384 千字　插页:2
版次:2018 年 3 月第 1 版　　2018 年 3 月第 1 次印刷
ISBN 978-7-307-19716-9　　定价:90.00 元

江西方志文化丛书

主　编：梅　宏

副主编：周　慧　杨志华

江西进士

执行主编：余日蓉

执行副主编：王小军

编　　辑：黄　锐

"江西方志文化丛书"编纂委员会

《江西进士》撰稿名单

省地方志办： 余日蓉

南昌市： 李建钦、王　方、喻德琪

九江市： 谭晓生、高　异、冯唐波、崔若林、郑双虎、孙家骏、熊耐久、刘　赓

景德镇市： 徐天泽、吴逢辰

萍乡市： 周　菁、曾　媛、邓花萍

新余市： 杨　诚、张国荣、胡小勇

鹰潭市： 贵溪市志办

赣州市： 邓思喜、何冬生、朱祥福、宁都县志办

宜春市： 赖武军、易根生、晏紫春、李忠光、熊正秋、孙晓东、邹文生、丰城市志办、宜丰县志办、樟树市志办

上饶市： 洪　青、龚炳洋、吕　中、邱敬登、刘丕云、许湘君、杜育和、孙　健、薛　文、王　静

吉安市： 胡自卫、刘庆华、王元运、旷喜保、邱会财、蔡舜文、姚义兴、匡传贤、刘武文、黄　山、熊　玮、曾献忠、永新县史志办、

抚州市： 黄博文、饶国旺

丛书序

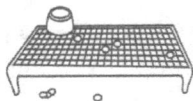

　　江西古称"豫章""江右",因733年唐玄宗设江南西道而得名,因境内最大河流赣江而简称"赣"。

　　江西文化底蕴深厚,四五万年前就有先民筚路蓝缕,在混沌草莽中开创旧石器时代和新石器时代文化。商周时期创造了与中原文化交相辉映的青铜文明。两汉以后,江西"嘉蔬精稻,擅味四方",哺育出南州高士,高洁独标世表;陈重雷义,义薄云天;"古今隐逸诗人之宗"陶渊明开创田园诗派,成一代伟大诗人;"物华天宝、人杰地灵"彰显盛唐气象。两宋之后,江西古代文化更如日月之行,世所瞩目,在文学、哲学、史学、科技、艺术、教育等领域名家辈出,或开宗立派,或存亡续绝,或继往开来。诗文在此革新立派,理学在此肇始兴盛,佛教以禅宗的流行和《禅门规式》的颁布在此形成中国特色;史学名著迭出,大家涌现;千年窑火,煅烧出晶莹剔透的千古瓷都;书声琅琅、书院芳华熏染了文章节义之邦。豫章文化、庐陵文化、临川文化、浔阳文化、袁州文化等地域文化各具特色、各领风骚。近代以来,南昌起义的枪声,井冈山上的炮响,无数革命先烈前仆后继的英姿,锻造了光荣的革命传统和精神,形成了红土地上崭新的红色文化。这些,共同构成群星璀璨、耀眼夺目的江西文化。

　　在悠悠历史长河中,物质形态文化难免随着时间的消失而湮灭,而代代编修,被誉为"一方之百科全书"的地方志,便成为传承地方文化、载史问道、以启未来的最好载体。

　　地方志是中国特有的文化传统和历史资源。江西是方志大省,历代编纂的地方志书达1190种,位居全国第二位,保存至今的仍有520余种,居全国第四位。20世纪80年代开始社会主义新方志编纂工作,至今编纂出版两轮省、市、县三级志书共302部,综合年鉴201部,取得了巨大成就。卷帙浩繁的志书刻录着江西文化基因和历史密码,它本身既是方志文化的物质载体,也是江西地方文化的根脉和基础。利用地方志了解地方历史文化,实现资政育人,古有韩愈索志、朱熹下轿问志的佳话,今天我们党和国家的领导人同样有重视和利用地方志的优良传统。1958年3月,毛泽东主席一到成都,立即调阅《四川通志》《华阳国志》《灌县志》等志书,并选辑其中一部分内容印发给其他领导,提倡利用地方志提高领导水平,并倡议各地编修地方志。习近平总书记身边也总是不离地方志。1985年6月,即将任职厦门市副市长的习近平借阅了道光版《厦门志》和《厦门地方史讲稿》。1989年他在福建宁德担任地委书记时曾指出:"了解历史的可靠的方法就是看志,这是我的一个习惯。过去,我无论走到哪里,第一件事就是看地方志。"英国著名学者李约瑟曾说,古代希腊乃至近代英国,都没有留下与中国地方志相似的文献,要了解中国文化,就必须了解中国的地方志。同样,要了解江西文化,也必须了解江西的地方志。通过地方志,迅速了解一地之风土人情、历史文化,鉴古知今,获得未来发展的灵感是古往今来的文人、学者、官员、伟人的一项基本功。

为了更好地开发利用地方志资源存史、资政、育人,发挥地方志在传承中华文明、建设文化强省中的基础性作用,江西省地方志办公室利用地方志资源,动员全省地方志系统力量,组织编辑出版了这套"江西方志文化丛书"。全书共10册,内容丰富,资料翔实,图文并茂,用通俗、准确的语言介绍了江西最具代表性的十个方面的地域特色文化,从浩如烟海的方志文献中提炼出真实、生动的历史细节,全面展示了江西的文化成就和人文精神。山有名,水有灵;桥有史,渡有址;村有姓,镇有景;楼塔有风骨,寺观有清幽;书院有典籍,名人有故事;古窑生火,传承至今;进士及第,江西文盛。丰富的地域文化、深厚的人文底蕴,彰显了江西千年风华,体现了文化江西的磅礴气度。本套书是一部挖掘、保存、利用江西地方志资源的精品丛书,是了解江西历史、省情、国情的重要窗口,也是地方志工作者深入挖掘地方历史文化资源,服务江西经济社会发展、决战全面实现小康社会新的尝试。

习近平总书记"高度重视修史修志"的重要指示,李克强总理"修志问道,以启未来"的重要批示,刘延东广泛开展"读志用志传志"的要求,贯穿到一点,就是要发挥地方志的作用。与地方志书体量巨大、携带不便、难以寻找相比,"江西方志文化丛书"很好地解决了这些问题。它是利用地方志资源开发出来的,集中江西省方方面面特色文化,方便携带、方便阅读的一种崭新载体,是江西地方志工作者在志书编纂和年鉴编纂之外的成功创新之举。它让古老的官修志书搭载新鲜的传播形式,走近大众生活,成为干部、群众愿意看、看得懂、用得上的口袋书,是为广大干部群众特别是青少年了解江西历史和地域文化所做的一件大好事。它是江西地域特色文化的扛鼎之作,是见证当代江西地方志工作的精品。

我们相信,"江西方志文化丛书"的出版,能让更多的人了解江西、认识江西、喜爱江西,积极参与江西事业发展。希望这套文化丛书为增进广大干部群众特别是青少年对江西地域特色文化的了解,发挥应有的作用。

江西省地方志编纂委员会办公室
2017 年 12 月

编写说明

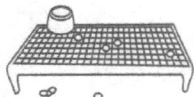

一、本丛书由《江西书院》《江西古代名人》《江西名人墓》《江西寺观》《江西古楼塔及牌坊》《江西地方戏》《江西进士》《江西古窑》《江西古祠堂》《江西古桥古渡》10个分册组成。

二、《江西进士》是"江西方志文化丛书"分册之一，记述截至2016年12月31日的江西行政区划内唐朝至清朝进士科登第情况。重点介绍状元39人，其中文状元33人、武状元6人；榜眼41人，其中文榜眼39人、武榜眼2人；探花43人，其中文探花41人、武探花2人；会元(省元)23人，其中文会元21人、武会元2人。为保证全书的完整性，还附有"江西历代进士名录"。

三、江西历代进士名录在宋代以后，各榜以登第进士第一名为榜名，鼎甲进士放首位。元代科举考试分左右榜，汉族人参加左榜考试，蒙古族等少数民族人参加右榜考试，本册记录左榜进士外，还有文献记载为江西籍的右榜进士。另外，明代以前按地域排列，明代以后按名次排列。

四、江西历代进士名录中进士籍贯一般使用原有县名，籍贯原系州府者如袁州、瑞州、庐陵等，无法考辨为何县人，仍按其旧。古今地名统一注释如下：隆兴、龙兴即今南昌；德化即今九江县；分宁、义宁、宁州、宁县即今修水、铜鼓县；建昌即今永修；新喻即今新余；安仁即今余江县；大庾即今大余；雩都即今于都；虔化即今宁都；富州即今丰城；清江即今樟树市；新吴即今奉新；新昌即今宜丰；(信州)永丰即今广丰；兴安即今横峰；新淦即今新干；庐陵即今吉安；安成即今安福；太和即今泰和；龙泉即今遂川；泸溪即今资溪；新城即今黎川。

五、本书纪年，采用历史纪年括注公元纪年。

六、本书稿件、照片主要由江西省、市、县（市、区）三级地方志机构提供，资料主要来源于江西历代地方志、家谱和相关地方文献。

目录

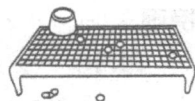

概述

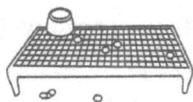

科举制度是由国家开设考试科目，士人自由报考，以成绩优劣来决定取舍的人才选拔制度。

科举开考取士，是由朝廷设立考试的科目，通过定期举行统一考试，来选拔文官武将。我国历史上文进士科开始于隋大业三年（607），终止于光绪三十一年（1905），历时近1300年。而武进士科创始于唐武则天长安二年（702），到光绪二十七年（1901）正式废止，历时近1200年。文武进士科举考试经唐宋的发展完善，成为我国古代官吏选拔的主要方式。

科举制产生之前，周王朝实行世袭官制，秦汉王朝实行的是察举制，魏晋南北朝时的九品中正制更是重门第出身，出现"上品无寒门，下品无士族"的现象，这些选官方式使下层和平民难以进入仕途，跻身国家管理者行列。隋炀帝创设的科举制度，制定出国家选拔人才的新标准：不再以士人门第出身和品行为标准，而改为以考核士子知识和才能为标准。在科举制实施期间，中国历代统治者通过开科取士的方式，源源不断地获得治理国家的人才，国家人才的选拔形成自下而上的垂直流动趋势。

据有关学者研究统计，从隋朝至清朝，全国历科登第文进士有106684人。江西省有据可查的文进士有10818人（其中有71个存疑进士），占全国总数的10.14%；全国文状元724人，其中江西有33人，江西状元人数占全国总数的4.28%。进士数和状元数所占比例在全国各省中都是较高的。还有文榜眼39人，文探花41人，文会元21人。在江西各地市中进士最多的设区市是吉安市2314人，占所有江西进士总数的21.39%；其次是抚州市2201人，占全省总数的20.35%；再次是宜春市1405人，占12.99%左右；上饶市1319人，占全省总数的12.19%；南昌市进士将近上千人。江西各县中，文进士人数排名前五位是临川县（681人）、南昌县（534人）、南城县（499人）、庐陵县（461人）、吉水县（405人）。全国有武进士10739人。其中江西有史料记载的武进士有400人（其中存疑13人），占全国武进士总数的3.72%。全国共有281名武状元，江西有记载的仅有6名武状元（宋、明、清各2人），仅占总数的2.13%。另有武榜眼2人，武探花2人，武会元2人。

在隋唐,科甲及第仅获得的是出身(做官资格),也就是取得为官的资格,声名大于利禄。宋代以后,科场直接与官场挂钩,及第之后可以直接授予官职。宋太平兴国二年(977)宋太宗亲自主持殿试,首开进士及第即授官的先河。不仅甲乙第进士授高官,其余名次也优等授官,为读书人开辟了比前代人更广阔的政治仕途。科学考试备受重视,皇帝宋真宗曾作劝学诗:"富家不用买良田,书中自有千钟粟。安房不用高架堂,书中自有黄金屋。出门莫恨无人随,书中车马多如簇。娶妻莫恨无良缘,书中自有颜如玉。男儿欲遂平生志,六经勤奋窗前读。"鼓励广大学子通过科举考试获得功名利禄。和全国其他通过科考成就功名的士子一样,古代江西读书人通过科考参与国家管理的同时,实现了自己"修身、齐家、治国、平天下"的人生抱负。

进士出身的官员来自民间,深谙民间疾苦和吏治弊端,如江西进士出身的欧阳修、王安石、文天祥在参与国家管理后,尝试实行新政、变法,希望及时调整国家政策的不足,并试图找到改革时弊的办法;在皇权受到威胁的时候能挺身而出,维护皇权尊严、国家统一。由于科考取士大权直接掌握在皇帝手中,士子们则成为"天子门生",君臣关系添加一层师生关系,君臣关系更加牢固,科举制度被统治者视为"抢才大典"。唐太宗李世民在看完会试录取进士名册后,曾骄傲地说:"天下英雄尽入我彀中矣。"中国古代的科举制度尤其是制度实施前期的种种优点,吸引了世界诸多国家仿效,对今天西方国家的文官制度产生了较大影响。

(一)

隋朝立国不到四十年,首创科举制十余年后就被李唐王朝所取代,开科取士时间很短,加上江西远离中原政治中心,文化教育发展相对比较缓慢,隋代江西没有士人通过科考录取为进士的记录。

唐朝时,江西人文初兴,全国共录取进士6617人,依据有关史料进行查核,在唐朝江西有进士104人,占全国总进士数的1.57%,此时江西有2个状元。从江西境内进士分布看,宜春士人数高居全省,有44人,占全省进士总数的42.30%以上,在江西科举史上实属罕见。其次是上饶22人,南昌9人,而宋明时期进士众多的吉安、抚州此时还无一名进士。

唐朝科举初兴,仍带有中国古代王朝的举荐制遗风。社会盛行通榜,即考官根据考生的社会声望和才德制成名单供录取时参考。为了能上通榜,考试前,应考学子须将自己的诗文佳作投献给有名望的公卿贤达,以求得到赏识后向主考官推荐。韩愈、李德裕曾分别在元和十四年(819)、太和九年(835)贬至袁州,袁州当地士子深受他们学风的影响。《唐摭言》卷四记载:"郡人黄颇师愈为文,亦振大名。"当韩愈、李德裕重返唐朝政治舞台时,袁州有才学的士子受这些朝廷重臣的赏识而获举荐,得以录取并委以重任,也就不足为奇了。

五代十国时期,南唐是江南经济文化重心,江西作为其后方,经济、文化稳定发展,不少镇升为县,吸收大批士人进入地方政权,此时江西出现了39名进士。

一般学者认为唐代江西无武进士科,因为没有发现唐代江西武科登科录相关史料,旧志中也没有记载武状元之事,但在《中国武状元》一书中,有江西乐平人舒贺列为武进士,及第时间为大中元年(847),科目不详,授官不详。光绪《江西通志》编者认为,德兴置县始于南唐,故《饶州府志》将舒贺记为德兴人,有误,他应为乐平人,故应为存疑武进士。五代十国时期没有开设武进士科。

(二)

宋朝时,江西人口众多,粮食充裕,交通便利,铜冶发达,民间非常富庶。北宋临川进士吴孝宗说:仁宗嘉祐年间(1056—1063)"饶之为州,壤地肥而养生之物多,民家富而户羡,蓄百金者不在富人之列,又当宽平无事,而天性好善",民间读书之风甚浓,"为父兄者以其子与弟不文为咎,为母妻者以其子与夫不学为辱"。状元出身的南宋词人张孝祥(1132—1169)说:"临川郡县多业儒。"

在富庶的小农经济基础上,江西私办书院兴盛,书院多达220所,居全国第一。书院的质量、规模和影响在全国亦居首位。四大书院江西有其二,白鹿洞书院成为全国书院的典范,象山书院成为儒学思想传播的重要阵地。三大义门书院(江州陈氏东佳书院、奉新胡氏华书堂、建昌县洪氏雷塘书院)除了让家族聪慧子弟就读外,广纳四方外姓子弟入学。名儒在书院讲学会吸引更多学子前来就读。朱熹曾在白鹿洞书院、玉山草庐书院、德兴银峰书院、丰城龙山书院讲学,陆九渊除在故里金溪讲学外,在全省各地讲学,先后在贵溪象山书院、铅山鹅湖书院、安仁玉员书院讲学,深受欢迎,"每诸城邑,环坐者卒一二百人,至不能容,徙观圭寺,县大夫为设坐于学官,听者贵贱老少,溢塞途巷。"

宋朝统治者倡导"重文轻武",分别在庆历、熙宁、崇宁年间,三次鼓励州县兴学,在经济上给予支持。如神宗熙宁四年(1071),王安石变法时,神宗诏令诸州,州学各赐田10顷,以充学粮,置教授。江西省州县学数量因此大增,北宋创办65所州县学;南宋创办20个州县学,并对毁于战火的北宋原有州县学进行重建、迁建、改建。至宋亡时,江西地方13州除南昌、新建二县未建县学外,均办有州县学,共计81所。朝廷在增加州县学的同时,也加强对书院的管理,通过委派教授、资助学田、赠送书籍、镂刻印书、刊刻御书题名等方式,逐步让一些大书院由私立转变为官办。

教育的普及与发展,为更多的人提供了学习的机会和便利,江西上至王公贵胄,下至平民子弟,无不鼓励子弟勤勉读书,专攻举业,呈现一派"孤村到晓犹灯火,知有人家夜读书"的景象。晚唐诗人韦庄笔下描写江西基层社会是"家家生计只琴书,一郡清风似鲁儒"。宋朝放宽考生的报考资格,允许工商杂类人报考。同时为保证考试的公平、公正,开始实行糊名、弥封和誊录、锁院等科举配套制度,严格防范考生在科考中舞弊。江西考生通过严格考试,有登第进士5534人,占宋代全国进士总人数 19259 的 28.73%。有研究表明：两宋全国举行 118 榜考试，由于历史久远，古籍保存不易，现存资料中，除宝祐四年（1256）、绍兴十八年（1148）榜，以及《太平治迹统类》中保存了开宝元年（968）科进士名录外，其他各榜进士榜保存并不完整。此时，江西进士数量仅次于浙江、福建两省，位居第三位，但宋朝江西登第进士的总数比唐、元、明、清各朝江西进士总数还多。其中以抚州居首位，进士 1257 人；吉安居第二位，进士 1080 人；第三位的是上饶，进士 976 人；在唐朝进士最多的宜春降到第四位，只有 584 人。

从地域分布来看，宋代江西文进士呈现赣中多，赣南、赣北少的特点。江西出现家族多进士的繁荣景象，全省共有 249 个登第进士家族，其中最多的是南丰曾致尧家族连续六代有 23 人登进士第，其次是分宁（今修水）黄茂宗家族有 15 人登进士第；再次是新喻刘立之家族有 11 人登进士第；奉新胡克顺家族有 10 人登进士第；在宋代全省一门 3~7 人登进士第的家族至少有 74 个，一门 2 人登进士第的家族至少有 171 个。

宋代进士出身的欧阳修、王安石、曾巩、黄庭坚、刘敞、刘恕、刘攽、徐梦莘、陆九渊、文天祥、谢枋得等忠君爱国的名臣，或以文学、史学、哲学、节义著称于世。经过长时期对中原文化的吸收消化之后，江西向世人展现"文章节义"之邦的巨大文化魅力，宋洪迈《容斋四笔》卷五"饶州风俗"中称赞"人才之盛，遂甲于天下"的美誉名副其实。

宋代至天圣八年（1030）宋仁宗时才开设武科。鉴于五代武人专横割据之祸，从宋太祖提出"宰相须用读书人"的尚文抑武主张后，宋朝一直执行重文抑武政策。但武科举考试在宋朝基本完成系统化、完备化建制，和文进士科考一样，武举考试每三年一考，也分为三级进行——解试、省试、殿试。多为三年一次，亦有四年一次，也有第一次与第二次武举仅隔一年的。一般六月底在兵部报名，八月考试。武举考试除注重武艺外，还增加谋略的考核，注重考生对兵书理论的灵活运用和解决当朝时事的能力的考核。到南宋时，武进士科变为文武双全的优选科。宋开武举 78 科，宋代武举登科人数总计 1459 人，江西仅有 19 人；全国 78 名武状元，江西有 2 名武状元。

（三）

元朝时，江西继承唐宋以来的教育文化基础，文化较为发达。元代从延祐二年（1315）开科取士，历时 52 年，中间科举考试中断过 6 年，全国总录取进士 1139 人。江西在元代有左榜登第进士共 118 人，占全国总数的 10.35%。其中以吉安最多，有31 人，其次是抚州 28 人，上饶位居第三位，有 23 人登第。以县域论，吉水县最多（11 人），金溪 9 人，庐陵富州、南城、上饶 4 县进士均为 5 人。进士仍集中在赣中地区，赣北进士出现增多趋势。元朝江西省进士总人数远逊于两宋时期，但在全国进士录取总数极少的情况下，还是相当可观的。元朝开科 16 榜中，科举分左、右榜，右榜是以蒙古人和色目人参加的考试，左榜是汉人和南人参加的考试，元朝统一前，江西归属南宋王朝，江西居民被划分为南人。当时元朝科举考试有不成文规定，在左榜录取时，状元一般选自原金朝统治的汉人，南人最多也只能给个榜眼，在如此严苛的条件下，江西仍有4人进入前三名，其中金溪有2个榜眼，上饶、永丰各有1个探花，实属不易。

元代没有设武科举，专事承袭。用蒙古人、色目人为荫袭的武备官员。不准汉人学武艺。

（四）

明朝，江西大量开垦荒地，粮食产量和人口的大幅度增加，明前期的江西经济发展水平远高于其他地区，呈现出"人足衣食"的繁盛景象。在洪武、弘治、万历年间，江西向朝廷交纳的税粮占全国的9%以上，居全国第一、二位。江西人口数量也由明初的906万人上涨到明末的2024万人，成为中国的人口大省。此时江西教育发达，有322所书院，仍居全国之首，书院总数已经超过宋代。到明代中后期，书院更是承担起培养科举人才的重任。

科举制度发展到明朝更为完善、严格和程序化，实行三年一次的三级考试制度。分别为：以省为级别举办的乡试一般在八月举行，取中的称为举人，乡试第一名称为解元。次年春季，举人到京城参加由礼部举行的会试，会试取中者称贡士，会试第一名称为会元。最后一级是殿试，即由皇帝亲自主持的考试，合格者称进士，共分三甲，录取的一甲前三名，称为状元、榜眼、探花，赐"进士及第"，授翰林院修撰和编修；录取二甲进士赐"进士出身"；录取三甲的进士赐"同进士出身"。二、三甲"庶吉士"合格亦可授官。明朝实行"科目以登进之"的文教政策，及第者"位极人臣常十有二三，登显列十有六七"，全社会形成了浓厚的科举氛围，"科举日重，荐举日益轻，能文之士率由场屋进以为荣"。

尽管明朝江西进士人数大大少于宋代，却创造了江西科举史上的奇迹。明代共开科90次，全国有进士24636人，江西进士有3093人，进士人数占全国总数的12.55%，仅次于江苏，居全国第二。鼎甲及礼部第一名共有69人，包括状元17人、榜眼14人、探花22人、会元16人，其中探花、会元双重身份的有6人。特别是建文二年（1400）庚辰科和永乐二年（1404）甲申科连续两科，江西人包揽了一甲前三名以及礼部第一名。建文二年的状元、榜眼、探花、会元分别为吉水的胡广、王艮，庐陵的李贯和崇仁的吴溥；永乐二年的分别是永丰的曾棨，吉水的周述、周孟简以及泰和的杨相。尤其是永乐二年（1404），前七名均为江西人，这在中国科举史上也是空前绝后的事情。

全省进士主要分布在赣中、吉泰盆地、赣抚平原、鄱阳平原等地，这与当时的书院数量成正比。历来注重长远的家庭教育、实用精神，地方教育相对独立，具有史学传统，人口数、书院数均居全省第一的吉安市稳居进士排列榜首，明朝录取进士达

1006人之多,位居全省首位,宜春市以425人位居第二,南昌市以422人位居第三。

明朝江西人科举成绩突出,有"翰林多吉水,朝士半江右"的说法。吉安一府状元就达12人,另有榜眼11人,探花12人,会元6人,居全省之首。全省仍出现一门多进士的现象。如明永乐辛丑(1421)科状元曾鹤龄,兄弟子孙五人及第,祖孙鼎甲;明正统戊辰(1448)科状元彭时兄弟及第,明嘉靖己丑科状元罗洪先父子均是进士;状元刘同升父子均鼎甲;铅山县费宏费氏家族中有进士6人,其中2人为鼎甲。吉安则盛传"五里三状元,一门三进士,隔河两都堂,百步两尚书,十里九布政,九子十知州"一说。

明代江西进士出身中最具有代表性人物,如《永乐大典》总纂修解缙,写出惊天之作《临川四梦》的中国著名戏剧家汤显祖,撰写《宋史纪事本末》《元史纪事本末》的著名史学家陈邦瞻,撰写专著《潞水客谈的》的水利专家徐贞明,都是在各个领域做出杰出贡献的人物。

明朝和宋朝一样,实行以文抑武的政策。武举考试基本沿袭宋朝考试制度,朱元璋手下武将无师自通凭武艺夺天下,视武举无足轻重。洪武二十年(1387)虽"从礼部请,立武学,用武举,其武臣子弟令于各直省应试",但并未施行。英宗明天顺八年(1464)诏天下文武官,"举通晓兵法谋略出众者,在帅府试策略,校场试弓马"。弘治六年(1493)定武举六年一行。弘治十七年(1504)改定武举三年一试,张榜赐宴,只是主考官全由翰林院文人担任。明代武举登科人数总计555人。江西有85名武进士,其中武状元2人,武探花1人,会元2人。

(五)

清朝,江西官办州县学、私人创办书院之风仍盛,形成浓厚的尚文风气。在科举制影响下的江西,在经历唐朝的起步、宋明的顶峰后清朝开始出现明显的衰落,考中进士人数和居鼎甲人数远远不及明代。清代全国进士登科人数总计26888人,江西有1926人,占全国总数的7.16%,居鼎甲及礼部第一名者有21人,包括状元4人、榜眼10人、探花5人、会元2人。较宋明少,较唐元多,但总体高于全国平均水平。清代科考名额,江西一般是10至20余名,和江苏、浙江基本相同,人数仍居全国第三位。

进士录取人数居全省首位的是抚州市,有进士501人;宜春第二位,308人;第三位是南昌市298人;吉安市退居第四名。

清朝江西出现的在中国文化史上有地位和影响的进士,有被史学家梁启超誉为"陆王派之最后一人"的李绂;有著名的政治家、提倡禁鸦片的黄爵滋;晚清词人,政坛"清流派"领袖之一,"帝党"重要人物,号称"四大公车"之一的文廷式;近代同光体诗派重要代表人物、国学大师、历史学家陈寅恪之父陈三立;近代中国藏书家,民国时任大总统顾问的榜眼李盛铎。

清朝的江西人文总体上开始呈现逐步下滑趋势。著名史学家梁启超就曾注意到,和宋明时期相比,清代江西出现的具有重大历史、社会影响的人物,在中国人物地理图谱上的地位已明显不及江苏、浙江和广东等省。

清朝以马背得天下,崇尚武功,为笼络汉人,武可拜将。顺治三年(1646)开始文武科考试。武科与文科一样,分为童试、乡试、会试和殿试四级,一般每三年举行一次。有皇帝登基或大寿庆典时,加恩科考试。武举考试考中者,有武生、武举、武进士之名。清全国武举登科人数总计8585人,江西有武进士295人,占全国武进士总人数的3.43%,其中有武状元2人,榜眼2人,武探花1人。

随着科举制度的结束,江西士人也停下了参加科考的步伐。虽然科举制度已经远离人们的生活,但长达1300年的科举考试给人们留下了难以磨灭的记忆。科举考试作为中国封建社会选拔人才的重要方式,为国家提供了一批栋梁之材。科举制度在执行过程中,以其尽量公平、公正的方式为广大读书人提供"学而优则仕"的有效途径,"朝为田舍郎,暮登天子堂"成为每一个读书人的梦想。众多才子经过乡试、会试、殿试层层选拔,最终金榜题名,实现了文人志士"天下兴亡,匹夫有责"的夙愿,科举考试选拔出了欧阳修、文天祥等一大批江西才俊,更是彰显了江西"人杰地灵"的盛景。

状元

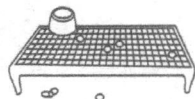

南昌市

王一夔

王一夔（1425—1487），中状元后恢复祖姓，又叫谢一夔，字大韶，号约斋，明朝南昌府新建县（今南昌市湾里区）人，明天顺四年（1460）庚辰科一甲第一名，是皇帝钦点的状元。

王一夔，本姓谢，因祖先在元代时为避人寻仇，改为亲家的王姓。成化七年（1471）十二月十八日王一夔呈《复姓疏》奏请朝廷要求复姓谢，经皇帝准允，恢复谢姓，故朝野又呼之谢一夔。他的父亲王仁，字得仁，由卫吏起家，正统元年（1436）凭才干被荐为汀州府（今福建长汀市）经历，即掌文书往来的属吏。王仁廉洁勤敏，政绩显著，上下爱之。并通晓兵法，有勇有谋。在参与平息朝廷叛民时，屡建功勋。战事未结束，王仁就身染恶疾，在军营中逝世。王氏父子在《明史·列传》第五十三中有传。

王一夔性格刚毅正直，平易近人，待人真诚。与人交往愈久愈亲密，处事计划周全，善于决断。他早年攻读甚勤，学识渊博，夺魁后授翰林院修撰。明天顺八年（1464）正月，明英宗驾崩，明宪宗继位，改元成化。他奉诏充任《英宗实录》总修官，后为经筵讲官，晋升为左春坊左谕德。纂修《续资治通鉴纲目》《元史》完毕，升翰林学士，累迁至礼部右侍郎、工部尚书。

成化七年（1471），天上出现彗星，宪宗下诏请群臣对国政提意见。王一夔应诏上疏，陈述五个方面的意见："请正宫闱，亲大臣，开言路，慎刑狱，戒妄费"。宪宗阅后十分恼怒，因此受到皇帝责备。成化二十三年（1487），王一夔去世，享年63岁。朝廷赠其太子少保。明武宗正德年间（1506—1521），被追谥"文庄"。

王一夔诗文皆通,文风质朴浑厚,很受人推崇。著有《古源集》《谢文庄公集》《东藩唱和集》。

舒 芬

舒芬(1484—1527),字国裳,号石滩、梓溪,明朝南昌府进贤县北山(今南昌市南昌县塘南镇梓溪村)人。明正德二年(1507)乡试中举人,正德十二年(1517)丁丑科一甲第一名,是皇帝钦点的状元,是进贤县有史以来第一个状元。

舒芬自幼天资聪慧,7岁能作诗,12岁作的《驯雁赋》,受到南昌知府的赏识,被推荐为博士弟子。中状元后,历任翰林院修撰、谏议大夫。舒芬在朝廷任职期间,明武宗常微服私行,郊游无度。为此,舒芬多次谏言劝阻,皇帝并不予以理睬。正德十三年(1518)二月,孝宗皇后去世,按照祖宗之制,陵墓竣工后,其灵位应从正门迎入太庙。武宗却决定随他的车驾从长安门旁门进入。舒芬多次上奏谏言劝阻,也未能改变武宗决定。舒芬心灰意冷,决意辞官,又未能获准。正德十四年(1519)三月,大臣都知晓宁王朱宸濠在江西南昌策划叛乱的信息,武宗却在筹划江南巡游,不少谏言官伏宫门劝阻,武宗心中十分愤懑,执意南巡。舒芬与吏部员外郎夏良胜、礼部主事万潮、庶吉士汪应轸等人一起连章上奏谏阻南巡计划的实施。并与编修崔桐、庶吉士江晖、王廷臣、马汝骥、曹嘉等合疏谓:"陛下之出不过如秦皇汉武侈心为乐而已。非能行巡狩之礼者也,博浪柏人其祸亦可鉴矣。"一时谏阻南巡之声不断,引得武宗大怒,责令上疏的官员罚跪皇宫门外五日,期满后,每人又各受杖责30下。舒芬棒伤严重几乎死去,事后被贬为福建市舶副提举。

正德十六年(1521)武宗去世,因无子嗣,在位时又没有指定皇位继承人,掌握朝廷大权的杨廷和等人并未按惯例,从武宗侄子辈中选出一人,再以武宗之子身份继承皇位,而是选择武宗的15岁的堂弟朱厚熜继承皇位,即世宗皇帝,年号嘉靖。这就意味着武宗父亲孝宗绝孙,为弥补这一遗憾,杨廷和等不让世宗认亲爹,而希望这位新皇帝以武宗亲弟弟身份继位。而这位新皇帝登基后,却想追封自己的生父兴献王朱佑统为皇帝,为此明朝引发一场"大礼仪"之争。嘉靖元年(1522)明世宗即位,重召舒芬回京,官复翰林院修撰。在"大礼仪"中,因获张璁、桂萼、方献夫等大臣的支持,朱厚熜生父最终被追封为睿宗。嘉靖七年(1528),张璁、桂萼、方献夫等3人因此功被提拔为学士。舒芬站在反对嘉靖皇帝追封生父的行列,他与翰林院修撰杨维聪、编修王思连续上奏,请求罢免桂萼等人的官职;又与翰林院修撰杨慎等伏在左顺门哭谏。世宗震怒,降旨抓哭谏者入狱,每人廷杖30下、停俸3个月。正因为如此,在《明史·列传》第六十七有"芬危言耸切,有爱盎揽辔之风"的记载。

不久，舒芬因母亲病故，扶柩南归，积郁成疾，嘉靖十年（1531）在家中去世，终年44岁，世人称他为"忠孝状元"。万历三十六年（1608），神宗追赠谥号"文节"。同年，进贤士民于县城坛石山建文节祠以纪念舒芬。

舒芬在朝为官时，对自己家里人要求很严，清名远播。家乡的邻居盖房子，把墙脚建到他家的地基上。家人写信要他出面干预。舒芬给家人寄去一首诗，诗云："千里书来只为墙，让他几尺又何妨！万里长城今犹在，不见当年秦始皇。"家人接到他的信，自然理解他的意思，主动答应让出地基。邻居深受感动，主动将墙脚向后退了几尺。直到现在，舒芬的家乡还保留着宽宽的"让墙巷"。

舒芬经学贯通，熟知天文律令和历法，尤其精通《周礼》，学者称其为梓溪先生。病危时，为自己未能弘扬《周礼》而遗憾。一生著述甚多，主要有《易问笺》《周礼定本》《东观录》《太极绎义》《梓溪文钞》等存世。并将文天祥、谢枋得的诗文、传记等编辑为《成仁遗稿》。

张神武

张神武（？—1621），本姓陈，字号不详。明朝南昌府新建县（今南昌市新建县）人。万历三十二年（1604）甲辰科武举考试第一名，是皇帝钦点的武状元。

张神武参加这次武举考试官为谕德吴道南、中允杨继礼。考试完毕，神宗特命大学士朱庚主持武举宴。他在中状元后，被授任四川都司金书。当时，四川永宁（今四川叙永）宣抚使奢效忠去世，其子奢崇明还小，奢效忠之妻奢世统与其妾奢世续为夺取官印使用权互不相让。奢崇明长大继承父职，出任永宁宣抚使，其母奢世续仍把持着手中的官印。张神武非常生气，与永宁参将周敦吉商议，生擒奢世续。此举激怒了奢世续部下阉宗传，他以救主母为名，在永宁、赤水、普市、摩泥等地大肆劫掠。此事传至京城，大臣们纷纷上奏弹劾张神武，认为叛乱由他而起，张神武理应受到惩处。经略使袁应泰认为战事吃紧，应外调张神武赴辽东作战。天启年间，正值明朝军队与后金军队在辽东的战事正酣，辽东告急。熹宗只好答应经略使袁应泰的请求，让武艺超群的张神武随同出征辽东。张神武受命，率亲丁240余人迅速驰往广宁。广宁是明朝在东北最高的军政机关驻地，是管理东北女真人的基地，不但是政治中心、军事重镇，而且是东北人民进行经济、文化交流的繁华城镇。明末，后金崛起，广宁城为兵家必争之地。此时辽阳已失守，广宁巡抚薛国用希望张神武留守广宁，张神武执意要率军队去辽阳与敌人作战。到了辽河，遇见从前方逃回的兵卒10余万人，张神武想以忠义之词激励溃逃主帅返回战场："以此众来战，谁能抵御得住？况且虽死，也不失忠义二字，岂可做鼠辈逃窜求得偷生？"主帅并不听从。张神武独自率领部队渡辽河，抵达首山，在距辽阳十七里处安营，准备抗击后金军队。终因寡不敌众，战死沙场，所率将士仅14人负重伤而返。监军御史方震儒绘制张神武像，率将士祭拜，并撰文祭之，熹宗下诏赠张神武为都督金事（正二品），世代荫袭千户官，并立祠奉祀张神武。朝廷赐谥号"烈愍"。

九 江 市

马 适

马适，生卒年不详，字志达，南唐江州湖口县（今九江市湖口县）人。北宋建隆三年（962）壬戌科中进士第一名。

马适祖父马良俊，待人恭敬，行事谨慎，一生积德行善。他父母忠朴勤恳，致力耕读以求修身齐家。马适生于湖口县城南钟子矶畔的马家湾。受家风影响，少年的马适笃实孝道，聪明好学，作文赋诗一挥而就。建隆二年（961）他以文学高等之名擢进士第一人。马适笃孝，事母十分尽心。中状元后的第五年，即乾德五年丁卯（967）被授官翰林，侍从皇帝文学事宜。未及上任，得到母亲病逝的消息，匆匆告假回家奔丧。母亲入殓后，他肝肠寸断，悲痛过度，不治身亡。卒后葬于宅左幞头山。

当地曾有个传说，因村邑前洲有一"忽园"，马适祖父下葬幞头山时，当地曾有谶语："沙洲圆，出状元"，建隆三年，沙洲果然圆了，马适也考取进士第一名。

马适的死因还有一说，受岳父贪渎事牵连，被宋太祖赵匡胤斩杀。

汪鸣相

汪鸣相（？—1840），原名朗渠，字佩珩，号霈衡，因宣宗赐名鸣相，别称朗渠，清朝九江府彭泽县黄花坂新屋汪村（今九江市彭泽县黄岭乡繁荣村）人。道光十三年（1833）癸巳科殿试一甲第一名，是皇帝钦点的状元。

汪鸣相曾祖汪恒斋、祖父汪广峰，都是读书人，家境富裕。到他父亲汪江航时，家道中落，务农为生。汪鸣相从小天资颖悟，8岁入乡塾念书，5天读一部《论语》，9岁即能写出洋洋千字文，还很会吟诗作对。塾师说："红日满窗人未起"，他应声对道："青云有路我先登"。塾师见厨房烧火煮饭，米在锅中翻滚，出一上联："罐滚汤开,红火炉中三尺浪",一班学童不知作答,汪鸣相见村民正放土炮、玩灯,脱口便对:"烟冲炮响,青云顶上一声雷"。塾师啧啧赞叹,夸他是难得的"神童"。

汪鸣相17岁中秀才,参加乡试却屡考屡败。25岁到离家约80里的桥亭曾(现浩山乡桥亭村)坐馆授课。五月端午节放假回家过节的时候,学塾被窃一空。他怀着愤懑的心情,向县衙写了一篇《禀贼文》把被偷的零碎什物,连缀成对仗工整的骈俪文,县太爷看完后朱批:"文辞典丽,行谊端方,自捐廉俸,赏钱十千。"县太爷赔偿贼案,成为轰动全县的奇闻。

道光十二年(1832),汪鸣相参加乡试,中了举人;次年问鼎状元,宣宗见他容貌俊秀,有美男子之称,特赐名"鸣相"。汪鸣相先后任翰林院修撰、顺天乡试的同考官。在广西担任乡试正考官返京途中,他父亲在北京病逝,扶柩返回彭泽服丧。道光十八年(1838)四月,丧期结束返京复职,宣宗召见,对他说了许多勉励的话。他感激异常,自撰一块金匾,悬挂在汪氏宗祠的正厅,以示荣宠。全文是:"道光十八年五月十八日,蒙恩召见勤政殿,天颜温霁,圣训周详,并询及臣鸣相家世。臣备职词垣,遽膺异数,宜如何感激也。天语垂询,臣汪鸣相拜题。"(1938年日寇攻陷彭泽时,这块挂在汪氏宗祠的金匾连同汪氏宗祠被付之一炬。)10天后,他的母亲病逝于北京官邸,他又守孝三年。道光十九年(1839),汪鸣相将父母的灵柩合葬于故乡彭泽县之牌楼坞。

道光二十年(1840)初春,汪鸣相在就任赣南书院主讲之前,收到彭泽县令交给他的几封紧急文件后,在深夜悬梁自尽。他的死因,疑云四起,遗闻传说颇多,多为牵强附会,或属无稽之谈。汪鸣相死后,葬于离家二里许的陶家榜(今黄岭乡繁荣村)前的平岗之上,无碑记,无坟围,历经160余年的变迁,难知其墓地下落。

汪鸣相著作甚丰富,著有《云帆霜铎联吟草》曾镌刻行世,编有《新安汪氏宗祠通谱》。他的第二个儿子经江西学政保举作为拔贡,进入国子监学习。他的孙子均为读书人。

文 武

文武,生卒年不详,字号不详。明朝九江府德化县(今九江市九江县)人。明崇祯十年(1637)丁丑科武举殿试,夺得第一名,由崇祯皇帝钦点为武状元。

记载文武的资料不多,同治《九江府志》卷三十"选举武进士"记载文武状元及第后,任松江总镇,其他事迹不详。值得一提的是,该年文状元是江西吉水人刘同升,文、武状元均出自江西,也是江西人引以为豪的一件事情。

《中国历代武进士》"四、明代武状元表"载,崇祯十年(1637)丁丑状元文武,江西德化人。《江西通志》记载,文武参加崇祯九年(1636)丙子科江西省乡试,获得第一名，成为武解元。第二年即参加兵部举行的武会试，在同年殿试中被擢为武状元，官至总兵。

秦藩信

　　秦藩信，生卒年不详，字号不详。清朝南康府建昌县（今九江市永修县）人。清康熙六年（1667）丁未科，通过武举会试、殿试，一举拿下武状元。

　　秦藩信参加武科考试的前两年，即康熙四年（1665）四月二十四日，清朝廷决定恢复每六年一次对官员的考察制度，对官员的考核更加严格。自顺治十五年（1658）起，清朝优先提拔各地督提衙门推荐之人，到秦藩信考试的康熙六年（1667），武进士之选用，科考入选者任用比例偏少现象更加突出。此时河南道御史朱裴上疏，要求科目之人"量行先选"擢用。这一年正值康熙帝亲政伊始，他接受御史徐诰武请求，解除八旗生员、举人、进士禁止科考的命令，"复令满洲、蒙古、汉军等旗人与汉人同场一例考试"。秦藩信就是在这样的历史背景下参加武科考试，在百名登科武进士中拔得头筹，被授予头等侍卫。这年十月十五日，康熙皇帝在太和殿传胪，赐秦藩信等100人武进士及第出身。

景德镇市

徐 衡

　　徐衡（1075—1156），又名衡卿，字季平，宋朝饶州乐平县（今景德镇市乐平塔前乡下徐村）人。北宋崇宁五年（1106）丙戌科一举拿下武状元的头衔，成为有确切历史可考的江西省第一个武状元。

　　宋朝一直重文抑武，武官社会地位不及文官，不少人考取武进士后，转而攻考文进士，以便仕途晋升顺利。徐衡生活在宋徽宗在任时期，宋徽宗在政治上重用蔡京、王黼、童贯、梁师成、朱勔、李邦彦等奸臣；

在生活上穷奢极侈,声色犬马,游戏踢球更是他的拿手好戏;但在军事上难有建树,宋朝与辽国、金国交战屡战屡败。崇宁三年(1104),为提高军队作战能力,宋朝在各路、州学校另设武学斋舍,为军队补充有生力量。徐衡立志成为文武双全之才,入武学校习武后,勤学苦练,中武状元后,被任命为右班殿直,负责皇帝警卫工作。很快,又被授予知晋宁军吴保寨、累迁江东提刑、转提点广东刑狱、提举京西保甲、江东西路廉访使等职。北宋灭亡,南宋建立,徐衡转任康州(今广东德庆县一带)防御使,后又任提举京师防务。

徐衡在廉访使任内致力赈济灾民,帮助农民度过荒年,修建水利设施促进农业发展,颇有政绩,深得上下赞誉。重和元年(1118),他主持水灾赈济工作,仔细督查,不漏掉一个救济对象,从事赈灾的官员在他督导下廉洁敬业,受到灾区百姓称赞。在提点广东刑狱时,巨盗刘隆在广东横行十余年,多次成功逃脱官府的追捕,最终在徐衡的拘拿下,认罪伏法。

宋绍兴二十六年(1156),徐衡在家中去世,终年81岁。徐衡去世后,宋代名人、饶州余干人李伯玉,这位宋端平二年(1235)的榜眼,在他的《斛峰集》中撰写了一首挽诗,称颂徐衡的文韬武略"胸次恢恢百万兵,文才武略冠群英。挽弓破箸状元锐,擒寇功封使者荣。"李伯玉悼念徐衡的挽诗被同治《乐平县志》收录。诗中另有"两尚皇姬升帝眷"句,反映的是徐衡曾两度为驸马民间传说,但此传说不见史载。

徐衡颇有文才,著有《杂著》三十七卷,清著名学者陆心源在《宋诗纪事补遗》中收录他的两首诗传世,一首是《赠彭神童》,另一首是《自题仁寿楼》。

汪道诚

汪道诚(1783—1865),字勉旃,号砺轩,清朝饶州乐平县乐境乡里汪村(今景德镇市乐平市乐港里汪村)人。嘉庆十四年(1809)通过兵部会试,经殿试,被皇帝钦点为武状元。

汪道诚自幼习武,成人后,不仅身材伟岸,长得十分出众,而且精通骑射,熟读兵家经典,一直在为参加武举考试做准备。从宋代至明清,我国武举考试不仅有武艺考试,还有文章考试,要求考生掌握"武经七书"(孙子、吴子、司马法、尉缭子、黄石公三略、姜太公六韬、唐李问对)经义理论外,还要掌握兵法策略等军事理论知识,力求武进士能灵活运用兵书理论,以解决现实问题，以求选拔出来的武进士是能征善战的儒将。到了南宋，武科变为了文武双全的优选科。只是到了嘉庆十二年（1807）因为应武试者多不能文，文章考试改为默写武经一段百余字。清朝以马背得天下，崇尚武功，与文科一样，清代武科一般每三年举行一次考试，但遇到皇帝登基或大寿庆典，会增加一场文武恩科考试。嘉庆十四年（1809）正遇皇帝50寿辰，汪道诚在这场恩科考试登第人数57人中名列第一。成为备受瞩目的武状元后，汪道诚被加封御前头等侍卫。后出任福建诏安营游击、泉州城守营参将、福建协副将。经总督推荐，提升为直隶天津镇总兵。道光年间他担任过浙江处州权提督、云南提督等职。在云南，他平定少数民族首领刁承绪的叛乱，使地方百姓得以平安生活。汪道诚为官六年，所存俸禄，常常用来解决士兵急难之需。咸丰二年（1852）近七旬的汪道诚告老还乡，优游田里，经朝廷批准，他在乐平城建造了一座状元府，府堂分前、中、后三个大厅：第一厅悬挂"状元及第"金匾。乐平人则把状元府坐落之巷改名为状元巷，一直沿用至今。82岁时，汪道诚卒于乡，皇帝赐谥号"勤果"，诏封他为建威将军。

汪道诚对他积累的军事知识作过总结，著有《六合长矛阵图说》《抬枪演炮图说》等军事著作。

新　余　市

卢　肇

卢肇（818—882），字子发，唐朝袁州宜春县望蔡上乡（今新余市分宜县文标乡观光村）人。唐会昌三年（843）春闱殿试获进士第一名，为江西省第一个科举文科状元。

卢肇出生在一个农民家庭。他的曾祖父卢挺，唐德宗时为袁州刺史，致仕后定居文标乡观光村；他的祖父卢显春，以耕读传家；他的父亲卢华廷以执教乡里为生计，家境逐渐衰落。卢肇自幼生活在贫困家庭，但儿时即卓尔不群，笃志好学，自强不息。少时卢肇拜见宜春令卢萼，获得夸奖：

"子异日当有闻！"于是更加努力学习，砥砺前行。事实上，卢肇早有极为高远的志向。一次在送弟弟去读书时，曾写过"七绝诗"以明心志："去日家无担石储，汝须勤苦事樵渔。古人尽向尘中远，白日耕田夜读书。"卢肇四处寻师，苦读不已，在学业上曾拜社会名流韩愈、李德裕等为师，以发奋进取。

会昌二年（842），卢肇乡试中举。第二年春，卢肇赴京赶考，与宜春黄颇同行。袁州郡守成应元看好黄颇的前途，欲在考前拉关系、套近乎，特摆设丰盛的宴席饯行，独请有钱有势的黄颇，却并不邀请要和黄颇一起赴考的卢肇。家中贫困，受此冷遇，卢肇无话可说，却在心里暗暗地较劲：自己学得好，一定还要考得好。卢肇殿试夺魁归来，正值端午佳节、龙舟大赛，郡守成应元笑脸相迎，执意要请卢肇一同前去观赏龙舟比赛。卢肇感受到人情世故的巨大反差，有感而发。事后写了一首诗赠给成应元，诗曰："石溪久住思端午，馆驿楼前看发机。鼙鼓动时雷隐隐，画桡翻处雪霏霏。冲波突出人齐喽，跃浪争先鸟退飞。向道是龙刚不信，果然衔得锦标归。"

卢肇洁身自好，全无亲党，从不自我吹嘘，官誉亦佳。他中状元前，拜过后来为宰相的李德裕为师。入仕后，却并未介入朝廷的"牛李党争"，故一直为人们所称道。然而卢肇中状元后只落得个州、县地方官；四年后，才在鄂岳节度使卢商门下任幕僚之职。卢商因病辞职后，卢肇到山西做了太原节度使裴休的门吏。之后，裴休与江陵节度使卢简互调，卢肇又被卢简留用。卢简因病辞职，卢肇离开太原，途经江陵，拜访老上司裴休，被裴休推荐给潼关防御使纥干臬做防御判官。唐懿宗咸通五年（864）三月，卢肇结束十七年的幕僚生涯，升任京官。先后任秘书省著作郎、仓部员外郎、集贤院学士、朝散大夫。在长安做了一年多京官后被外放安徽任歙州（今安徽歙县）刺史。在歙州任上，他勤政爱民，深得百姓爱戴。"以臣粗事缉理，求欲留臣"。咸通七年（866）七月，朝廷赐以金紫，以示表彰。不久，卢肇"不知何事犯星官"，被罢官谪往连州。后复起用，相继任宣州（今安徽宣城）、池州（今安徽贵池）、吉州（今江西吉安）刺史。唐僖宗中和二年（882），卢肇卒于吉州任上。

卢肇颇有文名。在歙州任上，曾赴钱塘江观潮，研究潮汐学，提出其天地结构议潮新论，作《海潮赋》上奏朝廷，得到懿宗皇帝嘉奖："足称一家之言，以祛千载之惑。其'赋'宜宣付史馆收藏。"他政事之余，勤于笔耕，一生著述很多。著有《李謩》《文标集》《庙堂龟鉴》《卢子史录》《逸史》《愈风集》《大统赋注》《唐摭言》《云溪友议》等文集一百几十卷。著述中比较著名的是《汉堤诗》《天河赋》《通屈赋》《海潮赋》。

卢肇的文章、德行为后世所推崇，曾被认为"袁（袁州）之文章、节义，自肇始。"

为纪念卢肇，今宜春市袁州区城东秀江中一块沙洲，因他少年在洲上苦读诗书，后人取其姓称之为"卢洲"；又因他中了状元，又称"状元洲"。

以卢肇命名的读书台有：袁州区城西南30里书堂山的"卢肇读书台"，萧滩（今新余渝水区）石溪寺的"卢肇读书台"，分宜县东袁河的钟山峡"卢肇读书台"以及读书台下的"卢肇读书潭"。

以卢肇命名的状元桥，建于唐中和二年（882），属单拱青石桥，东北至西南走向，长 13 米，宽 3.2 米，拱高 3 米，跨度 5.2 米，桥东北侧刻有太极图案，西南侧有"状元桥"三字。此桥位于在分宜县城去他家乡观光村的路上，离湖丘村西南 250 米。卢肇去世后，要将灵柩从吉州送回分宜，路过文标乡湖丘村时，此桥尚未竣工，只好临时架木板通过。为纪念卢肇，特将此桥取名"状元桥"。

卢肇遗体安葬在文标乡观光村，墓保存至今，周围葬者皆其族人。

赣　州　市

郑　獬

郑獬（1022—1072），字毅夫，号云谷，北宋江南西路虔州虔化县会同桃枝（今赣州市宁都县会同乡鹩鸪村）人。北宋皇祐五年（1053）经省试第五，在殿试中获进士一甲第一名，赐状元及第。北宋文学家、政治家。《宋史》记载他是湖北安陆人，据详细考证，实际上郑獬祖籍为虔州虔化县并在会同桃枝出生，少年时期与母亲生活在这里。其祖父郑建中曾赴湖北安陆经商，父亲郑纾曾在湖北做郎官，郑獬后来便随母亲迁居安陆，并入当地国子监读书。皇祐四年（1052）中湖北乡试举人，皇祐五年（1053）赴东京（今开封）参加科考，经省试，在殿试中一举夺魁，中状元，为赣南历史上第一位状元。历任陈州通判、翰林学士、权知开封府、杭州知府等职。

郑獬少年时即有才名，辞章豪伟峭整，同辈望尘莫及。然也因其异常自负，多次应考均名落孙山。一次，在国子监考试时他只得第 5 名，遂愤然写道："李广事业，自谓无双；杜牧文章，止得第五。"入仕后，郑獬做官忠心报国，不畏权贵，耿介直言。英宗即位，修仁宗陵墓，规模宏大，耗费惊人，劳民伤财。郑獬上疏，请求体恤民情，从俭营造。他在文章《论臣僚极言得失疏》直言："今陛下发诏以求忠言，将欲用之耶？将欲因灾异以举故事而藻饰之耶？……必欲用之，则臣愿陈其方。臣观前世之君，因变异而求谏者甚众，书之史册，以为美事。及考其实，则能用其言而载于行事者，盖亦鲜矣。"言辞大胆激切，逆批龙颜。

郑獬任权知开封府知府时，平民喻兴与妻子一起谋杀一名妇女，郑獬不肯按照王安石的新方法办案,王安石对此很反感,将他调任侍读学士,知杭州。御史中丞吕诲请王安石把将他调回来,王安石不听。不久,又调任青州。当时正发放青苗钱,郑獬说:"我只看到了青苗钱的害处,不忍心看到老百姓无罪而被关进监狱。"郑獬不惧与王安石交恶,毅然上书《乞罢青苗法状》,可见其铮铮铁骨。

郑獬的辞章,豪伟峭整,议论切中事理,史有定论。他少年时期就颇有才名,文学辞章,大有可观,诗文著作流传后世的较多。他的诗有"唐音之余响,宋调之先声"的赞誉。文章也卓然独立,《宋史》评价:"豪伟峭整,流辈莫敢望";《郡斋读书志》评价:"毅夫为文豪气,峭整无长语。"郑獬未及第时曾说:"平居学古人事业,口诵心记,俯读仰思,根其得失存亡之原,盖亦勤矣。"又说:"然予之汨于世务者,由幼及壮,夜诵而昼书,考评古人之是非得失,历世之治乱,间为辞章辨说。"其胸怀大志,勤奋攻读,由此可知一斑。及第后,有人向他讨教作赋之法,著名文学家欧阳修曾说:"须是看多、做多、讲论多,盖此虽小技亦须功力到乃能精尔。"郑獬则说:"亦在乎熟之而已。"确实是他的切身体会。

熙宁五年(1072),郑獬病卒,终年51岁。其为官清廉,家贫子弱,死后竟无力安葬,灵柩停于寺庙长达10年,直到滕甫任安州知府时才出面为其落葬。又数年后,郑獬之子郑宣义带领全家从安陆返回宁都,并扶其先人灵榇归葬在县城西郊蔚背岭。

郑獬著有《郧溪集》三十卷,《觥记注》《幻云居诗稿》各一卷并行于世。

戴衢亨

戴衢亨(1755—1811),字荷之,号莲士,清朝南安府大庾县(今赣州市大余县)人。清乾隆四十三年(1778)殿试获一甲第一名,被钦点为状元,也是大余县唯一的科举考试文科状元。

戴衢亨出身于书香门第、官宦之家。其父戴第元,字正宇,号篁圃,又号省翁,是乾隆二十二年(1757)丁丑科蔡以台榜进士,先为庶吉士,后任翰林院编修,历任鸿胪寺、光禄寺太常及太仆寺少卿等职,入翰林院后,辞章更是"倾倒一时",编有《唐宋诗本》80卷行世。他的叔叔戴均元是乾隆四十年(1775)乙未科吴锡龄榜进士大夫。入翰林院,为庶吉士,授编修,一生任职较多,后官至军机大臣、太子少保、太子太师。他的哥哥戴心亨与叔叔戴均元同时在乾隆四十年登进士第,先后典试江南,视学湖北。戴衢亨年少聪慧,7岁能诗文。17岁时就中了举人。乾隆四十一年(1776)乾隆皇帝巡视天津,他以举人身份应召考试,钦取一等,授任内阁中书,从此走上仕途。次年,调入军机处学习办理军机要务,称军机章京行走。乾隆四十三年(1778),年仅23岁的戴衢亨参加会试、殿试,获一甲第一名,被钦点为状元,是清朝最年轻的状元之一。中状元后,戴衢亨初授翰林院修撰,后历任江南、湖南等省乡试正副主考,授翰林院侍读、侍读侍讲学士、内阁学士、礼部侍郎、兵部尚书兼应天府府尹、工部尚书充会典馆副总裁、会试主考官、户部尚书、协办大学士兼翰林院掌院学士、太子少师、殿试读卷官、会典馆正总裁、体仁阁大学士等诸多职位。当时清朝状元官至大学士（含协办大学士）的只有14人，官至军机大臣的只有7人，戴衢亨就是其中之一。加上他的叔叔戴均元也曾官至军机大臣，这在清朝十分罕见。难怪清朝著名文学家、名宦包世臣会认为，一家同出两相，且"值军机者唯大庚而已"。戴衢亨和其父戴第元、叔戴均元、兄戴心亨均为进士，戴氏家族在当时名盛一时，被人们誉为"西江四戴"，人们称颂他们是"一门四进士，叔侄两宰相"。

　　自乾隆四十一年（1776）起至嘉庆十六年（1811），戴衢亨任官35年，虽然官高位显权重，却能兢兢业业，获得皇帝的赏识。乾隆四十九年（1784），戴衢亨随乾隆皇帝到南方巡视，之后提督山西学政，经调查调整人才选拔名额，保证了人才质量，却遭人告发，受革职留任处分。后参与平定台湾反叛事件，得到乾隆皇帝的褒奖。嘉庆元年（1796），乾隆皇帝退位，嘉庆皇帝登基。他继续得到仁宗皇帝的信任，凡大典撰拟文字，皆出其手。嘉庆二年（1797），戴衢亨以侍读学士随军机大臣学习行走，以秩卑特加三品卿衔。嘉庆三年（1798）迁任礼部侍郎，又调户部右侍郎，不仅掌管全国的钱粮，还要主持社会安定事务。在他到任不久的八月，率军平定四川省安乐坪叛乱，生擒叛军首领王三槐，嘉庆帝赐其可在紫禁城跑马之特权。嘉庆四年（1799），乾隆皇帝去世，戴衢亨操办所有丧葬事务，积劳成疾，不得不请假养病。假满之后，调任吏部侍郎。嘉庆六年（1801），系京官考察届满之期，皇帝谕旨："侍郎戴衢亨在军机处行走，勤慎称职，著交部议叙。"又因在平定王廷诏叛乱中有"尽心赞划，夙夜不怠"之功令加军功一级；平定白莲教农民起义后，戴衢亨升任兵部尚书，兼任顺天府府尹。不久又负责户部三库事务，实际执掌国家的财政大权，皇帝给予他"克尽忠国，知无不言，言无不尽。自用兵以来，承首书谕，谨慎小心"的评价，加封戴衢亨为太子少保，享从一品官职，并赏云骑尉世职。嘉庆八年（1803）三月，戴衢亨受命阅读考试翰林院、詹事府各员试卷，以公正准确、有识力见称。接着又与礼部尚书纪昀共同续编《四库全书》。后调任工部尚书，充会典馆副总裁等职。为嘉奖戴衢亨，他在实录馆供职的侄子、戴心亨之子戴嘉谷也被外派为知县。嘉庆九年（1804），顺天府发生书吏盗窃府印案件，衢亨以"失察"被免府尹一职，交都察院议处，部议降一级调用，又以加级相抵销。嘉庆十年（1805）正月，戴衢亨调任户部尚书，三月充会试主考官。六月入职南书房，任上均以敬业勤政获得好评。嘉庆十二年（1807），在任户部尚书、协办大学士兼翰林院掌院学士的同时，被任命为皇帝的日讲起居注官，仁宗对他的评语是："经理度支兼军机行走，勤慎出力。"

戴衢亨曾受命参与对黄河治理工程的勘察。乾隆、嘉庆时期，黄河多次泛滥成灾。仁宗嘉庆皇帝任命他的叔叔戴均元为治河总负责人，对黄河进行整治。受命整治过程中，戴均元却不幸染病，经批准予以回故乡南安府大庾县休养治疗。两江总督铁保接任，继续筹办治黄工程。他除按原要求普遍加高、加固黄河两岸大堤外，还修复了毛城铺石坝等河坝，修筑了云梯外两岸的长堤，培筑高堰、山盱堤后土坡，加宽高智坝底等工程。为确保工程质量，协办大学士长麟、戴衢亨两人得圣旨前往黄河水利工地进行勘察。通过考察当地实情，戴衢亨三次上疏，陈述治河要义：希望根据淮扬境内运输、水势防洪等急需程度，重新调整两江总督铁保的修建水坝、沿河大堤等具体工程计划，确定治黄工程的先后次序，以满足各方面的需求。对于不太急用的碎石坦坡则可以慢慢修建，以免石工过于劳累。奏章一上，皇帝十分赞同，下令以后要以此作为考核黄河治理工程的标准。勘察治黄工程之事结束后，协办大学士长麟回京复命。戴衢亨则受皇帝恩赏回乡省亲一月。

嘉庆十三年（1808），戴衢亨回到阔别多年的故乡。在大庾，他到祖先坟前进行了祭祀，探望了在乡养病的叔叔戴均元，并到县城周边的一些地方察看，留下许多佳话传说。他在《南安诗草》中写道"此去竹林勤问讯，亲传天语到柴门"。

在前往查勘治黄工程途中，戴衢亨还受命在扬州清查了两淮盐务财政情况，提出了预防官商勾结侵吞盐税的改进方法。回京后，他再次就黄河治理及盐务诸事提出修正方案，皇帝赏赐南石槽屋一所。嘉庆十四年（1809）仁宗万寿庆典，戴衢亨晋升为太子少师，充殿试读卷官。次年正月，授任为体仁阁大学士，官居正一品，管理工部，兼掌翰林院。仁宗皇帝向他亲赐诗一首："知遇先皇早，欣看器晚成。予申三锡命，汝矢一心诚。风阁随双彦，鳌头冠众英。荷天作霖雨，江右操台衡。"

戴衢亨一生清心寡欲，无声色之好。每次退朝后，众士大夫多喜议论他人长短，唯衢亨从不参与议论，问及亦不置可否。平日言论，极力反对结党，并认为古代党祸，均因操之过急，"有激而成"，若能平和处理，便可渐渐化解，不会有他变；对于国家财政，他力主节约，紧缩开支，严格执行"带赋收取"；在治理黄河泛滥方面，则主张全力加固堤防，不使其改道；对于各地爆发的起义，他认为派遣忠勇将帅征剿即可，千万不能让文臣"支格其间"。这是戴衢亨从政35年的"立朝大旨"，恽敬在为他写的《神道碑铭》中评价道："公之为国家，非浅远所能测识，不可没也。"

嘉庆十六年（1811）三月，戴衢亨随仁宗巡视西北诸省，刚到河北正定时却突发重病，皇帝命他先行回京调治，虽经太医诊治却无效果，于四月病逝，年仅57岁。

戴衢亨去世后，皇帝亲临停灵地追悼，对其一生评价极高，谕旨曰："大学士戴衢亨持躬正直，学识渊通，体用兼优，忠勤懋著。初由翰林院学士，仰蒙皇考高宗纯皇帝鉴其器能，特赏三品卿衔，擢任军机大臣，用为卿贰。朕亲政后，见其心地坦白，办事认真，日加委任。由侍郎擢授尚书，优给世职，复令兼值南书房，简用至大学士，屡经晋赐官衔。亲信之笃，不啻股肱。戴衢亨感被厚恩，竭诚图报。一切用人行政，知无不言，言无不尽。朕

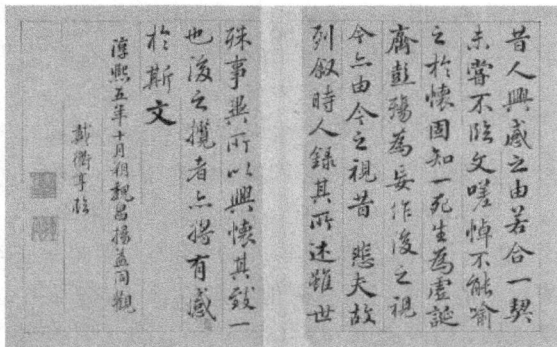

每日采纳，克副赞襄。伊虽仰邀隆眷，而益加谨饬，清慎自持，从无因事谴谪，实为国家得力大臣。"对戴衢亨加恩晋赠为太子太师，谥号文端公，入祀贤良祠。拨库银1500两为戴衢亨办理丧事，赐戴衢亨11岁儿子戴嘉端为举人，袭云骑尉。嘉庆十七年（1812），戴衢亨归葬南昌冈前岭之北。

戴衢亨一生致力于朝廷的政务，留下传世的诗文不多，有《震无咎斋诗稿》和《南安诗草》等。

宜 春 市

易 重

易重（806—872），字鼎臣，唐朝洪州高安县（今宜春市温汤镇九联坊村）人。在唐武宗会昌五年（845）科举考试获第一名，是继卢肇之后江西历史上第二位文科状元。

易重中状元有个插曲：会昌五年科举考试初试时，张渎第一，易重第二。这年，翰林重考，张渎黜落，本来名列第二的易重变为第一名，被皇帝钦点为状元。皇榜一出，易重欣喜若狂，作诗一首《及第后寄宜春弟侄》，将自己参加两次考试并登科折桂的愉悦心情写在诗中。诗曰："六年雁

序忍分离,诏下今朝遇已知。上国风光初晓日,御街恩渥暮春时。内廷再考称文异,圣主宣名奖意奇。故里仙才若相问,一春攀折两重枝。"

此诗载入民国《宜春县志》,《全唐诗》也录有此诗,题为《寄宜阳兄弟》,诗中"忍"为"恨","风光初晓日"为"皇风初喜日","暮春"为"属身","奖意"为"奖艺","攀折"为"攀得"。今宜春市有一条路,便是为纪念易重而命名为重桂路。

关于易重中状元有一桩趣事。会昌初年,袁州才子甚多,有卢肇、黄颇、易重、李潜、鲁受等人。会昌二年(842)年底,袁州举子纷纷打点行装准备上京应试,独易重毫无动静。人们不禁问他考期临近,为何不准备准备? 易重说:"方今天下大比,才聚袁州,都往比试,乃自相抗衡,不如分期应举为佳。"并表明态度,自己主动放弃本科应试,下届再往。翌年春闱放榜,宜春举子卢肇高中状元,黄颇、李潜为同榜进士,一县三登科,风靡京城。等进士们联袂荣归还乡时,刺史成应元在文昌宫摆酒庆贺,府县官员、乡贤、名士、宿儒等人欢聚一堂。入席就座时,大家公推状元卢肇坐首席。卢肇说,此次夺魁是易重"分期应举"之功,且易兄比他年长,首席理应让给易重。这本是卢肇一句谦让之语,谁知易重听后并不推辞,拱手对大家说:"今日家乡欢宴,首席理应状元,状元推让给我,恭敬不如从命,权当借个首席,下届一定奉还。"说毕,他泰然自若地坐上了首席。在场之人无不为易重的言行感到惊异,交头接耳互相议论,一致认为易重狂妄自大,就等来年看他笑话。流光易逝,会昌五年(845)春闱放榜的时间又到了,大家都静候这次考试成绩揭晓。捷报传来,易重中状元,宜春同乡鲁受也同登进士榜,一县两登科,再次引起轰动。易重中状元,席间戏语成为美谈,流传至今。

易重为官清正,为人耿直,不事权贵,不太善于在官场上应酬,官至大理寺评事。晚年退居上高县,至今仍有后裔定居上高县。咸通十三年(872)易重去世,享年66岁。葬于今袁州区新坊乡路口村里睦水库东侧茶山窝里,墓尚存,于1984年1月列为宜春市文物保护单位。易重一生悉心于诗文,有《易鼎臣诗文集》,收诗文千余篇,多已散佚。

姚　勉

姚勉(1216—1262),字述之,一字成一,号雪坡。宋朝瑞州高安县(今宜春市宜丰县新庄镇)人,南宋宝祐元年(1253)癸丑科状元。

《新昌县志》记载,姚勉"少颖悟,日诵数千言,居常作文,有魁天下之志"。稍大,移居丰城龙凤州海觉寺,师从江西诗派著名诗人乐雷发。淳祐十二年(1252)中举,宝祐元年(1253)在正奏名登第进士360人中,列进士第一。姚勉具有很高的政治见解,据胡思敬《盐乘》记载,初次与宋理宗廷对时,他说道:"言朝政纲领,惟在用人、听言,兼及守帅数易之弊。"深得宋理宗赏识,姚勉被钦点为状元后,授承事郎、平江军节度判官厅公事,历秘书省正字,进校书郎兼太子舍人。

宝祐四年(1256),正是南宋后期、宋蒙对抗之时,身为丞相的丁大全委任袁玠担任九江制置副使。袁玠在任上,拘捕当地渔湖土豪以催逼税银,惹怒众人,致使这些人背弃大宋,把所有的渔船都用来援助北来入侵的蒙古兵,这给朝廷带来极大的威胁,由此引来江防危机。太学生陈宗等人对此事伏阙上书进行揭露、抨击,遭到丁大全及其同党打击、陷害。姚勉时任秘书省正字,官阶并不高,他上书弹劾丁大全、袁玠,指控丁大全等人"朋奸罔上",规劝宋理宗严申国法,此时宋理宗无心打理朝政,而朝野许多人都是丁大全的党羽,姚勉因此被罢官回乡。开庆元年(1259),丁大全终于下台,吴潜入相,召姚勉任校书郎兼沂靖王府教授,太子舍人。

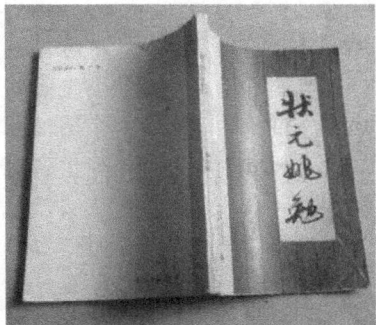

这时忽必烈攻打鄂州,奸臣贾似道派心腹入蒙营求和并称臣纳贡,后更又加封为右丞相。于是姚勉借与太子讲《周易》之机,针砭贾似道,遭罢黜。姚勉两次斗奸相,虽两次被罢官,然而却受到朝野称赞。南宋政治家、淳祐十年(1250)文科状元、兵部侍郎方逢辰称他"磊落有奇节",南宋诗人、资政殿学士文及翁称其"愤世嫉邪,排奸指佞,磊磊落落""生而存,不随死而止"。姚勉在吴潜病逝后,绝意仕途,在家闭门读书。

姚勉学识渊博,富有文才,他的诗作文辞典雅,韵律优美;他有一首题为"日食罪言"长诗,详细而生动地描写了一次日食发生时的情景。其中有:"儿童忽走报,日壁无全规。仓忙出仰视,如月初蛾眉。金乌失焰彩,玉象潜光辉。苍天玭瑁色,列宿争依稀。老稚相喧呼,伐社沸鼓鼙。不知何物怪,掩此清阳晖。……"

姚勉的文章以风格古朴、文辞犀利、论理透彻见长。淳祐十年(1250)庚戌科的状元方逢辰曾赞其文"如长江大河,一泻千里";他的《雪坡文集》五十卷被收入《四库全书》和《豫章丛书》。《四库全书总目》对其文评价道:"观其所上封事、奏札以及廷对诸篇,论时政之谬、辨宰相之奸,皆侃侃而不阿。"

景定三年(1262),朝廷授姚勉为处州通判,他因病未赴任,并于当年去世,年仅47岁,死后葬在丰城燕坑邹家山。

上 饶 市

刘 辉

刘辉（1030—1065），原名刘几，字子道，后改字之道，宋朝信州府铅山县（今上饶市铅山县陈坊沽溪）人。北宋嘉祐四年（1059）己亥科登进士第一人。刘辉中状元后，被任命为河中节度判官。历任大理评事，签书建业军判官。

刘辉自幼聪颖，七岁即博览群书，出口成章，有神童之称。10岁那年秋天，他由家人陪伴前往信州府（今上饶市）应试秀才。从老家铅山陈坊沽溪乘小舟沿陈坊河途经黄沙港（今属弋阳县）时，他远看一艘官船逆水行驶在信江上，便下小舟赶过去拦住岸边的纤夫，请求搭船。这时，船内一位官员掀开窗帘一看，见是一个眉清目秀的小孩，随口就说："老夫的官船，怎容野孩搭乘？"刘辉立即答道："观世音慈航，尚且普度众生，何况人间官府？"接着向船内官员深深一揖又说："请大人广开方便之门。"无巧不成书，这位官员正是前往信州府主考的监考官大人，他觉得这小孩出言不俗，有点意思，便又说："待老夫出一上联，如若对出，方许搭船。"刘辉即刻回道："遵命。"主考官眼望两岸山色秀丽，风光旖旎，于是面对刘辉吟诵说："此地有崇山峻岭，茂林修竹。"刘辉明白：主考官的上联出自王羲之的名作《兰亭集序》，自己所对下联，也要用《兰亭集序》中词语才行。他沉思一会，从容地对答道："何处无清风明月，瑶草琪花。"刘辉对罢，接着又说："此句出自《大藏经》。"主考官听了，心中暗暗称奇：小小年纪十分了得。随即吩咐随从请刘辉上船。

船行一程，主考官见刘辉气质不凡，存心要再考一考他，就问刘辉能否作诗。刘辉躬身答道："学生略知一二，宗师大人如不嫌弃下里巴人之句污耳，请赐题示。"主考官喜出望外说："那么，你就作七言绝句一首，任你咏物、抒情、描景均可，不过这首诗里，要有十个一字。"刘辉沉思片刻，铺纸挥笔，一气呵成，只见上面写有："一笠一蓑一孤舟，一位渔翁一钓钩。一客一主一席话，一轮清月一江秋。"主考官惊起离座，快走几步握着刘辉的小手，呵呵笑问："哎呀，真神童也！能否填词？"刘辉直率地说："略知皮毛。"主考官要求："格调不拘，词中要从一字用到十字。"刘辉略做沉思，下笔疾书："驾一叶扁舟，请二三个水手，推开船窗四页，约五六位学士，扯起七八层风帆，连下九滩，船近信州府城，还差十里。"主考官拍手称赞，一路以上宾之礼款待。这年刘辉考取秀才，大家称他是聪明灵巧的小秀才。

刘辉四处拜师求学，受宋代文坛追求辞藻、堆砌典故成风的影响，八年学成，刘辉为文靡丽，成为海内名士。嘉祐二年（1057）欧阳修出任知贡举，这位大力倡导平实朴素文风的考官，见有一文中写道："天地轧，万物拙，圣人发。"欧阳修说："此文必刘几所作！"于是，挥朱笔，从头至尾将文章横抹殆尽，并批上"纰缪"二字。启封时，此文果为刘几所作。刘辉名落孙山，毫不气馁。回到铅山，在清峰峡（今状元山）继续苦读精研，还在崖石上大书"魁星状元"四字，以激励自己。他关心国事，体察人民疾苦，一改以往舍近求远、高谈阔论、不务实际的毛病，学业大进。写出了《登龙山赋》等反映社会现实生活的诗文。

嘉祐四年（1059）春，宋仁宗以"尧舜性仁论"为题进行殿试，欧阳修受命任御试考官。他在试前声言："除恶务本，今必痛斥轻薄子，以除文章之害。"读卷时，欧阳修看见一篇文章中有"静而延年，独高五帝之寿；动而有勇，形为四凶之诛"的句子，大加称赞，擢为第一，并向仁宗推荐。仁宗看后，也连连点头称赞。启封后，见作者署名为刘辉。有人告诉欧阳修："刘辉者，刘几易名也。"欧阳修愕然良久，转而赞许说："此文辞善道明，实为难得。"

刘辉自幼孤苦，与祖母情深，为尽孝道，携祖母赴任。不久，因祖母不服当地水土，他请求解官归养。朝廷准其移任建康（今南京），不久改任著作郎。嘉祐七年（1062）祖母病逝后，刘辉辞官回家守丧。居丧期间，卖田以赡养亲族中贫困者，又选山溪形胜之处结庐讲学。治平三年（1066）刘辉去世，时年仅 36 岁，朝野闻之叹惜。死后葬在陈坊下沽溪。

著有《东归集》十卷，今不存。刘辉待过的读书岩，人称状元峰。

彭汝砺

彭汝砺（1042—1095），字器资，宋朝饶州府鄱阳（今上饶市鄱阳县滨田）人。参加北宋治平二年（1065）乙巳科举考试，获礼部省试第一名，成为省元；在殿试中排名第一，被宋英宗钦点为该榜的状元。这一年，彭汝砺 23 岁。他是江西历史上第一个连中两元（省元、状元）的人。彭汝砺生活的年代，历经英宗、神宗、哲宗三朝，先后官左朝散郎，宝文阁侍制，知江州。

彭汝砺中状元之后两年，即治平四年（1067），宋英宗因病驾崩。他的 20 岁的长子宋神宗继位。因为对当时宋朝疲弱的政治深感不满，宋神宗励精图治、锐意改革，大

力支持王安石变法，期望通过改革达到振兴北宋王朝的目的。当时王安石很欣赏彭汝砺所著的《诗义》，向神宗推荐他为国子监直讲，不久改派大理寺丞，又升太子中允。熙宁元年（1068）彭汝砺向宋神宗上呈十件大事：一、正己；二、任人；三、守令；四、理财；五、养民；六、赈救；七、兴事；八、变法；九、青苗；十、盐事。彭汝砺敢于直言，他敢在奏章中谈及社会存在的利害之事。出身仕宦世家的吕嘉问在所设市易中非法聚敛钱财之事，朝中大臣俞充指使妻子拜会宦官、谄媚宦官王中正之事，当时大臣多不敢谈及，彭汝砺却上奏要求罢免他们的官职。在神宗继位前，王中正就陪在神宗身边，一直为神宗所信赖。朝廷委派王中正和李宪掌管宋朝西路边防大军军权，彭汝砺以汉唐宦官揽权、招致祸乱之历史教训，力劝神宗"不当以兵付中人"。神宗听后心中不快，阴沉着脸，用言语斥责他，在朝官员都为他捏了一把汗。彭汝砺仍坚持拱立在旁，一有说话机会就继续上奏，神宗最终面色缓和下来，在场官员都叹服他敢于直言进谏的勇气。元丰元年（1078），彭汝砺以馆阁校勘调江西转运判官，在金殿辞别神宗时进谏道："今不患无将顺之臣，患无谏诤之臣；不患无敢为之臣，患无敢言之臣。"调出不久，神宗因常念彭汝砺的忠毅、正直，便又把他调任提点京西刑狱。

元丰八年（1085）神宗去世，年仅8岁的宋哲宗即位，在哲宗元祐八年（1093）亲政前，则由太皇太后高氏听政，她任用司马光等人，废除王安石新法。太皇太后高氏听政时，彭汝砺因受御史蔡确弹劾，在京城之外任官，蔡确也因与朝中大臣吴处厚政见不同被贬官。吴处厚听信传言，说蔡确的诗句中有讥讽他的用意，谏官出面上书危言耸听，试图激怒太皇太后，将蔡确关进大牢，朝中多数人避而不谈此事。彭汝砺知道此事后，却高兴不起来，他认为蔡确之罪名无中生有，上奏太皇太后为蔡确开脱。吴处厚则状告彭汝砺是蔡确的同党，太皇太后清楚地知道彭汝砺只是在表达个人见解罢了，并没有怪罪，反而十分欣赏彭汝砺的恪尽职守、为人光明磊落的性格，不久将他调任吏部侍郎，掌管百官铨选之事。经彭汝砺多次进谏，蔡确最终逃过牢狱之灾，落职徐州知府。

哲宗亲政后，学习熙宁、元丰年间的政事，让臣子们争献所闻。这时，彭汝砺反而没有什么建议。有人不解地问他，他说："在前日则无人敢言，于今则人人能言之矣。"故而不必向皇帝建言献策。不久，他升为代理吏部尚书，有人进谗言说他曾附会过被革职的宰相刘挚，于是改为宝文阁直学士；后又降为待制，任江州知州。准备启行时，哲宗问他想要说什么，他回答说："政唯其是，则无不善，人唯其贤，则无不得矣。"宋绍圣元年（1094）正月，他到江州几个月后病逝，终年54岁。留有遗表："土地已有余，愿抚以仁；财用非不饶，愿节以礼。佞人初若可悦，而其患在后；忠言初若可恶，而其利甚博。"表上还提到要皇帝抚恤河北流民，查问江南水旱情形等事。朝廷派他任枢密都承旨之职，旨令下达时，彭汝砺人已去世。

彭汝砺在《宋史》卷三百四十六，列传第一百五有传。传中说：彭汝砺言语行动必合义，与人交往必尽诚敬。他曾以桐庐倪天隐为师，倪天隐死后，安葬老师，还先后为倪天隐母亲与妻子送葬，为倪天隐的女儿提供衣食。所著《易义》《诗义》凡五十卷。彭汝砺著作后被合辑为《鄱阳集》，收入《四库全书》中。

其弟彭汝霖是熙宁九年（1076）丙辰科徐铎榜进士，经曾布推荐，为秘书丞，后升为殿中侍御史。后罢知泰州，谪至濮州团练副使，以显谟阁待制卒。彭汝方，以彭汝砺恩荫任荣阳县尉、临城主簿，彭汝砺死后，弃官归葬兄长。方腊起义时，彭汝方与同僚守孤城三日而死。宋徽宗赠龙图阁直学士、通议大夫官衔，谥忠毅。彭汝霖、彭汝方有传，列于《宋史》彭汝砺传之后。

汪应辰

汪应辰（1119—1176），初名洋，字圣锡，宋朝信州府玉山县（今上饶市玉山县紫湖镇）人。南宋绍兴五年（1135）登进士第一，宋高宗赐名应辰。初授左承事郎，签书镇东军（今浙江绍兴）节度判官厅公事。后任秘书省正字，建州（今属福建建瓯）、袁州（今江西宜春）、静江（今广西桂林）、广州通判，吏部郎中，婺州（今浙江金华）知州，权吏部尚书，权户部侍郎兼侍讲，福州知州，四川安抚制置使兼知成都府，累迁吏部尚书兼翰林学士并侍读，仕至端明殿学士，知平江府（今江苏苏州）等职。

汪应辰先祖是徽州婺源人，因避战乱迁居玉山县。少时家境贫寒，父亲是一个不识字的县衙弓箭手（宋时属差役）。所幸邻家有一个粗通文字的人，受他教导，五六岁时汪应辰就能认识许多字。他常借书来读，家里没钱买灯油，就用松脂照明夜读，所看内容都能很快只字不漏地背下来。11岁那年，玉山来了一位新县尉，是建炎二年（1128）的进士出身的喻樗，听说汪应辰是个神童，就出上联"马蹄踏破青青草"考他，汪应辰立刻答道"龙爪拿开白白云"。此事后，喻樗便将他留在身边做书童，后赴洪州任赵鼎幕僚时，将汪应辰带到豫章郡学深造。

宋绍兴五年（1135），汪应辰在殿试中以"为治之要，必以至诚为本"为主旨，展开论述。文中他提到治国应以"诚"为本，皇帝作为天子，自己应先做到这一点。高宗认为此文"纯正典实"，十分欣赏，并将汪应辰钦点为进士第一名。当发现这位状元郎是个年仅18岁的后生时，高宗龙颜大悦，赐名应辰，并御笔书写《中庸》一幅，赐予汪应辰。

汪应辰是中国科举史上最年轻的状元，宋高宗最初对他寄予厚望。南宋初年，宋金正处于对峙局面，汪应辰主张收复北宋失地，恢复大宋江山，与当权的秦桧求和主张格格不入；金国为争取战略部署时间，故意放言要将被掳走的宋钦宗放回，要与南宋和好。宋高宗担心宋钦宗返回，自己的皇位不保，也倾向与金求和。在这种情况下，汪应辰主战的主张自然不太合时宜，被秦桧放在外地为官十多年。秦桧死后，

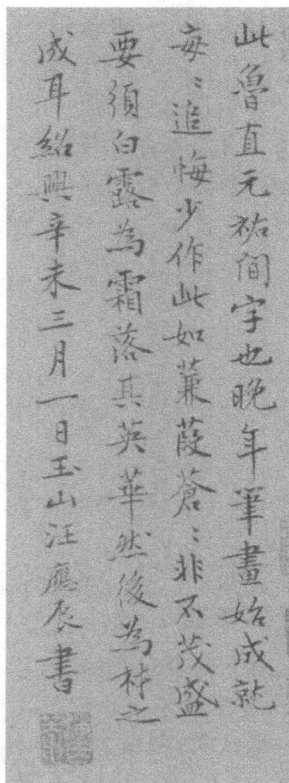

高宗启用一些被秦桧贬在外地的老臣，汪应辰调回京城，任秘书少监，不久任吏部尚书。当时长江下游大片圩田全被豪族占据，引发不小的社会矛盾。南宋初年，大大小小的农民起义不断爆发，加上与金国的战事，南宋社会存在众多动荡不安的因素，其中土地问题就是农民起义的一个重要原因。汪应辰上奏希望高宗能命令权贵将抢占的土地归还原主，高宗也担心接连不断的农民起义会导致自己的政权不稳，最终应允了汪应辰的请求。豪族无奈，只好交出占据农民的土地，仅张俊（投靠秦桧，并和秦桧一同跪在岳飞坟前的南宋名将）一人就交出两万亩土地。

《宋史》记其性格为"刚方正直，敢言不避"。宋高宗自动退位，隆兴元年（1163）宋孝宗继位，朝中一些大臣如李焘、陈康伯等上奏，要求给高宗封个尊号，称高宗为"光尧寿皇"。汪应辰出面阻拦，认为自从宋元丰年间以后，朝廷就不再给太上皇加封号，此事引得高宗不快。在孝宗朝任职，汪应辰一如既往地指出朝廷大臣、孝宗皇帝的过失，甚至曾当面指出皇帝的错误。孝宗十分不满，将他贬出朝廷。汪应辰忧郁万分，最终辞官回家，淳熙三年（1176）59岁时在家中去世，谥号"文定"。

汪应辰是南宋理学著名学者，精于义理，人称玉山先生，形成的流派后世称为"玉山学派"。汪应辰一生著作颇丰，有《文定集》50卷，大多已亡佚，现存24卷。

其兄汪涓是宋绍兴八年（1138）戊午科黄公度榜进士，官至中书舍人；其子汪逵是乾道八年（1172）壬辰科黄定榜进士，累迁端明殿学士、吏部尚书。

徐元杰

徐元杰（1194—1245），字仁伯，一字子祥，号梅野，人称天塯先生。宋朝信州府上饶县（今上饶市上饶县八都黄塘）人。南宋绍定五年（1232）在460名登科进士中，名列第一，被宋理宗钦点为该榜的新科状元。后授承事郎，签书镇东军节度判官厅公事，历中书舍人，仕至工部侍郎。

徐元杰少年颖悟，每日读书数千句，并对所读内容进行思索。师从朱熹门人陈文蔚、真德秀，得理学真谛。中状元时，一心想为朝廷尽力。淳祐元年（1241），徐元杰任南剑州（今福建南平）知州时，所辖的峡阳盗贼猖狂，徐元杰下令捕获盗贼，将魁首八人斩首示众,以息群愤,以儆效尤,社会得以安定太平。在任期间,他重视教育,亲到延平书院为学生演讲。徐元杰对民间诉讼,晓之以理,动之以情,必使双方心悦诚服而退。有一妇人状告其子不赡养自己,请徐元杰为她做主。通过了解,徐元杰知道妇人儿子因幼年丧父,母亲对其过于溺爱,养成了许多不好的习惯,在家中唯我独尊、任性妄为。徐元杰说服妇人,将其子留在自己身边,作贴身仆从,以示惩戒。徐元杰是个大孝子,对母亲每日朝晚请安,小心服侍。公事忙完有闲暇时间,就陪母亲聊天,时常讲些趣事哄母亲开心。母亲生病,徐元杰亲自熬药喂药,晚上衣不解带留守在床边。行教重于言教,亲眼看见徐元杰如此侍奉母亲的言行,那妇人之子满心愧疚,从此安心奉养母亲,成为远近闻名的大孝子。当徐元杰因母亲病重离任之时,老百姓跪而挽留。

因扶植宋理宗登基有功,宰相史弥远在位十几年。史弥远在位期间,在朝廷专权,为所欲为。朝廷中梁成大、莫泽、李知孝三人是史弥远的同党,时常公开勒索,甚至合起伙来制造冤案,害死不少无辜人员,百姓怨声载道,敢怒不敢言。徐元杰上奏理宗,要惩治史弥远同党,以收人心。宋理宗采纳徐元杰建议,下诏贬黜"三凶",天下大震,深受朝臣欢迎。

徐元杰还针对朝廷十大时弊上万言书,提出解决的办法包括恢复三省负责制、恢复政事堂集体议政制、改组中枢和枢密院、加强台谏机构等。认为在国不富、兵不强时,皇帝要开诚心、布公道,用君子、除奸佞、正朝纲。宋理宗改革现实的热情没持续几个月,又无心打理朝政。深得理宗信赖的史弥远侄子史嵩之迎合皇帝需求,不顾与蒙古兵战事紧张,怂恿宋理宗大兴土木,调动人力、物力、财力,修建专供皇帝游乐的楼阁。此举深得皇帝喜爱,史嵩之被任命为右丞相兼枢密使。几年后,史嵩之父亲去世,他贪恋权力,不愿依照礼法守丧三年,买通宋理宗的阎爱妃进言,要求改变守丧礼俗,提前起用史嵩之。徐元杰上奏认为提前起用服丧期的史嵩之,是一件有违礼法、有伤天下父母心、有伤国家体面的行为。宋理宗认为徐元杰言之有理,改变主意,此事作罢。

徐元杰逐渐获得皇帝的信任,很快成为朝廷重臣。由于他敢于直言,得罪了不少权贵,很多人视他为眼中钉。淳祐五年(1245)六月,徐元杰高烧不退,暴病身亡,终年52岁。徐元杰去世时,理宗悼念不已,赐官田500亩,缗钱五千给其家,赐谥号"忠愍"。

徐元杰有《梅野集》25卷,已佚。清四库馆据《永乐大典》辑为《梅野集》12卷。《宋史》卷424有传。

费　宏

费宏（1468—1535），字子充，号湖东、健斋，亦号鹅湖，人称钟石先生。明朝广信府铅山县（今上饶市铅山县）人。成化二十三年（1487）丁未科状元。

费宏的大伯父费瑄，成化十一年（1475）进士，弘治时为兵部员外郎，迁贵州参议以终。受伯父影响，费宏自幼聪慧好学，13岁中广信府童子试"文元"，16岁中江西乡试"解元"，成化二十三年，费宏在明宪宗当皇帝的最后一年参加科举考试，取得一甲第一名的好成绩，这一年费宏20岁。中状元后，在孝宗、武宗、世宗三朝为官。孝宗弘治年间，先后任左赞善、东宫直讲、左谕德。武宗正德年间，先后任太常少卿，兼任侍讲，并参加《孝宗实录》的编写，同时充任皇上的日讲官。历任礼部侍郎、礼部尚书，兼任文渊阁大学士，后加官太子太保、武英殿大学士、户部尚书。世宗嘉靖年间，加官少保，入内阁，成为内阁首辅，民间称"费宰相"。

武宗正德年间，朱宸濠为造反做准备，打算先恢复护卫军和屯田。暗中与朱宸濠勾结的宦官钱宁深受武宗信任，他和兵部尚书陆完企图用数万两白银贿赂京城权贵帮朱宸濠达成目的，费宏拒不接受贿赂。等到奏本送到内阁，费宏极力劝阻，但武宗最后还是允准了朱宸濠的请求。钱宁伺机报复，他利用御史弹劾费宏堂弟费朋之机，促使朝廷下令让费宏、费朋一起退休。在费宏回乡途经临清时，还派人烧掉费宏的乘船、行李。费宏回到家乡，闭门谢客，拒不与朱宸濠结交。朱宸濠怀恨在心，暗中指使与费宏族人打官司的李镇谋害费宏。李镇趁机发动叛乱，在没找到费宏情况下，抓住并肢解了那些和他打官司的费家人，挖了费家祖坟，毁了费宏的家，并在远乡近村进行抢掠，叛乱人数发展到三千。费宏派人到朝廷告状，朝廷下令江西巡抚孙燧调查，情况清楚后派兵将之消灭。

朱宸濠谋反之事败亡后，谏官们争着上书请求召用费宏。世宗即位以后，召费宏入朝，加官少保，入内阁与杨廷和、蒋冕、毛纪辅佐朝政。当时朝廷发生"大礼仪"之争。正德十六年（1521）武宗朱厚照驾崩，因武宗无子，当朝宰相杨廷和引《皇明祖训》"兄终弟及"为据，请立武宗堂弟兴献王15岁的长子朱厚熜继位，得到皇太后准许，由其拟发"武宗遗诏"，在朱厚熜从安陆（今湖北应山县）抵京的一月里，杨廷和借"武宗遗诏"实行新政，迅速革除武宗朝所留弊政。嘉靖初期，杨廷和奏准颁发拟定的新政纲领,继续精兵简政,减免税赋,清理盐政、漕运等。当世宗加封自己生父皇帝尊号之时,杨廷和希望世宗尊武宗之父孝宗为皇考,此想法与世宗想法不合,在朝廷中引起"大礼仪"之争,最终杨廷和受到排斥,世宗皇帝获胜,如愿为其父加封,并强行确定新帝系,重新培植亲信,进而打击阁臣,废除"新政"。武宗时弊开始重新出现。在"大礼仪"争议中,费宏没有单独进行过劝谏,只是在大家的联名上书中签过名,加上费宏办事稳重,识大体,世宗心里还是很喜欢他的。等到杨廷和去任后,费宏就成为明朝首辅大臣。他不怕支持世宗的礼仪新贵的攻讦,不计同僚的误解,苦心斡旋,积极引导世宗革除武宗朝的弊政,继续推行新政,使"大礼仪"的风波渐趋平息。

在内阁辅佐朝政时,费宏持儒家的亲民思想,主张以仁义待民众,以民生为根本,竭力解决民生问题,希望从根本上稳定社会。在解决民生问题上,主张实行"损于上而后益于下"的理财之道,他率先垂范,大幅削减自己及所属衙门的费用,并建议世宗"凡百冗费,痛加裁抑"。在处置救灾、减赋、治河、漕运、江南设造宫室营建等重大朝政问题上,十分重视从解决民生问题入手而使社会稳定。一次,在户部讨论征收正德年间拖欠的田赋时,费宏和其他同僚上书请求断自正德十年(1515)以后,世宗听从了。不久,世宗因为各地出现的灾异,指示群臣修身反省。费宏等上书说:"希望皇帝也要自我反省。因为皇帝的用度不加节制,工役没完没了,导致京畿内的田地有一半变成了皇庄,内库的收入超过以前的一倍。太仓里没有三年所需的积蓄,可是宫廷闲杂人员一天天增多。京营的兵额不足十万,还不停地调派去做工役。正直的大臣被问罪,得不到原谅;谏官做本分的工作,却遭诘问;按律该杀的人几经审判得不到正法,罪行已定的恶人也能得到圣旨的赦免。尽管皇帝想求得天地和顺却招来鬼神埋怨。"世宗称赞了他,自行引咎,但终究没采用这些意见。嘉靖三年(1524),大同巡抚张文锦为加强战备,命镇卒戍守城北五堡,参将贾鉴催督甚急,激起众怒。镇卒郭鉴、柳忠等起而暴动,击杀张文锦、贾鉴。大同发生兵变,皇帝宠臣张璁请示讨伐,费宏坚持认为士兵"变出于激,不叛者固多",反对一味镇压,主张用招抚的方法解决,说:"讨伐能得胜时,玉石俱焚;如果不能取胜,叛兵就会踞城自守,那时将大大损害朝廷的声威。不如静观事态的改变,慢慢地规划此事。"朝廷任命蔡天佑为大同巡抚,桂勇为总兵官,前往安抚。不久事情果然得以平息。

嘉靖十四年(1535)十月,费宏无疾而终。世宗皇帝闻讯,念费宏是位有功老臣,赐费宏为太保,辍朝一日,亲自拟谕三道祭文,率三品以上官员至费府悼念,并派宰相夏言护送灵柩返归故里,按九千岁礼仪敕葬。

费宏勤于笔耕,著作颇丰,见于史志及书目的有:《武庙初所见事》《宸章集录》《湖东集》《遗德录》《太保费文宪公摘稿》等,其中《太保费文宪公摘稿》20卷本为《四库全书》录入存目,台北文海出版社已录入《明人文集丛刊》第一集影印出版,《续修四库全书》亦已录入出版。

费宏后代中有 4 人是明朝进士。费宏堂弟费寀是正德六年（1511）辛未科杨慎榜进士，为赞善，官至少保，礼部尚书，谥文通。长子费懋贤是嘉靖五年（1526）丙戌科龚用卿榜的进士，改庶吉士，历兵部郎中。侄子费懋中是正德十六年（1521）辛巳科杨维聪榜的探花。由进士及第为编修，终湖广提学副使。此 3 人在《明史》卷 193 列传 81 有传记。另外，费宏的侄孙费尧年是嘉靖四十一年（1562）壬戌科徐时行榜的进士。

张鸿翥

张鸿翥（1868—1931），字长河，号高腾，清朝饶州府鄱阳县（今上饶市鄱阳县城东湖里）人。光绪二十年（1894）甲午正值慈禧六十寿诞，张鸿翥参加这场特别恩准的武举考试，获得武进士第一名，成为江西历史上最后一名武状元。

张鸿翥自幼务农，体格魁伟，臂力过人，后研习武艺，技术超群。光绪十四年（1888），领戊子科第四名乡举。光绪二十年（1894），其师郑志鸿鼓励他入京赴兵部参加会试，并赠白银 1 锭，银元 200 两，资助张鸿翥赴京赶考。到京城后，张鸿翥常在演武厅习武为考试做准备。一次，一位贝勒爷看到张鸿翥能一气挥动 300 斤大刀 30 余次，拉开 300 斤张力的弓 40 余次后面不改色，练射时箭无虚发，十分欣赏。九月，奉慈禧太后旨意，本应由光绪皇帝亲自阅看的武殿试科目，均改由御前大臣奕劻代为阅看。光绪皇帝从奕劻进呈名单中钦定甲乙。张鸿翥被钦点为甲午恩科状元，不久授御前头等侍卫。

清朝末期，帝国主义列强正在我国划分势力范围。国运衰微，张鸿翥与同科文状元张謇一道，联名上书支持康有为、梁启超变法，以图复兴国家大业。他在自己所用的大刀上刻有"忠义""报国"字样。宣统初年（1909），张鸿翥改授湖北德安三品参将，他到汉阳兵工厂学习过枪炮结构原理和使用技巧等。几年后，能写字作文，起草文檄，并通晓兵法。他还常常勉励部属多学习文化及军事知识。

辛亥革命推翻了清朝帝制，张鸿翥回到家乡，靠种菜捕鱼为生。他常着草鞋布衣，挑担上街，过着勤劳俭朴的生活。民国二十年（1931）病卒，终年 63 岁。

吉安市

何昌言

何昌言（1067—1126），字忠孺，宋朝临江军新淦县清水洲村（今吉安市新干县金川镇）人。宋绍圣四年（1097）丁丑科状元。

他出身进士之家。父亲何正彦，曾任河南府左军巡判，赠朝议大夫。叔叔何正臣，年9岁，举童子科，赐出身。治平四年（1067）丁未科许安世榜进士。历宝文阁待制，知审官东院，迁吏部、刑部侍郎，终知宣州。何正功，何正臣弟，元丰五年（1082）壬戌科黄裳榜进士。何昌言从小受到父亲和叔叔的影响，勤奋好学，志气宏远。宋绍圣三年（1096）考中举人后，第二年赴京参加科举考试，一举夺魁。据说宋哲宗亲自主持殿试，见何昌言对策中所谈内容十分欣赏，认为他的振朝纲见识非凡，兴社稷才智超群，特赋《状元何昌言还乡歌》一诗赐送于他："庐江才子文胆熊，家世簪缨台省中。今年来献康时策，跨得青天第一龙。南国从来学者多，因此人人壮心赤。淦阳有翁霜鬓须，满眼儿孙皆读书。"中状元后，何昌言初授洺州司户参军，后任宣教郎、奉议郎、秘书省校书郎，后晋升为礼部尚书员外郎加武骑尉，终通议大夫、试兵部尚书兼侍读，职至端明殿学士。

何昌言，在其家谱中本名"昌彦"。"彦者，才德杰出人也"。而何昌言性格直爽，为人谦和克制，因此在求学后，改"彦"为"言"。他无私无畏的品行在他出仕后表现得更加突出。徽宗皇帝赵佶登基后，昏庸奢侈，重用奸臣。天下罪臣、被誉为"六贼之首"的蔡京把持朝政，滥施权术，陷害忠良，众多正直大臣纷纷上书，何昌言就曾五次上书弹劾蔡京的种种奸恶之事。蔡京也因而多次被罢职，又多次被起用，使他狼狈不堪，于是心生怨恨，伺机报复弹劾过他的大臣。何昌言因敢于直言，屡遭人陷害，北宋崇宁二年至靖康元年（1103—1126），何昌言也经历过五次降职、五次复职。

北宋崇宁二年四月七日,何昌言第一次降为宣教郎,崇宁三年(1104)五月七日又任奉议郎,六月二十七日特任承议郎,崇宁五年(1106)七月十七日特任朝奉郎;大观二年(1108)二月二十七日特任朝散郎,四月初二任秘书少监及骑尉,八月九日特任秘书监。大观四年(1110)四月十五日特任给事中,后又任徽猷阁侍制、知应天府兼南京留守司公事、提举本府学事畿内劝农事;八月四日第三次降任知太平川,北宋政和元年(1111)七月特任集贤殿修撰及飞骑尉;政和二年(1112)五月三日任给事中,后又因上奏蔡京罪恶,第四次降任朝请郎和建昌军仙都观提举,政和五年(1115)四月一日复任集贤殿修撰和给事中;后再次因上奏蔡京之罪,第五次降任提举。直至钦宗皇帝赵桓即位,靖康元年(1126)二月准敕,何昌言上殿面奏事毕,任工部尚书侍郎太子詹事。宋大学博士谏官陈权赋诗称赞他:"何郎清节照寰瀛,况是登科压俊英。玉殿传呼群辟耸,金门宣出万人惊。远追卢肇龙头志,独压刘公榜眼名。从此文星照江右,不知谁复继芳声。"宋哲宗皇帝曾赐五言诗赞誉过他:"登府能书献,扬廷好爵縻。致君尧舜事,寤寐想忠规。"

由于何昌言长期愤懑,积郁成疾,第五次复任时已经无法供职,于北宋靖康元年(1126)四月二十七日病殁,享年59岁,归葬于新干善政乡。

何昌言的四世孙何嵩之,是绍定五年壬辰科(1232)徐元杰榜进士。

文天祥

文天祥(1236—1283)初名云孙,字天祥。以字贡于乡,后换以天祥为名,改字履善,又字宋瑞,号文山。宋朝吉州庐陵县淳化乡富田魁巷村(今青原区富田镇文家村)人。南宋宝祐四年(1256)丙辰科状元。

文天祥从小便受到了儒家传统文化的良好教育。父亲文仪,号革斋,性格旷达,重义轻财。家里藏书丰富,经、史、子、集、天文、医卜无所不有。母亲曾德慈,受了外祖父的庭训,知书达礼,贤良慈爱,常用历史上的忠烈义士故事教育孩子。为了让文天祥兄弟受到良好的教育,她不惜变卖陪嫁的首饰来延请老师。其兄文天祯,宝祐年间举人,署广济学谕,没在元朝为官。文天祥在童子时见学宫所祭祀的乡贤欧阳修、杨邦乂、胡铨等画像,皆谥为"忠",心中十分羡慕。他关心百姓疾苦,立志要为国家做一番贡献。文天祥在严父慈母和良师的教导督导下,刻苦学习,熟读诗文,精通经史，攻读之余，亦作诗绘画，苦习武艺，可谓文武全才。《宋史》记述他"体貌丰伟，美晰如玉，秀眉而长目，顾盼烨然"，是个典型的少年才俊。从 16 岁起，文天祥开始游学求师。宋理宗宝祐三年（1255），不满 20 岁的天祥，为了求得更多的学问，进入由前吉州知州江万里创办的白鹭洲书院深造。担任山长兼教授的欧阳守道，号巽斋，是吉州大儒。这位淳祐元年（1241）辛丑科徐俨夫榜进士出身的先生办学很有特色，教学紧密联系世事，贯彻"求学问以益于世用"的教育方针，对生员进行灵活的思辨讨论式的教学。这一年，文天祥人生观得到重大改变，思想有了飞跃。

　　宝祐四年，文天祥在父亲的陪同下，赴京城临安（今浙江杭州市）参加会试。对策集英殿，宋理宗赵昀以"天道人极"问，文天祥拿起 586 字题目的试卷阅读后，顿时文思泉涌，他以"法天不息"为对，一挥而就，写下了 11651 个字的《对策》。这篇《对策》，是文天祥哲学、政治思想、爱国忧国情怀、文学才华、正义胆识得到充分表达的一篇非常重要的文章，其中除了部分针对试题作答而外，很多议论大胆、独特。其语言无不激烈，字里行间透着一片赤诚。考官王应麟将其列为第五名，送给理宗亲览，理宗从宝祐四年 601 名登第进士中将文天祥钦定为进士第一人，王应麟立即跪奏："是卷古谊若龟鉴，忠肝如铁石，臣敢为得人贺！"待将试卷的弥封打开一看，见到考生名叫"文天祥"，理宗更加高兴，随口说道："天之祥，宋之瑞也。"天祥由此有了"宋瑞"的字。五月二十四日公布皇榜，天祥为进士第一名，即状元。同科的有陆秀夫、谢枋得，后来都成了有名的忠烈。他的弟弟文璧却落了榜，四天之后，父亲在客栈病逝，按宋朝制度，他必须在家守孝三年，他和弟弟只好扶着父亲的灵柩回家。开庆元年（1259），文天祥守制三年期满，文天祥初授承事郎，签书宁海军节度判官厅公事的初职（正八品）。后任刑部郎官等职，出守瑞州，后改任江西提刑，调任尚书左司郎官，军器监兼权直学士院。历秘书省正字，德祐初，拜右丞相。卫王立，加少保，封信国公。

　　文天祥所处时代，恰逢昏君无能、奸臣当道、政治腐败、外族入侵、人心涣散的南宋末期。开庆元年（1259），元兵南进，宦官董宋臣风闻元军远在千里之外骚扰，就连骗带吓，劝理宗迁都到四明（今宁波）去，同时派人给元人送银子议和。宋朝已经遭受了一场迁都的苦痛，现在又想重蹈覆辙，抱有正义感的主战派竭力反对。文天祥还未正式上任做官，他便以进士的名义上书，明确指出迁都万万不可，对于蛊惑人

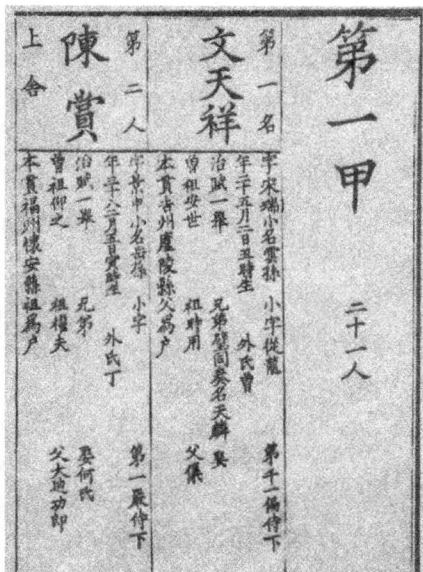

心的宦官董宋臣，应该下令斩除，如此才能安定人心，树立抗敌的信心。与此同时，他又针对抗战形势，提出了四条建议，反映了他的治国主张。这四条是：一、简文法以立事（处理事情不要注重繁文缛节，而应适应战时需要，"马上办"）；二、仿方镇以建守（要在全国建设几个军区，各自负责本区的兵员训练和战事，遇到紧急情况互相接应救援）；三、团结以抽兵（在州县招募新兵，替代老弱官兵）；四、破资格以用人（要重视人才遴选，特别注重选任有抱负、关心国家安危的帅才，不以资格论，而即使资历很深，但庸庸碌碌，或不顾国家安危的贪奸小人，必须摒弃）。这篇奏折是文天祥尚未入仕与奸佞的第一次交锋，结果朝廷只是应付众臣的反对声浪，对董宋臣作了解职（停职反省）处理，而对他的建议却置之不顾。文天祥很气愤，辞职回家。

景定三年（1262），朝廷又任命文天祥为秘书省正字（次七品）。景定四年（1263），任命文天祥为著作佐郎，兼权刑部郎官，兼景献太子府教授（正六品）。这时，朝廷让董宋臣官复原职，主管太子府。文天祥又一次上书，指出董宋臣的恶名妇孺皆知，京城老百姓背后都叫他"董阎罗"，而唯独皇帝不知。他甚至发牢骚说："陛下傥察及此，则亦何爱于此一人？"奏章依然没有上报，他却被派任瑞州知州，一年后改任江西提刑。在瑞州，他抚以宽惠，镇以廉静，整治骄兵，医治战争创伤，卓有政绩。在提刑任上，他平反了临江一起大冤案。当巡视到泰和时，得报祖母梁氏去世，他立即申请解官承心制，也即服心丧不守孝。文天祥服心丧，于情于理都是合乎当时礼制的。但朝廷却以文天祥不孝论罢。还有些好事者，印制小册子，广为传谣，推波助澜。他的老师欧阳守道和许多坚持正义的官员都为他申辩。他又一次回到了故乡。他清楚地看到了朝廷的腐败，官场的黑暗与凶险，对官场已心灰意冷，打算就在文山归隐、终老。这时理宗已死，度宗登基。

度宗咸淳三年（1267），朝廷启用文天祥，任尚书省左郎官，兼学士院权直。不久又差知宁国府，仅1个多月，改任军器监，兼崇政殿说书，兼学士院权直。咸淳六年（1270），文天祥得罪权贵贾似道再次遭到罢免。文天祥这次罢官将近三年，才在南宋咸淳九年（1273）正月，出任湖南提刑，8个月便获得"使民不冤"的好评。南宋咸淳十年（1274），度宗去世，恭帝继位。文天祥调任赣州知州，仅3个月就将混乱的状况梳理得有条有理，使赣州呈现一派新气象。自初入仕至知赣州任，大约15年间，他时而在京城任官，时而在地方任官；时而遭贬，时而起复。他在宦海沉浮，似乎看不到国家的希望。

南宋德祐元年（1275）正月，元军分三路大举侵宋，要顺长江东下，威胁江南，直攻临安，时任右丞相的陈宜中束手无策，不发兵抵抗。皇帝年幼，临朝听政的谢太后下"哀痛诏"，要求各路起兵勤王。文天祥接到诏书后，几天就迅速在赣州、吉州聚集了一支3万多人的勤王军护卫临安，并用自己的全部家产充作军费。

德祐二年（1276），正月十八日，元军前锋在伯颜元帅的率领下占领了距京城

30里的皋亭山。兵临城下，要宋朝派丞相到皋亭山"讲解"，其实就是叫宋朝投降。当晚，右丞相陈宜中弃国逃命，朝廷一时乱了阵脚。十九日早，任命文天祥为枢密使（最高军事长官），都督诸路军马，中午被加任右丞相。元军要求派丞相去谈，大家一致认为让文天祥去。文天祥不怕去皋亭山见伯颜，而担心以丞相的身份代表南宋去见伯颜会很被动，于是辞去右丞相之职，只以资政殿学士身份出使元营以求探究元军虚实。在元营，文天祥问伯颜："你朝如果不是要毁我社稷，那么应该先退兵到平江（今苏州），我们可以坐下来谈；不然的话，硬要打，宋朝还有大片国土，还有数十万军队，交战结果，还不定谁胜谁负。"这时文天祥万万没有料到，左丞相吴坚、兵部尚书吕师孟，还有贾庆余等早已和太后策划了投降的阴谋，带着皇帝的"降表"和玉玺呈给了伯颜。因此伯颜立即改变态度，对文天祥说："你国投降的事都已决定好了，我们就等着接收图册事宜了。"将文天祥扣留。文天祥一面斥责吴坚等所谓"祈请使"的投降罪行，一面斥责伯颜背信弃义。见文天祥有胆有识，大义凛然，元军不敢杀他，也不敢放他，把他拘押北方。途中，在友人帮助下脱逃，文天祥由海路南下，到福建与张世杰、陆秀夫等一起坚持抗元。恭帝降元后，南宋朝臣拥端宗继位，改元景炎。南宋景炎二年（1277），文天祥率军进攻江西，接连收复许多失地，从此军威大振。景炎三年（1278）四月，端宗死，立赵昺为幼帝，改年号为祥兴。八月，加封文天祥为少保。南宋祥兴元年（1278）十二月二十日，文天祥将部队移到广东海丰，计划向北，经南岭再图反攻江西。就在海丰的五坡岭埋锅造饭之时，不意元军突至而被俘。

　　文天祥被俘后，元军将他禁闭在船上，一路劝降。在船过珠江口外零丁洋时，零丁洋的"零丁"两个字勾起了他许多人生感慨，因此写了《过零丁洋》七律一首："辛苦遭逢起一经，干戈寥落四周星，山河破碎风飘絮，身世浮沉雨打萍。惶恐滩头说惶恐，零丁洋里叹零丁。人生自古谁无死，留取丹心照汗青。"

　　文天祥被囚四年中，元朝想尽各种办法派人劝降文天祥，均未能如愿。在经历种种磨难后，文天祥仍抱着宁死不屈的态度，表现出坚贞的民族气节和昂扬的斗争意志，慷慨悲壮，感人至深。在囚牢里，他集自己的诗作，编为《指南前录》3卷、《指南后录》5卷，又作《集杜诗》200首，写下长诗《正气歌》。从《正气歌》中可以看出，他凭着这股正气不仅战胜了恶劣的生活环境，还战胜了来自元朝的利诱威逼，更重要的是精神上得到了升华。他列举了历史上12位人物楷模，那是他景仰的忠烈之士，时刻在鼓舞和激励着他，但文天祥实际上比他们做得更好，在中国古代历史上少有像他那样用心践行儒家思想、如此完美的人。

　　元朝皇帝忽必烈见文天祥始终不降，决定作最后一次努力。他亲自劝降，召文天祥上殿，以高官相诱，见文天祥仍不改初衷，最终才放弃劝降念头。至元十九年（1283）十二月初八日（1月9日），文天祥在大都（今北京）柴市口从容就义，时年47岁。文天祥的历史地位数百年来被历代人民所肯定，他的爱国主义精神和浩然正气，早已成为中华民族宝贵的文化遗产,被一代一代继承和发扬。

其弟文璧,开庆元年(1259)己未科周震炎榜进士。初授迪功郎,临安府司户参军。宋亡,仕元,仕至嘉仪大夫,宣慰广西分司邕管。

胡 广

胡广(1370—1418),字光大,号充之、晃庵,原名胡广,建文皇帝曾赐名靖,又叫胡靖;永乐皇帝取得帝位后,重新恢复原名胡广,明朝吉安府吉水县(今吉安市青原区天玉镇胡家边)人。明建文二年(1400)庚辰科状元。

胡广的父亲子祺,明太祖时以文学举为御史,请都关中仕,终迁平知府。胡广出生于山明水秀、交通方便的赣江畔——胡家边。村头有其父创办的"长林书屋",胡广就是在这里接受启蒙教育。然而,好景不长,在其8岁的时候,他的父亲就去世了。由母亲吴氏抚养成人。胡广笃志励行,力学好古,善于思考,对前人著述从不盲从。他曾与江南才子解缙同窗苦读,得到解缙父亲解开的亲自教诲。胡广与解缙两人,均才思敏捷,出口成章,可谓一对神童。胡广的叔祖胡子贞很喜欢他,经常教他著文作诗。

一次胡子贞以"长林书屋"为题,咏秋景,教胡广作七言律诗。胡广凝视故乡山水,见秋色宜人,远峰如黛,江水如练,沉思片刻,挥笔就章,一口气写下了《题江头八景》八首七律,呈与叔祖。叔祖展开细读,但见"芙蓉隔江罗翠屏,孤峰独拥金螺青。两山秀色揖清澄,千古气入秋冥冥……"他读完这八首七律后,心中暗自高兴,对胡广母亲说:"广儿赋诗行文具状元之才,速从高师锤炼。"母亲言听计从,命胡广从黄鼎(字伯器)先生游学,攻研经学。由于胡广刻苦攻读,广览众书,其学博究经史、百氏、医卜、老释之说,因而下笔行文,必然有行云流水之势,赋诗深得盛唐之趣。工书法,行草之妙,独步当世。

建文二年(1400),胡广廷试对策中有:"亲藩陆梁,人心动摇"之语,被惠帝朱允炆看中,擢为进士第一,并赐名"靖",初授翰林院修撰,承直郎。这年登第进士第二名是吉水的王艮,第三名进士是吉水人李贯。人们奔走相告:"吉水中全榜。"

惠帝也为之高兴，亲自以"人臣韵"，令胡靖作梅花诗100首。他一口气写下120首七律梅花诗。皇帝大加赞赏，后人把这120首七律梅花诗刻印在族谱上，一直流传至今。人们把它当作珍贵文物，今收藏在吉水县博物馆。

　　建文四年（1402），惠帝削藩失败，燕王朱棣攻陷京城（南京）即帝位，史称明成祖。胡靖与解缙等人迎新君入城登位，并且为新君拟写诏书，告示天下，年号"永乐"。明成祖见胡靖决策稳重、思维严密、见解独到，又谨小慎微、迎合自己，擢升胡靖为侍讲，改侍读，进承德郎，恢复其原名胡广。永乐二年（1404），又升胡广为右春坊右庶子，阶奉议大夫。永乐四年（1406）（《明史》作五年），胡广升任翰林院士兼左春坊大学士，阶奉政大夫，受命任《永乐大典》副总裁。由于才博学渊，事君忠诚，胡广深得成祖信任。当时成祖谕示吏部："广等侍联日久，继自今秩满，勿改外令。"永乐五年（1407）七月，又命胡广辅导皇太孙。至此，胡广经常坐在皇帝卧席的锦绣墩上，与皇帝纵谈国事，直到深夜。皇帝与胡广名为君臣，亲如手足。胡广甚得成祖宠爱，曾经两次主考京畿乡试，四次为廷试阅卷官。成祖巡视各地，每次都要带他同行，又因他的字写得好，每勒石，皆命胡广书之。

　　胡广虽受皇帝宠爱，官高权重，却不因势欺人，反而志于扶植名教，奖掖善类，见义勇为，不取名利。偶尔遭到小人谗毁，也不伺机打击报复。虽身处荣禄，却没有忘却故乡山林幽娴情趣，偶有闲暇，总是闭门读书，赋诗撰文。他是前朝的人，对朱家的内部斗争非常清楚。在惩罚旧臣上并不推波助澜，反而是极力拯救。他为奔母丧，从吉水返回京城后的一天，明成祖向他打听老百姓的情况，他爽直地回答："百姓还安居乐业，但郡县穷治建文时奸党，诛及亲友，实在太残酷了。"皇帝采纳了他的意见，立即下诏禁下面株连的做法，使社会得以安定。

　　明成祖登基后，被明朝赶跑的元朝旧臣，逃遁到大漠以北的区域，建立了鞑靼国，经常出兵骚扰明朝北部边境。明朝派使臣去议和，使臣被杀，派兵去讨伐，又遭惨败。明成祖很气愤，永乐八年（1410），亲自领兵去讨伐，携胡广同行，并任命他为军师。胡广每到之处，仔细分析敌情，认真考察地形，缜密制定作战计划，皇帝对他言听计从，明军所向披靡，屡战屡胜，威震北方，很快就挫败了鞑靼国。

　　鞑靼西边的瓦剌族部落，却趁明朝打败鞑靼国的时候对其进行攻击，一举获胜，杀死其头领可汗本稚失里。瓦剌族头领马哈木，骄横凶蛮，得陇望蜀，向明朝提出许多不合理的要求，并派大军直压边境，想让明朝屈服。永乐十二年（1414）二月，明成祖又带胡广等人，率50余万兵将去征讨马哈木部队。马哈木狡诈，见大兵入境，一路佯败。胡广觉出有诈，不盲目追击，稳扎稳打。经过认真观察地形及分析敌情之后，选择一个空旷平地布下空阵，引鱼上钩。马哈木不知是计，一路杀来。见明军兵营扎在平地上，营中灯火辉煌，声乐四起，以为得手。哪知待他三个部落的兵马一齐冲入明营后，才发现是座"空营"时已经晚了。明军四面伏兵一齐包围，奋力砍杀。马哈木部队虽拼死顽抗，但里外三层重围，怎么也冲不破。明军以五倍的兵力围歼敌人,马哈木部队死伤惨重,几乎全军覆灭。这一仗打得非常漂亮,极大地安定了明朝西北边境。

当时礼部尚书吕震和郎中周讷,为讨皇帝欢心,假传民意,奏请皇帝搞"太平盛世"的"封禅"迷信活动。朝中大多数官员,不想得罪成祖,随声附和。此时,胡广没有随大流,而是坚决反对这种劳民伤财的大型迷信活动。他以唐明皇泰山"封禅"耗资巨大,弄得民不聊生,酿成如"安史之乱"的惨剧,来说服成祖不宜搞"封禅"。并郑重其事地建议与其"封禅",不如"封书"(即编书出版)。因为胡广说的都很现实,实施又大见成效,特别是几次战略的成功,更使成祖信任胡广,并以胡广的意见向大臣们晓谕:"如今天下虽然太平,但是全国还有水旱灾害,一些疾病也在流行,怎敢自认是天下太平了呢?况且《六经》上又都没有关于'封禅'的记载,既然'封禅'不合乎古礼,也就没有什么意义。尔等不许再提这件事。"胡广为赞扬皇帝放弃"封禅"的决心,马上呈《却封颂》,颂扬成祖,"圣智聪明,盛德至矣美矣"。成祖因而更加喜欢胡广,立即升他为文渊阁大学士,仍兼左春坊大学士。后又采纳胡广"封书"的建议,诏令胡广主持编纂《太祖实录》《五经·四书性理大全》等文献。胡广领命后,白天参与朝廷机务,夜晚编书撰文。他主编的书籍,执笔严谨,不容丝毫偏差。一旦发现舛误,就亲自勘校补正。经常熬夜,甚至通宵达旦。他主持

编辑出版书籍达20075卷,是江西状元出书最多的一个。同时,他自己也撰文著述。他的文采与治学精神,博得了同仁的好评。与他同入文渊阁的大学士金幼孜对胡广的学识、才能作了高度的评价:"公(胡广)雅善笔札,而才思敏捷,其为文温润典则,每数敕俱下。公索笔一挥,恒千百言顷刻而就,略无血指汗颜之态,至于典删之施,诏诰之播,故实之讲,所以黼黻赞襄而裨益于国家者,公可谓兼尽其美者矣。"

由于政务繁忙,积劳成疾,胡广在永乐十六年(1418)五月卒于北京官舍,年仅49岁。成祖得知后,哀悼不已,命工部具棺,礼部赐祭。赠资善大夫、礼部尚书,谥"文穆",文臣得谥,从胡广开始。皇帝又敕令有关部门具载其丧枢,归葬江西吉水。当时朝中大臣和缙绅大夫凡是认识胡广的,都作诗文以挽之。洪熙元年(1425),明仁宗加赠胡广为荣禄大夫、少师。

胡广编辑的《性理大全》70卷、《四书大全》36卷、《诗经大全》20卷、《礼记大全》30卷、《书传大全》10卷、《春秋大全》70卷和著述《胡文穆集》20卷、《胡文穆杂著》1卷,均收入《四库全书》。

曾　棨

　　曾棨（1372—1432），字子启、子棨，号西墅，明朝吉安府永丰县（今吉安市永丰县佐龙乡龙潭曾家村）人。明永乐二年（1404）甲申科状元。

　　曾棨天资聪颖，过目成诵。3岁尽识象棋，7岁随伯父读书，15岁设馆授徒，17岁应聘新淦胡家私塾，20岁考入县学，名列第一。列为庠生，深得教谕戴正心器重。参加州试，中秀才。家贫，又执教于吉水桑田村周家私塾，学生为两兄弟，哥哥叫周述，弟弟叫周孟简。建文元年（1399），江西举行乡试，曾棨与学生一同赴省城应试。他的两位周姓学生同时登榜中举，作为老师的曾棨却名落孙山，自觉无颜再教，便请辞回乡，被周家再三挽留。周母道："妇人深知先生知识渊博，文章漂亮，下科必然高中。等先生中举后，还望先生带孩儿进京会试呢！"果如其言，永乐元年（1403）曾棨中举人。次年，师生三人一同赴京赶考，曾棨中一甲第一名状元。他的学生周述中一甲第二名榜眼，周孟简中一甲第三名探花。周母喜笑颜开："先生硬是高出学生一筹，佩服！"师徒3人囊括状元、榜眼、探花，世所罕见，这就是广为流传的"师生兄弟同科三鼎甲"的传奇故事。

　　曾棨高中状元时还有一段故事。当初，他以礼部会试第八名参加殿试。成祖以礼乐制度方面的经文为题，题目难倒不少人，而曾棨的对策格外详明，言语尤为洗练，凡天文地理，礼乐行政，古今载籍，援据殆尽。成祖阅后十分赞赏，御笔亲题："贯通经史，识达天人。有讲习之学，有忠爱之诚。擢魁天下，昭我文明。尚资启沃，惟良显哉。"于是曾棨被钦定为状元，中状元后，历任翰林院修撰、侍读学士，后迁右春坊大学士，詹事府少詹事并入值文渊阁。

　　明成祖登基后重视生产、教化，成天下之才，致天下之治。特下旨从翰林院庶吉士中选28位才学俊敏者就读于文渊阁，曾棨是选中的头一名。入文渊阁的学子，由司礼监月给笔墨纸砚，光禄寺供给早晚餐馔，礼部发给膏烛费用，工部择近宅第以居，时人都以此为荣耀。在文渊阁期间，曾棨昼夜淬沥，博览群书，道德文章日益精进。皇帝亲试《天马海青歌》，他成文最先，深得赏识。遇到摘书中的僻词隐语，皇帝就会召他进宫面问出处、词意，曾棨总能对答如流，很少有遗漏和讹错。所以，但凡有人向明成祖推荐文士者，皇帝必问："才学如棨否？"有时就直接叫被荐者与曾棨论辩，借此考察被荐者的才学。

永乐三年（1405），明成祖命侍读学士解缙采天下图书编为《永乐大典》，曾棨受命任副总裁。永乐五年（1407）图书定稿，全书共22877卷（含目录60卷），装成11095册。嗣后，升为侍讲，进侍读学士，又以副总裁身份参与编修《天下郡县志》。洪熙元年（1425）明仁宗赐给曾棨袭衣宝带，提升他为左春坊大学士兼侍讲。宣德元年（1426）宣宗登基，升任詹事府少詹事，参与编修《三朝实录》。

曾棨曾两次随从成祖朱棣出巡。第二次出巡时，一路上蜡梅盛开，朱棣心花怒放，诗兴大发："曾爱卿文章写得好，诗作得如何？不妨以梅花为题作几首七律诗。"皇帝令诗，他不敢怠慢。按照成祖咏梅的要求，一连写了100首梅花七律诗，诗题为梅，内容为梅，每首56字，除第四十首有一个"梅"字外，其余九十九首并不见一"梅"。其匠心独运，诗情文采，如园得春，群芳奋发，可谓咏梅一大绝唱，留下一段千古佳话。

曾棨是撰文高手，自吉水同乡解缙、胡广之后，馆阁中朝廷所有重要文告、条例多出其手。他所作的碑、碣、记、序、赞、传、铭、赋，必律唐人。兴之所至，笔不停挥，状写之功，极其天趣。他的七律《维杨怀古》和《灌婴城》等怀古、咏史之作，时称佳品。他在书法上也有很深的造诣，特别是草书，雄健奔放，颇具晋人风骨。曾棨性至孝友，喜奖掖后进。从政期间，曾一次主办京试，三次主办会试，两次充任廷试读卷官，一时名士多出其门。

曾棨体素魁伟，为人温雅，襟怀洒落，善言谈，能饮酒。有一年中秋节，邻国交趾（今越南）派来两位使臣进贡永乐皇帝。席间，贡使炫耀酒量，曰："堂堂大明，无人匹敌。"曾棨一听，面奏皇帝："微臣愿斗酒对饮。"他一人对饮两使臣，使臣醉如烂泥，俯首认输，曰："大明王朝人才济济，酒仙曾棨也。"后来，民间也有人称之为"酒状元"。

曾棨晚年多病，朝廷常令太医诊视。明宣德七年（1432）正月在北京去世。宣宗遣礼部侍郎章敬谕至詹事府致祭，追赠曾棨为嘉议大夫、礼部左侍郎，谥襄敏。

著有的《西墅集》10卷、《睫巢集》18卷行世，家谱、县志中录存《梅花诗》百首。

萧时中

萧时中（1383—1425），名可复，以字行，号东白。明朝吉安府庐陵县宣化乡（今吉安市吉安县永阳镇曲山村）人。明永乐九年（1411）辛卯科状元。

萧时中出身于书香门第，其父萧乐存是个读书人。萧时中自小聪明，刻苦学习，奋发向上。童年、少年时期受过系统的传统教育，读书一目十行，过目不忘，10岁就能作诗著文。他在父亲的悉心教导下，对浩如烟海的典籍无不涉猎，对儒家经史更是烂熟于胸。他早年与其兄萧不敏互为师友，刻苦问学，勤奋攻读。永乐六年（1408）

参加乡试,以第一名中得举人;永乐七年(1409)赴京城参加礼部举行的会试,取得第六名;永乐九年(1411)在京城参加皇帝主考的殿试,以《殿试策》(也叫《礼乐策》)一文夺魁,中状元后,萧时中授翰林院修撰,永乐十二年(1414)参与《四书大全》《五经大全》《性理大全》等书的编纂。

萧时中中状元后,兄萧不敏写了《喜弟中状元》七律一首:"十载穷经志异常,果然今日显文章。灵鳌振处千山动,丹桂飘时万里香。三汲浪中龙显爪,九霄云外凤呈祥。状元榜上金书字,直入皇家作栋梁。"表达欣悦之情。吉水解缙写了赞《礼乐策》的诗:"殿上衮衣明日月,砚中旌旗动龙蛇。纵横礼乐三千字,独对丹墀日未斜",对萧时中的文章给予了高度评价。

永乐九年秋,新科状元萧时中奉旨回乡给父母葺墓。正逢庐陵大旱,萧时中见族长带领村民在萧家祠求雨,便献策将村中几把两丈多长的龙骨车分几级车水,同时修一条简易水渠,引河水灌溉。次日,祠堂前一字排着十几把龙骨车。族长手持狼毫请萧时中为水车题字,他随即书写:"何须龙泉汲(吉)水;但愿庐陵永丰。"他的对联包括了当时吉安府的4个县名,即龙泉(今遂川)、吉水、庐陵、永丰。两天后,当知州从泰和回吉州,途经永阳转道曲山看望萧时中,见到水车上的对联后说:"萧大人能为庐陵、永丰、龙泉、吉水四县祈水,难道不可以为其他几县百姓祈水?"萧时中欣然应允,挥毫写道:"首庐陵利泰和龙泉滚滚万安福;担吉水灌永宁莲花朵朵永丰新。"他的对联将吉安府10个县:庐陵、泰和、龙泉、万安、安福、吉水、永宁(今宁冈)、莲花、永丰、永新都包含在内。这两副对联很快便在民间流传开了。

萧时中生性耿直,入仕后敢在皇帝面前抨击时弊。有一次,他上疏希望皇帝能做到五点:一、亲览史书;二、永开言路;三、重大臣;四、选良将;五、保全内官。认为内官出入宫闱左右,侍奉起居在侧,朝夕不离,"逆委以国政,授以大权"等到他们屡败国事的时候,再来"治以重刑,戮于市朝"不是好办法。建议朝廷制定制度、法律来解决此问题。他的奏议,得到朝廷重视。他曾因灾陈奏八事,极尽时弊,措辞婉转,受到明成祖嘉纳。

萧时中体恤民情,为民请命。中状元后回乡省亲,江南遇百年大旱,颗粒无收,官府赋税只增不减。明朝廷迁都北平后,善拍马屁的官员奏请百姓进献奇珍异宝,以博明成祖欢心。此议遭萧时中反对,他把省亲所见的江南旱灾向皇帝禀告。明成祖正沉浸在迁都后的喜悦之中,容不得萧时中扫他兴致,呵斥萧时中胡言乱语。萧时中情急之下,不顾君臣之礼,坚决请求减免赋税,停止征收奇珍异宝。盛怒之下,明成祖欲杀萧时中,幸得胡广等人出面鼎力相保,萧时中才得以免除死罪,足见他为百姓疾苦,连死也不畏惧。

萧时中敢于直言,为解缙鸣冤叫屈。解缙是洪武二十一年(1388)进士,在永乐初与胡广、杨士奇等人进入文渊阁,成为宰相。但解缙在立储问题上,因反对明成祖废嫡子立次子招致祸端。在解缙罹难时,众人像避瘟神般,不敢为解缙辩解,唯有萧时中不顾安危,站出来为解缙鸣冤叫屈,虽没被成祖采纳,却显出他明辨是非、敢于直言的精神。解缙死后十年,朱高炽登基,改元"洪熙",是为仁宗。萧时中认为解缙昭雪时机已到,把解缙写的《廷官十信纸》,呈送给仁宗御览。仁宗阅后,认为解缙忠心可鉴,把文章交给老臣杨士奇处理。杨士奇曾与解缙同入文渊阁,共主朝政,也知道解缙是屈死的,奏请仁宗,特抚恤解缙及其全家。

萧时中敢于铮谏,针砭时弊。尤以他对锦衣卫帅纪纲的三次上书,请斩帅纪纲以谢国人。纪纲本是个落第秀才,多次考试未果,流浪街头。与都察院袁泰邂逅,两人臭味相投,袁泰推荐帅纪纲入锦衣卫,成为锦衣卫帅,逐渐权倾朝野。他与袁泰相互勾结,肆无忌惮地迫害不同政见官员。解缙就是因为用"山间竹笋,墙头芦苇"嘲讽了纪纲,又与纪纲在立储上意见相左,纪纲便将解缙灌醉冻死在冰天雪地之中。萧时中十分痛恨纪纲及锦衣卫,多次上书明成祖,数落纪纲及锦衣卫的罪行,请求废除锦衣卫及东厂,杀帅纪纲以谢国人,而他自己却因此险遭迫害。萧时中光明磊落、直言不讳的作风,受到朝廷文武百官称赞。

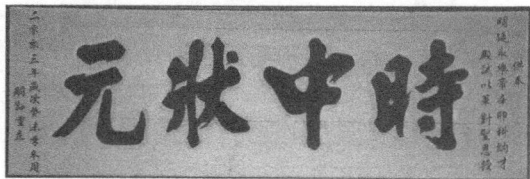

仁宗洪熙元年(1425),萧时中死于任上,年仅42岁,归葬庐陵曲山邓桥祖坟,2002年萧氏后裔重修,有墓表、墓石等残存遗迹。他的个人著作收入《曲山三萧遗集》中。

萧时中妻刘氏所生儿子,长子缊仪,任湖广武昌训导;次子缉熙任广东武县训导。他奉旨督学福建,主考漳州府时娶了杨氏、杜氏,他的5个儿子留在福建漳州定居,如今他的后世子孙不少遍布福建、台湾、东南亚各地。

陈 循

陈循(1385—1462),字德遵,号芳洲。明朝吉安府泰和县(今吉安市泰和县澄江镇城东)人。明永乐十三年(1415)乙未科状元。

陈循生于明洪武十八年（1385）二月十六日寅时，5岁丧母，10岁丧父，他的二哥很早过世，他与长他10岁的大哥陈德逊相依为命，两人生活虽清苦，但团结相处，和衷共济。少年时期，陈循就以聪慧闻名乡里，《南寮陈氏宗谱》记载：陈循初入乡塾读书，不三数过辄背诵，老成咸异之。叔父陈一敬罢官归，从受业，大有造诣。陈循17岁为邑庠弟子员，文学已出类拔萃。永乐十二年（1414）乡试第一，成为解元后的第二年，参加礼部会试获得第二，原本会试考官拆卷第一名是陈循，因主考官梁潜是泰和人，与陈循是同乡，为避嫌，遂改以洪英第一，陈循降为第二名。在殿试时，陈循终于以自己的实力高中状元。他是明朝迁都北京后，在北京开科取士录取的第一位状元。

陈循高中状元后，授翰林院修撰。他对朝廷的典章制度非常熟悉，为官后常随侍皇帝左右，历事永乐、洪熙、宣德、正统、景泰五朝，在朝43年，是重要朝臣之一。洪熙元年（1425）任侍讲。宣德初年，受命入洪庆宫，日承顾问，并赐给玉河桥西面的一座豪华府第。宣宗朱瞻基巡视时，陈循初是随从，不久升侍读学士。正统元年（1436），英宗皇帝朱祁镇继位，陈循兼经筵讲官，后进翰林学士。当时共事的有少傅杨士奇、杨荣、尚书杨溥，内阁学士高穀、商辂、萧镃、王文，吏部尚书王直，礼部尚书胡濙，兵部侍郎于谦等。朝廷大事，官吏和百姓谏言，以及奏章的草拟，最初都是"三杨"（杨士奇、杨荣、杨溥）主持，史称"政归三杨"。到正统九年（1444），陈循入文渊阁典机务时，杨荣、杨士奇，已先后去世。陈循和曹鼐、马愉三人共掌内阁。曹鼐是宣德八年（1433）癸丑科状元，马愉是宣德二年（1427）丁未科的状元，此时的明朝内阁三大臣皆为状元郎。礼部遵照常例由杨溥主议大事，英宗皇帝认为杨溥已年老，应休息颐养，命陈循等予议。陈循受圣旨："凡处军国重务、应制等文字及大官给膳，悉同士奇，日侍经筵讲说史故事如故。"正统十年（1445）陈循晋升户部右侍郎兼翰林院学士。正统十四年（1449）又升为户部尚书，仍兼其他职务。景泰元年（1450）升为首辅，景泰二年（1451）升为少保太子太傅兼文渊阁大学士进华盖殿大学士。

陈循是一个富有才学的台阁重臣，心怀治理国家和减轻人民痛苦的愿望，又好排难解纷。永乐十六年（1418），明朝诗人梁潜，这位曾编修过《太祖实录》的翰林院修撰，也曾参与总纂《永乐大典》的泰和老乡，应召到北京辅佐明成祖的皇太子。当皇太子未经皇帝许可，擅自赦免皇帝定罪之人，引发皇帝震怒，受此事牵连，梁潜被处斩。人皆惶恐，不愿与梁潜家人有任何关系，陈循则尽力庇护他的家人。梁潜平日所作诗文类稿，当时多散佚，陈循派人在书市中广泛寻访，并加价赎还其诗稿，"今锓梓以传者，公所赎也"，使得梁潜有著作《泊庵集》行世。在宣德年间，明代书法家张楷在任监察御史期间曾因献诗忤逆圣旨，得罪宣宗。在宣宗将要治罪之时，因为陈循上书陈情其一片忠爱之心，皇帝才不再追究张楷的罪责。御史刘祚上疏触犯皇上，引得宣宗发怒，也是因为陈循的婉言解释，宣宗才免刘祚一死。陈循是明代第一个官至一品的状元。他为人宽厚，关心人民疾苦。景泰年间，有一年冬天，陈循随代宗皇帝到河南、河北视察，适逢大雪，麦子冻死。陈循上疏，请求拨款购买麦种给百姓补种，获皇帝允准。

陈循处事沉稳，能临危不乱，遇事能沉着应对，在确保明朝王权的稳定中做出了一定贡献。正统十四年（1449）七月，蒙古瓦剌部首领兵分四路，大举南侵，明军溃败，英宗被宦官王振蛊惑，不听劝解，执意亲征，结果在八月十五日发生了历史上有名的丧师弃地、俘君辱国的"土木堡之变"，数十万明军死伤过半，英宗被俘，随征文武大臣大多在混战中丧生。"土木堡之变"消息传到京城，皇宫内外一片恐慌。当时有人打算拥立英宗弟弟郕王朱祁钰，陈循即对众臣说道："强敌入侵，名不正言不顺，为形势所迫必不敢长久扣留皇上，现在应当早立皇太子，以郕王辅佐，再想办法把皇上迎回来，其他的不用多说了。"当时宦官金英说："英宗的长子只有二三岁。"陈循回答说："但生一日，即是主人。"在陈循等人的推动下，皇太后下诏，立英宗3岁的儿子朱见深为皇太子，以郕王朱祁钰监国。到了九月初一，为了安定人心，也为了断绝蒙古瓦剌部首领也先借英宗被俘之事要挟朝廷之心，皇太后下旨，郕王朱祁钰于九月初六即帝位，改年号为"景泰"，史称明代宗。

眼看蒙古瓦剌部的也先准备率部继续南下，一些胆小的官员鼓噪着迁都南逃。翰林院修编徐珵（后改名徐有贞），以星象、历数为依据，说："天命已去，只有南迁才可以纾难。"陈循审时度势，与吏部尚书王直、礼部尚书胡濙等官员，坚决反对南迁，主张以保卫京师为根本。兵部左侍郎于谦则说："言南迁者可斩也！"在他们的坚持下，避免了宋朝半壁江山沦陷的悲剧重演，使民心得以安定。十月十日，瓦剌部的军队挟持英宗抵北京城下，列阵西直门外，把英宗放置在德胜门外的空房内，并派信使传话："现在把你们的皇帝送回来了，请立即派大臣胡濙、王直、于谦出来接驾。"陈循说："这肯定是诡计，不可派大臣，应先派一般官员前去问安、探望，弄清虚实。如果英宗果然在，而也先诚心送归的话，即去迎接，不可延缓。"探望者回来报告说："看到了太上皇（英宗），他肯定地说，敌人无意将他奉还，只是将其作为入侵的筹码罢了。"陈循说："这样的话，应当安排大将守城，不得轻易出战。"并密令城外各个马坊焚烧所存积的马草，又招募5名勇士，潜行去宣府、大同、永平、辽东等边防守军处传令赴京勤王。由于北京军民的坚决抵抗和明朝援军的先后抵达，瓦剌部虽组织进攻多次都先后失败了，见人心惶惶、军心涣散、内外交困，蒙古瓦剌部首领也先于十月十五日夜，率十余骑脱身先逃，到十一月八日，瓦剌军退到塞外，京师解严。陈循和主战派于谦等官员领导和组织的北京保卫战终于取得了胜利,粉碎了瓦剌军想夺取北京的野心,明王朝转危为安。

蒙古瓦剌部进攻失败后,改变策略,于景泰元年(1450)八月,将英宗放归,企图使明朝内乱,再相机行事。英宗回北京后,被安置在南宫,以太上皇身份幽居,但念念不忘复辟。景泰八年(1457)正月,代宗患病,到了十四日,病势愈加沉重且不能视朝,陈循与高穀、萧镃、商辂闻听说受代宗宠信的近臣兴安在右顺门里,就对兴安说:"永乐中,大驾或二三日不能视朝,则令百官赴东宫朝参启事。此祖宗旧例,公所知也。今事如此,须请复正统东宫,以代视朝参为便。"获兴安首肯后,陈循与礼部侍郎邹干、姚夔等商议,希望有众多官员参与。官员们聚在一起,对于恢复英宗皇位的提议,有赞成的,也有反对的,意见并不统一。陈循说:"赞成者请将姓名写在奏稿上。"于是从者遂众。第二天,奏章送上,批答:"不允。"第三天,陈循等再率领文武百官送奏章,因奏章末尾列官职姓名数量多,待到写完,则已过了下午三点,来不及上奏。次日黎明,在宦官曹吉祥、政客徐有贞、武将石亨等策划下,"百官奉迎圣驾(英宗),重登宝位"。于是,英宗重新登上了阔别八年的帝位,史称"夺门之变"。之后,英宗封石亨为忠国公,徐有贞为武公伯,入内阁。第二天,因平素多次求陈循推荐自己而落空的徐有贞,以迎英宗复辟有功,而恃势诽谤陈循,胁迫六科弹劾陈循,但英宗没有追究,第三天,他们再发起六科十三道进行弹劾,诬蔑大臣王文、于谦有迎立外藩之意。百口莫辩,王文、于谦终以阴谋未遂罪名被处死,他们的子婿也因此罪被遣戍边。陈循与大臣商辂、萧镃被扣上知情参与谋划罪,陈循被刑杖一百并流放铁岭卫(今辽宁铁岭)。商辂与萧镃被逮捕下狱。至此,一批拥戴景泰皇帝的文武大臣被撤职、充军和杀害。自天明顺元年到明天顺四年(1457—1460),陈循不断向朝廷上书表陈心迹。英宗也很快就发现此事的原委,了解到石亨、徐有贞等人抢先发动政变,拥立自己复辟,只是为了邀功请赏和排斥异己,于是深感上当受骗。明天顺初,徐有贞削职为民。天顺四年(1460)武将石亨被处死刑。天顺五年(1461)宦官曹吉祥被处死,陈循奉诏释罪为民,得以返回故乡。回到故乡的第二年,即天顺六年(1462),陈循病逝于家中,时年77岁。

宪宗成化三年(1467),于谦之子于冕奏请追恤,得允,赐祭,复父官,复子荫。陈循女婿李遇任南京工部都水司郎中,于成化六年(1470)援于冕例,为陈循申辩,陈循蒙宪宗皇帝赐祭复官。成化七年(1471)五月十一日,皇帝遣江西承宣布政使司左参政张永谕祭。谕祭文云:"卿制科首选,纶阁重臣,祗事累朝,克副倚毗,顷因权奸诬构,暂谪遐方,幸先帝明并日月,寻赐昭雪,敕还故里,可无憾矣。兹特复卿旧职,遣人谕祭。呜呼! 哀其死而悯其忠,式遵先志;厄于前而伸于后,永惬人心;灵爽如存,歆余至意!"

陈循是明代的文学家,他的学问颇为当时学者所推崇,他的《省亲诗赠郭绍容》:"忆别严亲久,今朝定省游。满斟桑落盏,稳驾木兰舟。燕语东风暖,莺啼绿树稠。倚门亲望久,去去莫迟留",表现了诗人事亲至孝的情感,语调亲切和谐,感情真挚深厚。又如《山城月夜自和东行集句韵》："蟾光如水浸清秋，防塞将军在戍楼。千里无尘烽火寂，夜深犹起看旄头。"这首诗写的是和平时期的边塞生活，尽管边防无战事，却仍然月夜查军情，这正是对官兵们的赞扬。宣德十年（1435）陈循曾与王直、王英受命修《宣庙实录》。他的著述还有《芳洲集》10卷、《东行百咏集句》9卷、《芳洲年谱》1卷。

曾鹤龄

曾鹤龄（1383—1441），字延年，一字延之，号松坡，别称臞叟，明朝吉安府泰和县（今吉安市泰和县澄江镇西门状元坊）人，北宋农学家曾安止后裔。明永乐十九年（1421）辛丑科状元。

曾鹤龄刚生下来时，其母梦见仙鹤从天而降且头上的顶骨带有红晕，于是取名鹤龄。曾鹤龄自幼聪敏异常，小时候在家中接受启蒙教育时，不用大人督促，也能自觉刻苦学习。他与哥哥曾春龄一起主攻《尚书》。二十岁出头，曾氏兄弟一起参加永乐三年（1405）乡试，结果兄弟俩同科考中举人。次年本可趁热打铁，兄弟俩一道进京会试，但考虑到父母年迈，身体欠佳，放心不下，他便主动留下来侍候父母，放弃赴京参考的机会。让哥哥赴京赶考，其兄曾春龄成为永乐四年（1406）丙戌科林环榜进士，被选为庶吉士。不料哥哥曾春龄因病早逝。为赡养父母，供养嫂子侄儿和自己的妻子，曾鹤龄不得不放弃赴京参加科考的想法。父亲去世后，家里的生活只能靠他一人操持。待到侄子长大成人，他已近"不惑"之年，这才辞别老母，赴京参加永乐十九年（1421）会试，此时离他中举已经过去了16年。入京会试，同行的举子们都在高谈阔论，只有曾鹤龄沉默不语。众人以为他只是凭运气偶然考中的举人，戏称他为"曾偶然"。永乐十九年会试的主考官是泰和县的杨士奇，他赏识朴实之作，看了曾鹤龄的卷子后十分高兴，就取在前列。在殿试中，曾鹤龄一举夺魁。他在中状元后，曾写了一首诗给那些同行的举子，诗云："世间固有偶然事，岂意偶然又偶然！"

曾鹤龄状元及第后，历官翰林院修撰、侍讲，至侍读学士、奉训大夫。参与编修《成祖实录》《仁宗实录》《宣宗实录》，实心任事，屡受嘉奖。正统三年（1438）戊午科乡试，他以翰林侍读学士的资格出任顺天府考场正主考。不料初试之夕贡院失火，部分考卷已被烧得残缺不全。有关部门怕因失火烧毁考卷而受处罚，主张悄悄收拾一下,录取时对被烧试卷酌情处理。曾鹤龄则力排众议,坚持道:"必更试,然后涤百弊,以昭至公,不然虽无私,亦欺朝廷矣。"最后将他的意见上报朝廷,结果朝廷采纳了曾鹤龄的意见,获英宗下诏:"更试。"大家都佩服曾鹤龄为考生负责的精神。

他是明代的文学家,供职翰林院20年,在文学上颇有成就,文章之美,中外称之。他的诗歌蕴藉旷达,如《罗知州之交趾分韵得北字》:"惆怅杯酒间,踟蹰衢路侧。迩别情所难,况君运行客。行客适何许,南交已绝域。山川阻且修,匹马独登陟。丈夫四海志,万里犹咫尺。苦辛谅不辞,所思在明德。俯视川从东,仰睇星拱北。还朝会有期,侧伫听消息。"这首诗虽是迎送应酬之作,却感情真挚,热情洋溢。尤其是后半首,一转惜别之情,而为热情鼓励,使人满怀信心。他的文笔也很优美,《四库全书·总目》认为,其"诗多牵率之作,命意不深,而措词结局,殆非所擅长。文侧说理明畅,次序有法,大底规模欧阳,颇近王直《抑庵集》,而着则不及。"

曾鹤龄为人坦荡直率,事亲至孝,持身甚谨。明正统六年(1441)三月二十日得病去世,终年59岁,英宗命时任礼部侍郎的王直往祭,让他归葬于泰和水南象山。

曾鹤龄著有《松瞿集》28卷,存目于《四库全书》集部别集类。其次子曾蒙简,以第二甲第一名成为明朝正统十年(1445)乙丑商辂榜登第进士,授御史,擢升福建按察金事,后改湖广,迁浙江按察使。其孙曾追是成化十四年(1478)戊戌科曾彦榜探花,官至翰林院编修。

刘　俨

刘俨(1394—1457),字宣化,号时雨,明朝吉安府吉水县(今吉安市吉水县水南镇夏朗村)人。正统七年(1442)壬戌科状元。

刘俨自小天资聪颖,谦虚好学,爱看书,肯钻研,读《尚书》,习《春秋》,学问大有长进,世人皆刮目相看。因为家里穷,没钱买书,小小年纪他就上山捡蘑菇、砍柴,用卖蘑菇、卖柴的钱买书。母亲节衣缩食,请了一个有学问的老师教他读书。刘俨每天要往返10多里山路到老师家里去读书。不论刮风下雨,还是烈日炎炎,刘俨从不叫苦怕累,从没缺过一天课。白天上学,晚上陪伴在纺纱缝衣的母亲身边,就着一盏油灯专心致志地读书。一天,母亲对刘俨说:"俨仔,我们家穷,没钱没势,只有靠你的真才实学去考取举人、进士才能有出息。""有本事就一定能考得上吗?"14岁的刘俨疑惑地问。"是啊!穷人就要靠真本事通过科考做官。"接着,母亲讲起了解缙登科做官的故事。刘俨听母亲讲完后激动地说:"以后,我一定要做一个公正无私的好人。"

明永乐十六年(1418),24岁的刘俨参加江西乡试中了举人。第二年参加会试,中了副榜,不肯就职,继续潜心攻读20多年,大大增进了学识与才干。正统七年（1442）参加会试、殿试中了状元,授予翰林院修撰。入仕后,因他勤于学而砺于行,多有建树,深受明代宗皇帝信任。参与修撰《五伦书》《历代君鉴》《宋元通鉴纲目》等书,成绩显著,闻名于世。由于业绩突出,升任翰林院侍讲,再升右春坊大学士兼侍讲。景泰七年（1456）官至太常少卿兼侍读。

刘俨刚正不阿,公正廉明。他秉公守法、忠于职守,为国选才,但他三次因典试被诬告。

第一次是在明景泰元年（1450）,刘俨以侍读身份出任顺天乡试主考,取江阴县徐泰为解元。因徐泰为当地望族,地方官员上奏朝廷,告刘俨有私,要求复试。代宗下令顺天乡试的前五名进京复试,由大学士陈循监考。陈循窥看考生作文,当看到徐泰的文章时,自言自语道:"这位当为第一。"阅完卷,拆开弥封一看,第一名正是徐泰。复试结果不仅没有挑出刘俨的差错,反而使他获得取士公正的名声。第二次是在景泰五年（1454）,刘俨又出任主考。朝中又有人传出诽谤之言,刘俨当殿读卷官,选上状元孙贤。满朝文武皆称刘俨为国选才,公正无私。第三次是在景泰七年（1456）,刘俨再次出任顺天乡试主考官。内阁大学士陈循、王文分别为他们的儿子陈英、王伦应试请托刘俨从宽录取。在阅卷时,有的考官却害怕得罪内阁大臣而招祸。刘俨不徇私情,对他们说:"考试乃为国取才,岂能弄弊! "又说:"有什么祸事由我承担,绝不连累你们。"说得他们满面羞愧、哑口无言。陈循、王文两人的儿子均落第,就说刘俨取士不公,并从所出的试卷中挑剔差错。皇上半信半疑,命大学士高毂对那些取录之士进行复试。高毂复试后,向皇上证言刘俨的无私,并揭露陈循、王文两人因私诬陷的原因。为顾及陈、王两个大臣的脸面,代宗赐陈、王的儿子中举。

刘俨中状元以后,办了许多利国利民的好事。他牢记母亲的教诲,廉洁奉公,勤政为民。效法先贤范仲淹,自己平时清淡度日,省吃俭用,把俸银用来购买义田,分给贫苦农民耕种;置义仓储粮食,用以周济贫困的老百姓,受到贫苦百姓的拥戴。刘俨的家乡有座桥,原叫泸江桥,是由村民们架起的一座木桥,又窄又不牢固,很不安全。在刘俨小时候,这座小桥遭雷电袭击着火被烧掉,乡亲过河十分不便。刘俨当官后,用自己的俸禄建起了一座大石桥,这座桥改名叫火烧桥,至今仍然屹立在江面上。还有一年,刘俨回吉水省亲正逢大旱,当他来到双橹村的时候,放眼一片焦土,禾苗快要枯死。听到附近山上寺里钟声悠扬,想起母亲说过,双橹的西华山有座寺庙,寺内有泉水长年喷涌不止。他到寺院察看,觉得引水下山灌田想法不太现实,仔细测看周围山势地形,确定泉水的脉络就在山脚处,当即找来老乡,在山脚挖了一口井。为了纪念他,当地百姓将此井命名为"刘俨井"。如今,刘俨井的泉水仍然浇灌着山脚下的农田。

明天顺元年（1457）,刘俨代理翰林院事务,执掌翰林院印信。正当皇帝准备重用刘俨时,他突然身染重病,在任上病逝,享年63岁。刘俨在《明史》卷一百五十二有传,附周叙后。他死后,皇帝赠礼部左侍郎,赐谥号"文介"。命礼部论祭,工部造坟,兵部给船送归。

刘俨著有《刘文介集》30 卷传世。

彭　时

彭时(1416—1475),字纯道,一字宏道,号可斋,明朝吉安府安福县(今吉安市安福县枫田镇松田村)人。彭时科考一帆风顺,由解元、会试第二,最终荣登明正统十三年(1448)戊辰科状元。

彭时自少端重寡言,奋力读书,领乡荐入国学,祭酒李时勉十分看重他。正统十四年(1449)"土木之变",英宗被蒙古瓦剌部军队俘获,郕王朱祁钰,即后来的明代宗在兵部侍郎于谦等人支持下监国、总理朝政。当时只有六品衔的彭时也受命入阁辅政,参与机要的事务,这是科举史上罕见的殊遇。就在这时,彭时得知继母去世,极力推辞,不被允许,他这才受命。彭时入仕仅一年多即参预大政,这是前所未有的。景泰元年(1450),因蒙古瓦剌部军队被击退,战事稍有平息,彭时获准回家替继母守孝。守孝期满后,受命到翰林院供事,不再参与内阁事务。景泰年间,历任侍读,左春坊大学士,并参与编修《寰宇通志》。修成后,迁太常寺少卿,俱兼侍读。

"夺门之变"后,英宗复辟。明天顺初年,英宗命彭时入阁。当时李贤被重用,李贤每次到皇帝那里回来后,会立即和彭时商讨问题。彭时秉承公正立场,不徇私情,有时两人会争得面红耳赤。起初,李贤有怨言,认为彭时故意为难他,但久而久之,他终于佩服彭时耿直,认为彭时是真君子。后来锦衣卫指挥门达仰恃皇上恩宠,故意中伤李贤,在皇上面前进谗言。皇上听信谗言,准备罢免李贤,专用彭时。消息传到彭时那里,彭时大惊失色,说:"李公有经济才,怎么能这样呢?"为李贤据理力争,反驳诬陷,并说:"李公去,时不得独留",言语坚决,并表示要辞职,英宗对李贤的怒气才慢慢消除,李贤因此免受不白之冤。彭时公私分明,非义不取,从不将国家政事随便告诉家人,有时为国家推荐人才,但绝不让本人知晓。

英宗驾崩后,宪宗继位。宪宗为立皇太后之事与群臣讨论。原来宪宗的父亲英宗,尽管有三宫六院,但正配只有钱皇后。她为人正派,受人拥戴,只是从未生育。宪宗是周贵妃所生,为定太后尊号,召文武百官计议。本来,英宗已立遗诏钱皇后为皇太后。但朝廷百官中有些欺善扬恶之辈,为巴结宪宗,要独立周氏为皇太后。中官夏时希传来周贵妃懿旨:"钱皇后久病,不当立。"百官不敢声张,只有大夫李贤坚持说:"先帝遗诏已定,何事多言。"彭时立即响应:"李公言是也。朝廷之所以诏天下,在正纲常,若改先帝遗诏,会损圣德,非小顷之。"周贵妃知道后,令中官传旨斥责彭时:"彭尚书何故抗旨不遵?"此时,李贤等均不敢作声,彭时神色坦然,仍据理力辩,义正词严地说:"太祖太宗,神灵在上,彭时忠心维护先帝遗诏,钱皇后无子,有何利益为臣所争?臣义不忍默者,全主上圣德耳。"说服宪宗表态,最终两宫并立,封钱皇后为慈懿皇太后,周贵妃为皇太后。

成化元年(1465),彭时升任兵部尚书,仍兼原有职务。次年秋,他回家省亲。成化三年(1467)二月,宪宗下诏催他回朝。同时参与编修《英宗实录》,修成后,被加封为太子少保,兼文渊阁大学士。成化四年(1468)改任吏部尚书。

彭时孜孜奉国,持正存大体,不计较个人荣辱、进退得失,敢于直谏,遇事争执无所避,所言政本七事:"一毋惑佛事,糜金钱;二传旨专委司礼监,毋令他人,以防诈伪;三延见大臣议政事;四近幸赐予太多,工匠冒官无纪而重囚死徒,法不蔽罪,戒淫刑僭赏;五虚怀受谏,勿恶切直;六戒廷臣毋依违,凡政令失当直言论奏;七清理牧马草地,减退势要庄田。"皆切中时弊。彭时常常因为有灾变而上书,借此规劝皇帝。他的奏疏有的不发下来,有的下发有关部门,又多被阻隔,因此他郁郁不得志。自从成化五年(1469)以后,他共休假七次,宪宗总是命太医去给他看病,还多次派宦官赏赐给他财物。彭时多次要求致仕,宪宗都没有批准。

成化十一年(1475),彭时升任少保,不久病死,终年60岁,赠太师,谥文宪。朝廷遣官祭葬给驿归丧。赐官一子,尚宝司丞。

彭时著有《可斋杂记》1卷,《可斋笔记》2卷,《彭文宪集》10卷,《正学阶梯》《韵书下误》《音韵集要》等。《明史》有"彭时传",称其"立朝三十年,孜孜奉国,持正存大体,燕居无惰容,无声乐之奉,非其义不取,有古大臣风。"

其族弟彭华,是景泰五年(1454)甲戌科的礼部会试第一名,是这年的会元。成化年间入内阁。另一族弟彭礼,是成化八年(1472)壬辰科吴宽榜进士,官至工部侍郎。

彭 教

彭教(1439—1480),字敷五,号东泷,别称泷江,明朝吉安府吉水县(今吉安市吉水县水南镇泷头村)人。明天顺八年(1464)甲申科状元。

彭教自幼颖悟出群,还不会说话时,父兄指斋堂匾额教他认字,第二日提问,彭教即逐字指出。四五岁时,父亲教他写字,笔画丝毫不马虎,口诵韵语便能成章。稍微长大,博览群书,喜欢评价人物。明天顺三年(1459)彭教参加乡试,获得第一,成为解元。明天顺七年(1463)二月会试,考试场院起火,举子90余人罹难,彭教幸免于难。皇帝怜悯那些遇难举子,并赐进士出身,谕祭于郊,礼部尚书姚夔伏地大哭,哀恸百里。八月补试,第二年廷试,彭教一举夺魁。

彭教状元及第后,授翰林院修撰,预修《英宗实录》。成化六年(1470)书成,升侍读兼经筵讲官。成化十三年（1477）为顺天府乡试副主考，选拔了不少有用之才。

彭教侍讲经筵时，曾上书阐述"修身是治国平天下之根本"。经筵是为皇帝讲解经传史鉴特设的讲席，讲官多由翰林院学士和名儒担任。一天，学士们聚在翰林院谈论经筵讲学之事。一个姓赵的学士说："我看这事不难。搬几段圣贤的语录，按注释讲解一通就行了，反正是摆摆样子，至于皇帝爱不爱听，那可不关我们的事。"新任讲官彭教听了，立即反驳道："此言差矣！我们身负朝廷重托，岂能敷衍塞责？作为文臣，应倾其所学，为皇上安邦定国讲好经，传好道，以正圣聪才对。"赵学士比彭教的官职高两级，自然不把刚出道的彭教放在眼里，便讥讽道："在下自愧不如状元郎的见识，你尽管去施展自己的才华和抱负吧！"

成化年间的一年中秋过后，轮到彭教讲学。宪宗是明代的第八个皇帝，年龄不大便登皇位，养尊处优惯了，也没有什么雄才大略，去经筵听课，不过是按朝规例行公事罢了。彭教在认真准备后开始讲解，引经据典讲了一通大道理后，话锋一转："臣认为，君主治国平天下，需先修身，这是最根本的一条。君主的道德修养，关系国家的兴衰存亡。如君主修身不正，穷奢极欲，奸小之徒就会迎合，群臣就会仿效，天下必定大乱。商纣如此，唐明皇如此，宋徽宗也如此。"彭教旁征博引，说明修身的极端重要性。他说得头头是道，可宪宗听得昏昏欲睡。陪同的钱太监察言观色，知道皇帝对这些道理不感兴趣，便打断彭教的话，说："不要再说什么修身不修身了，讲点宫廷趣闻、后宫艳事听听吧！"宪宗一听，顿时来精神，表示赞同。彭教正色道："皇上统领朝政，应当修身自爱，威仪天下，不能听小人胡言乱语。"钱太监听到彭教当面说他是"小人"，说的话是"胡言"，马上怒气冲冲地警告彭教："你不过区区六品小官，竟敢教训皇上如何做人，你不想活了？"彭教毫不示弱，说："劝导皇上做个明君，是我的职责，死而无悔！"宪宗明白彭教并无歹心，挥挥手说："今天就讲到这里吧！"

彭教才华横溢，他的文章往往锻章炼句，典则森严，为世人所不及。因其才高气傲，为人刻厉，同辈多不喜欢他。但他博览群书，才气焕发，只是仕途艰难，26岁中状元，42岁在任上去世，只升过一级，是明朝状元中升迁最慢的一个。

著有《说命篇》《泷江集》《东泷遗稿》（四卷）等作品，存目于《四库全书》。

罗　伦

罗伦（1431—1478），字应魁，改字彝正，号一峰。明朝吉安府永丰县水心村（今吉安市永丰县瑶田镇水心村）人，明成化二年（1466）丙戌科状元。

其祖先罗开礼，咸淳七年（1271）辛未科张镇孙榜进士，任袁州州学教授。宋亡前，罗开礼提孤旅赴难死，文天祥为其服丧。罗伦庄重严毅，5岁便有成人风骨，其父母

对他管教甚严，到大祥日才开始沾酸咸之味。一日，祖母于园中收果，果实一落地，众孩争相拾取，罗伦却站立不动，待祖母收完，将果实交与他，他才接受。9岁时在祖父那里接受教育，凡儿童启蒙类书籍无不读遍，昼夜不辍。祖母担心他幼弱，晚间常叫他早睡，他待祖母睡下，又独自燃灯夜读。即使野外放牛、上山砍柴他都手不释卷。12岁受学于漕溪邓淮处，因无钱买书，只好跟随诸生按次授读，诸生方退，罗伦即可背诵。老师爱罗伦聪慧，又见他遭诸生妒忌，便叫罗伦跟在自己身边方便随时授课。有一次罗伦家中田业被豪强所夺，却仍被逼交税粮。家中无钱上交，罗伦被里胥拘到乡里，老师求情："罗伦是个聪明异常的孩子，不可屈辱他。"里胥便叫罗伦背诵《大学》和《中庸》篇。罗伦背诵《大学》完毕，又背《中庸·哀公问政》章，里胥惊叹，就将他放了。从此，罗伦读书愈加勤奋，即使严寒酷暑，罗伦也从无倦容。乡人梁议像见了很惊奇，便将孙女许给他为妻，有人暗中阻止，梁仪像不听。

罗伦15岁时，家境愈贫，无力就学，伯父便变卖家产接济他读书。20岁时，母亲去世，他只好一边教书，一边苦读，26岁考中举人。成化二年（1466）廷试对策，罗伦下笔万言，针砭时弊，名震京师，高中状元，授翰林院修撰。罗伦想请求让他担任教职，众人说："状元就教职，世无此例，上必不允。"他还是就任翰林院修撰。不过3个月后，罗伦便上《扶植纲常疏》弹劾内阁大学士李贤，认为"朝廷端则天下一，大臣法则群臣效"。由此得罪朝廷，贬为福建泉州市舶司副提举。罗伦胸怀坦荡，浩然而往。不久李贤卒，由大学士商辂进言，成化四年（1468）四月，罗伦被召复翰林院修撰，改南京任职。

为官两年，罗伦便感官场险恶与腐败，决意离开官场。成化五年（1469）九月，称疾辞职，回归故里，闭门著述讲学，专攻经学，对《周易》《礼记》《春秋》等都有所研究。成化六年（1470），罗伦就医于广昌门人何乔寿家。何家为罗伦设立盱江书院，聚集四方学者，讲授哲理，传授文化。成化七年（1471）十一月，罗伦回到老家忠孝祠学馆，招集学者，通过讲学服务桑梓。因见乡村习俗萎靡，效法蓝田吕氏乡约，亲定规章40条，乡村士民无不感化，乡风逐渐得到改变。是年，罗伦的《易俗会要》稿成。成化八年（1472），就医于广昌饶雯峰处，罗伦着手编写《礼记会要》，次年稿成。成化十一年（1475），罗伦在离家百余里处寻得"峰峦叠嶂、潺潺流水、循泷而环、若玉块然"金牛洞山水之奇胜，结茅屋数间，创办金牛书院（位于今龙冈茅坪），开馆授徒，四方求学者数以千计。

罗伦为人刚正，清廉俭约，淡于名利，律己甚严。朝中诸公认为他有"滂沛之文，奇伟之节,果敢之气,至其心所欲为而力所未逮,未心尽而知也"。有一次罗伦登灵华山,因与和尚论理,和尚理屈词穷轰其下山,并派小和尚尾随跟踪,让其如有不轨即杀之。罗伦下得山来,腹中饥饿,忽见一丘薯地,四下无人,放下两枚铜钱,挖一薯充饥。小和尚窥见,暗暗称奇。再走一程,罗伦又饥又渴,见一眼山泉,俯下身来,口吹浮物,用手捧着喝。小和尚觉得此等读书人当官肯定清廉,因而没有加害罗伦。罗伦一生衣食简朴,粗茶淡饭。有人送他衣物,他从不接受,而当见到路旁有饿死者必脱衣盖之。平时如有客人来访,妻子临时借米招待,罗伦也不觉丢脸。

成化十四年(1478),罗伦卒于金牛书院的正密堂,年仅48岁。罗伦去世后学生清理他的遗物时,除书籍、文稿和皇帝赏赐的官服外,竟无他物,连棺木也是亲友捐赠的。睹物思人,乡人无不潸然泪下,筹建"一峰塔"以示纪念。

理学家陈献章与罗伦为至交,罗伦死后,其挽诗云:"今我何敢私一峰,百年公论在儿童。要和世老如君实,更恐前身是孔融。青天白日人千古,五典三纲疏一通。天下何尝乏知己,我言刚与定山同。"礼部尚书章枫山推崇罗伦的为人与学说,认为罗伦能使君子正,导风俗于善。《明儒学案》中诠释罗伦是见识专一而所守持坚固,洁然尘垢之外。

罗伦著有《一峰集》10卷,《五经疏义》《周易说旨》4卷,《四书考正讲》《一峰肤说》等传世。他还擅长行、楷书法,师法文天祥,笔力清健,结构端严。嘉靖初年,罗伦被追赠左春坊左谕德,谥文毅。罗伦出仕仅仅三年,以区区六品官得到谥号,足见其声望。

曾 彦

曾彦(1425—1503),名雅彦,字伯曼,号濮泉,明朝吉安府泰和县(今吉安市泰和县沙村镇坪洲村南坑)人,明成化十四年(1478)戊戌科状元。

曾彦早年即入县学,亦发奋苦读,然则屡试不第,直到成化三年(1467),才中举人,时年43岁,状元及第时,年已54岁,为明代状元中年龄较大者之一,被称为状元老成。中状元后初授翰林院修撰,9年考满,本当升迁,受人谮毁,出任南京翰林院侍读。弘治元年(1488),参与编修《宪宗实录》,弘治四年(1491)八月,进为左春坊左谕德,弘治六年(1493)十月改任南京翰林院侍读学士。

曾彦才思敏捷,答辩应对,随口而出。曾因星变向皇帝进言,请亲大臣,重科道,开言论,语言激切。在左春坊任职时,曾三次上疏:一是请免假称皇亲李祖旺父子死

罪及请行久任之法；二是请御朝之暇宣内阁及各衙门大臣论时政利弊；三是请宽御史李兴、彭程、谢莹等三人重罪。这些都被采纳。曾彦为人谦和，在同僚之中，他虽然年长，却十分谦逊，多次参与主持会试考试，所提人选，皆十分出色。

弘治十年（1497）十月，73岁的曾彦乞归致仕回乡，居南熏楼，楼门上亲笔书写对联："尚诗书琴瑟之清素，远钟鼓纨绮之哗喧"，表明他甘于淡泊的心迹。弘治十四年（1503）六月十四日曾彦去世，享年78岁。

罗洪先

罗洪先（1504—1564），字达夫，号念庵，别称石莲居士、念庵居士。明朝吉安府吉水县谷村西南半华里（今吉安市吉水县盘谷镇黄橙溪）人，明嘉靖八年（1529）己丑科状元。

其父罗循，弘治十二年（1499）己未科伦文叙榜进士。任工部主事，历武选郎中，累山东副使，弃官归。

罗洪先生性聪颖，又年少好读，年十五就研读王守仁《传习录》，特别喜爱钻研名家理学。在谷村名师李中的精心教导下，嘉靖八年（1529）一举考中状元，名震乡里。他的舅舅高兴地说："没想到洪先他能够取得这么大的功名！"罗洪先却说："作为一个读书人，应该能够取得更大的成就。状元三年就有一个，这算不了什么！"授翰林院修撰，但他没有立即上任，而是回乡侍奉双亲。两年后，才应诏赴京就职。嘉靖十八年（1539），授春坊左善赞。任职一年，因立太子之事，得罪了明世宗，被削职为民。

罗洪先归乡以后在家攻研学问。他专心研究王守仁学说，精心研究天文、地理、礼乐、典章、沙渠、战地攻守、阴阳卜算和数学。他在研究中发现元朝大地理学家朱思本的《舆地图》虽好，但是很不完整，且篇幅浩大，不便携带。于是他闭门谢客，潜心研究，以至足不出户，埋头苦干。因罗洪先是当朝状元，慕名而来请他作记、写谱序、颂寿庆的人络绎不绝，使其应接不暇。为避免世人干扰，他开辟石莲洞，在石莲洞中潜心绘制地图。内阁首辅、大学士严嵩以"同乡人"的名义请他出去做官，被他坚决拒绝。经过近十年的努力，罗洪先在朱思本《舆地图》的基础上，加以扩充、增补、修订，进行缩小，绘制出了改进版的《广舆图》，这是我国历史上最早的，也是最小的分省地图集。其中有明朝全国行政疆域总图1幅，各省分图16幅，九边图11幅，洮河、松潘、虔镇、麻阳诸边图5幅，黄河图3幅，漕河图3幅，海运图2幅，朝鲜、潮漠、安南、西域图4幅。分省图每幅的后面，还附有每一省的沿革、名胜，所辖范围和计征田赋数字等，这些均是朱思本《舆地图》所没有的。《广舆图》自嘉靖三十四年（1555）首次刊印，到清嘉庆四年（1799）的近250年间，先后翻刻六次，广为流传。现在北京、南京乃至美国、加拿大、日本等地图书馆都有珍藏。

罗洪先对于地理学的另一贡献是发明了比例尺，将大幅改为小幅，单张图改为地图册，便于翻阅、携带和保存；又首创图例标志，对山川、湖泊、驿道以及州、府、县、卫、所等分别以24种不同符号标明。这在地理学发展史上有极重要的意义，直到今天，世界各国还在沿用。

罗洪先在文学、理学等方面造诣颇深。他先后写了大量的理学论文和游记文章及诗词。尤其在教育方面，他创石莲书院，在主洞顶上建"小蓬莱"讲经台，广收弟子，讲授理学，培养出曾乾亨（进士）、胡直等许多名人。他还先后到湖南长沙岳麓书院、庐山白麓洞书院宣讲"良知良能"理学论题。与邹守益、聂豹、欧阳德等一起在青原山讲学，和王守仁一起被称为"青原五贤"。罗洪先还和罗伦、罗钦顺一起入祀白鹭洲书院，史称"白鹭三罗"。

罗洪先的字笔力雄劲，特别是"直"的笔画，更苍挺刚正。他每每对人说："字的直笔，如人的立身，应当刚劲端正。"他为明代理学家、刑部郎中董燧的住宅枋式照壁上题写的斗大的"高明广大"四字，中央署款"念庵洪先书"，至今在乐安流坑董燧故宅清晰可辨。其字被历史学家、书法家姚公骞赞为："结体学柳公权，端庄秀丽，运笔上学赵孟𫖯，用方笔，把柳体的端庄和赵体的秀丽融入自己的书法艺术中，可谓出神入化。"

嘉靖四十三年（1564），罗洪先去世，享年60岁。隆庆初年，皇帝追赠他为光禄少卿，谥"文恭"。

罗洪先著有《罗念庵先生集》22卷、《冬游记》1卷。

刘同升

刘同升（1587—1645），字孝则，号晋卿，明朝吉安府吉水县（今吉安市吉水县枫江镇老屋村）人，明崇祯十年（1637）丁丑科状元。

刘同升的父亲刘应秋，是万历十一年（1583）癸未科朱国祚榜一甲第三名，即探花，官至国子监祭酒。曾上疏弹劾明朝首辅申时行："不能抒诚谋国，专事蒙蔽。"明代戏剧家汤显祖与刘应秋是同科进士。二人同朝为官，意气相投。汤显祖见刘同升聪明好学，便把小女许配给他。后小女早夭，但刘同升始终承认他们之间的翁婿关系，对汤显祖十分敬重。汤显祖的"玉茗堂"落成时，

刘同升还以女婿身份登门拜贺，并题一对联曰：“门满三千徒四海，斗山玉茗；家传六七作万年，堂构金汤。”

刘同升自幼聪慧好学，机智敏悟，少年时代的刘同升就读于邹元标门下。这位有神童之称的同乡前辈邹元标，在万历五年（1577）成为登第进士。其母死后，家居讲学近三十年，名满天下，与赵南星、顾宪成号称为“东林党三君”。刘同升20岁游郡学，文声鹊起。他在明崇祯十年（1637）51岁时中状元，在琼林宴上，明世宗赐御酒，并对刘同升说：“你还像个少年，有进取之心，应嘉勉。”授翰林院修撰。刘同升入仕后，忧国忧民，他时时刻刻为百姓着想。他关心百姓疾苦，重视农业生产和水利建设。他秉性刚直，遇事敢言。当时兵部尚书杨嗣昌专横恣肆，胡作非为，陷害忠良。刘同升对此极为愤慨，上疏弹劾杨嗣昌，认为其“独断专行，心失智短，必不能为国建功”，“志败气馁，而任天下事，必无是理。”思宗不悦，认为他是在抨击朝廷用人不当，遂谪刘同升为福建按察司知事。

崇祯十七年（1644），李自成攻破北京，崇祯皇帝上吊自杀，他的兄长朱由崧在南京建立南明朝廷，年号弘光。同时，召刘同升回朝复职，刘同升不赴。顺治二年（1645）五月，清兵南下，南京失陷，南明弘光帝朱由崧被俘押往北京，第二年遇害。江南许多郡县相继失守。刘同升在清兵南下时，携家眷前往福建，路过雩都县时，与明朝大臣、江西清江人杨廷麟相遇，两人商议复国之策。此时，南明朝廷的第二位君主唐王朱聿键继位，刘同升、杨廷麟投向唐王朱聿键，刘同升任国子监祭酒，杨廷麟任兵部尚书。两人在赣州筹备军饷，然后带兵收复吉安、临江等城。因作战有功，刘同升被擢升詹事兼兵部左侍郎，巡抚赣南。长时间奔波、劳累，刘同升患病卧床，但他每日还坚持给大家讲大孝大节，鼓励大家复兴大明王朝，闻者无不感到振奋。南明隆武元年，即顺治二年（1645）十二月，刘同升猝死于赣州，享年58岁。诰封庐陵伯，赠东阁学士，谥“文忠”。

刘同升至死，忠明抗清。在他的著作《锦麟诗集》中，有哀诗百首，其中有一首：“天崩地裂一声哀，万里长江去不回。京观未成移蓟鼎，寿隘何处哭燕台？”诗句表达了他对大明灭亡的无限哀思。这部诗集共六本，在清王朝二百多年时间里，刘氏后人不敢拿出来，怕清统治者治罪。直至民国初年，村人才将它刊印了一百册，散发到各房族和乡中翰墨之士，流传至今。

刘同升为政廉谨，颇负清名，毕生节俭。当了兵部左侍郎后仍节衣缩食，餐桌不上两样荤菜，子侄辈只能轮流穿好一点的衣服外出。在他患重病时，也不请大夫看病，把钱节省下来救济贫苦百姓。

刘同升是一个文才过人，又颇有血性的书生将领，在整个状元群体中并不多见。其诗文造诣极高，编著有《删改宋史》《五经四书注大全合编》《明名臣传》《金陵游览志》《明文选》《明诗选》《文苑英华删选》《音韵汇编》《金石宝鉴录》《锦麟诗集》等传世。

刘　绎

刘绎（1797—1878），字景芳，号瞻岩，清朝吉安府永丰县（今吉安市永丰县恩江镇八一居委会）人。清道光十五年（1835）乙未科状元。

刘绎祖父早亡，父亲生活贫困，直到30多岁才与本县聂家村一聂姓女子结婚。婚后十多年生了两个女儿，到45岁时他母亲才生下刘绎。嘉庆八年（1803），5岁的刘绎开始去私塾读书，因为家贫，为了节省油灯费，刘绎每天晚上都坐在姐姐的纺车旁读书、写字。嘉庆二十二年（1817），从小就以文章闻名乡里的刘绎参加府、院试，诗文皆名列前茅，补博士弟子员，道光五年（1825），27岁的刘绎被选为拔贡，第二年赴京参加"朝考"名列一等，准备选任为知县，但因为父亲叮嘱过他不要轻易去外地做官而恳辞，改任江西省宜黄县教谕。父亲称赞他：这个官才不失读书本色。

道光十一年（1831），刘绎应乡试中举人。道光十五年（1835）乙未科刘绎成为一甲第一名进士，即状元。中状元后，初授翰林院修撰，奉命入值南书房。道光十七年（1837），出任山东提督学政，期间著有《崇正黜邪论》一卷。两年任满，被召回京，仍入值南书房，任皇帝文学侍从。宣宗问及他的家事，得知刘绎父母俱存，特许奉双亲居禁内澄怀园，以便侍养，并示优遇。

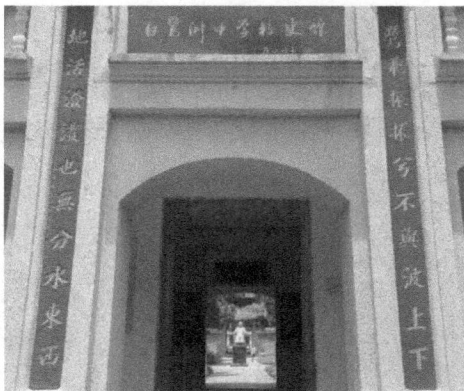

道光二十年（1840）鸦片战争爆发，刘绎主张禁烟抗英，上书曰："鸦片祸国殃民，官吸皆废事，兵吸皆废守，富者败家，贫者丧身。"并提出禁烟的具体办法，主张对官吏、军队、民众分别制定严格的禁烟条令，"行之数年，必可挽回。"主张抗击英军，反对赔偿烟价与战费，反对屈辱求和，说："以肉投犬，以饭饲丐，愈引愈前，愈禁愈多，未有了时。"对英舰入侵长江一事更是义愤填膺，主张"沿江固守，不必与战，消耗其粮食弹药。用重兵堵截于海口，断其后路，使之成为釜底游魂，不难聚歼"。但积弱积贫的清王朝却一味忍让，苟且偷安。年已不惑的刘绎感到报国无门，人虽在仕途，却无法施展个人才华，以父母不服水土为由，乞请回乡赡养。道光二十一年（1841）刘绎和父母一道回到故乡。

两年后父病故，刘绎便寄情山水，侍奉老母，交朋会友，饮酒作诗。他踏遍了永丰的山水，游历了全县的名胜古迹。曾前往龙冈茅坪金牛洞吊古，留下了《咏金牛》的锦绣诗篇；曾去车溪的螺峰古寺探胜，吟出了"一江如练绕螺峰"的千古佳句；多次去欧阳修故里西阳宫拜祭，倾诉对故乡先贤的敬仰之情。听说沙溪小白沙村有位饱学之士，虽满腹经纶，但屡试屡败，年逾花甲，却越挫越勇，仍然应试不已，刘绎不禁陡生钦佩之情，远涉一百余里，只身拜访。老秀才八十大寿时，刘绎还写诗祝寿，诗曰："芹藻分香五十春，朋辈晨星老觉亲。"境内中村还有一位比刘绎小20岁的何邦彦，他学问渊博，但参加10次乡试也屡试不中，只得弃考而潜心古文，拜状元刘绎为师。刘绎与其切磋古辞盛典，很欣赏何邦彦的才华，多次向皇上举荐。一天，在刘绎的引领下，何邦彦上殿朝见皇上。皇上爱惜人才，命刘绎挑一顶官帽戴上。乌纱盖顶，何邦彦顿觉天旋地转，六神无主，不可受用。再挑一顶"秀才帽"给其戴上，恰似量身定做，不大不小，很是受用。世人叹曰："时也，运也。"自此皆称何邦彦为"秀才王"。

乞归故乡期间，刘绎被聘为白鹭洲书院山长及青原书院主讲。同治三年（1864）再次受聘主讲白鹭洲书院、青原山书院，前后将近三十年，培养了一大批门生，如肖鹤龄、龙文彬、郭俨、何邦彦、胡友梅等。

道光三十年（1850），宣宗去世。其子奕詝即文宗登基，改元咸丰。这年夏，文宗皇帝连召刘绎入京，听候简用。刘绎起程前致书友人说："幸得陛见，即仍乞养还里。""岂有希荣幸禄之心耶？"入京后，连续三日受到文宗召见，刘绎仍以母老多病陈情乞归侍养，文宗体其孝情，允如所请。

咸丰五年（1855）冬，太平军占领永丰县城。为避兵祸，刘绎侍老母避居乐安、吉水等地深山中，转徙县境院溪、中村等处。咸丰八年（1858），由藤田返里，住巉峰山下航陂村。其间，曾襄办地方团练，下乡劝捐。咸丰十年（1860）秋，刘绎被加三品京堂衔，任督办江西团练大臣，对付太平军。同年四月，94岁老母病故，刘绎恳辞差使，以守制，未准，只得哭而就道。是年冬，奉旨停撤各省团练，改归地方，刘绎卸任，幸释重负。咸丰十一年（1861），文宗驾崩，其子载淳即穆宗继位，改元同治。同年十月，穆宗皇帝嘉许刘绎学优品正，召令入京听候简用。他以年事已高为由，请江西巡抚代奏，恳辞征命。从此，刘绎在乡颐养天年，直到去世。

刘绎为文为诗，均强调一个"真"字，"行文不涉偏激，不落虚空，一以省察躬行为本，不专以文艺论优劣"。"为文要求情真，言之有物，不事摹仿，不求工巧，自然流露，若不容已，则虽词浅旨近，往往见其真而已"。作文重内涵而轻形式，"文无所谓古今者，盖自制义兴，而风会趋之。学者习于此，则纡乎彼，于是遂视如两途"。

刘绎为官，追求"不烦不扰"。他借用南宋著名理学家真德秀的话说："赋难递省，盍渐捐赋外之征？民未易苏，当先去民间之蠹。"治理国家则重视培元气，"治国必先治元气，其要在乎得人才，固民心。上无言利之臣，则贤才进；下无贪暗之吏，则闾阎安。元气之复，必由于此。"

刘绎擅长书法，主讲白鹭洲书院时，撰写的对联"鹭飞振振兮，不与波上下；地活泼泼也，无分水东西""陵谷经几迁，此地依然为砥柱；江河同万古，斯文有幸见回澜"刻于书院门前石柱上。隔江嵌于钟鼓楼的匾额"古青原台"四字也是刘绎的手迹，至今仍供游人欣赏。

晚年，刘绎总纂过光绪《江西通志》、光绪《吉安府志》、同治《永丰县志》。梁启超将光绪《江西通志》列为清代名志之一，记载在他的《中国近三百年学术史》一书中。

光绪五年（1879），刘绎以82岁高龄在故里辞世。著有《存吾春斋文抄》12卷、《存吾春斋诗抄》13卷。

刘福姚

刘福姚（1855—1911）原名福尧，字伯崇，一字伯棠，号忍庵，一号守勤。清朝吉安府庐陵县（今吉安市吉安县）人。其出生在吉安府庐陵县，后随父亲徙居广西临桂县（广西桂林市）。清光绪十八年（1892）壬辰科状元。

刘福姚的父亲名叫济清，知书识礼，秉性仁厚，每逢扶困济危的事情，只要力所能及，他都尽心尽力去做。因此很受人们尊重。在良好的家风熏陶下，刘福姚也为人耿直，不善阿谀奉承，不屑于巴结权贵。少年刘福姚十分勤奋好学，智商过人，才华超卓。光绪八年（1882）即"应群邑之试，屡冠其曹，施以第一人获售"。这年秋天，他又中了壬午科举人。在为新科举人举办的鹿鸣宴后，他更是名声大振，倾动一方。光绪十五年（1889），他考取内阁中书，在京城任职。期间，聘娶同乡石子轩太史成峰的女儿，夫唱妇随，十分恩爱，不幸妻子早逝。后迎娶广西显宦、曾任台湾巡抚唐景崧女儿为继室，婚姻也相当美满。

光绪十八年（1892），刘福姚参加进士考试，主考翁同龢见他诗文中流露出革新思想，非常喜爱，向光绪帝推荐他为殿试状元。授翰林院修撰，继任翰林院侍讲，后任贵州乡试主考官，浙江、河南乡试副考官，直至翰林院秘书郎，兼学部图书局总务总校。晚清，光绪帝皇权旁落，为傀偏。刘福姚的恩师翁同龢是咸丰朝的状元、光绪帝的师父，历任刑部、工部、户部尚书，两入军机处，兼总理各国事务衙门大臣，是中日甲午战争时的主战派。他想改革朝政，扶光绪帝亲政，支持康有为、梁启超变法。刘福姚作为青年俊才，本来就有一种趋向时务的新思想，对国家积贫积弱的现实和列强的入侵忧心如焚，又得翁同龢的启发教育，思想上倾向于维新变法。

慈禧太后为首的保守势力在光绪二十四年（1898）发动戊戌政变，幽禁光绪帝，捕杀维新派，翁同龢被革职严加管束。刘福姚在政治上受到冷遇和歧视，报国无门，仅在文化教育方面做些琐碎工作。有深厚文学修养的刘福姚，只能怀着满腔愤懑，借笔抒怀。光绪二十六年（1900），庚子之役，八国联军攻入北京，京城王公大臣和名商巨贾纷纷随慈禧和光绪帝西逃，城内一片混乱。刘福姚毅然留守京城，见山河破碎，他忧心忡忡。他与浙江的名词人，曾任礼部侍郎的朱祖谋，一起到北京宣武门外教场头条胡同的王鹏运家里，"依之以居"。王鹏运是临桂（今桂林）人，也是维新变法的支持者。王鹏运二十岁后就专攻作词，成就突出，与郑文焯、朱孝臧、况周颐并称"晚清四大家"，并被尊为"四大家"之首。

刘福姚、朱祖谋、王鹏运三人，潜心词学研究，成为晚清临桂词派的重要成员。在"大驾西幸，独身陷危城中……夜渐长，哀声四泣，深巷犬声如豹，狞恶骇人，商音怒号，砭心刺骨"的状况下，填词抒愤，开始了他们《庚子秋词》的写作。《庚子秋词》被现代文学评论家阿英称为"反侵略文学"，刘福姚等用曲折隐晦的笔调，表达了黍离之哀，对慈禧误国的不满以及对外国人侵略者的痛恨。《庚子秋词》的文学艺术造诣，时人则有"幽瑟沉着，流丽质秀；用事落典，蕴藉幽深"的评语。《庚子秋词》中，刘福姚的《西溪子》（"花底夕阳红在"）、《雨中花》（"倦鹊南飞知我意"）、《思归乐》（"易水悲歌燕市酒"）等，都被看作抒发爱国情怀的佳篇。"易水悲歌燕市酒，容几辈、椎埋屠狗。揽镜自伤憔悴久，莫更说、健儿身手。落叶惊风吹陇首，暮色起、两三亭堠。雁门李广尚在否？只今月明依旧。"在这阕《思归乐》中，词人起句就用典，"易水悲歌"说的是战国时期，荆轲刺秦王前，他的朋友高渐离在易水边为他送行，击筑而歌。而当时八国联军侵略的京津一带，正是过去"燕市"的地方。词人用此典故，来抒发他对入侵者的激愤之情，痛斥帝国主义侵略我国，屠杀我国百姓的劣行。而下阕一句"雁门李广尚在否"更是表达了他渴望在这国难当头的时刻，能出现像汉代李广一样，可御边杀敌、保护国土的良将的心情。

刘福姚的作品中，像这样借典寓意、借典抒情的有很多，如"击筑风悲，吹笳月冷，多少英雄泪"（《雨中花》）；"玉骢一夜骄嘶，斩楼兰归后"（《玉树后庭花》）等，都借典故寄托了他爱国抗敌、想为国效力的情怀，以及对入侵者的憎恨。"墨和泪研，书将恨传"（《四字令》）；"君看花月满春江，都是泪痕无尽处"（《玉楼春·和小山韵》）；"今宵酒醒红窗下，明日西风吹瘦马"（《玉楼春·和小山韵》）等，用词奇绝，神韵奇秀，联想丰富，借用名句驾轻就熟，显示其过硬的文字修炼功夫和丰厚的文学底蕴。叶恭绰编的《全清词钞》收有他的六阕词。总的来说，刘福姚的词幽瑟沉着，怨旷潜秀，多是阅世弥深之发，类似嬉笑怒骂之章。后人用一阕《鹧鸪天》评赞刘福姚的一生："孰与蟾宫独步先？传胪折桂报连连。三科接取双元榜，一县艳称八进贤。悲国运，恨狼烟！春风词笔著华篇。无多宦迹留青史，却有骚坛韵事宣。"

宣统二年（1910），刘福姚赴湖北、江西、安徽、江苏考察筹办宪政事宜。晚年定居上海，穷愁潦倒，以卖文为生。眼见山河破碎，国事日非，报国无门，于宣统三年（1911）忧郁而终，终年 56 岁。著有《忍庵词》。

抚　州　市

张渊微

张渊微（1182—1250），字益博，一字孟博，号平斋。宋朝建昌军新城县（今抚州市黎川县熊村镇芙蓉州）人。在南宋淳祐七年（1247）丁未科 527 名登第进士中，名列第一，是黎川建县以来第一位状元，也是抚州市第一位状元。中状元后，授签书昭庆军节度判官厅公事。历任著作郎，兼司封郎官，史馆校勘，仕至吏部侍郎。

张渊微从小聪明好学，每天要吟诵诗词千句，通晓周易五经，对《左氏春秋》尤其偏爱，入太学后，更加刻苦学习，作诗文时，操笔立就。其文言简意深，笔力雄健，行文严谨缜密，情真意切，有较强说服力。为人性直纯真，崇尚礼义，深得人们好评。因其学习偏好并不利于乡举考试，在考场上屡战屡败，登第之路并不顺利。其父张玠是绍定二年（1229）进士，曾任湖北安抚使司机宜文字官。淳祐六年（1246），张渊微随父寓居湖北，淳祐七年（1247）赴京参加科举考试，廷试中以万言应对，深得宋理宗赞赏。这年春夏久晴不雨，旱灾严重。按照惯例，每次科考结束后，朝廷会举行琼林宴，宴请新科进士。张渊微率本科进士上疏，请求免去皇帝钦赐的琼林宴，节省开支,将钱用在救灾上。宋理宗深受感动,于是停办了这年的琼林宴。

张渊微为人正直尚义,在朝以耿直、节义闻名,因事得罪贾似道。这位理宗非常信任的,与其以"师臣"相称的,百官称之为"周公"的贾似道在理宗朝十分有势力,张渊微因此贬为集英殿修撰,改知饶州(今鄱阳),未能赴任而去世。

著有《平斋集》《李觏年谱》。

吴伯宗

吴伯宗(1334—1384),原名祐,字伯宗,以字行于世。明朝抚州府金溪县新田[今抚州市东乡县红光垦殖场新田分场,明正德七年(1512)金溪新田划归东乡管辖,故今属东乡红光垦殖场]人。在洪武四年(1371)明朝开科之始,明太祖亲制策问,吴伯宗在120名进士中,名列一甲第一名,成为明朝的开科状元,也是江西在明朝考取的第一个状元,先后任礼部员外郎、国子助教、翰林检讨,累官至武英殿大学士。

明太祖十分喜爱吴伯宗,曾出10题,命他即赋。吴伯宗挥笔立就,所作立意清新,所撰文气势磅礴,深得明太祖赞赏,赐予织金锦衣。在完成参与修撰的《大明日历》及后妃功臣传后,又赐他衣袜。吴伯宗为人温厚,但外柔内刚,不附权势,不屈奸邪。时值左丞相胡惟庸当权,结党营私,玩弄权术。吴伯宗不肯随附,胡惟庸怀恨在心,借事将其谪居凤阳。吴伯宗没有畏缩,仍然上疏直论时政,指斥胡惟庸专横跋扈,不守朝廷法纪,不宜委以重任,否则,将危害国家。疏中列举事实,分析合情合理。太祖得奏,赐衣服钱钞。

洪武十五年(1382)九月,身为武英殿大学士的吴伯宗奉命与翰林学士、同榜榜眼郭翀,回回大师马沙亦黑,马哈麻等人翻译《回回历》《经纬度》《天文》等书。洪武十六年(1383)二月,译完《天文》书,吴伯宗写序曰:"西域天文书与中国相传殊途同归。……刻而列之,与中国圣贤之书并传并用,岂惟有补于当今,抑亦有功于万世。"从此开始,《回回历》与中国《大统历》相参为用。这年冬,因弟吴仲实在三河(今河北省三河市)任知县时荐举不实受到株连,降为检讨。洪武十七年(1384)夏,太祖偶然问到一件事,吴伯宗以非其职责范围为由,难以作答。因此,触怒了太祖,于是把吴伯宗贬去云南。吴伯宗在赴云南途中暴卒,终年50岁。东宫太子悼其不幸,令其家眷护丧归葬。吴伯宗无子,殁时囊空如洗,靠妻子龚氏勉力维持才得以返回故里安葬。

著有《荣进集》4卷行于世。新田吴家有其故宅,人称"状元府"。

张　升

张升（1442—1517），字启昭，号柏崖，一号柏厓，明朝建昌府南城县（今抚州市南城县株良乡）人。明成化五年（1469）登进士第，获一甲第一名。中状元后，历任翰林院修撰、工部员外郎、礼部侍郎、礼部尚书。

明孝宗弘治元年（1488），大学士刘吉把持朝政，结党营私，打击异己。张升向明孝宗检举，历数刘吉纳贿、纵子等十大罪状，未被采纳。刘吉指使言官反诬张升，张升被贬。刘吉被罢官后，张升才得以重用。弘治十八年（1505）五月孝宗去世，道教真人陈应循、藏教大师挪卜坚参等借请神驱邪为名进入乾清宫，扰乱内宫，张升上疏将这30余名人员绳之以法，诏夺名号，逐出宫廷。武宗继位后，在宦官刘瑾诱导下喜好游宴微行，最终懒理朝政，任由刘瑾等阉党肆无忌惮干扰朝政，致使明朝国库空虚、正直大臣屡遭贬斥而罢官。张升上疏武宗，请他亲近贤臣，远离奸佞，谨治国事。武宗认为张升言之有理，却又不愿施行。张升奏请退休，又未获允。正德二年（1507），依附刘瑾的秦府镇国将军诚激请求袭封保安王，张升出于公心，坚决反对。为此，得罪刘瑾。张升恐被其害，称病乞归，得武宗准许辞官回家，被加赠为太子太保。

正德十二年（1517），张升去世，葬于原籍株良乡。朝廷追赠他为太子太傅，谥号文僖。

著有《柏崖文集》（又名《张文僖公文集》）14卷，《诗集》12卷，《和唐诗》10卷。

榜眼

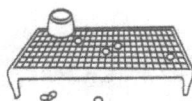

南　昌　市

路万里

　　路万里，生卒年均不详，宋朝隆兴府南昌县（今南昌市南昌县）人。南宋咸淳十年（1274）甲戌科是宋朝最后举行的一次科举考试。路万里在该科506个登第进士中获第二名，荣登榜眼，他是宋朝科举史上最后一位榜眼。同科探花是江西的胡幼黄。

　　路万里曾任节度推官。查无资料，余事不详。

傅　　冠

　　傅冠（1595—1646），初名元范，字元甫，一字元父，号子京、元辅，别称季庵、寄庵，明朝南昌府进贤县（今南昌市进贤县城）人。祖父傅炯曾任南京刑部尚书。傅冠在天启二年（1622）壬戌科考出一甲第二名的好成绩，成为该科榜眼，被授翰林院编修。

　　崇祯元年至崇祯六年（1628—1633），先后任侍读学士、会试校阅卷官、左春坊左中允、春坊庶子，与同科状元文震孟共同撰写《熹宗实录》。崇祯七年至崇祯十年（1634—1637），以詹事府少詹事官阶，再次充任会试阅卷官，随后就任国子监祭酒、礼部右侍郎、实录馆副总裁。崇祯十年（1637）六月，傅冠升任礼部尚书兼东阁大学士，入阁为崇祯皇帝辅政。当时，士大夫多朋比结党，竞相挑拨是非，陷害他人。傅冠始终不介入权势之争，严谨厚道，保持中立，为此受到崇祯皇帝的器重。但在第二年因误判奏章只能引罪归乡。崇祯十七年（1644），李自成率义军攻入北京，明朝灭亡。

　　顺治二年（1645），即南明弘光元年，南明福王命傅冠以原职督师江西与清军抗衡。顺治三年（1646），即南明隆武二年江西失守，南明福王被清俘获，唐王继位，傅冠率兵进入福建，清兵分路自江西入邵武。在连吃败仗的情况下，傅冠由邵武退避寓居泰宁分水村，门人汪亨龙为免受连累，将傅冠捆绑献给清军。清军统帅李成栋知道傅冠是明朝重臣，亲自为他解开绳索，试图劝降傅冠为清廷服务。傅冠严词拒绝，决心像江西先辈文天祥一样为国捐躯。李成栋劝降不成，只得将他押往汀州（今福建长汀县）处死。临刑前，傅冠向南、向西揖拜，并赋诗诀别："幻影落红尘，倏忽成古今。名义重如山，此身弃如土。四顾环刀戟，展转不得死。失念终不移，皎日有如此。"死后葬于汀州罗汉岭。顺治六年（1649），傅冠之子将他的骸骨运回江西，葬于进贤县城南门外的山川坛。清廷谥他为忠烈。

　　傅冠著有《宝纶楼集》。

涂逢震

　　涂逢震（？—1759），字京伯，一字警伯，号石溪，清朝南昌府南昌县章坑里（今南昌市南昌县）人。雍正元年（1723）癸卯举人。乾隆四年（1739）己未科考获一甲第二名，是该科的榜眼，也是在清朝首位获得鼎甲荣誉的江西人。

　　涂逢震天资聪颖，很小就补作博士弟子员。顺利通过雍正元年（1723）癸卯科乡试，中举人后，曾在京城做官，任内阁中书，在军机房入值，非常能干。进士及第后，授翰林院编修，历任左中允、江南宣谕化导使，乾隆六年（1741）辛酉科湖南乡试主考官、乾隆七年（1742）壬戌科会试同考官、乾隆十年（1745）乙丑科武会试主考官、内阁学士、工部侍郎、光禄寺少卿、通政使等职务。

　　乾隆八年至乾隆九年（1743—1744），江淮遭水灾，涂逢震与御史徐以升为江淮、徐州、扬州、海州四府州宣谕化导使，勘察各地受灾情况，整饬各地民风，深得民心。他任工部侍郎时，负责核实各种工程销册。在工部任职三年，他清理了不少开支积案。对以工代赈的要求，规定都要事先说明，避免吏胥从中牟利，或因处事不周造成多发、追偿等事件发生，保证了国库开支处于正常消耗范围。

乾隆十三年(1748)，涂逢震因事失察被降职。后以光禄寺少卿起用，再迁至通政使。乾隆二十三年（1758），告假返乡，由于平时积蓄不多，他无力支付全家人旅费，只能携带儿子先行。第二年抵达苏州，登虎丘后，在船上一睡不醒，与世长辞。

传说他从小有特异功能，能用眼睛注视太阳而不晕眩；3岁时因预知邻家会失火，大家得以幸免于难；长大后，有次洪水即将漫灌他家祖堂，他跪着哭了三天，以求洪水退却，祖堂果真避免了洪水浸泡，人们说这是他的孝心感动天地所致。蒋太史在他的墓志铭中称赞他一生"生有异禀，内行纯密，通达政体，曲尽人情"。

涂氏家族传承孝道，其父涂璋历任两县随侍，家教非常好，十分孝顺。涂逢震如其父一般。他排行老三，上有两个兄弟。兄弟和睦，先人留下的遗产全部给了兄弟，故史册中记有"秉性孝友，先人遗产"的文句。

涂逢震楷法精妙。能诗，善文辞，颇有文才。著有《涂石溪诗集》《涂石溪文集》等。

曹联桂

曹联桂（1803—? ），字子固，号馨山。清代南昌府新建县（今南昌市新建县）人。清道光十五年（1835）乙未科榜眼。

曹联桂出身官宦人家，他的父亲曹熊，是嘉庆十四年（1809）进士，官至御史。曹联桂幼年聪慧，苦读经籍史书。道光二年（1822）考中举人后，考取内廷教习，道光十三年（1833）补觉罗官学教习，但一直未能考取进士，于是更加刻苦读书。参加道光十五年（1835）乙未科考试，当时的殿试试题是："问保泰之道，振军武备，发奸摘伏之计"，他的殿试试卷保存至今。在考试中，他和江西永丰人刘绎一道囊括一甲前两名，刘绎中状元，曹联桂则以优异成绩考取一甲第二名，成为榜眼，并先后任翰林院编修、江苏淮安知府、湖南衡州府知府。

九 江 市

曹履泰

曹履泰（1790—1861，一说1794—1849），别名敏政，亦名昕，字树珊，清朝南康

府都昌县（今九江市都昌县苏溪乡马垅村委会湖下曹家）人。由副贡任乐安教谕，道光元年（1821）中举人，道光十三年（1833）癸巳科和江西彭泽人汪鸣相一起，囊括一甲前两名，汪鸣相为状元，曹履泰则以一甲第二名成绩，成为该科的榜眼。中榜眼后，曹履泰先后任翰林院编修、陕西道监察御史、兵科给事中，咸丰年间擢为鸿胪寺少卿、广东惠潮嘉道。

道光二十年（1840）曹履泰因丁父忧归家，期满后调任兵科给事中，旋为掌印官。咸丰元年（1851）61岁时，分巡广东惠、潮、嘉（今惠州、潮州、梅州一带）兵备道，又调署雷、琼（今雷州半岛和海南省）兵备道，授中宪大夫，后晋封通奉大夫。

曹履泰学问高深，曾任咸丰皇帝的老师。他文武兼备，儒雅勇毅。太平军起义时，他以广东兵备道身份参与围剿；咸丰四年（1854）他率军去平定广东陈阿亮在潮州河东津乡的叛乱。曹履泰进剿，追至揭阳擒陈阿亮而弃尸于市，事态得以平息，在叙列功劳簿上却不上报自己名字。两次鸦片战争之后，南海一带处于内忧外患之中，他一直忠于职守，不敢有丝毫懈怠。

他谦恭礼让，诚信孝义。在任京官时，对朋友屡有馈赠，毫不吝啬。在广东为官时，凡师友已谢世者，仍厚待其子，关爱如初。他认为"为治首在得人"，重视地方人才的选荐提拔，公道不偏，虽亲故子弟，从不徇私，江苏巡抚丁日昌对他的为人十分称赞。曹履泰晚年辞官归籍时，潮州府地方官员和士绅依依不舍，用丈余长的缎制对联歌颂他的德政，上曰"五年露冕宣风岭海瞻同生佛，八月歌铙凯鳄蛟扫若轰雷"，至今这副对联仍存。

事母至孝，偶遇母亲发怒，必长跪请罪，等母亲脸色缓和才起身。咸丰十年（1860），曹履泰回籍后不久，他母亲冯太夫人去世，为此悲伤不已，逾年农历八月初五他也随之离世，享年71岁，一说为55岁，与其母并冢，葬于今鄱阳县响水滩魏姓房屋后山上。

李盛铎

李盛铎（1858—1937），字椒微，号木斋，别号师子庵旧主人、师庵居士等，晚号麟嘉居士。生于北京。清朝九江府德化县谭家畈（今九江市庐山区）人，光绪十五年（1889）

己丑科一甲第二名,是该科的榜眼。

李盛铎中榜眼后,任翰林院编修、国史馆协修、江南道监察御史。戊戌变法后,曾出使日本。回国后,先后任内阁侍读学士、顺天府丞、署理太常寺卿。光绪三十一年(1905)出使比利时,期间参与五大臣赴各国考察宪政。宣统元年(1909)十月从比利时回国复命,仍任顺天府丞。宣统三年(1911)二月改授山西提法使,同年秋任山西布政使,次年初兼护理巡抚。1912年3月,袁世凯初授李盛铎为山西民政长,旋又被聘为大总统政治顾问。袁世凯倒台前后,相继担任参政院参政员、国政商榷会会长、北京新参议院全院委员长和参议院议长等职。

光绪十九年(1893)四月,李盛铎曾与康有为等一起,以保国、保种、保教为宗旨,在京发起组织保国会。当获知御史潘庆澜欲参劾倡会诸人时,"乃检册自削其名,先举发之",以求自免。

20世纪初在收回路权运动中,全国掀起商办铁路的高潮,各省纷纷设铁路公司。光绪三十年(1904)十月,李盛铎等邀集江西籍京官内阁学士蔡钧、户部给事陈中田等百余人联名上书朝廷,请准允于省城南昌设江西铁路公司,召集商股创办全省铁路,以"自保利权,杜绝列强觊觎"。光绪三十一年(1905)"江西省铁路总公司"成立,总办为李有棻,并拟订《江西全省铁路开办简明章程》。李盛铎被推举为南浔铁路总理,并未到任,但派员分赴京沪、江浙、两湖招募商股。江西省铁路总公司在光绪三十三年(1907)有日资渗入,1912年改为官商合办,南京政府时期收为国有。商股创办全省铁路初衷虽未达成,但江西第一条铁路——南浔铁路得以建成。

李盛铎出身世宦,祖辈喜爱收藏书籍。他5岁即读经作诗,遍览四库之书;11岁读《说文》《经典释文》及《四库全书总目提要》,自谓"日本后酷爱目录校雠之学始基于此"。12岁开始购书、抄书、校书,搜罗汉石唐碑拓本。17岁就在江西文坛小有名气。20岁时与他人合编刊成《俪青阁金石文字》。此时与日本人岸田吟香相识,开始购买海外金石图籍。光绪十九年(1893)外放江苏扬州任江南道监察御史,曾于扬州等地建宅藏书。戊戌变法后,出使日本期间,在悉心考察日本政治、民情时注意收集流散在日本的中国古籍。民国初年,曾收集乡梓旧志遗闻和清同治后的职官、人物、艺文等资料,辑为《德化备志》稿。

李盛铎晚年寓居天津,少问政事,唯往来京津书肆收集古籍。他是治学严谨的校勘学家、版本学家,一书一校再校至于三四校,不轻下断语;对所藏善本俱逐一批订,或考证著者生平,或品评著述旨趣,或叙述得书经过、版本源流及书林遗事,所写"题要""题识"计1500余条共15万余字,著有《木犀轩藏书题记及书录》,编有《木犀轩收藏旧本书目》《木犀轩宋本书目》《木犀轩元版书目》等藏书目录10多种,并分门别类建斋收藏。他还撰有《藏书人表》稿本,著录250位藏书家的姓名、籍贯、简历、著述和斋号。他的藏书大都保存下来,后由其子李滂悉数售给北京大学,经版本学家赵万里等整理,编成《北京大学图书馆李氏书目》,共计9087种58385册,其中名贵的旧刊本和罕见本约占 1/3，如宋元本近 300 种，日本、朝鲜旧刻本近千种。

　　1937 年李盛铎逝世。

张大鹏

　　张大鹏（1773—1841），字蔚丛，一字松园，清朝南昌府武宁县（今九江市武宁县鲁溪）人。嘉庆七年（1802）壬戌武科武榜眼。

　　张大鹏是唐德宗建中年间国子监祭酒张宁的后裔，先祖张宁辞官迁居武宁，后裔在武宁繁衍，成为当地望族。到其父张毅垒时，家中已"无立锥之地"，十分贫寒。张大鹏兄弟三人，他排行老三。自幼身强力壮，勇气过人。二十岁举家迁居省城郊外，以挑担谋生。一次挑担在大王庙歇息，上庭有石重二十八钧（一钧为 30 斤），连续八次将石举过头顶，笑语如常，人们为他过人的臂力所震惊。亲戚刘翠峰闻知，与他二兄商量，资助冠服弓马，让张大鹏入武庠习武。张大鹏中武榜眼后，嘉庆年间先后任二等侍卫、湖北抚标中军德安营参将、永州镇（今湖南永川市零陵区）标右营游击。道光年间，先后任湖南岳州（今湖南岳阳）营城守参将、沅州协副将。道光九年（1829），入觐应对，皇帝赞许，晋升武显将军补广东潮州总镇，官二品。

　　张大鹏遇事谨慎，性格刚毅。任永州镇标右营游击驻扎道州（今湖南道县）时，率军擒获聚众滋事的"千刀会"（清代的地方帮会，活动于湖南、湖北、江西边境地区）首领，平息事态。任湖南岳州营城守参将时，肃清沿洞庭湖劫掠民众财物的"水贼"。采取"安缉并举"的策略，在沅州（今湖南黔阳）、云贵交界，山高林莽、苗汉杂居之所发生械斗时缉拿首犯、化解矛盾，保边境一方安宁。在官吏趁干旱数倍抬高米价，"致民百钱不易一饱"，引发越狱囚犯与饥民围攻府县衙时，任潮州总镇的张大鹏领兵弹压，惩治贪官污吏，平抑米价，张榜告示，捉拿囚犯归狱，阻止事态蔓延。

　　虽为武官，张大鹏却酷爱书法，尤善行楷，常书小楷赠人。曾寻得唐代书法家颜真卿《元次山碑》，遍邀时贤品鉴，官绅贤达纷纷唱和。刻《汗樽集》行世，并亲自作序。后因受标属守备段正声牵连，连降四阶。

　　道光十一年（1831）张大鹏因病乞休，获准以原品退休。在籍九年，道光二十一年（1841）六月十七日逝于鲁溪，葬于鲁溪镇湖山村。

景德镇市

王刚中

王刚中（1104—1165），字时亨，宋朝饶州府乐平县泂田府前村（今景德镇市乐平市礼林镇府前村）人。南宋绍兴十五年（1145）乙丑科刘章榜第二名，是该科的榜眼。在高宗朝历任洪州教授、秘书省校书郎、著作佐郎，后任中书舍人、知成都府，累官至敷文阁［此阁建于宋绍兴十年（1140），用以收藏宋徽宗作品］直学士。在宋孝宗朝，任左朝奉大夫，提举太平兴国宫。

王刚中，博学多才，为官清正。当孝宗继位前，还是普安郡王时，王刚中曾兼任过王府教授，经常给他讲授古今治乱之理，忠奸辨别之术。在任中书舍人时，上书高宗道："御敌是今日要务，而御敌必先自强，选拔良将、勇士，充实粮食器械，敌方弱与我结盟，我主即为汉文帝，敌方强犯我边境，我主则为唐太宗。"当西蜀请求帅才时，宋高宗派王刚中以龙图阁待制知成都府，他恩威并行，他的帅才让众人佩服。宝鸡大散关位于宝鸡市南郊秦岭北麓，自古为"川陕咽喉"。楚汉相争时韩信"明修栈道，暗度陈仓"就从这里经过，战略位置非常重要。当金国敌骑越过大散关，四川人心不稳时，王刚中急驰军中帅营，唤醒正在安睡的宋军统帅吴璘起身率众抗敌，又多方调兵，加上西夏派兵帮助，最终击败金兵。

王刚中在成都时，原本可以浇灌良田的成都万岁池，因年久淤积，已失去其灌溉功能。他组织乡民出力疏通，让万岁池重现活力，并筑堤植柳，人们将其称之为"王公之甘棠也"。成都建于东汉的府学礼殿面临倾倒的危险，王刚中下令修缮，恢复其旧貌。在任期间，还致力保存古代旧迹，修缮了诸葛武侯祠。他离蜀时，受到乡民们的夹道欢送。

孝宗登基不久，王刚中因足疾辞官回乡，金兵进犯淮河之时，孝宗下旨请王刚中入朝为官，陈述战守之策。王刚中说："战守是实事，和议是虚名，不能因虚名而影响实事。"又上奏建议通过屯田、省费、选帅、强兵等措施实现战守目标。

隆兴二年（1164）冬，王刚中因病告归，乾道元年（1165）去世，卒年63岁。孝宗赠资政殿大学士、光禄大夫，谥恭简，一作安简。

王刚中为官期间，始终以读书著文为乐。著有《易说》《春秋通义》《仙源圣纪》《经史辩》《汉唐史要览》《天人修应录》《东溪集》《应斋笔录》等百余卷。

王刚中诞生地乐平市洄田乡上府前村原名履恒里，王刚中建府堂于村后，因村在府堂之前，故此得名府前村。

其兄王必中，字时发，饶州乐平县人，南宋绍兴八年（1138）戊午科黄公度榜进士，历军器监丞。

汪守和

汪守和（？—1836），字惟衣，号巽泉、凯甫，清朝饶州府乐平县（今景德镇市乐平市洎阳街道办）人。乾隆年间，汪守和考中举人，就任新喻县教谕。嘉庆元年（1796）丙辰为庆嘉庆登基，朝廷将此年定为恩科兼正科，汪守和参加这科考试，在殿试中成为一甲第二名。中榜眼后，汪守和初任翰林院编修，历任侍讲、侍读学士、学政、内阁学士、国史馆协修等职，晚年任户部、礼部侍郎，吏部、工部、礼部尚书，左都察御史。

汪守和治学严谨，公正无私，多次提督各省学政或主持各级科举考试，为朝廷培育人才尽心尽力。嘉庆五年（1800）出任顺天乡试同考官；嘉庆十三年（1808）出任会试同考官；嘉庆十五年（1810），出任奉天府丞兼奉天学政；嘉庆二十一年（1816），出任山东乡试主考官；嘉庆二十二年（1817）五月，在翰林院教习庶吉士；嘉庆二十四年（1819），以内阁学士出任浙江学政；道光五年（1825），以礼部侍郎在安徽提督学政；道光十二年（1832）由江苏学政改任礼部尚书；道光十四年（1834）出任顺天乡试主考官。为官40余年，学生众多。汪守和以恭谨著称，得两代君王重视。

道光十六年（1836），汪守和病逝于礼部尚书官邸。他死后，道光皇帝赠他"太子太保"衔，敕上谕称他"性行纯良，才能称职，报国勤劳，鞠躬尽瘁"。他的灵柩自北京运回乐平的途中，经过的州县，其地方官员、乡绅多是他的学生，都前来祭奠他，为他送行。乐平人为表彰他的功绩，在乐平城南门为他建了一个府堂，上镶"榜眼及第"四个金字。又把他家所在的巷子，命名"榜眼巷"，至今仍这样称呼。

汪守和擅长书法，书法风格秀拔卓绝，自成一家。

萍 乡 市

文廷式

文廷式（1856—1904），字道希，号芸阁，一作云阁，又号道溪、芗德、麟生、葆岩，别号罗霄山人，晚号纯常子，清朝袁州府萍乡县（今萍乡市安源区花庙前）人。光绪十六年（1890）庚寅清德宗亲政恩科吴鲁榜进士第二名，是该科的榜眼。

文廷式出身书香世家，曾祖文守元、祖父文晟、父亲文星瑞都有著作刊行。他父亲官至广东高廉兵备道。文廷式生于广东，长在广东。他幼年就在家塾就读，人极聪慧，有书文过目即能背诵。同治十一年（1872）17岁的文廷式在番禺拜学者陈沣为师，文华得以猛进，是就读的菊坡精舍的高才生，25岁时就有江南才子之称。光绪八年（1882）文廷式参加乡试考中举人，光绪十六年（1890）登进士第二名。中榜眼后，历任翰林编修、国史馆协修、会典馆纂修、翰林院侍读大学士兼日讲起居注官，署大理寺正卿。他是晚清重要的思想家、史学家、文学家，也是中国近代史、近代文学史、近代学术史上的名人之一，是晚清政治斗争中的重要人物之一，政坛"清流派"领袖之一，晚清著名文人，帝党重要人物。

早在光绪初年（1875），文廷式在广州将军长善幕中，与后来成为光绪妃子的瑾妃、珍妃的胞兄交游甚密。文廷式中榜眼后，成为德宗瑾妃、珍妃的老师，又因为与瑾妃、珍妃的胞兄是世交，他在德宗心目中有一定地位，因而得到皇帝的"圣眷"，官运亨通，连任要职，在当时官场中，十分引人注目。文廷式与德宗接触比较容易，他成为扶助德宗亲政的主要人物之一。甲午中日战争爆发，文廷式主张全力抗击日军，他提出要积极整顿军务，激发士兵作战勇气；要采取"以夷治夷"办法，加强对外联合，反对李鸿章割让土地的卖国做法，并上奏弹劾李鸿章。

光绪二十一年（1895），康有为发起了"公车上书"运动。文廷式站在支持改革者的行列，和其他人一起创办了"强学会"，作为进步团体的一员，他建议德宗变法维新，是德宗改革图强的得力助手之一，因此遭到以慈禧太后为首的保守派憎恨。光绪二十二年（1896），文廷式听从好友爱新觉罗·盛昱的劝告，为避祸离京返乡。李鸿章在上海的亲戚刘麟祥，则借机搜到文廷式给德宗的密折，并将密折转呈给李鸿章。御史杨崇伊上奏弹劾文廷式，慈禧太后逼德宗革去文廷式的官职，不仅永不续用，还要交地方官严加看管。光绪二十四年（1898）戊戌变法失败后，文廷式和不少维新派人士一样，不得不逃往日本。光绪二十六年（1900），文廷式回上海参加维新派的国会，参加筹备自立军起义工作，并开始与孙中山的革命党建立联系。

自立军起义失败后，文廷式受到朝廷的缉查，无心政治，兴趣转向西北史、地方史研究。他在蒙古史研究方面做出了特殊贡献，他搜集散佚材料，加上《永乐大典》留存的部分材料，重新编辑《经世大典》5册。文学创作也十分有成就，写的诗词文采奇丽，风骨遒劲，超凡脱俗。他的诗歌深得清朝诗人、外交家、政治家、教育家黄遵宪的赏识，他的词作备受晚清四大词家之一的朱祖谋的赞赏。

光绪三十年（1904），文廷式在家乡去世，年仅49岁。

文廷式才思敏捷，学问渊博，在学术上颇有成就，美国学者提摩达称他是"中国知识界的风毛麟角"，是中国近代史文坛上的一颗巨星。他一生著述甚丰，有40余种150余卷之多。文学上主要成就是诗词，大部分诗词收入《纯常子枝语》《云起轩诗抄》及《文道希先生遗诗》。他的《补晋书艺文志》6卷，收入开明书店编《二十四史补论》。1969年台湾大华印书馆出版《文廷式全集》。他保留在民间的文物遗存很多。他的书法十分有名，保存在萍乡博物馆库房中的书法藏品就有两幅行书四条屏，其中一幅是文廷式手书其旧作，送给同僚工部侍郎李博孙，均被列为萍乡市博物馆三级文物藏品。他还在萍乡横龙寺、宝积寺、文昌宫以及南昌梦山寺、庐山等名胜古迹留刻楹联。

新　余　市

萧　贯

萧贯（992—1037），字贯之，宋朝临江军新喻县城门柴埠村（今新余市渝水区城南街道老西街北侧）人，北宋大中祥符八年（1015）乙卯科蔡齐榜登第进士第二名，是该科的榜眼。

据说，萧贯举进士时，与莱州胶水（今山东平度）蔡齐并列第一，因担任知枢密院的寇准一向对南方人怀有偏见，向宋真宗推荐了北方人蔡齐。真宗见蔡齐相貌堂堂，举止稳重，便点为状元，萧贯则被点为榜眼。登第后，萧贯任大理评事，通判安、宿二州，迁太子中允、直史馆。宋仁宗即位，天圣元年（1023），萧贯晋升为太常丞，同判礼院。后历吏部南曹、开封府推官、三司盐铁判官。累官至兵部员外郎，知饶州。

萧贯刚正不阿，政绩卓著。《宋史》评价他"临事敢为，不苟合于时"。萧贯为京东转运使时，有个提举叫刘舜卿，善于追捕盗贼，诨号"刘铁弹"，自恃有功而不守法令，别人害怕他，不敢去治理他。萧贯不为恶势力所惧，挺身而出，最终将他削职为民，并令其改邪归正。他累迁至尚书刑部员外郎，因下属受贿而没有及时察觉，受到降职处分而知饶州。当时，抚州司法参军孙齐外出为官时，将原配妻杜氏留在老家，隐瞒婚史，另娶一妻周氏，到蜀地任职时，将她带入蜀地。周氏发现孙齐已有妻室，想上告他欺骗，孙齐为了平息周氏的愤恨，便斩断自己的头发，并对周氏发誓说一定会休了前妻杜氏。过了不久，孙齐又娶歌妓陈氏为妻，并带着周氏所生儿子到抚州上任。不到一个月，周氏到达抚州，孙奇安置周氏住在一间简陋房屋里，并假造文书，恶狠狠地对周氏说："你是一个低贱的佣婢，我有证据在手，我要休了你，你还敢放肆？"并将与周氏所生儿子杀害，丧尽天良。周氏将孙齐杀子休妻之罪，状告于州府和转运使，两处官府都不受理此案。有人给周氏出主意，要她去饶州找萧贯申冤。周氏就在自己的衣服背上，挂着一块写着"杀子休妻"的布条，一路乞讨喊冤。因抚州不是饶州的直接管辖地，一般情况下难以超越范围行使职权，然而萧贯不怕风险，不回避，大义凛然地为周氏申了冤，将孙齐流放到濠州。萧贯受到朝廷赞赏，迁兵部员外郎。召回京后，将试知制诰选拔，未及考试而调任营建献、懿两皇太后陵墓，不久后去世了。

萧贯幼年时，体弱多病，有一天夜晚梦见一个穿绿衣的宫人，把他召到皇帝的住所，因而有感而发，赋《禁中晓寒歌》："宝兽宫扉三十六，宫树迎霜红簇簇。翠纱盘风珠网垂，百刻香残陨莲烛。炭猊呀焰壁椒馥，辘轳欲转霏红玉。渴乌涓涓不相续，十二嶢关隐宫绿。长廊四注帘旋濡，海牛压檐风不入。文靴侍嫔当宸闱，壶箭传呼钥鱼湿。尚衣次进如堵墙，千门万户闻天香。九龙鼓气号寒蛰，晬容泽玉辉晨光。彩衣珮鱼无左珰，两两趋走瞻扶桑。红萍半圭出波面，熠熠觚稜九霞绚。鸣鞘一声天上来，长剑高冠满前殿。"该诗语调清丽，和谐流畅，当时有人都把他比作唐朝的李贺。萧贯著有文集二十卷，已佚。

萧贯弟弟萧贲，与萧贯同时成为大中祥符八年（1015）登第进士。萧贯儿子萧泳是天圣五年（1027）丁卯科王尧臣榜进士。

张　春

张春（1511—1584），字仁伯，晚年号西吴山人。明朝临江府新喻县（今新余市高新区水西镇麻斜张家村）人，明嘉靖二十六年（1547）丁未科李春芳榜一甲第二名，是该科的榜眼。

张春少年时用功读书，诗文俱佳。年轻时曾拜泰和籍理学家欧阳德为师，随师远游他乡，潜心研究理学宗义，深受明代王守仁理学思想的影响，认为"万事万物之理不外于吾心""心明便是天理"，为学"唯求得其真""譬之植焉，心其根也。学也者，其培壅之者也，灌溉之者也，扶植而删锄之者也，无非有事于根焉而已。"由于刻苦钻研，勤攻四书五经，嘉靖十三年（1534），张春中举。嘉靖二十六年（1547），经会试、殿试，张春被钦点为榜眼，授翰林院编修。

进士及第后，张春一度从事过内廷所设的内书堂的教习工作，其中有小内监在此习字为文。朱元璋曾严禁内监识字，但后来并未认真执行。当时内监冯保等人就在内书堂读过书。嘉靖三十八年（1559），张春升为侍讲，后出任裕王府讲官。世宗嘉靖皇帝共有八个儿子，当时仅剩裕王载垕和景王载圳。本来应晋封裕王为太子，偏偏世宗笃信道教，认为册封太子是一件不吉利的事。恃宠的道士陶仲文又提出二龙不得见面之说，所以嘉靖久久不立太子。这样，裕王、景王为成为未来皇太子、登上皇位展开明争暗斗。张春就在这种尖锐、复杂的宫廷斗争中给裕王做讲官。高拱、张居正、陈以勤等都做过裕王的讲官。凭着深厚的经学功底、独特的教育方式，张春撰写《经书格言》一书作为课本给裕王讲读，讲课时，必引经执义，娓娓道来，受到裕王的褒奖。张春提出的修身养性、齐家治国的建议，都被裕王采纳。裕王特地为张春书写"进思启迪"匾额一面赐给他。张春把授课的点点滴滴体验，都总结归纳在《日讲章》一书中。

当时，权臣严嵩当国，位极人臣，对裕王也相当冷淡。裕王应得的岁赐，一直拖了三年。裕王不敢与父皇提起，只能送银一千两给严嵩的儿子严世蕃，才能补发。而张春敢于直谏，严嵩对此十分反感。于是将张春调往南京太仆寺任寺丞。其时，北京有太仆寺，原在滁州的太仆寺改为南京太仆寺，张春实际要离开京城到滁州上任。这次调动，前途未卜，凶多吉少。张春厌恶官场上的尔虞我诈，心灰意冷，刚到滁州，便毅然辞职，回归故里。也有人说，张春当讲官时，"开馆讲学，触犯了大忌"，故调往滁州；还有人说，张春是严嵩义子，"坐严氏党被黜"，故《明史》将张春从人物列传中删去。

在家乡，张春修建了两所讲学堂，一名"忠孝"，一名"友仁"，每日与四方学者研讨"良知"之学，宣讲理学思想，到此求学的士子越来越多。在家乡闲居二十余年，他深居简出，不公开抛头露面，不参与官方活动，甚至断绝了与外界的书信联系。

　　嘉靖四十五年（1566），世宗病逝，裕王朱载垕即位，是为穆宗，改元隆庆。穆宗登基后，和张春同为讲官的、嘉靖二十九年（1550）状元出身的唐汝楫，邀张春一起去参加穆宗改元的庆贺典礼，张春婉言推辞。穆宗思念张春，多次打探张春的近况，宦官冯保往往敷衍搪塞。冯保也是张春的弟子，张春在内书堂讲课时，督促管教他非常严格，故妒恨在心，不愿意将张春的情况告诉穆宗。后来张居正入主内阁，穆宗又以手书征张春入朝，但张春已绝意仕途，继续过隐居的生活。

　　张春在朝为官，以忠直为本，对于权力、宠幸能洁身自好，奉身而退，全不把荣辱放在心上。在家乡，他购买义田，去赡养困难重重的族人，救济贫困者。有一年，县城发生大饥荒，张春便将家中的余粮及皇上赏赐的金银，全拿出赈济灾民。

　　万历十二年（1584）十一月二十五日，张春病逝，葬于神仙桥梅柱坑（今渝水区良山镇神山）。1966年上半年，水西一农民从张春墓中挖出玉带上玉片十二块，后由新余市博物馆收藏。

　　张春一生著有《忠孝会录》《晚蓬子语录》《代言草》《家藏集》《东瀛社稿》《不二歌集》等，《新余县志》保存他两篇散文和十七首诗歌。

　　其孙张茂颐是天启二年（1622）壬戌科文震孟榜的进士，后任工部主事。

鹰　潭　市

黄　初

　　黄初（1478—？），字慎卿，明朝广信府贵溪县（今鹰潭市贵溪市）人。明正德九年（1514）甲戌科一甲第二名。中榜眼后，授翰林院编修。

　　黄初自幼聪明好学，博闻强记。长大后，对宋代程朱理学十分感兴趣，立志钻研，师从吴与弼。吴与弼是抚州崇仁县人，一生不应科举，在家乡讲授理学，以传播程朱理学思想为己任，是明代学者、诗人，著名理学家、教育家。他创立的学派被称为崇仁学派，在清代黄宗羲的《明儒学案》一书中，《崇仁学案》位列第一，可见吴与弼在明代学术思想界具有非常重要的地位。康熙《广信府志》记载，"其学务辨析精微而不以资口耳，为得行务践真确而不以钓名宠为能文，务阐明道器而不以传枝叶弄机轴为工，至其笃于自信，虽异说雄辩不足以挠之也。初性度平坦，气和而志刚"，认为黄初对程朱理学的研究比他老师吴怀弼更加透彻，成果也更多。

著有《中庸告蒙》传世。

有关黄初的记载不多,他何时去世,时间不详。

宜 春 市

刘 敞

刘敞(1019—1068),字原父,号公是,世称公是先生,宋朝临江军新喻县(今宜春市樟树市)人。北宋庆历六年(1046)丙戌科贾黯榜进士第二名,是该科的榜眼。

刘敞出身官宦世家,祖父刘式,举明经科,在南唐后主时以三传中第,后在宋朝任至刑部员外郎。父亲刘立之,大中祥符元年(1008)戊申科姚晔榜进士,初授连江尉,后为国学博士,终主客郎中,益州路转运使。他父亲的3个兄弟都是进士,刘立言、刘立德两人同时成为天禧三年(1019)登第进士,刘立礼是天圣二年(1024)甲子科宋郊榜进士。

刘敞自幼聪明,精读经书。庆历六年(1046)刘敞廷试第一,因编排官、翰林学士王尧臣是刘敞的内兄,为避嫌疑,宋仁宗将刘敞列为第二。中榜眼后,刘敞以大理评事通判蔡州(今河南汝阳县),后任吏部南曹、考功员外郎。同年八月,权判三司开拆司。皇祐五年(1053)四月,又权三司度支判官。至和元年(1054)八月,同修《起居注》,九月召试,迁右正言,知制诰。次年八月,出使契丹,还京后,出知扬州。不久又迁起居舍人,知郓州(今山东东平县),兼京东西路安抚使。接着又召返,纠察在京刑狱,并曾主试嘉祐四年(1059)的礼部考试。后出守永兴军。英宗即位后,侍英宗讲读,深得英宗嘉许,遂知汝州。治平三年(1066)改集贤院学士,判南京(今河南商丘)留守司御史台。

刘敞在朝为官时,敢于坚持原则,对于不合理的事,常常直言劝谏。皇祐二年(1050)宰相夏竦死后,仁宗赐谥号文正。夏竦,江西德安县人,是北宋大臣,古文字学家、文学家,曾为国史编修官,也曾任多地官员,他的文学造诣很深,有很多作品都流传后世。刘敞认为夏竦虽有才智,但为人奸邪阴险,性贪婪,好弄权术,一生的言行与"文正"二字不合,他三次上疏力陈己见,夏竦初授的谥号"文正"终被改为"文庄"。仁宗宠妃张贵妃死后,被追谥为温成皇后。有些善于奉承的奸佞小人,请求将温成皇后死日定为国忌日,刘敞上书反对,认为皇帝不能因为私情而变更固有的礼仪,仁宗只好作罢。宦官石全彬因经营温成皇后墓得力,迁宫苑使并代理观察使。石全彬因未能真授观察使,有怨言,三天之后,仁宗任命石全彬为观察使,去掉"代理"二字。命刘敞起草任命书,刘敞拒绝草拟任命书,石全彬最终没有得到观察使的任命。

刘敞知郓州和永兴军期间,都因治旱有方,农业生产得到迅速恢复、发展,社会安定而深受百姓的爱戴。他在知扬州时,获知雷塘在唐朝时曾为民田,被官府征用后蓄水成塘,当时并未以其他田地抵还,田主因此失业。当雷塘重新恢复为民田后,刘敞依据唐朝旧的地券,悉数将田归还原有田主,使农民耕者有其田。刘敞为官清正,曾为贫民平反冤狱。天长县富人王甲被指杀人,畏惧官吏,不敢申冤。刘敞察觉其有冤无处申,委派官员查实案情还其清白,并未如愿。于是刘敞亲自审理此案,王甲知道刘敞可以为他做主,敢于说出事情真相,经查明,杀人真凶是本县富人陈氏,王甲冤情得以昭雪。民间相传此事,公认刘敞是神明之人。

刘敞是一位著名的经学家,学问渊博。有一次,刘敞奉命出使契丹,契丹人却带着他出古北口,故意走了许多弯路,以显示路途的遥远。刘敞熟知地理,对当地道路了如指掌,就质问对方:"本来有大路、近路可走,用不了几天就可抵达中京,为什么要这么走呢?"契丹人又惊又愧,只得认错。契丹山地中有一种怪兽,形状像马,却能猎食虎豹,契丹人不知其名,就向刘敞打听。刘敞回答说:"这种兽就是所谓的驳。"刘敞还描述了这种兽的叫声和模样,并且告诉契丹人,在古书《山海经》和《管子》中,都有这种兽的记载。契丹人听后,敬佩不已。

刘敞对金文亦有研究,曾得先秦彝鼎数十只,仔细考证青铜器上的铭文,辨识出上面的古文字,因而获知夏、商、周三代之典章制度,弥补了史籍记载的不足。刘敞尤其擅长《春秋》三传,他解经说义,与传统的汉代学者不一样,开宋学者批评汉学者之先声。刘敞精通经学,又熟悉史学。在宋代文学史上最早开创一代文风的文坛领袖、领导了北宋诗文革新运动的欧阳修在撰写《新唐书》《新五代史》时,每有疑问,就派人带书信来向刘敞请教。熙宁元年(1068)刘敞病卒。欧阳修在《集贤院学士刘公墓志铭》中称刘敞"于学博,自六经、百氏、古今传记,下至天文、地理、卜医、数术、浮屠、老庄之说,无所不通"。

刘敞著有《春秋权衡》17卷,《春秋传》15卷,《春秋意林》2卷,《春秋说例》1卷,《七经小传》3卷,《公是弟子记》4卷,《公是集》54卷等书,有《四库全书》本存世,与弟弟刘攽、儿子刘奉世合著《三刘汉书标注》6卷。

刘敞有良好的教育家风,他还有一个弟弟刘攽,与刘敞同时成为庆历六年(1046)丙戌科贾黯榜进士,在当地一直传为美谈。刘攽中进士后,先后任江阴县主簿、国子监直讲,终中书舍人,弟子私谥其为公非先生。他的3个堂兄弟也是登第进士:刘孜,皇祐五年(1053)癸巳科郑獬榜进士。刘敳,庆历二年(1042)壬午科杨寊榜进士。刘延年,政和二年(1112)壬辰科莫俦榜进士。刘敞儿子刘奉世是嘉祐六年(1061)辛丑科王俊民榜进士，中进士后，累迁枢密直学士、签书枢密院事，以端明殿学士致仕。他文辞典雅，精通《汉书》学，与父亲刘敞、叔父刘攽齐名，世称"三刘"。刘攽、刘奉世也被列入《宋史》，记在《刘敞传》之后。刘敞的长子刘定国，十多岁时五经略皆上口，旁及子史，往往成诵，写诗赋辞章，迅速精致，他以祖荫为郊社斋郎，后补掌礼，年仅18岁就去世。

郑秉恬

郑秉恬（1783—1840），字性和，号云壑、仙屿，清朝瑞州府上高县（今宜春市上高县芦洲乡均陂）人。清嘉庆二十一年（1816）丙子乡试考取举人。道光二年（1822）参加为庆祝宣宗登基特别增开的恩科考试，在232名进士中，郑秉恬是一甲第二名。中榜眼后，授翰林院编修，故而亦被尊称为"郑太史"。历任山西五寨、平遥、曲沃知县。

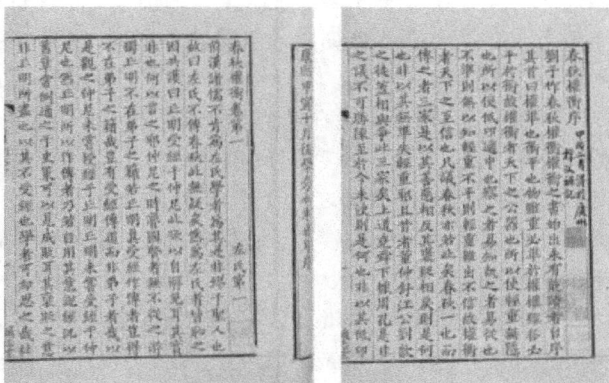

郑秉恬聪颖绝伦，机敏明慧，5岁入塾就读，书中内容经先生一点就明。课余时间喜爱游玩，小小年纪就将社会百态识记于心。稍长后，被父亲送到县城状元洲的敖阳书院（现已毁）深造。因诗古文辞，样样拿手，深受同学敬重。嘉庆十八年（1813）通过选拔，郑秉恬入京城国子监读书，成绩优异。当时翰林院掌院学士，被《四库全书》纂修官任大椿称为国士的汪廷珍尤其器重郑秉恬。郑秉恬特别爱好书法，每日勤加练习，日用数十张纸，月耗近百支笔，三易寒暑，终于练就漂亮的书法。他的真草皆入神妙，其书法逼近明朝晚期著名的书画家董其昌。他的书法，字迹点画流畅，结体旷达，章法讲究，书风雄健而有气势。郑秉恬后来虽未成为书法大家，但他存世的书画作品经常会在中国顶级的国际艺术品书画专场拍卖会上亮相。

郑秉恬为官清廉正直，不愿攀附权贵，故历任知县，始终不曾升迁。他重视教育，在山西五寨县任知县时，捐款修复清濂书院，并到书院讲课。在曲沃当知县时，有位当地财主想以五百两银子相赠,邀他一叙,他拒而不去,对身边官吏说:"此人以五百两银子邀请我,这是收买我。听说此人颇武断,不过邀到家以张声势。如果我去,百姓必受其害。"闻者为之叹服。当时的曲沃县是有名的难治大县,城内妓馆数十家,实为盗贼藏身之所。郑秉恬赶走妓女,以其地建考棚,盗贼销声匿迹。他为防止衙门差役借机敲诈百姓的弊端,特设置两桶,上写"愿闻己过,求通民情"八字,每天早晨放置在街口,方便民众投诉,晚上则取回独自查阅。虽不作唯一证据,但可以对一县真实情况有所了解。一次,有人投诉一位张姓差役诈人纹银三百两,郑秉恬立即进行审讯,并严加追究,以惩一儆百。从此官吏不敢贪赃枉法。道光十六年(1836)因丁忧解任归乡,当地百姓追思其德,为他立祠塑像以兹纪念。

郑秉恬回乡后,受聘到豫章书院任主讲。豫章书院位于南昌府进贤门内,是古代江西四大书院之一,理学名家如陆九龄、陆九渊、吴澄、邹守益、罗洪先等人都曾在此任教;乾隆皇帝对该书院较为重视,在师长、士子两方面作了严格规定,强调人品为上的原则,豫章书院因此成为全国闻名遐迩的书院。郑秉恬因人品出众、学问高超而获聘,在豫章书院,他以圣人为楷模,洁身自好,以至屡屡谢绝学生为表敬意送的礼品,而这使其更加受人敬重;反过来,人们却以得到他的墨宝为荣,登门求字者络绎不绝,不胜其烦。因身体欠安,郑秉恬不得不辞职回家。

回到上高后,郑秉恬在城郊华严庵养病,后受老友钱中丞诚聘,到鹅湖书院任主讲。鹅湖书院位于上饶铅山县鹅湖山麓,也是古代江西四大书院之一,南宋理学家朱熹与陆九渊等人的"鹅湖之会"就在此地发生,这是一件在中国儒学史上影响深远的盛事。书院四周有山有溪,环境优雅,易于静养,但是郑秉恬力不从心,仅居数月,病重而归。

返家后,郑秉恬自知去日不多,临终遗言:"生无所恨,老无所营,死无所恋,无为寺旁,黄土三尺,手所亲奠,纳魄于兹,万劫不复,是吾心愿。"并再三谆嘱丧事从简,这表现了一个学者无我无为的磊落气魄。他在道光二十年(1840)九月二十八日去世。

郑秉恬逝后,遗著散失,乡里人李清标收集选辑诗文若干印行,封面题为"郑太史云壑诗集",现存上高县图书馆。在郑秉恬的均陂故里尚存门坊一处,上有"榜眼及第""鼎甲遗庐"两块石刻横匾,两边石柱上镌有对联一副:"烟霞曾润名人笔,云木犹环太史家"。门内是一栋四扇三间、前后两进、中置天井一个的简朴民房,当是郑秉恬榜眼及第时所建。

上　饶　市

周执羔

周执羔（1094—1170），字表卿，号白云，宋朝信州府弋阳县（今上饶市弋阳县中畈乡杉山街）人。北宋宣和六年（1124）甲辰科沈晦榜进士，殿试第二名。中榜眼后，授湖州士曹参军。孝宗朝，官至礼部尚书、宝文阁学士、龙图阁大学士。

宋高宗建炎元年（1127），因继母患病，周执羔请求就近为官，便于照顾继母，朝廷于是任他为宜黄县县丞。当时，正值北宋灭亡，南宋建立之初，国家连年战乱，民不聊生。宜黄一带有在战争中被打散的、与部队失去联系的散兵不断肇事，四境纷乱，社会动荡不安，宜黄知县主张派兵镇压。周执羔深知民生疾苦，也深知散兵肇事的起因，因而坚决反对。知县十分恼怒，认为周执羔目无上级，自以为是，并怀疑他与肇事者私通，将他告到府台处，要求撤换周执羔，并调集兵马准备镇压。消息传出，散兵闹得更凶，并带动饥民攻掠抢夺，扬言攻打县衙。知府知道周执羔很有才干，又是忠厚踏实之人，不但没有治周执羔的罪，而且向周执羔征求平定散兵作乱的计策。周执羔上书知府说："民饱则安，应予安抚。"知府认为有理，并命周执羔全权负责。周执羔轻装从简，作了大量的调查研究，针对散兵头目或特别贫苦的饥民，一山一寨、一家一户拜访，并带领属下兵丁为百姓解决一些实际问题。经过耐心细致的说服教育和实际行动的感化，散兵有的重返前方抗金，有的留下来安心生产，宜黄县散兵滋事形势很快得到控制，社会逐渐安定。宜黄百姓过上安定生活，对周执羔十分感激，为他绘像、立祠，以纪念他的功德。

宋绍兴五年（1135），周执羔奉旨担任贺金生辰使。朝中很多人认为这是一份"美差"，都希望作为生辰使的随员去金国走一走，既有油水，又有政绩。于是有的送礼，有的则通过其他大臣出面请托，希望能作为周执羔的随行人员。其中不乏当朝权臣秦桧的红人。周执羔不为所动，坚持原则，秉公办事。许多正直大臣如陈康伯等听说后，都对周执羔由衷赞许。许多朋友为他担心，恐他得罪秦桧。可周执羔说："应该去而且合适的人选，我不避嫌，不该去却想通过送礼达到目的，甚至威胁我，更不能去。"

宋绍兴九年（1139）周执羔兼任吏部侍郎时，秦桧当政，秦桧因其子连考进士不中，提出考不取进士的，三年后也可封官，周执羔坚决反对，并当面指责秦桧"以科第私其子"，因此丢了官。乾道元年（1165），周执羔提举佑神观兼侍讲时，宋孝宗向他询问治国之策，他回答说："王道在正心、诚意，立国在节用、爱人。"从中不难看出周执羔的执政理念和以民为本思想。乾道二年（1166），周执羔改任礼部侍郎，随即拜礼部尚书，代侍读。当时，国穷民困，孝宗采纳周执羔的理财之道，实行精兵，下诏免除重灾区粮赋，社会矛盾得以缓和，生产得以恢复。孝宗十分认同周执羔的才能，升他为龙图阁大学士。乾道三年（1167）周执羔告老返乡。乾道六年（1170）卒，年77岁。谥文简。

《宋史》评价"执羔有雅度，立朝无朋比。治郡廉恕，有循吏风，手不释卷，尤通于易"。周执羔曾奉命厘正统元历，推日月交食，考五纬盈缩，以纪气朔寒暑之候。著有《周侍郎奏稿》，著《历议》《历书》《五星测验》各1卷。

李伯玉

李伯玉，生卒年不详，原名诚，为避宋理宗讳，更名伯玉。字纯甫，一作润甫，号斛峰。宋朝饶州府余干（今上饶市余干县）人，南宋理宗端平二年（1235）乙未科吴叔告榜进士第二名，是该科的榜眼。在理宗朝，历授观察推官、太学正兼庄文府教授、太学博士。后改任校书郎，知南康军、邵武军、湖北提点刑狱等职。度宗朝，任礼部侍郎，兼同修国史，实录院同修撰，隆兴府知府。

李伯玉师从当时著名理学家、乡贤柴元裕（强恕先生），博学多才。中进士后，入朝为官，正是朝廷奸臣当道，而李伯玉刚直不阿，经常上书弹劾奸臣贼子，正直之名传遍天下。大臣尤焴、杨栋、卢铖曲意奉上，李伯玉上奏："台评迎合上意，论罢尤焴、杨栋、卢铖三人，忠邪不辨，乞同罢。"当时理宗很不高兴，在正直大臣监察御史陈垓接二连三的弹劾之下，这三位佞臣终于被理宗罢免。理宗死后，因无子嗣，作为养子的度宗于景定五年（1264）十月即位，度宗在位十年，正是北方蒙古兵大举南下之际，国难当头，度宗把南宋军国大权交由贾似道执掌。咸淳三年（1267），度宗加封贾似道"太师"兼"魏国公"，平章军国重事。每逢贾似道上朝，甚至度宗都要起身答谢，群臣则干脆齐呼贾似道为"周公"。有一次贾似道召集百官议事，专横跋扈地历声训斥大家："你们如果不是我贾某人拔擢，哪有今天！"大家都不敢作声，只有李伯玉愤然回答："伯玉殿试第二，平章（即贾似道）不拔擢，伯玉地步亦得至此！"贾似道面有怒色，自然把李伯玉当作眼中钉。

不久,贾似道就将李伯玉赶出了京城,让他去隆兴府作知府。

后在任右正言的黄万石的力保下,李伯玉得以重召入觐,擢权礼部尚书兼侍读。而此时李伯玉卧病在床,礼部尚书也没有真正的权力。蒙古军队入侵南宋,势如破竹,南宋人心惶惶,此时,宋度宗不免思念起李伯玉等一些忠心耿耿的老臣。他找借口避开贾似道的监视,进到李伯玉的卧内,君臣相对泣下,言谈间,度宗透露想起用伯玉为相的意思,贾似道听到消息后更加忌惮他。不久李伯玉病死,其死后不久,南宋灭亡。

李伯玉生活在南宋末期,他曾建议废除童子科试,童子科是在唐宋时期分别面向 10 岁以上、15 岁以下儿童的科考。李伯玉家乡饶州,民间形成鼓励幼童参加科考的风俗,宋代江西参加童子科考试的以饶州居多,傅璇琮主编的《宋登科记考》是研究宋代科举较完备的一部史料性书籍,书中记载的宋代童子科成员中,有 29 人来自饶州。李伯玉认为,童子科试并不利于人才培养,"人材贵乎善养,不贵速成,请罢童子科,息奔竞,以保幼稚良心"。此举得到度宗的批准,从度宗咸淳元年(1265)起,《宋登科记考》中不再有童子科的记载,沿袭几百年的童子科举废除。

据《宋史》卷四百二十四《李伯玉传》载,宋末翰林学士赵汝腾曾推介八位名士,其中就有李伯玉,他对李伯玉的评价是"铜山铁壁"。

李伯玉著有《易经义》10 卷,《斛峰集》10 卷,已佚。

方　台

方台(？—1852),号兰阶,清朝广信府上饶县(今江西省上饶市)人。道光十三年(1833)甲午科武举人,道光十六年(1836)丙申武会试后参加殿试,为殿试一甲第二名。中武榜眼后,授二等侍卫,期满,以游击用。道光二十二年(1842)任直隶提标左营。

咸丰元年(1851)升陕西宜群营参将时,广东洪秀全正率领太平军向湖北进攻,湖北告急,方台奉命调兵赴援湖北,防守武昌宾阳门,在与太平军作战中屡打胜仗。咸丰二年(1852)十二月初四,太平军攻陷武昌城,方台在战场上阵亡。清朝廷依照副将抚恤例,从优抚恤其家眷,特颁旨,谥果肃。给抚恤银六百两,致祭银二十两,全葬银四百两,碑价银三百两,并饬词臣拟好祭文、碑文,遣员前往谕祭。加赠副将衔,下令在京师暨阵亡地方与本籍昭忠祠入祀。要求官员搜集所在籍贯、事迹等项,造册后交史官立传。令其子庆中袭云骑尉职,其孙辈等世袭恩骑尉。

吉 安 市

刘 沆

刘沆（995—1060），字冲之，宋朝吉州永新县（今吉安市永新县埠前镇三门前村）人，北宋仁宗天圣八年（1030）庚午科王拱辰榜第二名，是该科的榜眼。

据《宋史》记载，刘沆曾祖父刘景洪，唐天祐三年（906）杨行密吴政权控制江西时，衙将彭玕据州自称太守，属景洪以兵，欲协众附湖南，景洪表面上假装同意，最终将州归还杨行密后，退居乡里。南唐国主以礼聘请他出来做官，他也不出仕。他曾说："我不从彭玕，几活万人，后世当有隆者。"因而命名所住村后北山为后隆山。刘沆出生在富裕的家庭，祖父刘煦为殿直侯。他的父亲刘素不仕，富甲乡里，喜宴宾客。刘沆家乡的后隆山因为唐代两名相姚崇、牛僧孺而闻名。姚崇曾寄寓山之聪明洞，牛僧孺曾在山上建读书堂。刘沆自幼聪明好学，一表人才，小时候听父老谈姚崇与牛僧孺的故事，心里非常向往。通过乡试后，举进士不中，他便称"退士"不复出，无意于仕途。经父亲一再劝勉，才赴京参加天圣八年庚午科考试，在殿试时擢进士第二名，荣登榜眼后，初授大理寺评事，舒州（今安徽潜山）通判。擢右正言，历知制诰，参知政事。至和元年（1054），拜同中书门下平章事。终知陈州。

刘沆在地方为官时，吏治严明，注重教育。在舒州通判任上，接手的案子中有一件是多年疑案，刘沆数日便审理完毕，并做了公正处理。仁宗景祐二年（1035），刘沆任集贤殿校理，出任衡州知府。该州有大姓尹氏，欺侮邻村一老翁，欲夺其田，伪造买卖文书，那老翁死后随即霸占良田。老翁之子诉于州县，此案二十年未得裁决。刘沆到任，其子再诉，经过刘沆验证文书，询问乡邻，最终治了尹氏的罪，并令其如数归还霸占的良田。在衡州任上，他注重教育，将创建于唐元和五年（810）的石鼓书院情况上报给皇帝宋仁宗，并组织重修这所宋太宗赵光义赐名的石鼓书院。仁宗皇帝闻后大喜，亲赐额"石鼓书院"。石鼓书院也因两度被宋朝皇帝"赐额"而步入鼎盛时期,成为与睢阳书院、白鹿洞书院、岳麓书院并称的中国古代四大书院之一。

湖南常宁县至桂阳监一带千余里山区瑶族人民,为抵制官盐的盘剥而自行外出买盐,常与驻军发生冲突。朝廷派出大军镇压,官逼民反,兵连祸结。庆历七年(1047),刘沆升为右谏议大夫、龙图阁直学士,知潭州,兼安抚使,许便宜行事。刘沆率大军进发,至桂阳,招降起义军邓和尚部2000余人,其首领皆奉命以官,又募士兵分捕余党。次年夏,战事复起,刘沆论罪降知鄂州。迁给事中,徙洪州。后调还京都,知审刑院,改知永兴军。不久,以龙图阁学士权知开封府,多次揭发隐伏的奸佞邪恶。朝中权臣、近臣都对他既敬且畏。

刘沆在朝中任职时,敢于直言,倡导改革。皇祐三年(1051)三月,刘沆任参知政事(副宰相)。以前政事多由宰相决断,副相不过备位而已。刘沆既受命,有利害辄廷议,多所纠正。至和元年(1054)八月,刘沆拜同中书门下平章事(宰相)、集贤殿大学士。当时,管政务之中书省与管军事之枢密院二府任官多用例,刘沆进言指出三弊:一、近臣保荐,多出私门,辟请皆浮薄权豪之流;二、近臣陈丐亲属,求近地,求在京;三、叙劳干进,以法则轻,以例则厚。请皇帝诏令中书、枢密,凡保荐、审官、叙劳三事无用例,其余听任如旧。皇帝依奏。既施行,众颇不悦,循例如故。其事虽不行,而皇帝对他却敬信有加。至和二年(1055)六月,刘沆居执政大臣之首,与文彦博文、富弼同心辅政。为相期间,大刀阔斧进行改革。刘沆认为自庆历后,朝廷命令一出,台谏官无论事情当否,都必胜之而后已。当时御史喜欢择人阴私莫辨之事,中饬士大夫令执政官员畏惧。御史官员升职速度非常快。针对此现状,刘沆于是制定御史迁次规定,满两年者升任知州。御史范师道、赵抃岁满要求补郡守,刘沆据规定办理。中丞张升等认为刘沆挟私外放御史。刘沆引起朝中一些人的强烈不满,枢密使狄青、中丞张升等几次上奏弹劾刘沆。嘉祐元年(1056),欧阳修奏称狄青广积朋党,建议仁宗制于未萌之时。五月,狄青罢枢密使,知陈州。刘沆与张升等论辩不已。同年十二月刘沆被罢相,为工部尚书、观文殿大学士,知应天府。迁刑部尚书。嘉祐四年(1059),知陈州。

嘉祐五年(1060),刘沆在陈州任上去世,终年66岁。归葬后隆山前,坟外土城有三门。仁宗制挽诗以赠:"早富经纶业,终成辅弼功。立朝无党势,为国尽公忠。比日悲遗直,谁人嗣匪躬。深嗟亡一鉴,何以慰余衷?"御篆墓碑为"思贤之碑",诏赠左仆射兼侍中。元丰三年(1080)闰九月,宋神宗追封刘沆为太师兖国公,十月,神宗从给先皇的奏疏中得知刘沆对自己援立之功,即和文彦博同时加恩优抚。宋徽宗时,加封刘沆为秦国公,赠楚国公,谥文安。《宋人传记资料索引》作者认为刘沆"长于吏事,性豪率",刚开始步入官场还循规蹈矩,数任后,也善于刺探权贵过失,"阴持之以轩轾取事,论者以此少之"。

刘沆儿子刘瑾是皇祐五年(1053)癸巳科郑獬榜进士。初以任子恩守将作监主簿。登第后,充馆阁校勘。终朝奉大夫、天章阁待制,真定府路安抚使兼马步军都总管兼知成德军,《宋史》有传。刘沆的 2 个孙子也是登第进士:刘俌,嘉祐八年(1063)癸卯科许将榜进士,历光禄寺丞;刘�是宋绍兴二年(1132)壬子科张九成榜进士,职至待制。

邹珏

邹珏,生卒年不详,宋朝临江军新淦县(今吉安市新干县荷浦乡沂上邹家村)人。淳祐元年(1241)辛丑科徐俨夫榜进士第二名,是该科的榜眼。

邹珏现存资料极少,现在新干县沂上邹家村也已更名为吴家村,目前该村没有一家邹姓人家,关于这位榜眼中进士的资料可见隆庆版、同治版《临江府志》以及光绪《江西通志》,但关于他的具体情况却没有任何资料保存下来。

练子宁

练子宁(1350—1402),名安,以字行,号松月居士,元朝临江路新淦州三洲村(今吉安市新干县金川镇)人。明洪武十八年(1385)乙丑科丁显榜一甲第二名,是该科的榜眼。

练子宁从小勤奋好学,英迈超群,才气横溢,志操坚贞。洪武五年(1372),考中举人,洪武十七年(1384)甲子领乡荐,次年乙丑科会试,廷对时,直言近日朝廷用人,徇名而不求实,小善骤进,小过辄戮,非育才用人之道,切中事理,不顾忌讳。明太祖见他策问对答见解独特,亲擢一甲第二名,授翰林院修撰。因母亲去世,离职奔丧,守孝期满,复任翰林院修撰,迁副都御史、工部侍郎。惠帝朱允炆即位,建文初(1399),练子宁改任吏部左侍郎,不久拜御史大夫。此时,后来的明成祖,当时的燕王朱棣起兵向他侄儿建文皇帝发动"靖难之役",建文皇帝派大将军李景隆北征朱棣。因李景隆怀有二心,北征累败,最后,迎降燕王朱棣。练子宁等人上疏力数李景隆之罪,并请诛杀叛将李景隆,此忠君之议未被采纳,反遭皇帝斥责。

"靖难之役"发生后,建文三年(1401),燕王朱棣叛兵逼京,惠帝召廷臣议大计。练子宁义正词严地说:"国事至此,尚不能容直言者,何有国也。"建文四年(1402),燕王朱棣攻破南京,登基称帝,史称明成祖,改年号永乐。练子宁上朝斥责朱棣，并出走临安（浙江杭州），招募军士，以兵抗叛，后因势单力薄，终被朱棣捉获。被捕后，他大义凛然，痛斥朱棣篡权谋位之罪。朱棣恼羞成怒，便以"煽动黎庶，背叛朝廷"之罪，判练子宁"矿磔其首，诛其九族"。练子宁被割舌而死，临死前，他用手伸进口里蘸着舌血，在殿砖上大书"成王安在！"受其株连被诛杀的亲属达151人，戍边的练氏族人有371人。

练子宁一生博学而文宏。弘治年间，由临江府同知王佐集其遗稿，汇编成《金川玉屑集》6卷，刻印成书。《四库全书》以《练中丞集》2卷收录于集部别集类。

明代中期任江西提学副使李梦阳为纪念练子宁倡建"金川书院"，还将后堂取名"浩然堂"，以此流芳后世。并撰《浩然堂记》，内称"江西以忠义推士尚矣，推者以文山、叠山为最。文山之后则有练子宁、黄子澄焉。夫二人者，其祸烈矣"。练子宁在《明史》卷一百四十一有传。

河南省永城县《练氏族谱》记载，"明陕西巡抚，后迁兵部尚书练国事系新淦县练子宁八世孙"，三洲村原有刘、黄、黎、练四姓氏，明永乐年间，世宦练子宁家被抄，刘、黎二氏他迁，目前仅有黄氏。

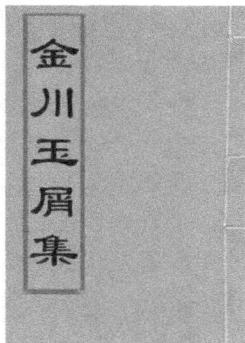

尹昌隆

尹昌隆（1370—1417），字彦璟，一字彦谦，号讷庵，明朝吉安府泰和县灌溪（今吉安市泰和县灌溪镇灌塘村）人。明洪武三十年（1397）丁丑科春榜的榜眼。

尹昌隆出身贫寒，但学习刻苦，年幼时常宿于城东寺庙中，用纸罩住佛灯，端坐读书，至夜半时分。天刚亮，又起床攻读，长年累月不懈。洪武二十六年（1393），由选贡为国子生，洪武二十九年（1396）应天乡试第一名，人称解元。洪武三十年（1397）丁丑科通过会试，殿试春榜一甲第二名，是该科的榜眼，赐进士及第，授翰林院编修，后改监察御史。

惠帝朱允炆即位后，早朝迟，尹昌隆上疏谏曰："昔太祖高皇帝鸡鸣而起，昧爽而朝，未尝日出临百官，百官于是乎戒惧。今陛下嗣守大业，固宜追绳祖武，未明求衣。溺于晏安，日上数刻犹未临朝，群臣宿卫疲于伺候，旷职废业上下懈弛。臣恐播之天下，传之四夷，非社稷福也。"惠帝听后，觉得有理，于是赞扬他所言切直，并命礼部颁示天下。

不久，因京师地震，尹昌隆上言时政，忤帝意，贬为福宁（今福建霞浦）知县。"靖难之役"燕王兵临京城，尹昌隆递上奏章，引周公辅成王为词，劝惠帝罢兵息战，允许燕王朱棣入朝，如有变故，可让帝位。燕王入京后，尹昌隆名在奸党，因尹昌隆曾上疏劝惠帝让位，才得免死，并任命他为北平按察知事，行户部主事。

永乐二年（1404）世子朱高炽立为皇太子，擢尹昌隆为左春坊左中允，太子也敬重他。解缙因事降职，同日改尹昌隆为礼部主事。后因得罪了尚书吕震，被诬陷下狱，不入，遇赦复官。尹昌隆还朝后，上疏四件事：节民力、谨嗜欲、勤政治、务正学，都深得民心。永乐十五年（1417），朱元璋第十九子谷王朱穗谋反事发，吕震乘机陷害尹昌隆，密令女儿练习他的字迹，伪造信件，诬告尹昌隆与谷王同谋，于是尹昌隆被处以极刑，他的家族成员被发配边疆。临刑前，尹昌隆咬破手指，用血在衣衫上写下一首绝命诗："吾今四十九年春，岂料奸权害此身。虎穴定为冤枉鬼，鸡窗空作读书人。妻儿那忍肝肠断，兄弟难忘骨肉亲。寄与家庭诸长者，吾今有屈屈难伸。"全诗峻切悲怆，抒发了忠臣就戮、含冤莫诉的沉痛心情。之后尹昌隆历数吕震罪状。不久吕震病死，其子亦死。直到吕震死后，此冤案才得以昭雪。明仁宗皇帝听到后说："是杀朕师者。"派人访得尹昌隆的儿子，赐给御马送回家乡。

尹昌隆在《明史》有传。尹昌隆为人耿直，在二十年的仕途生涯中，为官清廉。在他任御史时，巡抚闽中，劾贪官，理冤狱，风纪肃然。著有《尹讷庵遗稿》8卷。

王　艮

王艮（1368—1402），字敬止、钦止，号止斋，明朝吉安府吉水县（今吉安市吉水县水南镇带源村）人。明建文二年（1400）庚辰科胡广榜一甲第二名，是该科的榜眼。

王艮出身于书香门第之家，少年丧父，母亲宋氏带他和弟弟在乡下居住。其祖父与勤先生，精通《尚书》，学闻乡里，著《书经管见》数卷藏于家，谆谆教诲王艮攻读四书五经。王艮智慧过人，所读之书，能举一反三。四书五经能贯通其义，发表前人所未发的见解。至于两汉诏诰，王艮也尽力钻研。王艮常对人说："为文的功夫应该用在性理上，不能光用在辞藻上，假若性理不顺而辞藻华丽，这种欺世盗名之作，我切齿耻之。"

　　王艮非常孝敬母亲，关怀弟弟。有一次，王艮生病了，他撑着病体帮母亲扫地抹窗，为弟弟烧水洗涤。母亲怕他病情加重，劝他休息。他说："吉人天相，我不会有三长两短，倘若有一天我死得其所，你也不必足哀，幸有三个弟弟在你身边。"一番话说得母亲备感欣慰，只是不敢把儿子说的话告诉儿媳妇刘氏。病还没痊愈，王艮就上山砍柴了，以维持家计。

　　王艮酷爱梅花，砍柴的时候，欣赏梅花，下山的时候不忘带回几枝。他的房前屋后遍植梅花，经常吟咏梅花。当他第一次见到山中梅花之时，就写下了120首梅花诗的第一首《野梅》："冰肌玉骨韵如神，占断罗浮第一真。薄暝山松都是杏，相逢缟袂总非人。和羹久羡铭商鼎，止渴还羞塞遏尘。独向碧天云际隐，蹇驴背上几经春。"他还教育弟弟们学习梅花的品格。一次，他指着盛开的梅花对弟弟们说："宝剑锋从磨砺出，梅花香自苦寒来"，这两句名诗是借对梅花历经苦寒品格弥坚的赞赏，道出一种人生哲理。三个弟弟相继长大，成家立业，王艮得到族人、亲朋、乡党的称颂，冠为"孝悌楷模"。

　　王艮在府州读书，课试每每夺冠，先生、同窗都无可非议。建文元年（1399），参加江西乡试，考取第一名。建文二年（1400），赴京会试，得中贡士。廷试对策第一，本应为状元，惠帝因见其相貌丑陋，点第二名胡广为状元。以貌取人，王艮不服，皇帝难以决断，就令二人以"丹桂"为题，各咏诗一首以比高低，再作定论。胡广先吟道："作尽九洲三岛赋，吟成五湖四海诗。月中丹桂连根拔，不许旁人折半枝。"诗句很妙，话也说绝了。今科状元唯我独揽，别人休争。王艮接着吟道："骑鲸直上九天台，亲见嫦娥把桂裁。恰好广寒宫未锁，被臣和月撮将来。"惠帝听后，觉得王艮的诗确实比胡广的诗高出一筹，才华果然非凡，也赐赠王艮为状元。王艮虽为榜眼，封了个名誉状元也很高兴，兴奋地吟诗一首："消息天边最足神，花魁独占讣先真。安排调鼎多南士，遂坠分看仅北人。磊落应收金蜡暖，孤高不染半星尘。玉白自有凌云志，收拾天庭第一春。"后人把上述诗句放在120首梅花诗的前头，作为《状首梅》，刻印在族谱上。

　　王艮中榜眼后，任翰林院修撰，他将秘阁书目进行分类，积极参加《太祖录》《总集类要》等书的编纂工作。与胡广等人奏请编修《时政记》，屡次上书言当时切务之政事，得到建文皇帝的采纳。王艮对建文帝非常敬佩，郑重其事地上疏《平燕策》，愿意为之鞠躬尽瘁，死而后已。

　　王艮与人交谈，从不妄言，言之必行，自守信约。若赈济他人，无论怎么困难，也千方百计做到。凡是与他交往愈久之人，愈敬佩他。

　　"靖难之役"起，建文四年（1402），燕王朱棣大兵围攻京城，城破前夕，解缙、胡广、吴溥、王艮等曾聚集在吴溥家里，商量应变事宜。解缙陈说大义，胡广也慷慨激昂，只有王艮一语皆无，独自流泪。吴溥言道："三位大人受知最深，事在顷刻。若溥，去就固可从容也。"三人随后离去。吴溥的儿子吴与弼当时还小，感叹说：

"胡叔叔能仗义守节,真是一件佳事。"吴溥对儿子说:"不然,独你王叔叔死耳。"语未毕,隔墙便听胡广大呼:"外面喧闹什么?看好,别让猪跑了。"吴溥回过头对儿子说:"一猪尚不肯舍,宁舍生乎?"不一会儿,便听到了王艮家传来哭声,原来王艮归家后,便向母亲宋氏言明自己的志向,母亲勉励儿子以忠义全节,不要顾念母亲、妻儿,王艮遂饮鸩而亡。惠帝闻听王艮为了他服毒而亡,很是感动,特派洪武二十四年(1391)状元出身的礼部侍郎黄观前往谕祭。

王艮的死,使人们无不感动。认识他的亲朋好友,推心置腹而怀思,哭之尽哀;未与他结交的人,闻讯也失声痛哭。新君闻讯,感其忠君,诰命治丧。王艮妻的姑父颜子明料理丧事,解缙、胡广等朝中大臣前往吊灵,由他的妻子、母亲及内亲颜子明送枢归里,安葬在带源高岭之原。

王艮才华横溢,诗词隽永,字书精妙,为文雄伟光彩。闻燕兵起,忧懑不食,燕兵渡淮,闭门而泣,说"吾君亡矣,不如我先",遂服毒而死。

王艮文章节义,诗文并茂,精通韵律,著有《平燕策》《翰林集》《王修撰文集》。王艮在《明史》卷一百四十三有传。南明福王时,追谥"文节"。

周 述

周述(1375—1436),字崇述,号东墅,明朝吉安府吉水县(今吉安市吉水县水田乡桑园村)人。明永乐二年甲申科(1404)曾棨榜一甲第二名,是该科的榜眼。

永乐二年(1404)是成祖登基后首次开科,周述的恩师曾棨、堂弟周孟简分别是该科状元、探花,这是继建文二年(1400)庚辰科胡广榜之后,庐陵地区争得的又一个"三鼎甲"。周述与弟弟周孟简进士及第时,明成祖手书二人策,以褒扬他们兄弟,并将他俩比之为宋代的"二苏"(苏轼、苏辙),他给周述的批语是:"环伟之才,充实之学。朕用尔嘉,擢居第二,勿自满假,惟时懋哉。"周述中进士后,任翰林院编修。

周述和周孟简实为亲兄弟。他们的父亲周子旭、叔叔周子益,兄弟俩亲密无间。周子旭8岁时,父母有病,日夜侍奉,不离左右。父母去世,他哀痛不已。有一年,家中遇到祸事,周子旭、周子益兄弟俩争着入狱。子旭说:"我为一家主事,这是我的责任。"子益说:"兄为一家之长,万一有什么不幸,宗祀之事谁来做主?弟在家中无关轻重,请让弟弟承担一切罪责。"子旭又说:"你还没有儿子,倘遇不幸,我如何向父母交代?"子益知道与兄争来争去不会有结果,便私自主报官入狱,后被遣戍辽东,没想到竟死在路上。周子旭闻知弟弟已死,痛哭不已,言道:"这是我的过错。"遂以自己的次子周孟简过继给弟弟。五年后,周子旭亦去世。

当周述、周孟简两兄弟及第不久,明成祖下令,让解缙选拔28人入文渊阁读书,周述、周孟简和曾棨都被选上。那时在文渊阁读书的人士,待遇特别优厚,皇帝对他们也格外看重,经常看望这些学子,还亲自考察他们的学业情况,这一切都令世人十分羡慕,时人都以此为荣。解缙主编《永乐大典》,周述是主要参修者之一。周述学识丰富,成为解缙的得力助手。《永乐大典》初稿完成后,解缙受到嘉奖,周述也受到奖励,升为左春坊左谕德。

周述性情温和,为人厚道,深得皇帝赏识。曾经伴驾明成祖北巡。周述向明成祖建议改燕京为北京,应及时迁都北京;疏浚大运河,以利南北交通;在俄罗斯境内黑龙江下游东岸的奴儿干城设置奴儿干都司,以巩固边防。这些建议均得到成祖的采纳。明仁宗即位后,令他伴随太子到南京去拜谒太祖皇陵。临行前,仁宗召他到榻前,问他怎样辅佐太子,他的回答很契合仁宗的心意。宣宗时,周述晋升为左庶子。永乐十二年(1414),周述以编修之职出任应天府乡试主考官。宣德七年(1432)、宣德十年(1435)分别以左庶子之职出任顺天府乡试主考官,后又以侍讲之职主持会试考试。

正统元年(1436),周述去世,享年61岁。他在《明史》卷152有传。他著有《东墅诗集》6卷。他的文章诗词内容充实,风格雅致,用典中切,很受世人推崇。

陈　文

陈文(1405—1468),字安简,号需轩、聚斋、裘斋,明朝吉安府庐陵县儒行乡瑞溪上陈家自然村(今吉安市吉安县桐坪镇大栗行政村上陈家自然村)人,明正统元年(1436)丙辰科周旋榜一甲第二名,是该科的榜眼。

陈文的父亲是农民,母亲是纺纱织布的家庭主妇,父母为人谦和,乐于助人,深得邻里称赞。陈文自幼聪颖好学,读书出众,宣德十年(1435)在江西乡试中取得第一。正统元年(1436),陈文进京会考,在皇帝主持的殿试中,考取进士,成为榜眼。初授翰林院编修。明正统十二年(1447)选入东阁进学,后召侍经筵,为皇帝讲经史,正统十四年(1449)期满后任翰林院侍讲。景泰元年(1450)出任顺天府乡试主考官,后历任云南右布政使、广东左布政使、礼部尚书、太子少保兼文渊阁大学士,明景泰六年(1455)在任上主持编纂《云南图经志》,是现存最早的云南省志,他曾参与编修《英宗实录》《宝训》。

景泰二年(1451),因阁臣高毂推荐,陈文被任命为云南右布政使,在云南为官六年,

初显执政才能可以从以下三件事看出。第一件事是减轻百姓负担。云南邻省贵州连年用兵、战事不断，所需物资都要从云南送去，沉重的运输负担使百姓苦不堪言。陈文让商贾代替百姓运输，而百姓则付商贾运费，百姓和商贾皆大欢喜。第二件事是惩罚贪官污吏。朝廷分派给云南的税收任务是岁课额钞七十余万，官吏的俸禄都是从中提取，但掌管税收的典吏却大肆贪污、中饱私囊，使得部分地方官吏连年得不到俸禄。陈文随即进行调查取证，将不法官吏逮捕，使得云南税收日益增多，国库充实。第三件事是廉洁自律。云南盛产白银，民间用银进行买卖的数量是"内地"的三倍，而且云南府中服劳役的百姓，纳银免役的银两也要比"内地"高三倍。陈文认为这样做伤及官府廉政声誉，于是减少纳银数量，并令官府减掉三分之一的服役名额。陈文对自己要求严格，身先士卒。虽是云南高级行政长官，却始终清廉持身，深得民众拥护，朝廷晋升他为广东左布政使。但因母丧，陈文没有赴任，回家乡庐陵为母守丧。

明天顺元年（1457），一度被蒙古瓦剌部俘获的英宗，在返回北京后，成功恢复皇位。宦官曹吉祥、武将石亨等人因拥立英宗复位有功，事后得到封赏。英宗为巩固皇位，需启用大批人才。一天，英宗上朝对左右的侍臣说："以前侍候在我身边的白皙而高大的侍讲在哪里？"一位侍臣立即站出来说："皇上，陛下指的是否为正统元年榜眼陈文？"英宗道："朕指的正是他。"侍臣接着说："回禀皇上，陈文确实是个人才，现居住故里江西吉安府庐陵。"英宗听后，当即下圣旨召回陈文。陈文接旨后即启程赶往京城，面奏英宗，授太子府詹事，进东宫侍奉太子读史。

明天顺七年（1463），英宗升詹事陈文为礼部右侍郎兼翰林学士，入内阁参与机务。当时阁事皆由李贤决定，陈文心中颇怀不平，遇事暗中阻挠。侍读学士钱溥与陈文相邻而居，两人交情很好。钱溥曾经与皇帝内侍通书信，他的学生也经常来攀附。明英宗病重，东宫宦官王纶私自与钱溥密谋，被陈文侦知。英宗驾崩后，明宪宗继位。李贤起草诏书，陈文夺下他的笔说："不要多此一举了，已经有了起草诏书的人。"于是把王纶、钱溥定下密谋，想驱逐李贤以钱溥取代，以兵部侍郎韩雍取代尚书马昂的事说了出来。李贤愤怒地揭发他们的阴谋。当时明宪宗刚刚登基，王纶自认为应当升为司礼太监，气焰十分嚣张。英宗大殓之时，王纶丧服里还穿着貂裘，宪宗见后十分厌恨。太监牛玉担心王纶倾轧自己，因而列数王纶的罪恶，明宪宗遂将王纶驱逐出去。钱溥降职为顺德知县，韩雍为浙江参政。陈文则改任吏部左侍郎，次年升任吏部尚书并成为皇帝的御前讲席同知。

之后陈文又暗中帮助李贤驱逐政敌罗伦，此时身居北京的陈文已不是在云南时一心为国的陈文，行事越发卑鄙阴暗，家中酒宴歌舞不断，且性格暴躁，睚眦必报，朝中仇敌渐多。成化二年（1466），李贤丁忧归家，陈文得以短暂代理内阁首辅。李贤归京后半年，在任上病故，陈文正式接任内阁首辅，更加恣意妄为，桀骜不驯，引朝中骂声一片，政绩亦日渐平庸。除成化三年（1467），在清理京营的政务中，推荐了年轻的太监怀恩，以及编撰《英宗实录》外，并无太多建树。

明成化四年（1468）四月二十八日，陈文去世，宪宗赐陈文赠官"少傅"，谥号"庄靖"。殁后，礼部主事陆渊之、御史谢文祥皆疏论文不当得美谥。帝以事已施行，不许。

陈文著有《聚斋集》《需轩稿》《宝训》等。

刘　升

刘升（1431—1461），字幼显，号晋斋，明朝吉安府永新县（今吉安市永新县禾川镇东里村）人。明景泰二年（1451）辛未科柯潜榜一甲第二名，是该科的榜眼。

刘升7岁能诗，善作古文词。正统六年（1441），刘升10岁时赴省城参加乡试，考中举人，明宁王闻其名，立即召见，问以经传大义，他应对如流，欲留刘升为幕宾，刘升以为不可，要随父回家。临行，宁王以宫砚、玉笔相赠给他，一时声誉鹊起。第二年，刘升赴京城参加会试，没有考中，便居京城开义馆，广交名士，设讲座，辨经义，切磋琢磨，名士多进出其门。景泰二年（1451），刘升通过会试科考，在殿试中，被皇帝钦点为榜眼，授翰林院编修。

刘升性格刚毅，从不附和他人。景泰年间的一天，刘升过闹市邂逅一位同乡，同乡告诉他：永新大旱，境内一片焦土，民苦饥馑，不可胜计。幸有邑人龙春甫"货其谷以石者六百，而所活之人甚众"。他听后，感慨万千，说："贤而多财损其志，愚而多财益其过，既积于承平之日，宜散于荒歉之秋！"京城的永新人，对龙春甫的作为无不拍手叫好。明代宗嘱刘升作文以记之，他欣然命笔，以"恩赐义民碑记"为题，文中充满激情，大声疾呼："义（指赈灾），智者有之，愚者亦有之，贤者有之，不肖者亦有之，非但人所同有，人人所能为也，非但人所能为，亦人所当为也。"义正词严，掷地有声。《恩赐义民碑记》一文，于景泰五年（1454）四月刊刻于石并流传天下。

刘升所处的时代，天灾人祸，百姓穷苦；宫廷变幻，宦官专权；江淮大水，河决开封；外族入侵，农民起义；国库空虚，民不聊生。北方鞑靼犯边，军费缺乏，经"夺门之变"复位的英宗皇帝，想增加赋税来对付面临的内忧外患。刘升率同僚一起联名上书，愿以翰林院官俸助饷，此举惊动朝野，造成一时轰动。不料就在此时，其父逝世，刘升丁忧回家守丧。回家后，饮食起居，多有节制。都御史韩雍曾上门向他咨询过地方利病，刘升无一语及私。

明天顺五年（1461），刘升病故，年仅30岁。刘升的文章虽多，多以遗佚，流传于世甚少。

刘 震

刘震（1434—1501），字道亨，号励斋，别称双溪。明朝吉安府安福县（今吉安市安福县金田乡路口村）人。明成化八年壬辰科（1472）吴宽榜一甲第二名，是该科的榜眼。

刘震年幼家贫，但读书勤奋。长大后，以教书为生。明天顺六年（1462）乡试中举。成化八年（1472）壬辰科殿试，刘震挥笔万言，读卷官彭华是其同乡，欲选为第一，而彭华之兄彭时当时为内阁大学士，为避嫌想把刘震置于二甲。彭华言道："举不避亲，何嫌之有。"刘震遂被列至一甲，后被皇上定为一甲第二名。刘震夺得榜眼后，授翰林院编修。成化二十三年（1487）七月，任满升侍讲。弘治元年（1488）明孝宗登基，升刘震为右谕德，管国子监司业事。一日，孝宗来到国子监视学，刘震与祭酒一同被赐座，并亲听刘震讲《周易》，孝宗听完后，称赞刘震词义明畅，特赐袭衣，赐宴于礼部。弘治九年（1496），刘震升为南京国子监祭酒。任上，他严格遵照前任祭酒陈敬宗制定的监规，全力贯彻实施。每日授课，每季度考试，从不松懈。尤其爱惜人才，见有贫寒之士每每接济资助，并节约公费，修建新的校舍，受到地方学政的好评。然而刘震性格急躁，言直情真，遇事不加思索，待人过于严厉，以至学子们稍有不如他意者，便罗织罪名，鞭打学生，因此，太学生们都十分敬畏他，加上他平素喜欢接受馈赠，士大夫们对他议论纷纷，后受到朝中言官的弹劾。

弘治十四年（1501）三月刘震去世，终年67岁，著有《双溪集》。

刘 戬

刘戬（1435—1492），字景元，号晋轩。明朝吉安府安福县（今吉安市安福县甘洛乡三舍村）人，明成化十一年（1475）乙未科谢迁榜一甲第二名，是该科的榜眼。

刘戬从小就发奋苦读，文采斐然，名重乡里。景泰七年（1456）年仅19岁的刘戬考中举人，然而在进士考试过程中并不顺利，连续参加科举考试，次次名落孙山。终于在他40岁的那年，即成化十一年（1475），通过礼部会试，在殿试中被钦点为榜眼后，授任翰林院编修，成化二十三年（1487）升侍讲。

弘治元年（1488），明孝宗朱祐樘登基，照例需派遣特使出国颁诏，当时交趾（今越南）吞占城、侵缅甸，四处扩张。与明朝相处，外恭内鹜，与交趾打交道，一般人难以应付。朝廷大臣们认为，不是学识渊博、能文善辩、刚柔相济的人才，不能担当这一艰巨任务。通过遴选，结果选中刘戬。孝宗亲授麒麟一品服，封为正使，委托他前去颁诏。先前，出使外国者，多是借此机会带领船队载重货与所使国大做生意，大发横财。刘戬一反常例,他考阅地理书籍,决定从南宁取旱路进发。一路轻装简从,只带两个仆童,乘轿子直抵交趾国,抵交趾国当日即颁诏。事毕,第二天即启程回国。由于刘戬此举不合"惯例",交趾国王惊恐万分,急忙向刘戬赠送金银珠宝、犀角、象牙,唯恐得罪来使。刘戬看都不看一眼。他们又派人携礼物一路追赶,刘戬一口谢绝。不管对方如何言恳情切,劝求笑纳,他毫不动心,只是书写《入关明志诗》赠来者。旅馆接待人员以天气炎热为由,赠送一象牙扇,也被谢绝,并题诗于其上退还。诗写道:"带得南薰下紫宸,舞干披佛两陛春。直将凭此清炎海,肯使飚风污后尘。"交趾人因此对刘戬更加敬佩,在给明朝廷的谢表中有"廷臣清白"的颂词,将通中国的驿道取名为思明道,并建"却金亭"以示纪念。回国后,刘戬参与编修《宪宗实录》,后升右春坊右谕德。

刘戬廉静寡欲,声色淡然。其妻何氏,20岁时就双目失明,多次请他另娶,刘戬绝不听从,并把何氏接到京城,敬爱终身。刘戬才华出众,文学修养好,著有《晋轩集》《晋轩先生遗稿》1卷。同乡翰林侍读学士邹守益为《晋轩集》作序,序文中称道:"砺行似周恭叔而益励于晚节,绥远似陆大中而无金以遗子孙",这是实事求是的客观评价。

徐　穆

徐穆(1468—1511),字舜和,号南峰,明朝吉安府吉水县(今吉安市吉水县文峰镇)人。明弘治六年(1493)癸丑科毛澄榜一甲第二名,是该科的榜眼。

徐穆自幼聪敏,日记千余言,成化二十二年(1486)中举。弘治六年(1493)殿试被钦点为榜眼后,授翰林院编修。编修任满升侍读,他参与编修《历代通鉴纂要》。该书是由文渊阁大学士李东阳奉敕主持编纂的普及性编年体通史,记事自三皇五帝迄于元末。其中宋、元部分多出自徐穆之手。弘治十二年(1499)己未科徐穆任会试同考官,慧眼辨识出该年礼部会元、弘治十二年己未新科状元伦文叙等名士。

正德元年(1506),明武宗命徐穆为正使,出使朝鲜颁布大明历法,并赐他麒麟一品服。徐穆一踏上朝鲜国土,便获悉朝鲜国国王迎诏时不准备行郊迎道跪之礼。徐穆援古证今,反复分析利弊,终于说服了朝鲜国王,以最高的礼节恭迎大明天子的圣诏。在朝鲜期间,朝鲜国王屡次派遣陪臣提出各种各样的问题,但都没有难倒徐穆。完成使命归国时,徐穆拒受朝鲜馈赠的珍贵礼品,受到朝鲜国人的交口称赞。

徐穆回国后,参与撰修《孝宗实录》,充经筵讲官。当时正值大太监刘瑾专权,刘瑾最看不上翰林官员,但独对徐穆的才能敬佩有加,想让徐穆趋附于己,并许以高官厚禄,徐穆全然不应,刘瑾十分恼怒。《孝宗实录》修成,按规定参与修书的翰林官都应获得赠官赐币,但刘瑾以"文士不习世故,宜令练达时政"为由,将十余名不依附自己的翰林文士贬到各部署。当时徐穆正在家居丧,也未能逃脱,他被贬为南京刑部员外郎、兵部员外郎。直到刘瑾事败被诛,徐穆才恢复为侍读,除了陪读,他还料理廷中事务。在他恢复侍读第二年时身染重病。他一边治疗,一边勤奋地处理政务,其精神受朝廷嘉奖。当时,内阁因翰林春坊缺员,需要具有才望的大臣,为补缺额,吏部将推荐名单送呈审览,徐穆名字也在其中。审批为特进侍读学士,这是特殊的恩宠。可是当武宗批复下达前三日,徐穆已病逝,时年仅 43 岁。

徐穆博学有才识,下笔千言,为文雅致。凡朝廷典章制度,民间风俗都了如指掌。徐穆有雄辩之才,每每议论,无所避讳,只可惜享年不永,人们都非常惋惜。徐穆去世后赠礼部尚书。

罗　珵

罗珵(1491—?),字邦珍,号欿斋,明朝吉安府泰和县(今吉安市泰和县)人,明嘉靖十七年(1538)戊戌科茅瓒榜一甲第二名,是该科的榜眼。

罗珵出身仕宦门第,他的叔叔罗钦顺是弘治六年(1493)癸丑科毛澄榜的探花,是明朝著名学者、思想家。罗珵自幼聪明好学,精通《周易》,嘉靖十三年(1534)乡试中举。嘉靖十七年(1538)通过礼部会试,殿试时被钦点为榜眼。罗钦顺、罗珵叔侄均入鼎甲之列,在当地成就了一段科举佳话。

罗珵中榜眼后,初授翰林院编修。三年后病逝任上。关于他的史料极少,现在能了解到他的事迹也较少,现在人们可以见到的也只有他的殿试策。另外,他有一首五言律诗《久旱喜雨》,诗云:"烈旱犹非久,甘霖剩足夸。密云藏玉兔,飞电掣金蛇。豆熟丰隆荚,林分润透花。农人忘帝力,但说好年华。"

刘　瑊

刘瑊(1530—1586),字玉侔,明朝临江府峡江县(今吉安市峡江县金江乡金滩村委鸟州村)人。明隆庆五年(1571)辛未科张元忭榜一甲第二名,是该科的榜眼。

刘瑊以孝行闻名乡里,他自幼刻苦读书。嘉靖四十三年(1564)乡试中举,七年后,他参加了隆庆五年(1571)以直隶苏州卫军籍参加科举考试,顺利通过礼部会试,在殿试中被钦点为榜眼后,授翰林院编修,曾被首辅张居正提名充任《会典》纂修官。万历八年(1580)三月升任南京国子监司业。万历十三年(1585)任北京国子监司业。万历十四年(1586)升为左春坊左中允兼翰林编修,执掌司经局印信。不久升国子监祭酒。

姚　颐

姚颐（？—1788），字雪门，一字震初，号雨春轩、息斋。清朝吉安府泰和县（今吉安市泰和县澄江镇西门姚家）人。清乾隆三十一年（1766）丙戌科张书勋榜一甲第二名，是该科的榜眼。

姚颐自幼好学，读书刻苦。乾隆二十四年（1759）参加乡试，考取举人。乾隆三十一年（1766），赴京参加礼部会试，顺利通过考试，在殿试时被钦点为榜眼，进士及第后授翰林院编修，后外任贵州乡试考官。姚颐先后出任乾隆三十六年（1771）辛卯皇太后八十万寿恩科会试同考官、乾隆三十七年（1772）壬辰科会试同考官、乾隆四十年（1775）乙未科会试同考官。乾隆四十一年（1776）出任吉安知府。累迁历任提督湖南学政、蒲州府知府、湖南按察使、甘肃按察使等职。

乾隆四十二年（1777），姚颐提督湖南学政。时值省试，士子们云集城门，他大开城门亲自接纳众人，教诲士子，并表明一视同仁。督视学政时，姚颐清正廉明，世人称呼他"风宪"。他以儒雅治理文风，如同秋霜冬雪，变为和风甘雨，亘古未有。姚颐顾念士子，每日晋见。姚颐说："名声其次，爱才就要真爱，总而言之，当今自己要知道自爱。"士子们都传诵此话。凡他所到之处，正文体，重仪规，见考生，披孤寒，与众讲话，士皆敬服。

姚颐视察湖北学政时，对有关部门法纪严明，依法严惩违纪的官员。他曾说："法治用于已经做成的错误，不如禁止在还没有犯错之前。"在监督科考时，凡试卷有图书记号，虽然是佳品也不录取。尤其对复试，要求更加严格。他对待自己十分严厉，爱惜士才出于天性。诗文好的就称赞不已，而且不再进行面试。他教诲他们立身、行己、做人要向古代贤人学习。他告诫守门小吏，不得阻拦前来拜访者，只要报上名来就来者不拒。他设酒款洽，和蔼待人，精于识鉴，一旦发现贫寒士子是可造人才，就在钱财上提供资助，并亲自在衙署中教授他们。依赖姚颐成就大业的人士十分多。他曾对诸生说："凡人自待如上峻峭陡坂，前脚踏实，后脚才可以移动，否则，要翻越下去的。"他还推崇从善如流，登第为善，用此去教育人。姚颐任满离开湖北时，文士们十分思念他，为他建了"去思碑"。后来他赴湖南廉察大公大儒，百姓知他爱士，必定也能爱百姓。他慈善明断而屡屡昭雪冤狱，官吏不敢为奸。数年后，姚颐卒于甘肃廉访使任上。因为没携带家眷，丧事全由湖北人王经纪一人承担，直到将姚颐的灵柩送归故乡，人们说这是他爱士所获得的回报。

姚颐有很高的文学素养，善写诗，也擅长古文，他的文风清醇似苏辙，兼欧阳修的飘逸。著有《雨春轩诗草》10卷、《经进诗》1卷等。

抚 州 市

董德元

董德元（1096—1163），字体仁，小名丙哥，小字长寿，宋朝吉州永丰县云盖乡（今抚州市乐安县流坑）人。南宋绍兴十八年（1148）戊辰科王佐榜一甲第二名，是该科的榜眼。因其在策论时迎合宋高宗和太师秦桧的用兵主张，赐其"恩例"与状元同，故时人称为"恩榜状元"。

董德元自幼读书勤奋，宋徽宗宣和四年（1122）考中秀才，宋钦宗靖康元年（1126）考取举人后多次参加礼部会试都未能考中。宋绍兴十五年（1145），以特奏名补文学，任道州宁远（今湖南逐县）主簿。宋绍兴十七年（1147），朝廷举行漕试，合格者方可参加礼部应试，董德元再次中举。宋绍兴十八年（1148）已是五十三岁的董德元，在登第进士353人中，登宋绍兴十八年进士一甲第二名，同榜的抚州临川人陈孺名列第三，鼎鼎有名的南宋理学家朱熹也和董德元同时登进士第。中榜眼后，董德元初授承事郎，签书镇南军节度判官。董德元功名来之不易，视官禄如泰山，故谨慎从职之余，有意依附当权的秦桧，因而在秦桧推举下，升迁甚速。先为秘书省正字，校书郎，太常博士，礼部员外郎。宋绍兴二十四年（1154），调任监察御史；仅数月，又提升为殿中侍御史；不久又兼任崇政殿说书。宋绍兴二十五年（1155）二月，董德元兼侍讲，四月转侍御史、中书舍人，六月为吏部侍郎，旋升吏部尚书。八月，拜参知政事。掌左仆射（副相）职权，充大礼使，代表天子祭南郊，封为庐陵开国子爵，食邑五百户。同年十月，秦桧死后，臣僚多有论其奸佞，高宗也厌恶秦氏弄权，于是秦桧党多被清除。董德元为"桧之门人""人多切齿"。是年十二月，殿中御史汤鹏举等论董德元依附秦桧，遂被罢参知政事，以资政殿学士提举太平兴国宫。后罢官回乡，居吉州城中，直到终老。他在自建的休荣亭上手书一联曰："闲谈休论荣枯，静坐常思得失"，反思从政的过错。宋孝宗隆兴元年（1163）董德元病故，终年67岁。因为是秦桧党徒，《宋史》《江西通志》未有董德元传，也不被列入乡贤祠。但他潦倒数十年，一举发迹，成为流坑族子皓首穷经榜样，故对流坑董氏家族影响较大。

据说，董德元原本是第一名，因为在考取进士之前做过官，按宋朝惯例，不能取为状元。但宋高宗爱其才，遂将他恩赐为第一名，故有恩赐状元之说。登科当年，永丰县令吴南老为他建状元楼于县学左侧,同年进士朱熹题写"状元楼"三字匾额。流坑董氏仿永丰楼,在村口重建一座状元楼,至今尚存。其子董克正在宋高宗宋绍兴二十四年(1154)登进士第。

罗 点

罗点(1150—1194),字春伯,号此庵,宋朝抚州崇仁县高垍(今抚州市崇仁县石庄乡高溪村)人。六岁能作文。南宋淳熙二年(1175)乙未科詹骙榜进士第二名,是该科的榜眼。初授文林郎、定江军节度推官。经宗室、漕运使赵汝愚的推荐为太学博士,后任秘书省正字、校书郎兼国史编修,迁兵部尚书。他历经孝宗、光宗、宁宗三朝,仕至端明殿学士,签书枢密院事。

淳熙十二年(1185),罗点迁秘书郎兼东宫小学教授,学生是孝宗的皇孙们,其中包括后来成为宁宗的赵扩。他选取古人经验教训文章,编成《鉴古录》,对皇室子孙进行劝诫教育。后罗点迁任著作郎。

淳熙十三年(1186),他在浙西(今苏州)提举任上,能在从属吏中选择贤能,入幕谋划,全面了解民间的利弊所在,政绩显著。当时昆山华亭之间有一淀山湖,可调节入湖各河道的水量,因湖周边湿地被皇亲贵戚霸占成淤田,造成水道阻塞,一遇旱灾,民田无法浇灌。罗点上疏开浚,扩大淀山湖的容水量,从而改善灌溉面积达百万余顷,并以常平仓之米30余万斤赈济受灾民众。

淳熙十四年(1187),太上皇高宗去世,孝宗皇帝在家服丧,服丧期间决定由他的皇太子赵惇参决国事。罗点由户部员外郎兼太子待讲,迁起居舍人、太常少卿。淳熙十六年(1189),在位27年的孝宗禅位给宋光宗赵惇,太常少卿罗点受命出使金国,告知光宗登基为大宋新皇。此时,适逢金世宗去世,金国要求罗点必须除去吉服换以丧服谒拜金世宗。罗点回应:"大宋皇帝登基是吉事、喜事,身为宋之国使大臣只能穿吉服,若要我更换为金之丧服,除非将我杀死,否则万万不能。"金国又强调光宗登位不能称宝位。罗点厉声回答:"圣人大宝曰位,不加宝字何以区别至尊!"金人始终无法让罗点屈服,只好让罗点返回大宋。光宗赞曰:在其大臣中,无人能像罗点这样大义凛然驳斥对方,维护大宋尊严的。

宋光宗赵惇为保皇位继承人身份在疑惧和不安中度过十多年,直到43岁才得以继承皇位。继位初期,仿父亲孝宗侍奉高宗之例,每月4次前往重华宫探望退位的太上皇。从绍熙三年(1192)开始,"政事多决于后",大权旁落在皇后李氏之手。加上孝宗退位后仍关心朝政,在立太子之事上与光宗意见相left,又欲废李皇后。李皇后和宦官有机会就离间孝宗、光宗父子关系。继位没几年,光宗开始找借口回避朝见孝宗。绍熙三年(1192)冬,光宗乘车欲去重华宫探视太上皇孝宗,却中途返回。

罗点上疏:陛下既然选择了吉祥的日子去探视,寿皇(孝宗)又非常期盼,你却去而复返,这与常理不合。百姓于朋友之间都笃守信义,而陛下身为国君,却连探视父亲之事都不做,这难道是孝亲吗?罗点又多次劝谏光宗前往探视孝宗,光宗始终未去探望。罗点见此,请求辞官,光宗不准。因为光宗不朝重华宫,罗点与侍从共同上奏三十五疏,上奏者又六十章。光宗并不理睬。

绍熙五年(1194)六月,孝宗去世。罗点及宰执等上疏请光宗出来主持丧事,光宗同意为孝宗办丧,却不露面。七月,宋宗室、枢密院事赵汝愚以太皇太后旨意,立嘉王赵扩为皇帝即宁宗,立光宗为太上皇,移居别宫。宋宁宗嗣位后,授罗点为端明殿学士、签书枢密院事,辅佐宁宗。

绍熙五年(1194)九月,罗点作为护从随宁宗前往庙堂祭祀,不幸染病去世,年仅45岁。赠资正殿学士、太保,谥文恭。罗点为官历仕孝宗、光宗、宁宗三朝,至诚至忠,深得名人善士敬仰。《宋史》卷三百九十三《罗点传》中记载,他去世后,宰相赵汝愚曾对宁宗泣诉"黄裳、罗点相继沦谢,二臣不幸,天下之不幸也"。

罗点著有《奏议》23卷、《春秋孟子讲义》若干卷、《清勤堂法帖》6卷。

其子罗遇,以遗泽补官,除知籍田县、新淦县,迁湖南宪,创雄楚军以弭寇,改广西运判,除盐法害民者。

曾　渐

曾渐(1165—1206),字鸿甫,宋朝建昌军南城县(今抚州市南城县)人,南宋绍熙元年(1190)庚戌科余复榜进士第二名,为该科的榜眼。

曾渐出身官宦世家,祖父曾度是北宋政和二年(1112)进士,官至通直郎。父亲曾发南宋绍兴二年(1132)登进士第,仕至奉议郎、吉州州学教授。曾渐登进士时,年仅25岁。后历任承事郎、签书南康军(今星子县)节度判官厅公事、历权中书舍人,终中奉大夫、工部侍郎。

曾渐自称是胡安国的私淑弟子。胡安国是北宋哲宗宋绍圣四年(1097)丁丑科赵昌言榜进士第三名,北宋学者,因是福建武夷山人,学者称武夷先生,后世称胡文定公。后迁居衡阳南岳。与次子胡宏共同创办"碧泉书堂"(文定书院前身),开创"湖湘学派"。他一生以圣人为目标,主要从事学术研究,潜心研究《春秋》,所著《春秋传》一书成为后世科举士人必读的教科书。曾渐所谓私淑弟子,即虽未直接受到胡安国教诲,但仍认为是他的弟子。可见曾渐对胡安国提倡的修身为学,主张经世致用,重教化,讲名节,轻利禄,憎邪恶的观点十分赞同。康熙《江西通志》卷三十四人物志记"立朝有风节,处乐而忧,遇变而安,冰玉自洁,天下贤之"。

在官场上,曾渐身体力行,践行胡安国的理论。在任签书南康军判官时,当地遭遇旱灾,他沿村劝说富户卖米救荒;决断狱案,不辞劳苦。后累迁秘书郎兼权中书舍人。宋宁宗庆元、嘉泰年间,宗室宰相赵汝愚与外戚韩侂胄不和,两者互相争斗。最后韩侂胄使用"宗室不得为宰执"的祖宗家法,让宋宁宗罢免了赵汝愚,并且将赵汝愚提倡的理学称为伪学,对理学家以打击,造成"庆元党禁",直到嘉泰二年(1202)"党禁"才得以解禁。曾渐在理学视为伪学之初,就开始厌倦官场,主动请求辞职,不被皇帝准许。但他仍保持为官清正廉洁之风,史称他"处乐而忧,遇度而乐。虽遭庆元、嘉泰之间而冰玉自洁,天下贤之"。开禧二年(1206)十二月二十九日曾渐去世,卒时年42岁,皇帝赠少师,谥文庄。

曾渐著有《武城集》,未传世。《江西诗征》《守诗纪事补遗》存其诗。

曾渐的兄弟曾樽在南宋隆兴元年(1163)登进士第。历从政郎、荆湖南路安抚司斡。

吴　裕

吴裕(1331—1361),字伯雍,元朝抚州路金溪县新田人,因明正德七年(1512)金溪新田划归东乡管辖,故今属抚州市东乡县红光垦殖场新田分场人。至正十一年(1351)中进士第二名,是该科榜眼。

吴裕出身科第世家金溪新田吴氏,六世祖吴郇是陆九渊的门人,他的曾祖吴可是宋朝的漕贡进士。他的父亲吴俨,至正四年(1344)与吴裕同时为乡贡进士,并任赣州会昌县、隆兴路的儒学正。他的叔父吴仪(1307—1371),是虞集的门人,至正十六年(1356)的乡贡进士,在乡里教授学生,人称东吴先生,并与他的两位堂兄弟吴盛、吴立同时成为乡贡进士,人称"三吴"。吴裕的堂弟吴伯宗(原名祐)则是明洪武四年(1371)首科状元,官至武英殿大学士。

吴裕师从乡先生祝蕃,在至正四年(1344)及至正七年(1347)通过乡试。元朝的乡试成绩只能使用一次,如果会试未通过,乡试成绩自动作废;如想再参加科举考试,须再次通过乡试,才能再次取得会试资格。作为原金国、南宋属地管辖的汉人、南人在参加左榜考试时,参加人数较多,名额又有限,竞争十分激烈,尤其是南人,录取比率较汉人还要少。吴裕两次会试皆未通过,授任瑞州路儒学录、宜春县儒学教谕后,他成为至正十一年(1351)辛卯科进士,这年一甲只录取了文允中1人,吴裕名列文允中之后,是第二甲第一名,也就是我们通常意义上的榜眼。登科后被授任吉安路永新州同知。因红巾军兵起,道路阻隔,吴裕未能及时赴任。次年红巾军势力范围波及金溪,他在乡里集结乡丁抵御,乡邑得以安然无恙。至正十五年(1355)秋,他最终辗转才在永新州就任官职。此时,永新州治所在地已被红巾军所破,吴裕在庐陵履行职责,抚恤百姓,并圆满完成为江西行省督饷的任务。至正十六年(1356)

吴裕征召为江西乡试校勘文章,顺道回归乡里。抚州乱,父命之曰"我字宗桃不可去,汝有官职不可留",复之官,避兵居隆兴(今南昌)。双亲去世后,吴裕幽居淡食,至正二十一年(1361)病逝。

曾 坚

曾坚(?—1370)字子白,自号沧海逸夫。元朝抚州路金溪县陶源(今抚州市金溪县石门乡静思塔岭村)人。至正十四年(1354)会试、廷试均为第二名,是该科的榜眼。

他的曾祖父曾子良,学者称之为平山先生,是南宋咸淳四年(1268)戊辰科陈文龙榜登第进士,初授兴安县尉,迁淳安县令。祖父曾正吉是国子进士,祖母是抚州崇仁人,其父是咸淳元年(1265)乙丑科阮登炳榜进士黄庭兰。父亲曾严卿未仕,授业乡里。

曾坚从小受到良好的家训,对经籍研究十分感兴趣。听说元朝理学大儒吴澄在乐安华盖山讲学,便前往求学,拜吴澄为师,受吴澄指点,很快解开了对经籍钻研中的疑难问题。曾坚少与危素齐名。至正元年(1341)以《诗义》参加江西乡试,成为乡贡进士第二名,但第一次参加礼部会试并不顺利。至正十三年(1353)他再次参加乡试,成为左榜乡贡进士第二名,获得至正十四年(1354)的会试资格,成为至正十四年甲午科牛继志榜(左榜)第二名。中榜眼后,初授国子助教,转翰林修撰。至正十八年(1358)曾坚以江西省左右司员外郎身份,任省台重臣经略江南,后转任国子监丞,升司业,晋升详定副使,拜为监察御史,后改任翰林直学士。洪武元年(1368)八月,元朝大都(今北京)被明军攻陷,曾坚拜谒明朝大将徐达,徐达在军门以儒士礼遇曾坚。次年春,因元朝旧官被征至金陵(今南京),曾坚被授为礼部员外郎,谙习曲章,太常议礼皆请教于他,后以疾辞官。洪武三年(1370),曾坚因作《义象歌》,文中可能有文字触犯了朱元璋的禁忌,被朱元璋诛杀。

曾坚著有《曾学士文集》,已佚。儿子曾仰,至正二十三年(1363)癸卯科杨辀榜(左榜)登第进士。官至云州判官,在明朝就任中卫经历。

徐 琼

徐琼(1425—1505),字时庸,号东谷,又号明农、明用,又称明农翁。明朝抚州府金溪县耿阳(今抚州市金溪县合市镇大耿村)人。景泰元年(1450)中举人,明天顺元年(1457),32岁的徐琼通过会试,在殿试中获一甲第二名,是该科的榜眼。

中榜眼后,徐琼初授翰林院编修,先后参修《英宗实录》《大明一统志》。成化三年

（1467）八月，升侍讲。成化七年（1471），充应天府乡试主考官。成化十二年（1476）十二月，升侍读学士，掌南京翰林院事。成化二十三年（1487）春，升为南京太常寺卿，任南京国子监祭酒。弘治三年（1490），升为南京礼部右侍郎。任满进京，改任礼部左侍郎。弘治九年（1496）四月，升为礼部尚书。

徐琼自幼聪慧好学，博通经史，才华出众。15岁即考取秀才，进入县学，深得县学掌教器重，为此曾作《勉学歌》以自勉。歌云：青春容易过，青春不再来，纵有黄金高北斗，焉能买得朱颜回……继今寸阴千金惜，细把经书字字研。人生有几二十岁，再一二十青春去，会须少壮取科名，莫待老来悔晚矣！谁谓大器皆晚成，八十状元古有几？

相传，徐琼为赴京赶考，日夜兼程。一天黄昏时路经一处寺院，疲惫不堪的徐琼进寺借宿，方丈明远大师久闻其名，热情款待，并说："凭你的才华，此番赴京赶考，稳中状元。"徐琼即说："托大师口福，得中必前来叩谢。"第二天继续赶路，来到一江边，只见烟波浩渺，又无船只，正在踌躇间，忽见一红装少女撑舟而来，微起朱唇："客官渡江吗？"徐琼见是一少女，又无旁人，乃回答说："欲渡银河舟不便。"大有男女授受不亲之意。未料此女心思敏捷，看出端倪，答道："迟登金殿榜无名！"徐琼怕误考期，只好上了船。在船中彼此问及身世，得知此女之父乃朝廷命官，因遭奸臣陷害，英年早逝，其母亦寻了短见。此女本是书香世家，琴棋书画无所不精，眼见父母双亡，无依无靠，痛不欲生，跳江追随父母亡灵，结果被一善心渔翁救起，从此跟随渔翁出没江河，打鱼为生。岂料风云不测，渔翁也命丧江中。此女又孑然一身，生计艰难。徐琼看她明眸皓齿，粉脸桃腮，莺声燕语，不觉由同情转生爱慕，想到自己年过三十，未曾婚娶，便低声问道："此番赶考，若能金榜题名，汝能与吾长相厮守？"此女见徐琼英俊潇洒，满腹经纶，红云羞飞，颔首微笑。上了岸，二人脉脉含情依依惜别。

徐琼到了京城，会试完后等待殿试，突然传来红装少女惨遭强盗打劫奸淫，为不负郎君，含悲呼喊"琼郎"之名跳江而死的消息。徐琼得知此噩耗，泪如泉涌。第二天殿试时，少女倩影挥之不去，徐琼纵有满腹文章、生花妙笔也不会得心应手。张榜时名列第二，是为榜眼。返乡时复经原江，哀思不已，祭奠良久而去。到寺院又不见明远大师，却见大门背后写有一诗曰："红裙映绿波，织女渡银河。芳魂沉水底，痛煞状元哥。丢了状元帽，穿了榜眼靴。"徐琼见自己为情所伤，未中状元，只中榜眼的事为世人所知，自认是命运捉弄人，不觉慨然长叹。

在弘治年间任礼部尚书时，徐琼恭勤政务，事上处下，忠诚不二。在经筵为皇上太子等讲《无逸》篇，与刑部白昂校定《问刑条例》等，深获明孝宗好评，认为他优于政事，不可单以文学之臣看待，多次奖赐珍宝绯袍。弘治十一年（1498），加授太子少保。徐琼申请退休，皇上不准。一日，徐琼昏倒在朝堂，遂卧病于家，皇上遣中使带御医前往探视诊疗，并赠其食品及牛黄丸供治病之用。在朝上，孝宗经常询问朝臣有关徐琼的病况,当听说病情稍好转则略觉放心,当听说病情未有多大好转则忧形于色。弘治十三年(1500),徐琼虚岁76时,再次上书恳请告老返乡。同年五月,皇上下诏,加其为太子太保、光禄大夫一品官衔,允许乘驿站车马还乡,并令官府每月给米3石,每年拨人伕4名供其听用;又遣内侍赐予麟袍玉带、白金元宝,以示宠异。临别时,朝臣同僚纷纷为他饯行,并赠以诗章。弘治十八年(1505)六月,徐琼卒于家中,享年80岁,葬于临川金石山仙隐观之右。

徐琼为官45年,敢于言事,曾上书提出"禁奢侈,广用人,仰奔竞,开言路"主张。又因四方灾异上言,请皇上"勤圣学,崇君德,罢斋醮,停工役,禁传奉,辩忠邪"。徐琼在政治上建树不多,在文学上却有较高造诣,早年书法仿晋朝书法大家,其文写得明快畅达,时有警语悟人,妙趣横生,一时为名流倾倒。对徐琼的评论虽然有人指责,但也有人对其称善不已,当时南京太常少卿罗玘对其评价是:"徐琼之量宏矣而无量名,文优矣而无文名,书善矣而无书名。"有"三不近名"之誉。

徐琼著有《东谷文集》。

吴道南

吴道南(1547—1620,一说1550—1623),字会甫,号次恪,一号曙谷,明朝抚州府崇仁县二都石庄(今抚州市崇仁县石庄乡石庄村)人。明神宗万历十年(1582)中举人,万历十七年(1589)登进士第二名。中榜眼后,历任翰林院编修,升左中允、左谕德,历任武进士考试总裁、乡试主考、少詹事等职,累官至礼部侍郎、礼部尚书兼东阁大学士。

其父吴一龙曾任高邮(今江苏高邮)知州。吴道南是家中幼子,年少时父母双亡,跟着哥嫂度日,与同岁的侄子一起上学。万历十年(1582),吴道南叔侄一同参加乡试,吴道南得中举人。万历十七年中榜眼后,吴道南初授翰林编修,知经筵日讲,预修正史,主纂《河渠志》。万历二十二年(1594),任浙江乡试主考官。相传在途经南溪厘卡(旧时在水陆通商要道设置关卡,负责查验、缉私和征收税金的机构)时,听说厘卡官心狠手辣,定了一个"五筒烟官税",稍迟一刻,货物没收,倘是布匹,则放火烧毁。故有"走尽天下河,南溪厘卡最难过"之说。吴道南闻此恶规,深恶痛绝。于是,扮成商人搭乘一只装载夏布的货船,到南溪渡口停泊时邀请船主去店中吃酒。船主怕误事,婉言谢绝,吴道南见他为难,便道:此事包在我身上,若失掉夏布,我将纺绸赔你。船主听其言,觉得话中有语,心想钱财如粪土,仁义值千金,只好去了,他们在酒家美美地吃了一顿。回到船上,夏布全被卡官砍坏,船主吓得跌倒船舱。这时吴道南便脱下便衣,穿上朝服,立即找人到厘卡处通报。厘卡官闻知吴道南驾到,忙备八人大轿将其接到官署,刚一坐定,船主便前来喊冤,吴道南立即升堂审理,问明情由,立即废除"五筒烟官税"陋规,并将船主全部损失照额给予赔偿。从此,过往南溪的船只,再也不受"五筒烟官税"的限制。

万历二十五年(1597),调升东宫直讲学士。他学识渊博,讲解经书多方引喻解说,务期明白晓畅。讲课时,皇子偶尔旁顾,他即停下来,拱手等待使得皇子面带愧色,规规矩矩坐好听其讲课。后历任武进士考试总裁、乡试主考、少詹事等职。万历三十七年(1609),以礼部侍郎职署理礼部事务。

明神宗为了在全国范围内聚敛民财,派出大批宦官,分赴各地充当矿监、税使,肆意搜刮民脂民膏,使得人心惶惶,民变纷起,加上宗室之间互斗,社会动荡不安。吴道南在礼部任职期间,碰巧山东历城、高苑两地有母牛产下两头两鼻的牛犊,便借题发挥,认为这是灾异之象,上书免去山东各税税费,召还太监。后来又值京都先大旱,继而大疫、地震,后又大雨,房屋倒塌,死者无数。吴道南又借机上书,说太监横征暴敛招致天怨,请皇帝下罪己诏。指出天下有"五郁",即不让太子明经术、习政务,以致聪明隔塞;刑部所属官员缺额半年有余,审断无人,以致监狱人满为患;皇宫金银堆积如山,百姓在大灾之年无粮无钱无住所,皇上又不发粮款救济,以致百姓流离失所;正直官吏屡遭太监诬陷,以致革职或投入监狱数年;有用之臣被废弃,终老山林等,要求皇上除此"五郁",以慰天下,但神宗不予理会。

《明史》称吴道南"遇事有操执",即说他有政治头脑,遇事有主见,能较好地进行掌控。朝鲜贡使回国时,要求购买火药,吴道南以其利害关系,力劝不可给予售出。吐鲁番进贡美玉,又以"不贵玩物"进言,请皇上不要接受。万历三十八年(1610)吴道南负责考选贡士,当时辽东讨论开科试士,认为应重武试,吴道南坚决不同意。他还重申国家有关典章法度,确定谥典,不屈从权贵,秉公办事。

万历四十一年(1613)九月,66岁的吴道南为父守丧期满,拜为礼部尚书兼东阁大学士。从家乡赴京时,行装简朴如普通人。相传,吴道南在进京途中,为了考察各地官员政绩,有时打扮成商人,有时扮成塾师,有时扮成测字打卦先生。有一次途中借宿塾师馆,听说老师应得的薪金随意被拖欠,生活难以为继,吴道南非常气愤,但又不能随意拘捕,决意化装成塾师,请人介绍到一富贵人家教书。该户有两个儿子,长到十二三岁,还识字不多,在吴道南执教后,大有长进,既专研学业,又尊师敬亲。即便如此,东家仍认为教书先生不值得尊重。一次,东家老太太过八十大寿,吴道南旁若无人地坐在酒席的上座。席上,县丞在得知吴道南是教书先生时,首先发难:"你既为先生,就该非礼勿动,怎好自占上座,这般无礼?"吴道南说:"家中既供天地君亲师的牌位,为何指责为师的坐得非礼?"一个告老还乡的州官又问:"敢问老先生,至今你总共赴过几次这样的盛宴?"吴道南回说:"上了岁数记不清楚,大概上千次吧!"同桌豪绅又挑衅地问:"你坐过几次首席?"吴道南回说:"难忘的,共有四次。头一次是同新婚妻子回娘家,在岳父家坐首席。第二次在鹿鸣宴(指乡试中举人)上。第三次是在二十年前殿试过后的琼林宴上坐首席。至于第四次,记得是在万历皇帝定治国之策时,在皇宫设御宴,与万岁同坐一席。"在座官绅不禁大为惊讶,纷纷指斥他狂妄,要他拿出凭证,否则告他欺君之罪。吴道南不慌不忙,将手中折扇打开。众人近前细看,果真是万历皇帝亲笔所题"当朝一品吴道南"七个金色大字。前排的权贵不禁浑身发抖,"扑通"一声跪了下去,后排的虽未看清,也学样跟着跪下。吴道南指着墙上一幅山水画,信口道:"朝阳一出万山低,小舟穿过画桥西。中流击水朝中客,吩咐山鸡莫乱啼!"据说,此事一传十,十传百,很快传到周边各地。从那以后,当地尊师重教之风大盛。

万历四十三年(1615)五月,吴道南入阁参与机务。到职后,先后就皇储听讲、诸王豫教、瑞王婚礼、简选大臣、荐举遗佚人才、撤销管理税收太监、补足言官缺员诸事上疏,神宗虽称为"优疏",但大都未予采纳。万历四十四年(1616)主持会试,因考场出现舞弊行为,遭到言官攻讦。神宗虽然谅解他,但他也决定辞职,先后上疏20余次,直到万历四十五年(1617)七月他继母去世,才得以批准。

万历四十八年(1620)八月,光宗继位,改泰昌元年。下诏加吴道南禄佚,望其再度辅政,此时,吴道南已重病在身,仍带病作《大政议》12条,竟成绝笔。吴道南历官30年来,勤政廉洁,家产尚不及中等之家。天启三年(1623)卒,赠少保,谥文恪。

吴道南著有《日讲录》《河渠志》《巴山草》《曙谷集》《奏议》《语录》《秘籍新书》等行于世。其中《河渠志》存于《四库全书》史部地理集,《秘籍新书》13卷、《别集》3卷存于《四库全书》子部类书。

饶学曙

饶学曙(1720—1770),字霁南,号筠圃,一号云浦。清朝建昌府广昌县甘竹(今抚州市广昌县)人。乾隆十二年(1747)中举人,乾隆十六年(1751)辛未科吴鸿榜一甲进士第二名,是该科的榜眼。

饶学曙家是广昌的望族,父亲饶一辛,是个举人。兄弟三人,长兄饶学曦性至孝,贩运所得用以帮助父母养家。饶学曙是家中次子,为人厚道,事继母如生母,对小弟饶学昉谆谆教诲,兄弟间十分友爱。他幼而好学,通晓六经。长大成人,才思敏捷,挥笔成章。不满20岁即成为秀才,进入县学读书。中榜眼后,授翰林院编修,历任左右中允、侍讲、武英殿通考馆、功臣馆、礼器馆纂修、日讲起居注官等职。

饶学曙在翰林院16年,主管朝廷奏章、诏谕、制诰,因文笔好,凡国家重要大典所需之作,多出身他的手笔,深受翰林院官员推崇。在办理各种事务时,他都能权衡利弊,通晓事务本末,对于不妥当之事敢于直言,不避嫌隙。翰林詹事经常采纳他的建言,所议之事多被朝廷重视。乾隆二十一年至乾隆三十四年(1756—1769),他先后任会试同考官、顺天府(今北京)乡试同考官、云南乡试主考官,在科考中能慧眼识才，为朝廷举贤荐能，经他选拔的士子极多，因此饶学曙被清代文人学士誉为"当世之师"。饶学曙平生轻财乐施，经常解人于急难之中。在京城他主持捐资重修江西会馆，为家乡人提供雅集畅叙之场所，并为客死京都的乡人营购义冢，使亡后免于暴尸荒郊野外。

他擅长诗词文章，是乾隆皇帝的"词臣"。他的诗文隽秀飘逸，有唐宋风韵；高贵华丽，义雅颂近诗经。他也擅长书法，书写时可以"双管齐下"。他著有《研露斋集》，内有文 3 卷，诗 8 卷，清朝戏曲家、文学家蒋士铨为之作序。另有《使滇集》等行于世。

饶学曙兄弟两人在乾隆十七年（1752）同时考中举人，长兄饶学曦曾任同知、知府、州牧；弟弟饶学昉，资性颖异，对古人奥处常出新裁评点。中举后任咸安宫教习，文采风流、辉映同辈，尤工词翰，饶学曙自认为不及他。可惜，饶学昉不到 25 岁就去世。

谢阶树

谢阶树（1778—1825），字子玉，号向亭，清朝抚州府宜黄县城北门（今抚州市宜黄县）人。嘉庆十三年（1808）戊辰科吴信中榜一甲第二名，是该科的榜眼。

谢阶树幼时博学强识，为文快捷，意境深远。工各体书法，尤擅长楷书。嘉庆三年（1798），20 岁的谢阶树乡试中举人后，被在贵州黎平为官的同乡程卓梁延聘为其子侄授课。在此期间，谢阶树被黔南峻峭山川，湍急江河，磅礴峥嵘之气所吸引，使其诗文益发增添不少灵气，为时人所重。嘉庆十三年中榜眼后授翰林院编修，历任顺天乡试考官、会试考官、湖南督学，侍读学士、加日讲起居注官，转左、右庶子，累官至翰林院侍读学士兼国史馆修撰。

在湖南督学期间，他整顿学风，严肃考纪，革除冒名顶替、重名应试等职弊。当时，有湖南湘潭人与江西估价客发生争斗诉讼，湘潭人凭借有显要官宦撑腰，欲将江西客商投入监狱，当地督抚又不敢驳回显宦面子，此诉讼案久决不下。督抚询问谢阶树应如何处理，谢阶树以身为督学之职，不便介入之由未作回答。谢阶树监考完毕后回到京城，皇帝向他询问案情原委。谢阶树即将讼案曲直原委，实事求是地向皇上禀报，并指出此事牵涉某军机大臣，故督抚难以决断。为此，谢阶树提出了自己的处理意见，深得嘉庆皇帝的称赞，晋升谢阶树为侍读学士，一路升职，后累迁至翰林院侍读学士兼国史馆修撰，教习嘉庆二十五年（1820）、道光二年（1822）、道光三年（1823）三科庶吉士。道光四年（1824），因上书万余言，陈述兴利革弊之事被降为侍讲。

清嘉庆、道光年间，一些有识之士"以风雅之才，求匡世之学"，相结为"宣南社"，谢阶树、昭莲、鲍桂星、吴崇梁等为早期成员，龚自珍、林则徐、黄爵滋等后起之秀亦相继成为其重要成员。他们互相切磋时弊，随时向朝廷上书，提出改革主张，对革除腐败、防御外来侵略、严禁鸦片，都有过不少建树。

　　谢阶树学识渊博,文学素养很高。工古文辞,尝拟《文赋》一篇,论者谓可与西晋文学家陆机相媲美。所作《大臣论》《县令论》等篇,尤通达治本之言,清朝中叶在文坛颇有影响的文学家李祖陶认为谢阶树有古大臣之风,是清朝政治家、理学家李绂之后最具才华之人。

　　道光五年（1825）谢阶树去世,终年 48 岁。

　　著有《守约堂文集》《合璧联珠》《记事珠》等数 10 卷均未刻行,已刻者为《沅槎唱和集》和《澧州唱和集》。其《约书》12 卷 60 篇是当时治国经济思想的代表作,其核心是保富抑商。赵靖、易梦虹主编的《中国近代经济思想史》（修订本,1980 年第 2 版）第五章"地主阶级保守派的经济思想"中,用一节篇幅对谢阶树的经济思想进行论述,认为谢阶树是鸦片战争时期地主阶级保守派经济思想的第一个代表。在另一篇文章《第一次鸦片战争前后的经济思想资料》（见《中国近代经济思想资料选辑》第一辑,中华书局 1984 年第一版）中选录了谢阶树《约书》中的《保富》《理财》《明宗》3 篇作为顽固保守的经济思想代表作。

　　其子谢煌是道光二十七年（1847）丁未科张之万榜进士,历任兵部主事、湖南粮储道按察使;另一子谢煴为涿州通判。

探花

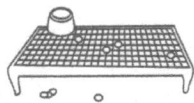

南 昌 市

陈 栋

陈栋（1526—1572），字隆之，明朝南昌府南昌县艾溪里（今南昌市进贤县架桥镇艾溪陈家村）人。嘉靖四十四年（1565）乙丑科参加礼部会试，名列第一；参加殿试时又获一甲第三名，成为获会元、探花双重荣誉之人。

陈栋天资聪慧，6岁时便跟私塾老师学习句读。他潜心读书，善于思考。在读过"中者天下之正道，庸者天下之定理"句后，又学到《中庸》"不可能"句时，他忽有所解，便与老师共同探讨学习心得，引得乡人的称赞。12岁就对古文辞、历史典故熟记在心。有一次，观察使谭公接见陈栋并用史论考核他，陈栋一挥而就，因其见解独到深受谭公喜爱，于是向李文正、杨文襄举荐，留他在署衙读书。

陈栋荣登探花后，先后任翰林院编修、隆庆间擢右赞善，侍班东宫，对太子多有规谏，太子十分欣赏他，认为他有公权"笔谏之风"。他在充任隆庆五年（1571）辛未科礼部会试的同考官时，将才华出众的同乡邓以讚定为礼部会试第一名，获得大家的认同。

陈栋是个至孝之人，作为义门陈的后裔，他的家庭人口众多。到明朝时，义门陈的家境并不宽裕。为官后，陈栋生活简朴，俸禄大多用来养活家人。他父亲却性情急躁，稍不如意，便会不顾场合对他施以鞭刑，陈栋都坦然接受，毫无怨言。他为人正直，进士及第后受当朝权臣大学士高拱的赏识和推荐，陈栋却从未找高拱为自己谋私利，高拱心里更加敬重他。隆庆六年（1572），46岁的陈栋去世，穆宗一直感念其老师，获悉陈栋已故，特命江西地方官员前往谕祭，称赞他"学术纯明，夙夜勤劳"。

著有《读易》2卷。

邓以赞

邓以赞（1542—1599），字汝德，号文洁，别称定宇，人称定宇先生。明朝南昌府新建县生米青山岗（今南昌市红谷滩新区）人。隆庆五年（1571）辛未科中会试第一名，是该年的会元，殿试第三名，摘得探花头衔，和同乡前辈陈栋一样，身兼会元、探花双重荣誉。

其兄邓以诰，嘉靖间举人，历任建阳教谕，广东博罗知县、刑部主事、衡州太守。邓以赞少有异质，好读书。年幼时，常牵着父亲的衣襟行走在外，当父亲与人论学时，他有时也参与其中。见邓以赞如此好学，他父亲决定让他在家好好读书。隆庆元年（1567）丁卯科中举，五年后礼部会试第一，殿试第三名，成为探花，被皇帝赐予"进士及第"，任翰林院编修。

万历初，张居正执政，因多次谏言并不被采纳，邓以赞心灰意冷，绝意官场，最初是称疾回家。朝廷多次要他官复原职，他都在上任不久或上任途中，以各种理由要求返乡。万历十九年（1591），出任国子监祭酒，后又担任礼部右侍郎，他针对当时"三王并封"缓立皇储的做法，多次要求皇帝"请建储"，认为"况信者，国之大宝，建储一事，屡示更移，将使诏令不信于天下，非所以重宗庙，安社稷也"。万历二十一年（1593）八月，转迁吏部右侍郎，邓以赞坚决辞却。登第二十余年，为官仅一年。

邓以赞品行端正，洁身自爱，学识渊博。他与同乡陈道亨、衷贞吉共有"江右三清"之雅号。他在未登进士前，曾师从王畿，热衷传播王阳明的"良知"之学。登第二十余年，更是严于律己，笃于孝行，做到言行一致。

万历二十七年（1599），他母亲亡故后，因不胜悲丧之痛而卒。邓以赞《明史》有传，他死后，被赠礼部尚书，谥文洁。

著有《定宇制义》1卷、《定宇先生文集》6卷行世。

胡家玉

胡家玉（1808—1884，一说卒年1886），字琢甫，号小蘧，清朝南昌府新建县樵舍治坪州（今南昌市新建县联圩镇）人。道光二十一年（1841）为庆贺宣宗六十大寿特将该年的正科改为恩科，胡家玉参加这年的会试、殿试，殿试考中一甲第三名，是该榜的探花。在道光、咸丰年间先后任翰林院编修、提督贵州学政、刑部主事、员外郎、军机章京。在同治年间，以方略馆办理册档出力，加四品衔。先后任都察院左副都御史、兵部左侍郎（兼署刑部左侍郎、吏部右侍郎）、吏部左侍郎（兼署兵部右侍郎）、稽查京都十七仓大臣、都察院左都御史。

　　胡家玉曾上疏请裁江西省地丁加征银两。当时江西定额征银一百八十余万两，每年实际浮收七十余万两，有违康熙五十年（1711）清政府宣布的"盛世滋丁，永不加赋"的既定法令，请敕命江西巡抚刘坤一令下属停止加征。刘坤一受到弹劾，他针对胡家玉致书干预江西丁漕（即按人口交纳的税粮，征收后要经河运或海运到京城）改章，以及胡家玉及弟侄田亩，未经灾办缓征，仍有未完钱粮之事进行反弹劾，于是胡家玉和刘坤一均被革职留任。胡家玉降五级调用，旋经吏部决定，以五品京堂候补。光绪五年（1879）九月，补通政使司参议。十二月，以海防紧要之事，上书光绪皇帝，引起光绪重视。光绪六年（1880）六月，上奏请疏浚江西全省河道、河南漕粮宜征本色，皆被送达所管各司商议行事。七月，因病辞职。光绪十年（1884）病逝于南昌家中。

　　胡家玉家里比较穷，科考前，有一次没带礼物到姑姑家做客，受到姑姑冷遇。胡家玉走时，在姑姑家大门上留诗一首："两手空空来看姑，腰里无钱亲也疏。鸡婆头上画了符，溪下街上禁了屠。"他姑父回家，看了门上的诗说："一定是胡家玉来了。"劝他姑姑不要冷落穷亲戚。胡家玉高中探花，路过他姑姑家，受到热情邀请。胡家玉说："等你家里开了斋再来吧！"看见姑父出门迎接，这才连忙下马进屋。

　　有一年正月初一，胡氏家族聚在新落成的祠堂里吃竣工酒，并互贺新禧。大家都说：祠堂做得漂亮华丽，不足之处就是大门做宽了一点。胡家玉的父亲说："大门宽一点也好，婚姻喜事，可同时进两顶花轿。"族长一听，立即呵斥道："一派胡言，真是人穷见识短。"不久，胡家玉高中探花后，巡查江南四省。到了正月初一，祠堂再摆酒宴，族长请胡家玉父亲入上座。胡家玉的父亲指着祠堂的大门说："大门宽一点好，可同时进两副棺材，再加一个短命鬼也不觉拥挤。"族长连称："言之有理。"其他族人连声附和。一位青年不满地白了胡家玉父亲一眼，赌气地走了。胡家玉父亲哈哈大笑道："等我儿子回来，自有主张。"说罢也拂袖而去。当胡家玉衣锦还乡时，族长命人将那青年捆缚起来，向胡家玉父子请罪。胡家玉替青年松绑，称赞他不是趋炎附势、嫌贫贪富的势利小人，而是不畏强势、善恶分明的正直人。

　　胡家玉著有《胡小蘧通参自订年谱》一卷。

黄腾龙

　　黄腾龙，生卒年不详，字化莆，号霖宇，明朝南昌府南昌县岱山黄村（今属南昌市高新开发区昌东镇）人。明神宗万历十四年（1586）武进士第三名。中武探花后，任沔阳卫指挥官、黎源千总、福建铜山海防都司。

九 江 市

余 松

余松，生卒年不详，字茂老，宋朝洪州分宁县（今九江市修水县）人，宋绍兴二十一年（1151）辛未科赵逵榜登进士第三名。余良肱曾孙。累迁文林郎、江东提点刑狱司干办公事。

赵师尹

赵师尹（1580—约1615），一作思尹，字任甫，号瀛松。明朝九江府德安县金湖乡凤凰村（今九江市共青城市金湖区）人。明万历四十一年（1613）癸丑科探花。

赵师尹的曾祖父赵尚忠，是元延祐二年（1315）进士，官至刑部郎中、松江知府。弟弟赵赞化和他是同榜进士。

小时候的他沉稳文静，品行端正，夜以继日地勤奋读书，遍览家里书籍。每次临摹书法时，行气如虹。县令祝彦看完赵师尹初次乡试的试卷，赞叹不已，极力培养他。当赵师尹由明神宗朱翊钧钦点为探花的消息传出，德安县衙门和他家乡金湖乡凤凰村热闹了整整七天，通往他家的路上铺就了一条长六里多的青石路面。

任职翰林院编修一年，因身患重病，赵师尹辞官回家，不到一年病逝。留给后代的只有各种书籍、字画，经、史、子、集学习笔记和译文。所写诗词、艺文留存下来的不多，旧府志、旧县志上有他写的《殿试策》。其子孙也一直过着清贫的生活，人们都说赵家是以清白传家的。

景 德 镇 市

金　达

　　金达（1506—1577），字德孚，号星桥，明朝饶州府浮梁县（今景德镇市浮梁县峙滩乡英溪村）人。明世宗嘉靖二十五年（1546）丙午乡试中举人，名列第三；嘉靖三十五年（1556）丙辰在礼部会试名列第一，是该科的会元；在殿试中以一甲第三名的好成绩，成为探花。

　　当时严嵩在朝廷中掌握大权，江西同榜应考者曾邀金达一起去拜谒严嵩，金达没有随同前往，因此得罪了严嵩，廷对时仅放在二甲。明世宗对金达的答卷大为称赞，亲自擢金达为一甲第三名，并授翰林院编修。

　　关于金达，浮梁家乡流传一个故事：他少年时读书很不长进，为了教他读书，家里为他请过好几个名师，都无法使他开窍。最后一位老师是金达的父亲托朋请友，花重金从县城请到的。希望这位德高望重、经验丰富的老举人能使金达有所改变。这位老先生使出浑身解数，也未使金达有多大长进。带着惆怅和遗憾，老先生偷偷离开金家，快到石鼓时，忽然听到后面金达大声疾呼："老先生留步。"听到金达重摔一跤发出的痛叫声，老师心痛地骂了一句："你还跑来做什么？无孔的铁锤斗不起柄！"金达应声答出："有名的石鼓也打不响嘛！"老师思量一下也对，扶起金达一路返回。从此，金达一改以往的性情，读书日见长进，四书五经、八股诗文、天文地理、治国方略无不精通。老先生见金达学业已经小有成绩，便吩咐他前去应试。金达考场得意，成为浮梁历史上唯一的一位探花郎。

　　金达才华横溢，平生为文，雄伟典丽。每次奏章所撰，也多以史鉴论国事，文章得体，寓意深远。他至诚至孝，乡里中有一位忤逆双亲的人，金达晓之以理，动之以情，对他进行孝道教育，使那人有所感悟，后来惭愧得不敢见金达。57岁时金达母亲病故后，哀伤不已，"哀慕若孺子"。丧期服满，仍以原官起用为教习。继而被册封为乐安王副使，但他人的馈赠物品一样都不接受。后擢南京国子监司业。嘉靖四十五年（1566）十二月，明世宗驾崩，正赶上皇家要在文庙举行丁祭（丁祭，是一种礼制名，又称"祭丁"，祭孔之礼，祭孔是国家大典。唐开元年后每年春、秋二祭，均在仲月上丁，故称丁祭。北京安定门内国子监街的北京孔庙是元、明、清三代皇家祭祀孔子的地方）。朝廷官员都想更换祭孔礼服参加丁祭。金达建议朝廷先举行皇帝的葬礼，再依次举行丁祭，这使得朝臣都佩服他知礼。隆庆元年（1567）明穆宗登基，赐金达文绮。后因对太学生应试等问题，金达与其他人意见不一致，决意辞官，金达坚持力请，才得到批准。

万历五年（1577）金达去世，享年71岁。著有《星桥》诸集。

邹家燮

邹家燮（1766—1811），字秀升，号理堂，又号儒孙，清饶州府乐平县（今景德镇市乐平市镇桥乡墩上邹家）人。清嘉庆六年（1801）辛酉太上皇高宗弘历九旬万寿恩科顾皋榜探花。

据说，邹家燮小时候十分贪玩，常常受到父亲家法惩治。但又是个天资聪颖的孩子，思维敏捷，在未进"孔夫子门"（未读书）之前就能巧对对联。6岁那年，父亲带他到一员外家做客，员外听说邹家燮小小年纪就会对对联，肃然起敬，当场决定考考邹家燮。员外根据自家堂前天井里的一座假山，吟出上联："假山长真草"，而邹家燮见假山旁有口大水缸，里面养了很多小鱼，吟出下联："死水养活鱼"。由于对得绝妙，员外连连称赞邹家燮前途无量，乐得邹家燮的父亲直拍邹家燮的小脑袋。邹家燮领悟能力强，好学而且聪慧出众，读书十分刻苦，颇有文名。早在乾隆五十九年（1794）江西乡试时就获第一，是该年的解元。嘉庆六年（1801）参加为庆贺太上皇乾隆帝九十大寿，朝廷特地增加一场科举考试，邹家燮就是在这年通过礼部会试后，在殿试中摘得探花头衔。中探花后，历任翰林院编修、监察御史、礼部给事中等职。

邹家燮为官清正廉明，忠于职守，处世少说空话，多行实事。做过贵州乡试同考官，稽查过禄米、南新诸仓，因在朝做官时间不长，政绩并不显赫。

萍乡市

刘凤诰

　　刘凤诰（1761—1830），字丞牧，一字承牧，号金门，又号存悔斋，清朝袁州府萍乡县（今萍乡市上栗县赤山镇观泉村）人。乾隆五十四年（1789）己酉科胡长龄榜进士第三名，是该科的探花。

　　刘凤诰出身贫苦农家，6岁丧母。从小嗜学如命，勤奋刻苦。乾隆四十四年（1779）乡试中举人。因为乾隆五十五年（1790）庚戌是清高宗八旬万寿，故本应放在这年举行的庚戌正科考试，提前到乾隆五十四年（1789）己酉举行。刘凤诰就是参加了这年的科考，在殿试中被钦点为探花。中进士后，刘凤诰先后授翰林院编修、翰林院侍读学士。任《高宗纯皇帝实录》副总裁，参与该书的纂修。编纂完成《高宗纯皇帝实录》1500卷，刘凤诰赏加太子少保衔。故当时有人叫他"刘宫保"，高宗称他为"江西大器"。先后提督广西学政、山东学政、浙江学政；主持过湖北乡试、山东乡试。累官至内阁学士兼礼部侍郎，兵部侍郎、吏部侍郎。

　　刘凤诰15岁时，才名著于乡里。有一次，楼下村里有一户人家娶媳妇，宾客盈门，热闹非凡。主人年过花甲，逢此喜事，精神振奋，躬亲操办，过于疲劳，忽然心病猝发，一命呜呼。祸从天降，喜事变为丧事。眼看新媳妇的花轿快到了，主事者忙将正门的喜联撕下，要求改换一联，寓喜中有丧之意。当地名绅不知从何处下笔，主事人素知刘凤诰的才气，差人求他速作对联。刘凤诰莞尔一笑，挥笔而就。上联：红喜事，白喜事，红白喜事。下联：哭不得，笑不得，哭笑不得。主事者拍案曰："好。"

　　刘凤诰擅长诗歌，很喜爱杜甫的诗，曾集杜诗3卷。他在《著作箴六》中说："文以载道，弗尚词华，飞毫骋藻，失之浮夸。"他的诗都写得很朴实。嘉庆九年（1804）七月，刘凤诰在山东学政任满离职时，山东巡抚、清代四大书法家之一的铁保等人在济南大明湖沧浪亭设宴为他送行。席间，刘凤诰赋得吟诵济南景色的联句"四面荷花三面柳，一城山色半城湖"，由铁保手书，刻为大明湖铁公祠楹联，至今被人们传诵。嘉庆十三年（1808）恩科开考，刘凤诰正以吏部侍郎在浙江督学，由于替代巡抚阮元监临考场，并对考生徐某有"徇情"事，违背刑律，十月被遣戍黑龙江，在4年里他写的诗涉及塞外风光、民俗、物产、史迹，其他如《炕五十韵》《黄豆瓣儿曲》《放鹰行》《龙江杂诗》《塞上杂诗》《蒙古塞宴赋》等实录当地物产风土及历史地理，是研究黑龙江史，乃至东北史的一份珍贵文献。他在书法方面造诣很深，正楷、行书、草书，样样精通。现在萍乡市上栗镇万寿宫保存的"道岸"二字据传就是刘凤诰的手迹。至今他的家乡赤山镇观泉村也还留存有他的墨宝。

刘凤诰在史学上贡献很大。嘉庆八年（1803）刘凤诰的老师彭元瑞只完成《五代史补注》前14册就去世了。刘凤诰秉承师业，花费20多年时间，完成《五代史补注》74卷，三易其稿，他的手抄残稿，共6册12卷，文稿用墨笔涂改，注释用丹黄笔，书写用端正楷书，点画皆遵照《康熙字典》。此书有道光八年（1828）彭氏刊本传世。

嘉庆二十三年（1818）刘凤诰再次被起用为编修后不久，刘凤诰眼病复发。道光六年（1826），因其幼子刘元喜去两淮就任，刘凤诰请假南归，携家赴杭州休养。道光十年（1830）刘凤诰病逝于扬州，终年70岁。

著有《存悔斋集》32卷（含外集4卷）、《五代史记补注》74卷、《江西经籍志补》4卷等书存世。

新 余 市

李 谘

李谘（982—1036），字仲询，一作字仲谋，宋朝临江军新喻县泉塘（今新余市高新区水西镇白水塘塘东村）人。北宋景德二年（1005）乙巳科李迪榜进士第三名，是该科的探花。

李谘为唐代赵国公李峘之后代，李峘被贬，死于袁州，后人遂定居袁州新喻县。李谘自幼善良孝顺，在他幼年时期，他父亲李文捷曾将他的母亲赶回娘家。李谘日夜哭闹，既不吃东西，也不喝水，父亲只好把母亲接回来了。这件事使李谘的孝道名闻天下。景德二年（1005）乙巳科通过礼部省试后，殿试时宋真宗钦点他为第三名。

李谘荣登探花后，初任大理评事、通判舒州（治所在今安徽潜山县）；继而召试为中书、太子中允、集贤院直学士；后又任三司，主理财政赋税；任开封府判官，再迁左正言，出京担任淮南转运副使。

宋真宗驾临亳州时，李谘鞍前马后，勤于侍从，因礼仪周详而迁礼部员外郎。正好江南饥荒，徙任江东转运副使，为三司度支判官，不久擢为知制诰。李谘是一个有才气又自负的人，不喜欢别人修改自己起草的公文，宰相寇准曾几次改动李谘起草的文书，李谘很不高兴，以父亲在家乡需要照顾为由，要求到外地去工作，于是出知荆南（治所在今长沙市），等到翰林学士缺员，宰相打算以其他官员补缺时，宋真宗皇帝却说："不如李谘。"这样，李谘回京城担任翰林学士。

宋仁宗即位后，李谘迁本曹郎中、开封府代理知府。数月后又做了三司的代理长官和右谏议大夫。任内，曾向两宫太后上奏说："天下的赋税都是有定数的，现在西北停战将近二十年了，可是边饷还和原来一样。边疆防守的军队虽然不能撤销，那些不是军队本职业务的其他事务和不必要的花费，应该全部削减用来增加下面的待遇。"朝廷让李谘和御史中丞刘筠等人共同商议削减多余费用的事，他们将景德年间和天禧年间作了比较，核算后朝廷削减多余费用达十分之三以上。后来，李谘由于实施"见钱法"和"贴射法"变革榷茶制度，得罪了豪商巨贾和官僚贵族，遭到他们的攻击，李谘改任枢密直学士（正三品），知洪州，旋被坐失察之罪夺职。

过了很久，朝廷才重新启用李谘，任杭州知府。李谘复任枢密院直学士，知永兴军（治所在今西安），这些地方的贵族子弟依靠前辈的荫庇和特权，违法乱纪，李谘对其严加惩治，境内为之肃然。回京任职后，李谘主管三班院。因推举的官吏犯罪，降为左谏议大夫。一次，皇宫失火，李谘短时期内修复好了皇宫，得到皇帝赏识，不久提拔为礼部侍郎，又任命为枢密副使。几个月后，李谘父亲去世回家守孝，守孝期满后复职，转任户部侍郎，知谏院事。李谘在《宋史》卷二百九十二有传，说他"性明辨，周知世务，其处烦猝，常若闲暇，吏不敢欺"。在枢密院的时候，他极力提倡废除随意的赏赐，抑制下面官员图恩赏的侥幸心理，人们认为他十分称职。

景祐三年（1036）二月，李谘病逝，年仅55岁。宋仁宗亲自到他的府上吊唁，并辍朝一日以示哀悼，赐李谘谥号"宪成"，亦云"献成"，追赠右仆射，下谕旨让他葬在开封府辛里乡。李谘夫人何氏封为彭城郡夫人，与李谘合葬。李谘无子，以族人之子为后。

李谘在渝水的传说很多，并被神化。相传李谘父亲年过半百，尚未得子，他听说新喻仰天岗上的仰天庙很灵，有求必应，于是择吉日上山求神赐子。回家后，夜梦庙神来告："你将得到仰山庙二王的一个儿子做你的后嗣。"不久，李妻怀孕，产下麟儿，取名李谘。李谘于景德二年（1005）进京赴考，途经仰天岗，朝拜仰天庙。夜梦庙神说："汝后三十年仕至公辅。"李谘将信将疑，当年果然高中探花，最终知枢密院事。他曾以翰林学士的身份出使契丹，契丹人为了使他屈服，将他送到百丈高楼之顶去露宿。李谘窘困之际，向家乡的仰天庙二王祷告说："我若真是你们的儿子，何遭此厄？请保佑我脱险吧！"当夜，电闪雷鸣，风雨交加，仰山庙神用帷帐护住李谘。次日天明，契丹人上楼见李谘酣睡未醒，安然无恙，为其得到神佑而震惊，乃以使臣之礼送其返回。30年后，李谘衣锦返乡，再拜仰天庙，见庙宇腐朽不堪，遂奏请宋仁宗恩准，以自己的俸银将庙宇修葺一新。李谘临终之际，又梦见仰天庙击鼓咚咚，迎接王子归来，李谘英灵复位仰天庙。

黎立武

黎立武（1243—1310），字以常，号所寄，又号寄翁，宋朝临江军新喻县（今新余市渝水区鹄山乡递步村）人。南宋景定三年（1262）入太学，咸淳四年（1268）戊辰科陈文龙榜进士第三名，是该科的探花，县志载恩赐状元。

黎立武小时家境很好，父亲黎祥英（字士云）知书达理，家里藏有不少理学书籍，并建有家塾。他从小聪明过人，4岁入小学，10岁能赋诗，16岁与哥哥黎立言同中乡举，26岁参加咸淳四年乙丑科考，荣登探花后恩赐为状元。中探花后，历任承事郎金书镇南军节度判官、袁州通判、秘书省校书兼庄文府教授、奉议郎、承议郎、军器少监、国子司业等职。

正当南宋朝廷要重用黎立武时，元军发起了攻打南宋的战争。南宋德祐二年即元至元十三年（1276），元军占领南宋都城临安，南宋灭亡。黎立武不愿在元朝为官，回家乡过着隐居生活，在家潜心圣学，敬奉双亲，在蒙山南麓建"蒙峰书院"收徒讲学，因学识渊博，品行好，前来书院求学者非常多，人们称他为"所寄先生"。元朝廷几次想起用黎立武，他都以养亲、养病为由力辞。元朝的达官显贵也很尊重他，因为我国古代对远离中原的南北方地区有"南蛮北狄"之说，故称他为"蛮子状元"，经常有人来拜谒、请教。当时临江府李总管特地为他建了一座状元坊，以彰显荣耀和激励地方士民。比他早12年中状元的文天祥对他也很敬佩。文天祥在《与隆兴节判黎所寄书》中写道："某自大名震荡以来，吾江西一佛出世，引领愿拜，实不知前此固尝下风挹余老也。"

黎立武中探花后仅8年，南宋就灭亡了，他在政治上没有多大作为，主要成就是他的哲学思想和学术研讨，尤精于《中庸》《大学》。他的弟子中最出名的是元代著名理学家、经学家、教育学家吴澄。黎立武属于兼山（郭忠孝）学派，是程门支流，他的师承关系是：程颐传郭忠孝，郭忠孝传郭雍，郭雍传谢谔，谢谔传黎立武，黎立武传吴澄。

黎立武对《大学》所述的内容研究得十分透彻，他认为"物有本末，指心、身、家、国、天下而言。事有终始，指格、致、诚、正、修、齐、治、平而言。由心身而推之天下，自本而末也。由平治而溯至格物，终必有始也。"在《大学发微》中他大胆揣测：

"《大学》其曾子之书乎？"金朝著名学者赵秉文在为黎立武作《中庸指归·序》中肯定了黎立武的学术地位："先生既开山学，以来四方学问之士，又建凤洲精舍，仿佛河汾。"

元至大三年（1310），黎立武微疾而终，时年67岁。他的弟子吴澄为他撰写了墓志铭。黎立武著述甚多，积稿如山，或抒情怀，或释旧闻，主要有《大易元通说》《大学本旨》《中庸指归》《中庸分章》《大学发微》等，其中《大学本旨》《中庸指归》被编入《四库全书》。

黎立武生3子、4女，儿子分别为本疆、本正、本成。大弟黎立心，咸淳年间任新建县丞，元初挂冠归里。二弟黎立礼，拒绝参加元朝科考，在家和朋友吟诗作对，以风雅自娱。

黄子澄

黄子澄（1352/1359—1402），名湜，字子澄，号伯渊。明朝袁州路分宜县（今新余市分宜县大岗山澧源村）人。洪武十八年（1385）乙丑科礼部会试第一名，殿试一甲第三名，是该科的探花。

黄子澄年少向邑人欧阳贞学《易》，向周与学习《尚书》，向清江的梁寅学《春秋》。梁寅初见黄子澄，令作"枯梅"诗，黄子澄随即赋曰："百千岁树未为枯，三五个花何大疏。闻道石门春意动，不知曾有暗香无。"梁寅大为赞赏。

明洪武十七年（1384）黄子澄获乡试第二，参加洪武十八年（1385）的礼部会试，以《见其礼而知其政，闻其乐而知其德》一文，获得屠宋峻、李岱云两位主考官的高度赏识而名列第一，是这年的会元。如无特殊原因，在殿试时会元一般会钦点为状元。但在殿试时，朱元璋问他年龄，他说34岁，再问他哪年出生，不知何故，黄子澄竟一时不能应对，而被降为第三名（探花）。中探花后，黄子澄初授翰林院编修，不久升修撰，伴读东宫，课教太孙，累升直至太常寺卿。

惠帝朱允炆在当皇太孙时，曾问黄子澄："诸叔藩王皆拥重兵，如有变端，怎么办？"黄子澄答道："诸王仅有护兵，只能自守，倘若有变，可以六师监之，谁能抵挡？汉七国不可谓不强，最后还是灭亡了。大小强弱之势不同，而顺逆之理更相异啊！"朱允炆认为他说得对。此后每呼黄子澄，必尊称"黄先生"。

朱元璋晚年，已觉察诸王跋扈，但他已来不及处置。洪武三十一年（1398）闰五月，朱元璋去世,由于皇太子朱标早逝,皇太孙朱允炆继位,改元建文,史称惠帝。惠帝即位,更是倚重、信任黄子澄,谓曰:"先生无忘东阁门之言!"黄子澄顿首曰:"不敢。"六月,黄子澄任太常寺卿,同榜齐泰为兵部尚书,一同参与军国大事,共谋削夺藩王权。齐泰打算首先向燕王朱棣动手,黄子澄认为周、齐、湘、代、岷诸王,在太祖洪武时期就做了很多不法之事,削之有名。想要问罪,应先从周王开始。周王是燕王的母弟,削周是剪除燕王的手足。最后黄子澄的意见被采用,周王等五个藩王先后被削藩。朝廷用黄子澄和齐泰的计谋,调走燕王手下精兵,又在燕王府所在地——北平一带调动军队以监视燕王。

建文元年(1399),朱棣回南京为朱元璋奔丧后,回到北平就开始向朝廷告病,并且越病越重,居然"病危",朱棣称病,其实是不想参加父皇朱元璋的周年祭奠。为掩人耳目,他派长子朱高炽、二子朱高煦、三子朱高燧代替他祭拜。一下子派出三个儿子,除了表示自己重视此事外,另一个目的就是告诉朝廷,自己没有异心。果然,朱高炽三兄弟刚入京,兵部尚书齐泰就劝惠帝立刻将其扣为人质。惠帝也表示同意,但黄子澄认为这样会打草惊蛇,应该送还三人,表明朝廷无削藩之意,以麻痹燕王。此时魏国公徐辉祖出来说话,同意齐泰的意见。最终,惠帝还是决定放走朱高炽三兄弟。三兄弟回到北平,朱棣便在当年七月起兵叛乱,上书朝廷指称黄子澄、齐泰为奸臣,援引祖训,以除奸臣、清君侧、维护朱明皇朝统治相号召,发起"靖难之役"。朱棣在军事上采取诱敌深入、声东击西、分化瓦解、各个歼灭的办法。首先将惠帝安排在北平周围监视燕王的兵力解除,然后逐步向南推进。

惠帝继位后,裁兵减赋,颇行仁政,得到朝野拥护。但黄子澄书生气十足,惠帝生长于深宫,二人均未经战争,难以与能征善战的燕王朱棣抗衡。惠帝此时无大将可遣,与齐泰、黄子澄商议,只得派老将、长兴侯耿炳文率三十万军队讨伐燕王朱棣,结果所派之兵在滹沱河战败。于是黄子澄推荐九江王李文忠之子、年轻的曹国公李景隆率五十万大军出征,李景隆也在郑家坝和白沟连续失利。不及一年,惠帝丧失了数十万大军。黄子澄便说:"大势已去,我举荐景隆误国,万死不足赎罪。"建文二年(1400)五月,燕军进攻山东,惠帝命都督盛庸、参政铁铉应敌。盛庸善战,在山东抗击燕军两年,与朱棣各有胜负。建文四年(1402)五月,盛庸军在淮溃败,燕军进抵扬州、六合。惠帝下诏天下勤王,同时派庆成郡主议和,愿割地罢兵,遭到朱棣断然拒绝。六月,盛庸的军队在浦子口、高资港吃败仗,燕军渡过长江,李景隆打开金川门投降。南京城被朱棣军队攻陷,皇宫内起火,皇后等被烧死,惠帝不知所终,成为一个历史谜团。

这时,黄子澄已率夫人许氏及4个儿子离开京都南京,经太湖至苏州,与苏州知府姚善商定,拟由海路南下,约嘉兴太守杨任共谋举事,聚兵勤王,但被人告发,被执于燕王朱棣御前。朱棣亲自审问,黄子澄宁死不屈,被肢解而死,并祸及满门,株连九族,家属被杀65人,异姓致死者54人,外亲400余人皆充军。唯其四个儿子因已入昆山籍,能说昆山话,才幸免于死,后收黄子澄遗骨葬昆山县马鞍山下。

黄子澄因株连九族,遗稿散失殆尽,稗官野史亦少流传。有《黄忠悫公遗稿》2卷,今见诸史志者,仅存《李景隆师败》《还洞庭》《酬姚六丈》《送刘医师歌》和《大岗山广庆寺记》等诗文17篇。

黄子澄助惠帝削藩,结果被藩所削,一代忠臣转瞬竟成逆贼。23年后,明仁宗即位,在洪熙元年(1425),赦免一批忠于惠帝、被朱棣杀害的士大夫,黄子澄也在其中。正德十五年(1520),明武宗为黄子澄的冤屈昭雪,在分宜县城建"太常忠臣祠"。神宗万历六年(1578)改称"表忠祠"。清乾隆四十一年(1776)改建为"黄忠悫公祠"。几百年来,该祠建了圮,圮了建,名称稍有改变。1959年,江西省因修建江口水库(即今仙女湖),分宜县城拆迁北移,该祠被淹。2006年,分宜县政府采取"政府搭台,民间唱戏,自愿捐资(包括黄子澄在湖北咸宁、广西玉林、湖南衡阳的后裔)"的形式,2008年11月在分宜新县城"钤山公园"西南,建成黄子澄纪念馆,该馆占地面积约18亩,建筑面积近1000平方米。纪念馆对游客开放,成为分宜县境一个亮丽的观光景点。

对黄子澄的出生年份,有两个不同说法。一种说法是元至正十年(1350),来源于1385年殿试,朱元璋问他年龄,他说34岁;另一种说法是历代编纂的多部《分宜县志》记载,明永乐元年(1403)黄子澄遇难时年44岁,以此推算他系元至正十九年(1359)出生,本传取后者之说。《明史》卷一百四十一有黄子澄传。

赣 州 市

董 越

董越（1430—1502），字尚矩，号圭峰，明朝赣州府宁都县（今赣州市宁都田头璜坊）人，成化五年（1469）己丑科张升榜一甲第三名，是该科的探花。

董越幼年丧父，家境贫困，他对母亲十分孝顺。长大后，将祖辈田产全都让给其兄，自己以教书为业。明天顺三年（1459）董越乡试考中举人。相传，一日黑夜回家，前面有荧光为他引路，到家门口时荧光消逝，一只老虎咆哮而去，原来荧光是老虎的眼睛。大家十分诧异，以为董越绝非凡夫俗人。

成化五年（1469），董越考中进士，钦点为探花后，初授翰林院编修。他曾两次奉旨参与科举选拔人才，被称为办事得力，能够识别人才，并为太子讲读9年，充任经史讲官。明孝宗即位后，弘治元年（1488），董越以太子侍从官的身份充颁诏正使出使朝鲜，孝宗赏赐他麒麟服。到朝鲜后，他向朝鲜国王宣传明朝皇帝德政，还参与了朝鲜的庆典，居三日而还。回国前，凡朝鲜馈赠给他个人的物品，一件未受。回国后，他撰写了《朝鲜赋》，记述朝鲜的民情风俗，内容极为丰富，且颇富文采，国人争相印制，广为传诵。后朝鲜使者来贡，必问其起居，和董越一直保持着很好的关系。弘治四年（1491），董越编撰成《宪宗实录》后，提升为太常寺少卿兼侍读学士。弘治五年（1492）起，董越先后任南京礼部右侍郎、工部尚书，他就当时弊政多次提出"除宿弊，倡节俭"的主张，但由于权臣的阻挠，没能实现。

弘治十五年（1502），董越去世，朝廷赐他太子少保衔，谥号"文僖"。其文曰："卿以博雅之文，恭慎之行，赐名甲第，列职词林。史局有编校之功，经筵多启沃之益。宫坊劝学，艺苑持衡，历试弥深，蜚声愈著。暨参邦礼，旋正冬曹，其在留都，实勤政务。"文渊阁大学士、吏部尚书、文学家李东阳为其题写了墓志铭。

董越一生著作颇丰，主要有《使东日录》《朝鲜赋》《董文僖公集》等流传于世，其中《十二境诗》《修城记》等诗文已载入《赣州府志》《宁都直隶州志》。李东阳对其诗文评价说："公所为诗文，大抵皆清峭简洁，脱去尘俗，不为诘屈怪诞之语。"

宜 春 市

黄 颇

　　黄颇,生卒年不详,字无颇,唐朝袁州宜春县江夏里(今宜春市袁州区城西)人。因在韩愈贬官袁州时,黄颇曾拜韩愈为师,学习古文,因此在当地声名大振。但时运不济,他连续十三年参加进士考试,均未成功。直至唐武宗会昌三年(843)癸亥科以进士第三名身份与卢肇同时登第,官至监察御史。

　　黄颇与状元卢肇既是同乡,又同是举人,二人都在李德裕门下。黄颇家境富裕,锦衣玉食,精通"关系学";卢肇家境贫寒,衣着朴素,为人持重,二人相约结伴赴京应试。袁州刺史成应元对黄颇青睐有加,摆筵席送举子赴京应考时只给黄颇一人饯行,对卢肇不理不睬。这一年殿试后,礼部侍郎王起主管放榜一事,查访卢、黄二人才能。有人说卢肇擅长文学,黄颇能赋诗,王起于是将卢肇拟定为状元,黄颇定为第三。为此,黄颇写了《和主司王起》诗一首:"二十二年文教主,三千上士满皇州。独陪宣父蓬瀛奏,方接颜生鲁卫游。多羡龙门齐变化,屡看鸡书第名流。升堂何处最荣美,朱紫环尊几献酬。"清朝初年编修的、中国规模最大的一部诗歌总集《全唐诗》,共收录黄颇的诗三首。该书编者据《唐摭言》说黄颇"以洪奥文章蹉跎者一十三载",是说他的文章"洪奥",影响了他连续十三年没有登科及第,说明黄颇吃亏在"洪奥"上。他在试题"凤不鸣条"中写的诗收录在《全唐诗》,借自然界的万物生灵,赞颂了祖国的太平盛世和人民的安居乐业。另一首《闻宜春诸举子陪郡主登河梁玩月》,是写宜春举子于中秋之夜宴请郡守的热烈场面,表达了诗人对盛况的羡慕之情。《全唐文》仅载其《受命于天说》1篇。

　　黄颇为宜春名人,旧时在袁州城西建有黄颇亭,今已不存。现在宜春城西有黄颇路。但历代县志、府志对他的事迹记载甚少。清代文学家、考据学家王谟编纂的《豫章十代文献征略》中说:"(黄)颇与卢肇、易重等人当时都有高名,惜(黄)颇不免为(卢)肇所掩;(黄)颇亲受业昌黎(韩愈),而袁州韩文公(韩愈)祠却只以卢肇、易重配享,竟不及黄颇。"

胡用庄

胡用庄，生卒年不详，字敬夫，宋朝洪州奉新县（今宜春市奉新县华林）人。北宋咸平三年（1000）庚子科陈尧咨榜探花。

胡用庄出身奉新的华林世家。奉新华林胡氏始祖是西晋时甘肃安定胡氏后裔胡藩，后成为聚族同居八百口的"华林世家"。唐朝末年，胡藩的第二十四世孙胡清献，在此创建家塾。胡藩的第二十九世孙胡仲尧，也就是胡用庄的父亲，将原来的家塾扩建为名闻天下的"华林书院"。宋太宗雍熙至淳化年间（984—994）是书院的鼎盛时期，集书万卷，云游者常数百人，不少名士先后到书院讲学，培养了大批人才。胡仲尧办学兴教的举动和胡氏家族累世同居的良好家风，受到宋太宗特诏旌表。《宋史》卷四百五十六有《胡仲尧传》。胡用庄是胡仲尧三子，他的叔叔胡仲容以光禄丞致仕，胡克顺是端拱二年（989）陈尧叟榜进士，官至都官员外郎，三司户部判官。

胡用庄幼时很聪明，9岁就能赋诗，一天，他父亲指着不远处的一株红蕉命他以"红蕉"为题赋诗一首，胡用庄稍加思索便吟道："谢家池馆遇芳菲，破绿抽心一片绯。恰似九衢三二月，绿萝丛里著朱衣。"诗名文辞优美，咏物言志，寄寓自己将来要获取功名、高中金榜的志向。这首诗传诵很广，人们认为他志向高远，是个好兆头。北宋咸平三年（1000）胡用庄登进士第三名，是该榜的探花，也是奉新县第一位探花。后任江州通判，任满而卒，《南昌府志》《奉新县志》有传。

胡用庄父亲胡仲尧有8个兄弟，胡用庄众多堂兄弟及子孙辈中有多人是登第进士。他的兄弟胡用之，与叔父胡克顺同时成为端拱二年登第进士。他的堂兄弟胡用时、胡用礼都是景德二年（1005）登进士第，胡用时官至潮州刺史，胡用礼官至道州刺史。胡用舟，是天禧三年（1019）己未科王整榜进士。他的儿子胡泽是嘉祐六年（1061）辛丑科王俊民榜进士。

另外，他的侄子胡况，胡用之之子，是景祐元年（1034）甲戌科张唐卿榜进士，仕至都水少监。他的两个侄孙也是登第进士：胡况儿子胡直孺，是宋绍圣四年（1097）丁丑科何昌言榜进士。初授洺州司户参军，终通议大夫、试兵部尚书兼侍读，职至端明殿学士。胡真卿，胡用时的孙子，是景祐元年（1034）甲戌科张唐卿榜进士。

雷宜中

雷宜中（1212—1275），一作雷宜仲，字宜叔，号厂山，宋朝隆兴府丰城县（今宜春市丰城市张巷灌山村）人。有些书籍误记他为南宋淳祐七年（1247）丁未科殿试第二名，实为淳祐七年丁未科张渊微榜第三名，是该科的探花。

　　早年师事理学家张洽，曾筑"省身斋"苦读诗书，对朱熹的学说有深刻研究。端平二年（1235）补为太学生。嘉熙三年（1239）史嵩之任右丞相，掌朝廷大权，其弟史严之，任临安（今杭州，南宋首都）京兆尹，兄弟俩狼狈为奸，贪污作恶。雷宜中大胆检举史家兄弟的罪行，请朝廷肃清史治，清除奸宄。朝廷未予采纳，雷宜中反遭诬告，被朝廷流放到外地。淳祐七年，在527名进士中，雷宜中登进士第三名，这一年状元是江西新城（今黎川县）的张渊微。

　　为官期间，他将江西两位理学家陆九龄、陆九渊的言论编写成册，供青年学子学习，由此当地学风渐长，民风淳朴。德祐元年（1275），雷宜中升为礼部尚书。入仕途后，不改正直本色。他曾在贾似道就任江陵帅时，在贾似道幕下任职，每遇商议事情意见不合时，必据理力争，由此得罪了贾似道。贾似道掌权时，将雷宜中贬为广东经略安抚使。在广东，雷宜中兴利除弊，捐俸买田给桐江书院。在元军攻占南宋大部分国土时，他响应文天祥的号召，在岭南坚持抗元斗争；与信州（今上饶）谢枋得招军民固守南宋疆土。在岭峤保卫战中，雷宜中身先士卒，奋不顾身，英勇杀敌，不幸手臂中箭，伤口久治不愈，卒于军中。他的部下黎应丰、罗实将他葬于黎村。10年后才由他的孙儿雷升访得遗骨，葬回丰城。

孙日恭

　　孙日恭（？—1453），字恭斋，号翼庵，明朝南昌府丰城县（今宜春市丰城秀市镇同造村）人。在永乐二十二年（1424）甲辰科登科进士150人中名列第三，是该榜的探花，先后授任为翰林院编修、修撰，侍读学士。

　　民间传闻，在殿试时，成祖亲自阅卷，很喜欢孙日恭的文章，有心把他点为头名状元。大臣们也拟定第一名为孙日恭。古代文章是从右往左竖排，文字从上往下书写，曰与恭上下一合，看上去就像个暴字。成祖一看他的名字，连连摇头："孙暴怎能做状元？"主持阅卷的大学士杨士奇连忙解释："不是孙暴，是孙日恭。"不管杨士奇如何解释，成祖就是觉得不顺眼。皇帝为何忌"暴"崇"宽"呢？明成祖是明朝第三个皇帝，他是明朝开国皇帝明太祖的儿子（兄弟中排行第四）。明朝第二个皇帝是他的侄子明惠帝朱允炆，而惠帝就是被他的这位叔叔发动的"靖难之役"而丧失江山的。成祖有这段武力夺权的历史，对"暴"字自然特别敏感。加上这位后来被谥为体（启）天弘道高明广（肇）运圣武神功纯仁至孝文皇帝，一生建立丰功伟业，修建《永乐大典》，派郑和下西洋，以文治天下著名，对"暴"字自然格外不喜欢。最后成祖将第三名的邢宽点为状元，因其姓名谐音为刑宽。而孙日恭最终没有当成状元，只是探花。

　　孙日恭慧眼识才，曾被名士杨东里称为"伯乐"，当时有一个叫作钟甫的，研究心理学很有成就，孙日恭认为他是一个人才，向学者杨东里推荐说:钟甫的才能为"江西第一",杨东里经过考察,觉得他确实有特殊才能。他的文章写得简洁老练,很得当时名噪一时的"三杨"大学士杨士奇、杨荣、杨溥的称道。

孙曰恭后来定居丰城县城,著书立说,声名远播。他的兄弟子侄中曾有四人科举出身,后人冠以"同胞四进士"的雅号。他的老家因建潘桥水库已被拆迁。

吴 山

吴山(1500—1577),字曰静,一字仁甫,号筠泉,明朝瑞州府高安县南城礼义坊(今宜春市高安市城区)人。明嘉靖十四年(1535)中乙未科一甲第三名,授翰林院编修,累官至礼部左侍郎。嘉靖三十五年(1556),改吏部侍郎。不久,升任礼部尚书,次年加太子太保。

吴山在礼部时,朝廷的实录会典,诸大制作,多由他删改润色,政绩显著。世宗十分欣赏他的为人,召他到皇宫值班供职。吴山一品考绩优异,朝廷下诏褒奖,拟委以重任。当时明朝实行的是多人组成的内阁制,内阁首辅是权倾朝野的江西分宜人严嵩。吴山与他为江西同乡,并不附会于他。当时,吴山有一个漂亮女儿待字闺中,严嵩之子严世藩想娶她,特设宴款待吴山,并请大学士李本做媒。饮酒前,李本与吴山下棋时,把严世藩的意思和盘托出。吴山说:"我老了,哪里还能再生一个女儿呢?"托词婉谢。严世藩听后,停席离去。吴山坚持不肯屈就严嵩,世宗想让吴山入阁为相之事,终因受到严嵩的暗中阻挠而搁置未办。

吴山性情正直,办事有度。前宰相靳贵去世后,他的继夫人早年守寡,一直在家抚养儿孙,直至年老。她有个孙子是严嵩家的客卿,向朝廷请求为祖母旌奖贞节,此事下达礼部商议决定。吴山认为,妇女贞节者确应旌奖,只是宰相命妇受过朝廷其他恩奖不止一次,谨守贞节是她们的本分,不必再特别旌奖。不久,宰相徐阶在内阁与吴山相遇也为此事说情,吴山正色说:"相公也担心阁老的夫人再嫁吗?"一口回绝了他。顺天府丞朱隆禧,在三年一次的外官考核中被罢官。嘉靖二十七年(1548),朱隆禧请方士陶仲文转呈自己的长生秘术给世宗,世宗大悦,加封朱隆禧为礼部右侍郎。不久,朱隆禧去世,他的妻子请求朝廷恤典。礼部受命议决此事,吴山依照朝廷考核未过所罢闲官按例不能恤典的规定,坚决不允恤典。

吴山身居高位,处事低调,不许子孙穿着绮罗绸缎在别人面前炫耀。有一次,他的儿子想换上一身印有彩色花纹的丝织衣服去书院参加考试,吴山很不高兴,训斥道:"考试是检查你的学问,又不是品评你的衣着!"硬是逼着儿子换上青衣小帽去赶考。吴山次子好骑马游玩,不务学业。嘉靖年间,吴山听说他的次子将受到世宗的荫封,立即上书说:"我的次子无才无德,不可以荫封,愿请移封。"婉言谢绝了儿子的晋升机会。

吴山以国事为重，不会细心揣摩皇帝的心思。明世宗因以外藩继位，长子、次子去世后，一直没有立太子。当时他的三子朱载垕被封为裕王、四子朱载圳被封为景王，各有封地。景王封地虽在安陆，但人却不在安陆，而是一直待在京城。安陆封地因景王不在，竟有不法官吏任意妄为，朝廷内外不少人希望景王尽快回到封地去。嘉靖三十九年（1560）冬皇帝下谕旨，要礼部准备景王回封地的礼仪。朝廷中只有严嵩知道世宗的真实想法：世宗并没有真的想要景王离京返回封地，只是想借此事试探大臣们对立储的想法。严嵩派人暗中劝告吴山在准备廷仪的同时，要"另上奏疏，挽留景王此行"。吴山回答说："太子久未定，现在幸好有旨意，做臣子的不能奏请，更不能阻挡啊。"于是按照朝廷礼仪，请世宗上殿，目送景王出大明门返回安陆封地。世宗心中闷闷不乐，径直回宫去了，吴山因此失去明世宗的信任。嘉靖四十年（1561）二月初一，即将发生日食，古代发生这种被认为会对皇帝不吉利的天象时，朝廷会举行祭天大礼希望得到补救。准备祭天前，天空却微云遮日，历官说："日食时看不见太阳，就是没有日食。"世宗以为是上天特别眷顾他，非常高兴，严嵩急忙催促礼部向皇帝奏贺，礼部侍郎袁炜也随声附和，吴山却仰脸望天，气愤地说："日食正在发生，这欺骗谁呢？"拒绝向皇帝奏贺，并按规定仍旧举行救护礼仪，引得世宗大怒，他下诏责令礼科陈述事状。因为吴山守礼无罪，世宗虽然很恼怒吴山，但没什么理由惩处吴山，恰巧，有人就此事专门弹劾吴山。吏科梁梦龙等人趁吏部尚书吴鹏贿赂案被揭发之机，将吴山和吴鹏一起弹劾，结果吴山虽保留了官员身份，但免去职务回家自省，朝廷有识之士都为之惋惜。

明穆宗继位后，曾召吴山为南京礼部尚书，吴山坚辞不就。万历五年（1577）三月十五日吴山去世，享年76岁。谥文端。

吴山的著作有《治河通考》10卷及文集。

帅方蔚

帅方蔚（1790—1871），字叔起，号咫闻轩，别称紫雯轩，清朝南昌府奉新县（今宜春市奉新县宋埠锁石）人。道光六年（1826）丙戌科朱昌颐榜探花。

帅方蔚少时聪明好学，7岁上学时就能背诵上千字的诗文，10岁就能写出好文章，14岁时，参加当地童试，脱颖而出，高居榜首。清嘉庆十五年（1810）考中举人，道光六年（1826）朱昌颐榜一甲第三名。帅方蔚参加殿试时，阅卷大臣、户部尚书黄勤敏认为他的文章文笔精深、对策精妙，是近30年罕见的好文章，于是向大学士曹振镛及在朝大臣推荐该文，大家一致交口称誉，以第一进呈；可惜，道光帝认为他书法不工整，改为第三名探花。当时京城高度评价帅方蔚殿试对策精妙，各家各户都争相传阅抄录，以致京城一时"洛阳纸贵"，朝鲜国知道这件事后，花重金在书店购得该文,如获珍宝。帅方蔚中探花后,授职翰林院编修。道光八年(1828)任山东副主考,迁湖广道监察御史,转云南道监察御史,官至京畿道监察御史。

道光二十二年(1842)任庐山白鹿洞书院山长,因病告请归家。在家期间,注重讲授经学,有"真经师"的美称。他倾力为家乡学子筹集学费,曾倡议筹建"登瀛集",购置租产3000余石,用来资助读书人。凡逢举人参加会试,诸生参加乡试、童生小试,他都赠送多少不等的差旅和考试费用。他还倡议兴建"广华堂",置租千石送入县学,作为参加童试、乡试、会试书本费和路费,以及文武新进生付给老师的工资,从此以后,奉新入学的学生,不必自己再付工资给老师了。

咸丰、同治年间,由洪秀全领导的太平天国起义军势如破竹,席卷了大半个中国,在江南一带活动频繁,清廷急速从全国调兵遣将,极力镇压太平天国起义。这时,帅方蔚在家乡办起团练,操练乡勇,因镇压江西南昌境内的太平军有功,获得咸丰帝特别恩赏,被授道员官衔。

江西巡抚刘坤一主修光绪《江西通志》时,特聘帅方蔚与江西在籍绅士道光十五年(1835)状元、三品京堂衔翰林院修撰永丰人刘绎,道光二十五年(1845)二甲第十名进士、前大理寺卿临川人李联琇一起纂修《江西省志》。同治九年(1870)他还受聘主持修撰《奉新县志》16卷,并为之作序一。同治十年(1871),县志编纂完成,不久帅方蔚病故,享年82岁。

帅方蔚著作主要有《咫闻轩随笔》16卷,《咫闻轩诗草》10卷,《咫闻轩誊稿》4卷,《咫闻轩遗稿》《词垣日记》《略识字编》《左海交游录》《紫雯轩经义稿》(又名帅太史稿)各1卷,《紫雯轩馆课录》存5卷。

上 饶 市

张 焘

张焘(1092/1093—1166),字子公,号云山老人,宋朝饶州府德兴(今上饶市德兴市新营乡吴园)人。北宋政和八年(1118)戊戌科王昂榜进士第三名,是该榜的探花。

张焘的父亲张根,字知常,号吴园,是元丰五年(1082)壬戌科黄裳榜进士。初授临江军司理参军,历直龙图阁、淮南转运使,终官朝散大夫。《宋史》卷三百五十六有传。他的两个叔叔都是登第进士。其叔叔张朴,字见素,大观三年(1109)

登进士第。历侍御史，秘书少监，召试中书舍人。张朴在《宋史》中也有传，列在张根之后。张焘的另一个叔叔张相，字廷臣，是崇宁二年（1103）癸未科霍端友榜进士，官尚书员外郎。张焘中探花后，初授文林郎，辟雍学录。累迁吏部尚书，拜参知政事，固辞不受。仕至资政殿大学士、左大中大夫。

张焘为人正直，一切以国家利益为重。靖康元年（1126），李纲任亲征行营使，张焘应召为幕僚，李纲贬职时，因受牵连被罢官。建炎初复官，担任湖州府通判。宋绍兴二年（1132），由吕颐浩推荐任司勋员外郎，升任起居舍人，并代理吏部尚书。当时金国派使者来宋朝议和，张焘上书宋高宗，反对屈服求和，主张谨边防、励将士、图自强。宋绍兴七年（1137），宋高宗顾念宰相张浚退敌有功，欲赐张浚弟张滉进士，张焘上奏认为高宗在力求恢复宋朝大业之时赐张滉为进士，难免会引起众人非议，不利于皇帝树立以公道革除弊政的形象。宋绍兴八年（1138），张焘在任吏部尚书期间，因为施廷臣曾违抗过朝章，主张与金朝议和，在是否提拔监察御史施廷臣为侍御史时持反对意见。宋绍兴九年（1139），由于上书极力反对议和，忤逆秦桧，张焘被贬为成都知府兼本路安抚使。他在四川任职 4 年中，惩处贪赃官吏，减轻赋税，安抚雅州少数民族，并且赈济灾民、修建学校，政绩卓著。离任后，张焘闲居家中 13 年。秦桧死后，恢复官职，就任建康（今南京）知府兼行宫留守，不久升任吏部尚书。宋绍兴三十一年（1161）秋，金兵大举南侵，进抵长江北岸，企图从建康两翼渡江，扑向南宋京城临安（今杭州）。在朝野震惊、人心大乱之际，张焘坐镇建康，向宋朝廷和民众表示死守的决心，并对前线总指挥虞允文提出"持重养威、观衅而动"的方略，激励军民协同抗战，终于挫败了金军最后一次渡江南侵的企图。高宗去世，孝宗继位，曾向张焘询问执政之要策。张焘答道："内治乃可外攘。"隆兴元年（1163），升授参知政事（副宰相），以年老多病辞官回家。乾道二年（1166）张焘逝世，被赐谥号"忠定"。

张焘至孝。在《宋史》卷三百八十二有传，说他至孝，其父病，不能食盐，他戒咸。其母嗜吃河豚、蟹，母亲去世后，不再吃这些食物。

张焘平生喜书法，得颜真卿笔法。著有《外制》20 卷、《张忠定奏议》30 卷、《云山老人杂著》20 卷。

徐 容

徐容，生卒年不详，字仲容，元朝信州路上饶县（今上饶市）人。徐容原为国子学生，会试以《易义》得第二，是泰定四年（1327）丁卯科李黻榜（左榜）探花。

他的祖母韩氏是南宋信州玉山人韩烟之女，韩烟有两个兄弟韩祥、韩补，兄弟俩同时成为嘉定十六年（1223）癸未科蒋重珍榜登第进士。韩祥，历起居舍人，累迁吏部侍郎;韩补,累迁宝文阁学士,知太平州;兄弟两人均为宋嘉熙间江东名士。

徐容中探花后,曾任新昌县尹,余姚县同知,高州路同知总管府事。

费懋中

费懋中(1485—?),字民受,号定轩,明朝广信府铅山县(今上饶市铅山县)人。明正德十六年(1521)辛巳科杨维聪榜探花。

费懋中出身官宦世家。他的祖父费瑄,成化十一年(1475)乙未科谢迁榜登进士第,弘治年间担任兵部员外郎,官至贵州参议。他的伯父费宏是成化二十三年(1487)丁未科状元。他的叔叔费寀是正德六年(1511)辛未科杨慎榜进士,以进士任赞善,官至少保、礼部尚书。他的堂兄,也就是费宏的长子费懋贤是嘉靖五年(1526)丙戌科龚用卿榜进士,改庶吉士。

费懋中父亲费宪从小豪迈不羁,成化二十一年(1485)生费懋中时,十分欣喜,逢人就说:"我有儿子了!"费懋中从小聪慧,祖父费瑄对他更是疼爱有加,也经常督促他熟读诗书,以备参加科举考试。正德八年(1513),费懋中随叔辈赴省乡试,一举成名,与堂叔费完(费宏胞弟)同时成为正德八年江西癸酉乡试举人,叔侄同时中举,在当地被传为佳话。正当他准备参加礼部举办的科举考试时,他的父亲费宪在宁王朱宸濠党徒报复费氏家族事件中惨遭杀害。悲痛之余,费懋中自觉地承担起养家责任,悉心培养幼弟,他的二弟费懋和在嘉靖元年(1522)壬午科考中举人。他的孝悌行为,被乡邻称颂。直至正德十六年(1521),费懋中自己才得以进京参加会试,并通过殿试,获得一甲第三名的好成绩,摘得探花桂冠。

相传,参加科考前三年的某夜,费懋中已熟睡,朦胧中只见父亲与他交谈,要他苦读圣贤书考取功名。第二天,他的伯父费宏也来到家中,两人坐定后,费宏叹息说:"你父亡故多时,不可悲戚颓废,不求上进。你可要照费氏族规家训行事啊……"费懋中一听,吃了一惊,忙说:"伯父,你说的话怎么和昨夜我梦中父亲对我说的话一样呀?我已在梦中向父亲立誓,定要金榜题名。"费宏笑道:"那就好,兄弟连心嘛!人同此心,心同此理。你是可造之才啊!"从后,费懋中废寝忘食读书三年,终于在正德十六年成就功名,和伯父费宏一样,名列鼎甲。

费懋中金榜题名时,宁王朱宸濠反叛事件已经平息,费家人十分顺心。受谗言牵连离职的费宏也已恢复名誉,加官晋爵,担任首辅;费懋中的堂叔费完就任顺天府通判。费懋中自己则任职翰林院编修,受命参与伯父费宏主持编纂的《武宗实录》。他本性刚正不阿,在费宏的言传身教下则更加廉直公正。不久费懋中外调,先后任职河南按察使副使、河南提学副使。他德才兼备,为官清廉,疾恶如仇,为世人称为"中流砥柱"。

费懋中的弟弟费懋和、费懋乐、费懋尹、费懋文也考取了举人,费懋良官至尚宝司卿。

姜金和

姜金和(1515—?),字节之,号晋斋,又号信孙。明朝饶州府鄱阳县(今上饶市鄱阳县)人。明嘉靖二十五年(1546)乡试中举,嘉靖二十九年(1550)唐汝楫榜进士第三名,是该科的探花。

姜金和聪颖好学,文辞博雅。进士及第后,授翰林院编修。在任九年考满,升为翰林院侍讲,又升为左春坊左谕德,掌南京翰林院事。当时正值奸相严嵩秉政,很多官员竞相趋附,姜金和却不依附于他。他担任《世宗实录》的撰修官后,官至南京国子监祭酒。不久,在家中病故。

著有《晋斋遗集》留世。现代在鄱阳文史中流传他三篇诗文:《待宴》《述怀》《西湖别业》,其中以《西湖别业》写得最好,特别是"明月沉波天入镜,浮云落地气吞楼"两句,很有意境和气势,受到不少人的称赞。

张协忠

张协忠(?—1852),字号不详,清朝饶州府德兴县三十三都(今上饶市德兴县)人,道光十三年(1833)癸巳科武科一甲第三名,是该榜的武探花。

张协忠考取武进士后,历官二等侍卫十年,选授四川提标左营游击,曾调西藏防御土匪。其间曾解番匪回川,往返两次,三年差满,始转原任。历署靖远营游击。

咸丰元年(1851)一月十一日洪秀全集2万余人在广西金田村正式宣布起义,不久,建号太平天国,与杨秀清、冯云山、萧朝贵、韦昌辉、石达开等组成领导核心。清廷闻讯,调集兵力进行围剿。咸丰二年(1852)四月,太平军突围北上进入湖南境内,准备攻打金陵(今南京),此时正是张协忠被推荐拟升任山东东昌营之时。五月,身在四川的张协忠奉命调往湖南,参与围堵起义军北上的军事行动。九月太平军开始攻打长沙,与清军在长沙城展开激烈战斗。张协忠的任务是固守长沙北门,他在战斗中进行了有效的防御,在与太平军的作战中屡战屡胜;后调到长沙南门又坚守到十月。一次,太平军用地雷在长沙城墙上炸开一个缺口,张协忠主动出击,率先从缺口处冲出,击毙起义军数人,在这场战斗中张协忠被太平军炮弹击中身亡。

两湖总督徐广缙等经查明张协忠等湖南长沙防御战斗中阵亡的事实后,向皇帝请旨赐恤,吏部、礼部、工部奉皇帝谕旨,张协忠于游击任内从优按照参将例,并获祭葬银两,赐抚恤银五百两,并赐其子弟依次世袭云骑尉、恩骑尉之职。

吉 安 市

郭孝友

郭孝友(1086—1162),字次仲,宋朝吉州龙泉县光化乡岭上(今吉安市遂川县雩田镇城溪村)人,北宋政和五年(1115)乙未科何栗榜进士第三名,是该科的探花。

郭孝友祖父郭知微,字介卿,是北宋元丰八年(1085)乙丑科焦蹈榜登第进士,曾当过郴州桂阳县令。堂祖父郭知章,字明叔,治平二年(1065)乙巳科彭汝砺榜登第进士,初入广西幕府,后官至刑部尚书、显谟阁直学士。郭孝友自小就聪明伶俐,博览群书,北宋政和五年通过礼部省试后,在殿试中被皇帝钦点为一甲第三名,成为探花,他是遂川县科举中取得最好成绩的进士。

也许是受其家族影响,郭孝友养成了疾恶如仇、刚正不阿、不畏强权的个性。而这一个性也让他在仕途上几起几落,饱尝宦海浮沉之苦。他最初任国子监学正、司业。后来,在北宋宣和年间,因上奏之事得罪奸相蔡京,被贬为瑞金县丞。南宋建炎元年(1127),郭孝友被重新启用,任筠州(今江西高安市)知州,后召回京,分别任礼部员外郎,两广东路、西路提点刑狱,起居舍人,工部侍郎等职。

在任工部侍郎时,秦桧主张与金人议和,遭到多数朝臣的反对。秦桧因与郭孝友有私谊,前往进行游说,希望郭孝友站出来支持他。郭孝友却说:"议和不是安社稷、保国宁的长久之计。眼下即使满足了金人的无理要求,得到暂时的平安,将来也会后患无穷。现在众多朝臣主张抗金,并不是好战之举。国家只有强兵固疆,必要时选择有利时机进行军事抵抗,才是长远大计。"秦桧听后当时就很不高兴,对郭孝友说:"想不到你也不支持我。"之后,郭孝友以养病为由辞官,并上书皇帝,建议"理财以充兵饷,选将以勤操练,纳谏以广言路,亲贤以资赞辅",还希望皇帝"亲率六师恢复中原,迁宗庙神器还于汴京"。此谏经开国公朱倬推助,高宗御驾亲征进驻镇江,并取得"采石大捷"。

南宋建炎年间,郭孝友以"清严有夙望"被任命为两广东路、西路提点刑狱,主管所属各州的司法、刑狱和监察。当时,许多偏僻的州、县交通极不发达,经济落后,不少官吏在此胆大妄为,贪赃枉法,中饱私囊,朝廷却不知晓。郭孝友到任后,轻车简从,亲自到各州、县巡视,"闾阎疾苦,家至而户到"。有的州、县官吏听说郭孝友到来,一帮人马早已到边境恭迎,可郭孝友此时却早已单枪匹马,微服私访了。在认真察访,掌握大量第一手资料后,对那些疏于政事、办事无能、贪赃枉法的劣官大刀阔斧"连章劾罢"。连山县的县令是皇亲国戚,有恃无恐,作恶多端,其为政暴戾、滥杀无辜、有令不行、延误军机并贪污军饷20余万,却无人敢告发他。郭孝友一一核实证据后,报请朝廷罢官处置。许多权贵或以书求解,或以金相贿,或以威相胁,郭孝友全不理会。郭孝友的铁面无私,极具威慑,劣官们人人自危,不少人前来投案自首,社会面貌为之一新。当时,朝廷为加大地方治理力度,对捕获强盗达到一定数额的官吏予以重奖或提拔。一时,一些为升官发财的不法官吏泛捕滥拘,把无辜的平民百姓也作强盗入狱,严刑逼供,屈打成招,计入充数,酿成不少冤假错案。郭孝友到任后,亲自组织查阅每宗狱案,对存有疑问的案宗反复核实,"不得其正不止",经平反昭雪的冤狱不下百件。为严肃国纪,保护黎民百姓,打击恶势力,郭孝友并将此事上报朝廷,建议改变这种滥奖滥提拔的规章,重新建立新的制度,并对一些已冒功领奖、造成重大冤案错案的官吏,将其骗取的奖赏退回国库,其中已提拔重用的官吏不但要撤销官职,还要给予严厉惩处。郭孝友的建议得到朝廷众多官员的大力支持,后经朝廷许可,明令实施。

郭孝友辞官回乡后,仍关心民间安危。当时官军散兵游勇游荡乡间,地方盗贼骚扰四起,社会秩序混乱。地方报请朝廷增设"武尉"官职,并募弓箭手专事防盗,但所募者多为无赖之徒,民众反受其害。郭孝友得知这一情况,入朝奏请,此举措才得以取消。同时,郭孝友又出资献策帮助地方整治,社会得以安定,民众称好。

郭孝友于宋绍兴三十二年(1162)病卒,终年76岁。

张槐应

张槐应,生卒年不详,字号不详。宋朝吉州太和县(今吉安市泰和县)人。南宋景定三年(1262)壬戌科方山京榜第三人,中探花后,官至临江路总管府推官、知府。

这年知贡举为杨栋,同知贡举是叶梦鼎、孙附凤,有637人成为登第进士。

关于张槐应的资料其少,旧地方志中也只是记载他是景定三年方山京榜进士,他的探花身份旧志中未见记载。龚延明等人编纂的《宋登科记考》只记述景定三年(1262)登进士第637人,状元方山京(庆元府慈溪县人,一作绍兴府余姚县人),榜眼陈宜中(瑞安府永嘉县人),探花不详。

在吴澄《吴文正集》卷"故宋江州德化县丞米君墓碣铭"有记载:"太和多士,邑有壬戌进士第三人张槐应,邻境有丙辰进士第一人文天祥。"卷八"罗大可合葬墓志铭":"生三子,伯英、伯寿、伯霖,皆读书知名,伦魁张槐应与友善。"卷九"跋赐杨栋以下御礼":"宋理宗皇帝景定三年二月,特诏礼部尚书杨栋等知贡举事,尚书诸孙子初藏景定御笔如新,足称传世之宝,并与尚书谢表及帝锡燕进士诗及状元方山京、陈宜中、张槐应谢表,具存副墨。"此为状元方山京、榜眼陈宜中、探花张槐应三人谢表。故张槐应探花身份明确。

胡幼黄

胡幼黄(1229—1291),字成玉,号坦庵,南宋吉州永新县(今吉安市永新县澧田镇双江村胡家自然村)人。南宋咸淳十年(1274)甲戌科王龙泽榜进士第三名,是该科的探花。

胡幼黄父亲胡正元,自庐陵县值夏迁居永新县东乡凰田,后转徙县城西门。胡幼黄幼时聪颖,勤攻经史,通过乡试中举后,准备赴京参加科举考试。他准备参加科举考试时正是南宋与元朝共存的年代,咸丰七年(1271),忽必烈改"大蒙古"国号为元,咸丰八年(1272),他迁都大都(今北京),随后即举兵南下,攻打南宋。南宋在这种战乱局面下,仍如期举办三年一次的科举考试。胡幼黄在南宋咸淳十年(1274),也就是元朝至元十一年,赴临安(今浙江杭州市)参加甲戌科会试,在殿试时被钦点为探花,他是南宋最后一名探花。这年的科考殿试时,正巧宋度宗驾崩,宋恭帝即位。这榜的状元是浙江义乌人王龙泽,榜眼是今南昌县人路万里,探花是胡幼黄。当时民间有"三不得之歌谣",谓:"龙在泽飞不得,路万里行不得,幼而黄医不得。"暗示了宋朝廷已国势垂危。

即位的宋恭宗赵显年幼无知,早在理宗朝就得势的权臣贾似道仍把持朝政,南宋国势日益衰微。德祐元年(1275)贾似道率精兵13万人,与蒙古左丞相伯颜所率的元军在丁家洲(今安徽铜陵东北江中)作战,大败后乘单舟逃到扬州。南宋群臣十分义愤,请求诛杀贾似道未能如愿。贾似道在被贬途中,经漳州木棉庵时,被监押使臣会稽县尉郑虎臣所杀。南宋德祐二年(1276)三月,即元朝至元十二年,蒙古兵进驻临安,宋恭帝献玺投降,南宋灭亡。这年端宗继位,改年号为景炎元年。胡幼黄中探花后被授任为节度推官,赴任前南宋便灭亡了。

回到故乡的胡幼黄退居山中,居家读书,创读书楼,曰呻讽。当时元世祖忽必烈为维护自己的统治,采用淳祐四年(1244)甲辰科状元留梦炎等人的建议,令四方官员广泛搜寻宋朝遗士为元朝效力,和胡幼黄同时登第的状元王龙泽就被元朝起用为监察御史。作为探花的胡幼黄自然也在被搜求的名士之列,他难以忘怀景炎二年(1277)七月十九日元军在永新的屠城场景,面对南宋的灭亡、永新3000义士壮烈牺牲的国仇家恨,他自愧自己无力救国,决意不在元朝廷当官。和他同榜登第进士丰城的熊朋来、安福的刘应凤等众多的江左名士在他的影响下，都没在元朝当官。胡幼黄宁守清贫直至终年，没有在元朝出仕为官。《宋季忠义录》收有其小传，并选录了《翰墨大全》丙集卷十三中《水调歌头》一首，其诗是在永新祈雨成功时为段知县做寿时写下的："有喜君初度，风雨作秋声。连旬烈日，稻畦麦垅欲扬尘。好是天瓢在手，笑把群龙呵叱，四野注如倾。勃勃生意满，翠浪涌纵横。君知否，仁者寿，寿斯仁。自从三代而下，民命寄苍旻。满目桑麻谷粟，满目簿书期会，试说与仁人。小试作霖手，苏醒永新民。"

曾　翰

曾翰，生卒年不详，原名曾仲巽，字自省，元朝吉安路永丰县人（今吉安市永丰县人）。元泰定元年（1324）甲子科张益榜（左榜）第三人。

他在肖堂陈氏馆读过书，曾受教于元初江西籍著名经学家和音乐家熊朋来。熊朋来是南宋咸淳十年（1274）甲戌王龙泽榜的登第进士，曾任庐陵郡教授。据《吴文正公集》卷55《跋曾翰改名说》记载，熊朋来是依梦境为其更名的。

曾翰用老师所更之名，参加过元延祐七年（1320）乡试，未能中举；至治三年（1323）再次参加江西乡试，以《易义》列第十七名中举。泰定元年（1324）进士登第后，授任国子学正，后为承事郎，吉安路同知太和州事，以廉能著称。《全元文》卷1426收有他的两篇文章，一篇是他在至治三年撰写的《泰阶六符赋》，另一篇是他在泰定二年（1325）二月为元朝赵憼的《四书笺义》一书所作的《四书笺义序》。

李　贯

李贯，生卒年不详，明朝吉安府庐陵县宣化乡（今吉安市吉安县天河镇大湾村）人。明建文二年（1400）庚辰科胡广榜一甲第三名，是该科的探花。

李贯江西乡试中举人后，在建文二年（1400）赴京参加庚辰科礼部会试，顺利通过。殿试时，他在对策中对尧舜禹汤文武治国爱民之政作了叙述之后，写道："是数圣人者，莫不以修身为本，明德为先。故能自身而家，自家而国而天下，其惠泽施于民者，固有先后始终之不同也。""臣尝观汉唐以来，人主之治天下，未尝不欲追配前古，俪美帝王，而不能者，盖有图治之名，而无图治之实也。"最后他说："作为一个仁君，应'尊其所闻，行其所知，明理欲之几，审志之所向，何者为人心道心，何者为建中建极。兢业于万几，图难于其易。必薄于自奉，然后四海无穷民；必勤以率人，然后百官无旷职'。"建文帝很欣赏他讲的这些治国爱民之道，擢他为一甲第三名，钦点为探花后，李贯被授任翰林院编修。

李贯春风得意,数次上书建言时务。当燕王朱棣率兵逼近南京时,他的好友王艮与妻子离别时说:"食人之禄,死人之事,吾不复生焉",饮鸩而亡。而胡广、解缙也是建文重臣,却忘记在王艮面前的慷慨激昂、陈说大义,转而投靠燕王,李贯亦迎附。成祖让解缙等遍阅建文帝时群臣论政奏书,对他们说:"事涉兵、农、钱、谷者留之,诸言语干犯及他一切皆焚毁。"明成祖问李贯、解缙等人:"尔等也都有过议政言论吧?"众人皆不回答,只有李贯叩头答道:"臣实未尝有也。"成祖闻听十分生气,言道:"尔以是为美耶?食其禄,思任其事。当国家危急时,官近侍,独无一言可乎?朕非恶夫尽心于建文者,但恶导建文坏祖法乱政耳!尔等前日事彼,则忠于彼;今日事朕,当忠于朕,不必曲自遮蔽也。"

永乐二年(1404)十一月,明成祖命重修《文献大成》,李贯、尹昌隆受命为副总裁。永乐六年(1408),李贯与王洪出任应天府乡试主考官,李贯后升为中允。不久,因受解缙的牵连,李贯入狱达十年之久,最后死于狱中。李贯临死前叹道:"吾愧王敬止(即王艮,同榜榜眼)矣。"

周孟简

周孟简(1378—1430),号竹磵,明朝吉安府吉水县(今吉安市吉水县水田乡桑园村)人。明永乐二年(1404)甲申科曾棨榜一甲第三名,是该科的探花。

周孟简从小和哥哥周述在私塾读书,并与先生曾棨友好交往,亦师亦友。真心实意听取先生曾棨的教诲,潜心研究。永乐元年(1403),周孟简兄弟在老师曾棨的引导下参加江西乡试,中举人。次年,三人同赴京师参加科举考试,师生三人囊括一甲前三名:状元是永丰人曾棨,榜眼是周孟简的兄长周述,探花是周孟简,吉水县桑园村师生同科均为鼎甲的消息轰动了南京城。明成祖对师生三人也大为称赞,亲笔批道:"贯通经史,洞达无人,有讲习之学,有忠爱之诚,擢魁天下,昭我文明。"三人一起入翰林院,共同参加《永乐大典》的编修。

周孟简与周述其实为亲兄弟,因其叔父死后无子,其父便将他过继给叔父为子。参加殿试,明成祖本欲定周孟简为第二、周述第三。当得知周孟简是周述的弟弟后,言道:"弟不可先兄",遂将周述置为第二,周孟简为第三。兄弟二人的殿试策对,同获明成祖御批。周孟简的批语是:"辞足以达意,学足以明理,兄弟齐名,古今罕比,擢尔第三,勉其未至。罔俾二苏,专美于世,钦哉。"

周孟简神清气和,心淳而志正,其学务求圣人之意,为文必本诸经,又博览诸子百家之书,受到朋辈推重。周孟简一向谦逊退让,从不骄傲。为人温良和气,不斤斤计较。他在翰林院供职20多年,从不与人结怨。与亲友、兄弟、姻族关系都相处得十分融洽。由于为人谦逊,也从不炫耀自己,同大小官员和睦友爱,在朝中受人称赞。

明成祖巡幸北京时，由后来成为仁宗的太子朱高炽监国，朱高炽素闻周孟简才识过人，凡有纂述必请周孟简，相处久了，更加欣赏他，升他为詹事府丞。

明宣德元年（1426），宣宗朱瞻基即位，大封诸王，命周孟简为襄王府长史。朝中大臣杨溥对宣宗说："周孟简对典章掌故、兵民政事皆了于心，且对朝廷忠心耿耿，是朝廷中受人尊敬的大臣，这样好的人才，为何不留在身边当顾问？"宣宗对杨溥说："周孟简是朝廷中受尊敬的元老，他辅佐朕弟襄王，比辅佐朕更重要。"周孟简尽心辅导襄王，每次讲课必有忠孝、仁民、爱物之言。宣宗听说后多次褒奖他，襄王更是从心里敬佩这位老师。

周孟简一向恪尽职守，从不做违反礼义道德之事。宣德五年（1430），周孟简患急病，医治无效，第二天便去世了，享年52岁。襄王十分悲痛，亲自安抚其子周景亮。

著有《竹磵集》《西垣稿》《两京吟稿》。

刘　素

刘素（1360—1441），字贞白，号三宜，明朝吉安府庐陵县龙潭（今吉安市永丰县佐龙乡龙潭沙园村）人，明永乐四年（1406）丙戌科林环榜一甲第三名，是该科的探花。

他自幼聪明好学，永乐三年（1405）参加乡试考取举人，初授虔州训导。次年参加会试、殿试，以进士一甲第三名登上探花宝座，授翰林院编修，后升修撰，与他同院任编撰的还有家乡人曾棨。曾棨是永乐二年（1404）甲申科的状元，刘素登第时间比他晚两年。两人所住的村庄相距仅一里多路，年少时就相互往来，研究道义文章，后来都跻身鼎甲之列。

刘素才华出众，为官清正，学而志成，文辞典雅，尤其是理学文章，与状元同乡曾棨齐名。刘素性格恬静，不事张扬，大半辈子只在翰林院做编修、修撰，未到其他地方做官。晚年，刘素辞归故里，清贫居家，静心潜修，洁身自爱，自守节义，不与人同流合污。刘素的夫人是本乡阆田村人，为处州太守黄克敬长女，比刘素大一岁，聪明俊秀，善书攻诗，也是一位才女。夫妻俩时常作诗吟对，一唱一和，尽兴尽致，相敬如宾。

刘素学问老成，文辞典雅。暮年居家后，唯好清静。每遇乡试、会试之年，总有人慕名前来，聘请刘素指点迷津，刘素每每力辞不出。后卒于家。

刘素一生诗文著作甚丰，可惜家里两次遭受火灾，诗文书稿全部被毁。所幸《题篆溪问好齐卷》《三宜公为邹德真公作》等诗，因录存在同乡宣德八年（1433）探花钟复家中，才得以保存。其中一首为《过寄钟君弥彰诗》："绿水桥西旧草堂，月明清景似潇湘。比君烦问平安信，人在銮坡忆故乡。"

邓 珍

邓珍（1395—1418），字连器，号昆冈，明朝吉安府吉水县（今吉安市吉水县金滩镇麻塘邓家村）人，明永乐十六年（1418）戊戌科李骐榜一甲第三名，是该科的探花。

邓珍从小读书非常勤奋，学而不厌，文章过目成诵，出口成章，时人称为神童。少年时，与解缙、曾笃绪等先生同游，诸公笑道："负筐从吾后。"邓珍随声应道："着鞭在尔先。"众人惊喜感叹说："此真奇才也。"永乐十五年（1417）乡试中举，第二年，顺利通过会试，在殿试中获得一甲第三名，被钦点为探花。

邓珍被授翰林院编修，参与编修《高祖实录》《永乐大典》。在金銮殿对策，严格按照《周礼》《周官》的规定条分缕析，文字表达通畅详明。编修史书，核对史稿，严肃认真，日夜操劳。因劳累过度，在任上呕血而死，年仅23岁，世人惜他才高命短。

邓珍居官清简，每日只食米三合，较少吃肉，偶尔煲汤，也不满一罐。现在看到的他的家书《寄殷武弟》，只谈到了木面盆、图书《邯郸集》，他无所恋。夫人萧氏，为他坚守贞操，纺织养亲。外舅逼她改嫁，她剪发刎颈以示反抗。孝节闻于朝廷，多次受到褒奖，享年88岁。

钟 复

钟复（1400—1443），字弘彰，一字彦彰，号云川，又号彦章，明朝吉安府永丰县（今吉安市永丰县佐龙乡阆田村）人。明宣德八年（1433）癸丑科曹鼐榜一甲第三名，是该科的探花。

钟复永乐十八年（1420）通过乡试，考取举人，直到宣德八年（1433）才通过礼部会试，最终在殿试中成为探花，初授翰林院编修，后升修撰兼经筵讲官。

钟复学识渊博，文思浩瀚，夙有忠义报国之心。当时大宦官王振擅权，朝中大臣大多敢怒不敢言。正统六年（1441），朝廷派军队征讨云南麓川土司。翰林院侍讲、安福县人刘球上奏劝阻没有效果。正统八年（1443），有一天，风雨大作，雷电交加，明英宗下诏寻求预兆解释，刘球与钟复约好联名上书，说是因为朝廷滥施征讨，祸国殃民，惹上天发怒。钟复告诉了妻子，钟妻认为这肯定会得罪王振，坚决不同意钟复去。碰巧刘球来约钟复，钟妻在屏风后指责刘球道："你自己上书，何以连累他人！"刘球只好离去，悻悻而叹道："这种事，他竟跟妇人商量！"于是刘球独自上书，后来果然被王振下狱害死，遗体被肢解。钟复见同乡好友丧命，想到之前约定，大为懊悔，叹道："我与刘球共事，而不能与刘球共死。"言罢愤恨至极，引发胸背疽疮大发，不治而亡。死时43岁。

钟复死时，其子钟同才7岁，从母亲处得知父亲之事，哭着发誓："王振这贼，父亲没有完成的事，我当替他完成。"钟同后来成为景泰二年（1451）辛未科柯潜榜进士。考取进士后，因上书建言立储，恢复明英宗朱祁镇长子、沂王（后来成为明宪宗）朱见深的太子位，结果惹怒代宗，33岁时死在狱中，也算是替父完志。英宗复位后，赠钟同为大理左寺丞，录其子钟启为国子生，不久授钟启为咸宁知县。钟启请求归葬父亲的遗骸，皇帝下诏赐给舟车路费。成化年间，明宪宗授钟启次子钟越为通政知事，并给钟妻罗氏月廪。不久又赐钟同谥号"恭愍"，祀忠节祠，与刘球联位。

钟复著有《云川文集》6卷，钟同著有《天甲集》，均收入《四库总目》行于世。

刘定之

刘定之（1409—1469），字主静，号文安，一号呆斋、保斋，明朝吉安府永新县（今吉安市永新县埠前镇仰山村）人，正统元年（1436）丙辰科参加礼部会试获得第一名，殿试时为一甲第三名，是该科的探花。

刘定之自幼天资绝伦。父亲每日教他读书，并不叫他做诗文。一天，偶然发现他作的祀灶文及咏桃浆诗，大为惊奇。后来，又读他所做文章，不由击节赞叹"此子有八面受敌之才"，将来必为"伟器"。由于聪慧好学，宣德十年（1435）就考取举人，正统元年（1436）参加礼部会试获得第一名，殿试时被皇帝钦点为探花。初授翰林院编修。

正统四年（1439），京城大水，皇帝下诏求直言。刘定之陈述十事：其一，号令之出宜公正，赏罚必以信；其二，公卿侍从当数召见，以察其才能心术；其三，降胡散处京畿者，宜渐分移南方；其四，宜以京官出任郡县，使民得蒙循良之政；其五，宜仿唐制，朝臣迁秩，举贤良自代；其六，武臣子孙宜教以韬略；其七，守令迁任宜加察；其八，富民输粟授官者，有犯宜追夺；其九，廷臣遭丧，宜令终制；其十，宜遏僧尼。但奏疏并没有被朝廷采纳。

正统十四年（1449），蒙古瓦剌部首领也先率兵进犯明朝，明英宗亲征，兵败土木堡后被俘，代宗皇帝即位，改年号为景泰。刘定之又上言十事：一、战阵；二、守御；三、简使臣；四、迁降；五、兵士；六、守令；七、选将；八、武臣滥爵；九、总揽权纲；十、经筵讲学。皆深切时宜，皇帝下诏嘉勉他。景泰七年（1456），迁右春坊右庶子。明天顺元年

（1457），明英宗复辟，调刘定之任通政司左参议，仍兼侍讲。不久，刘定之升为翰林学士。

明朝自洪武十三年（1380）罢中书省、废丞相之后，设大学士数员参与机务，称为"内阁"。仁宗、宣宗时，"阁职渐崇"，明英宗明天顺年间，"阁权益重"，内阁成员成为实际上的宰相。明天顺八年（1464），宪宗继位，刘定之晋太常少卿，兼传读学士，值经筵。成化二年（1466），刘定之受命为会试主考。这年，阁臣李贤死。刘定之入内阁，参与国家机要事务的商议。翌年八月，升工部右侍郎，仍兼内阁学士。当时，江西、湖广灾情严重，地方官仍按正税征收民赋。刘定之言："国储充积，而此待哺之氓，乃责其租课，非圣主恤下意。"皇帝听后，即命停征。成化四年（1468），刘定之任礼部侍郎，兼任阁臣。在内阁，他不时上书，皆言国家大计，可惜未全部施用。刘定之的学问渊博，阅读范围广泛，上自六经子史，下至稗官小说释老杂技之书。他思维敏捷，才华出众。曾有旨命作元宵诗，内使伫立等候，他伏案疾书，很快写成七言绝句百首。又曾一日，草拟9道圣旨，笔不停书。他的诗含蓄蕴藉，忧国忧民之心常流露于字里行间。所作《和赵子昂吊岳武穆墓诗》云："大统那堪有离合，忠臣真可寄安危。高天漠漠倚长剑，落日萧萧照大旗。驾去龙髯攀莫返，极倾鳌足断难支。至今每为纲常恨，岂独荒茔过者悲。"《和黄谏编修读岳武穆遗事诗》云："割地求盟日几何，长淮又报战船过。可怜楚国为仇役，犹学汴京与虏和。北向旌旗嗟绝少，南来倭发笑空多。分明自把长城坏，誓表重将御墨磨。"

刘定之在《明史》卷一百七十六有传。成化五年（1469），刘定之去世，宪宗赠他为礼部尚书，谥号"文安"。

他著有《呆斋集》45卷、《易经图释》12卷、《宋史论》3卷、《否泰录》1卷、《文安策略》10卷。清代均收入《四库全书》。

刘定之有弟：刘宾之任湖广参议；刘安之是乡贡士；刘宜之任泰州学正。

罗　璟

罗璟（1432—1503），字明仲，号元公、冰玉，别称嗣垣，人称冰玉先生。明朝吉安府泰和县（今吉安市泰和县澄江镇城东梁家）人，明天顺八年（1464）甲申科彭教榜一甲第三名，是该科的探花。

罗璟之父罗进善与明朝大臣杨士奇相友善，同在京城。罗璟出生前夜，罗进善梦见一只仙鹤栖息堂中。罗璟降生时，肤色莹洁，天庭有痣如丹砂，人们都很惊异。杨士奇言道："此儿有鹤相，宜好生教养。"

罗璟3岁便开始学习诗书，出口成诵。明天顺三年（1459）乡试中举。明天顺八年（1464）高中探花后，授翰林院编修。成化三年（1467），参与编修《英宗实录》后，升翰林院修撰。曾上书建议宪宗"属圣志,乐圣学,接群臣,辨贤否,容谏诤,崇节俭"六事。因为参与编修《宋元通鉴纲目》,后升司经局洗马,侍东宫讲读。成化十六年(1480)与侍讲李东阳同为应天府乡试主考官。因母亲去世,罗璟归乡守孝。

罗璟与吏部尚书尹旻的儿子、身为侍讲的尹龙均娶孔氏之女,翰林院学士彭华和尹直曾想让罗璟疏通关系,结交尹旻,遭到拒绝。成化二十二年(1486),罗璟守孝期满回到京城,恰遇尹旻获罪。彭华等暗中唆使后被《明史》列为佞幸传的、深受明宪宗信任的左通政李孜省,指斥罗璟为尹旻同党,罗璟遂被贬为南京礼部员外郎。孝宗即位后,原来在朝廷中呼风唤雨的李孜省下狱。在内阁王恕等朝臣的举荐下,罗璟就任福建提学副使。弘治五年(1492)召为南京国子监祭酒,在任五年后,以病归乡。

罗璟胸怀坦荡,议论持正,与人交往不设城府,文章词旨畅达。虽被人中伤、贬官,实无其罪。独为祭酒时,严厉有余而宽缓不足。

有记载说,罗璟自童生开始就专攻八股文,一直到中进士,都不知道什么叫作诗。后来考庶吉士时,翰林学士以"秋宫怨"为题赋诗。罗璟一筹莫展,竟不知如何作答,遍问同考之人。人们告诉他韵脚、起结、联对等基本常识后,他居然也做出了一首诗:"独倚栏杆强笑歌,香肌消瘦怯春罗。羞将旧恨题红叶,添得新愁上翠娥。雨过玉阶秋色静,月明青琐夜凉多。平生不识春风面,天地无情奈老何。"主考官看后对他说:"你以后必定会作诗。"后来果然如此。

罗璟曾在家乡立社学,建"养亲堂",请因孝行闻名的刘闵为师讲学。弘治十六年(1503)病卒,赠礼部侍郎。

著有《周易程朱异同》《五经旁注》《续通鉴纲目》《罗冰玉文集》12卷等书10余部。

曾 追

曾追(1425—1479),字文甫,明朝吉安府泰和县(今吉安市泰和县澄江镇文溪村）人。明成化四年（1468）考中举人，成化十四年（1478）参加会试，殿试列为一甲第三名，是成化十四年戊戌科曾彦榜的探花。

中探花后，曾追官授翰林院编修。他学博才高，文章俊逸，下笔千言，引经据典，为同辈学子所推崇、敬重。只可惜就任翰林院编修不到一年，便去世了，享年54岁。

曾追的祖父曾鹤龄是永乐十九年（1421）辛丑科状元，官至翰林院修撰、侍讲，至侍读学士、奉训大夫。其父曾蒙简，是曾鹤龄的次子，名廉，字蒙简，号庍庵，是明朝正统十年（1445）乙丑商辂榜登第进士，以泰和军籍登第二甲第一名，授御史，擢升福建按察金事，后改湖广，迁浙江按察使。曾鹤龄、曾追祖孙均为鼎甲进士，在当地被传为一段科举佳话。

曾追著有《昭度集》等。

罗钦顺

罗钦顺（1465—1547），字允升，一字允叔，号整庵，明朝吉安府泰和县（今吉安市泰和县上模乡上模村）人。明弘治六年（1493）癸丑科探花。

罗钦顺出身仕宦门第，父罗用俊，国子监助教。自幼聪颖好学，弘治五年（1492）参加乡试获第一，第二年会试第七，殿试一甲第三名，时年28岁。高中探花后，初授翰林院编修，迁南京国子监司业，与国子监祭酒章懋一起倡导求真务实的学风。正德初年，罗钦顺奉亲归里，因其为人正直，触怒宦官刘瑾。正德三年（1509）被削职为民。刘瑾被诛后，恢复官职。他上书献言，主张修德、勤政、作士气、审时宜。后升为南京吏部右侍郎，转左侍郎。嘉靖元年（1522）命摄尚书事，迁南京吏部尚书。因父病乞归省亲时，又改南京礼部尚书，刚好父丧，罗钦顺守孝没有赴任。

罗钦顺为官时，严于职守，勤于政事。曾受到明孝宗、武宗的赏识和百姓的爱戴，但却遭到当朝权贵张聪、桂萼的忌恨。罗钦顺在朝为官，本想在仕途上有所成就，为国为民多做点实事，但总感到壮志难酬、怀才不遇。当时，朝廷腐败，宦官篡权乱政，权贵为非作歹，罗钦顺耻与之同朝做官。服丧期满，朝廷想任命他为礼部尚书，罗钦顺辞职不就。又改吏部尚书，仍辞不赴任，朝廷下诏才敦促他上任。嘉靖六年（1527），他再次提出辞职请求，终于获准。

他回家后，很少和人来往，杜绝门徒，一人独居。淡泊自持，不为世累。居家二十余年,不入城市,每天早起穿戴整齐,即到学古楼看书,专心致志研究哲学。有《学古楼》诗咏其事,诗曰:"屈指今年四十五,一事无成心独苦。家住西冈地颇幽,门前屋后多平畴。一溪流水去无路,四面青山来入楼。楼名学古浪标榜,古人实学今谁讲。旦暮春秋奉起居,时时静坐聊存养。此心存久还自灵,中和无物如有形。平生漫抱区区志,途长力薄愁难致。苴苒如今作弃材,悠悠宇宙非吾事。妻子啼号付不知,以之农圃端须学。且种山田且读书,菜羹满釜浑家乐。"这些诗句表达了他居于乡村生活的闲情逸致。罗钦顺于嘉靖二十六年(1547)卒于家,享年83岁,赠太子太保,谥文庄。他在《明史》卷二百八十二有传。

罗钦顺是明朝著名的唯物主义思想家。早年在京做官时,曾与僧人交往,相信佛学,后在长期的学习钻研和比较中,最终舍弃佛学,建立自己的唯物主义理气学说。当时王守仁的唯心主义"心学"流行一时,很多人都信奉王守仁的"心学",但罗钦顺持批评态度,给王守仁写信予以反驳,王守仁回信答辩,两人反复书信往来,互相辩驳,直到王守仁去世。罗钦顺还著有《整庵存稿》20卷、《困知记》4卷。我国当代著名哲学家任继愈在《中国哲学史》中对罗钦顺的哲学著作《困知记》进行了评价,认为"是一部直接批判王守仁的主观唯心主义的唯物主义哲学著作"。

罗钦顺还有2个兄弟是登第进士。罗钦德,弘治十二年(1499)己未科伦文叙榜登第进士,任职按察使。罗钦忠与罗钦德为同榜登第进士,任职都御史。罗钦顺兄弟三人,时称"罗氏三凤"。

邹守益

邹守益(1491—1562),字谦之,号东廓,人称东廓先生,明朝吉安府安福县(今吉安市安福县连村乡新背老屋里村)人。邹守益父亲邹贤仕,弘治九年(1496)以安福军籍登三甲第185名进士,授南京大理寺左评事,后升福建汀漳兵备佥事。邹守益与父亲居住在南京,读书期间,勤奋好学,17岁时参加乡试,考中举人,不久后母亲去世。正德六年(1511),年仅20岁的邹守益参加礼部会试,这年会试同考官王守仁十分赏识他的文才,遂拔他为第一名,他以会元的身份参加殿试时获一甲第三名,成为正德六年(1511)辛未科杨慎榜探花。

邹守益任翰林院编修一年后,便辞职归乡专心研究学问。正德十三年(1518),王守仁在赣州任地方官期间,邹守益曾专程去赣州向王守仁求教,"对于王学豁然领悟,释其所疑",遂自称王门弟子,开始在赣州讲学。正德十四年(1519)宁王朱宸濠在南昌发动的叛乱,波及江西北部及南直隶西南一带(今江西省北部及安徽省南部),南赣巡抚王守仁奉命平定宁王之乱,邹守益也参与其中军事,"周旋兵间者久之"。平叛胜利,邹守益还曾作诗庆贺。

嘉靖元年(1522),朝廷又起用邹守益。他路过浙江,拜见了王守仁,探讨学问一个多月。嘉靖三年(1524)二月,朝廷爆发了争论世宗生父尊号的"大礼仪"事件。邹守益上疏力谏,并指出世宗的行为违背礼教古训。世宗大怒,下诏狱严刑拷打,邹守益被贬为广德州(今安徽广德县)判官。他到任之后,以教化治郡,罢淫祠,建复初书院,讲学兴礼。嘉靖六年(1527),邹守益升为南京礼部郎中,广德州的士民为纪念他德教为主的政绩,立祠以纪念。嘉靖七年(1528),王守仁去世,为继承王守仁遗志,邹守益在杭州建立天真书院,集同仁讲学,传播王学。嘉靖十三年(1534),邹守益回到家乡安福,与理学家刘邦采等人创建复古、复真书院,成为当时闻名全国的王学学术中心。嘉靖十七年(1538),邹守益被推荐为南京吏部郎中。嘉靖十八年(1539)任司经局洗马,充经筵讲官。当时太子年幼未能出阁,邹守益与礼部尚书太子少保霍韬上书《圣功图》,教育太子要留意民间农事。世宗认为此奏有诽谤朝廷之意,幸有朝廷得力大臣相救,邹守益等人才得以免罪。嘉靖十九年(1540),邹守益升任太常少卿兼侍读学士,掌管南京翰林院。不久,改任南京国子监祭酒,他一上任便着手整顿学风,严格学校管理,激励学生专心向学。帝王的宗庙遭灾,邹守益上疏陈述上下都来修德的道理,世宗十分生气,将他削职。

邹守益回乡后,在家乡东廓山讲学,四方求学的人接踵而至,学者称他为东廓先生。他重视教育,崇简戒奢,朴实无华,直指本心。他笃守"王学传统",强调"慎独""戒惧"是"致良知"的主要修养方法,他把王守仁的"致良知"学说作为道德教育的根本,是江右王门的主要代表人物。

邹守益居家讲学20余年,嘉靖四十一年(1562)九月,卒于家中,享年72岁。隆庆初,皇帝追赠南京礼部右侍郎,谥"文庄"。他在《明史》卷二百八十三卷有传。

著有《东廓集》12卷、《东廓诗集》8卷、《学脉遗集》4卷等。现有《东廓邹先生遗稿》13卷传世。

其子邹义、邹美都是举人,另一子邹善,嘉靖三十五年(1556)丙辰科诸大绶榜进士,仕至太常卿。

欧阳衢

欧阳衢(1490—?),字崇亨,号龙沙,明朝吉安府泰和县(今吉安市泰和县塘州镇洋坑村)人,明嘉靖五年(1526)丙戌科龚用卿榜一甲第三名,是该科的探花。

他的曾祖欧阳洛,官至教谕。他的祖父欧阳遒,举人,官至知县。嘉靖五年(1526)

欧阳衢探花及第后，授翰林院编修。嘉靖十四年（1535）二月，以九年任满升为翰林院侍讲。嘉靖十六年（1537），欧阳衢与右谕德江汝璧同为应天府乡试主考官。九月，礼部尚书严嵩弹劾应天府考试官"品骘文字不书名，大不敬"。大学士夏言也指责此科乡试"策以戎祀为问，多讥讪语，当锟于理"。皇帝大怒，以考官评语失书名，诸生答策多讥时政为名，命锦衣卫将主考官江汝璧、欧阳衢逮捕入狱，其他考官亦被法司追究责任。江汝璧后被谪贬市舶提举，欧阳衢被贬为南雄府判。朝廷还下诏，此科所取生儒皆不许参加会试。嘉靖三十二年（1553）四月，欧阳衢曾以南京礼部郎中升为南京尚宝司卿，擢为鸿胪寺卿。余事不详。

刘应秋

　　刘应秋（1548—1600），字士和，号兑阳，别称云峤，明朝吉安府吉水县（今吉安市吉水县枫江镇老屋村）人，明万历十一年（1583）癸未科朱国祚榜一甲第三名，是该科的探花。

　　他的祖父刘方兴，是嘉靖十六年（1537）举人，曾任过广西平乐府推官。他的父亲刘子韶，邑庠生，以诗闻名于乡。刘应秋出生在这样一个书香门第的家庭，从小就受到了良好的教育。明万历十年（1582）在江西乡试中，他一举夺魁，成为解元。第二年的会试通过后，殿试夺得第三名，点为探花。初授翰林院编修，后升南京国子监司业。

　　刘应秋生于吉州忠孝之乡，受到"五忠一节"（五忠，即欧阳修、杨邦乂、胡铨、周必大、文天祥；一节，指杨万里）的影响，具有忠贞正直的品格。万历十八年（1590）六月，蒙古火落赤部侵犯明朝境内的洮州、河州等地，明军损兵折将，接连失败。而首辅申时行却对朝廷隐瞒事态真相，胡说是"掠番"，将军事上的失败说成胜利。当时，刘应秋任南京国子监司业，面对专横的权臣，毫不顾及个人的得失和安危，立即上书陈述事实真相，揭发首辅申时行欺君误国的罪行。他忠言直谏的言行，被申时行视为眼中钉，但是得到朝中正直人士的赞扬与支持。谏言虽切中时弊，可惜不被采纳。不久刘应秋被召为中允，充经筵日讲官，后升国子监祭酒，又升大司成。刘应秋不改前衷，继续关注时事，评论人物，不对保守势力妥协。万历二十六年（1598），文渊阁大学士江西新建县人张位因招权示威，御史赵之翰检举他是当时"忧危竑议"案的主谋，神宗遂下诏将张位革职为民，张位的亲友也受株连。刘应秋气愤不过，托病辞官回家，誓不与权臣同流合污。《明史》对此评价说："时词臣率优游养望，应秋独好讥评时事，以此取忌，竟被黜。"张位被革职后，隐居南昌市南湖中的湖心亭，取名杏花村（今杏花楼），筑闲云馆，藏书万卷，刘应秋与汤显祖等人常在此以文会友。

　　刘应秋为官正直清廉，与人交往看重友情。他和汤显祖是同科进士，又同在南京做官，趣味相投，因此两人交往非常密切，汤显祖见刘应秋儿子刘同升聪明好学，便将小女许配给他,与刘应秋结为儿女亲家,可惜汤显祖之女过早夭折,但刘同升始终承认他与汤显祖的翁婿关系,对汤显祖十分敬重。万历十九年(1591),汤显祖因忠言进谏,被贬官徐闻县,刘应秋在朝廷大力救援和多方调护,使汤显祖顺利南下赴任,到了贬地也很安逸。汤显祖在广东徐闻县(今属广东省湛江辖县)创建贵生书院,刘应秋立即为之撰写了《徐闻县贵生书院记》,给予大力支持和赞扬。汤显祖改任遂昌知县,刘应秋继续为之提供帮助,多方托人,希望把他调回南京任职。在保守势力的阻挠下,刘应秋的努力失败了,最后连自己也被迫辞官回家。

万历二十八年(1600)刘应秋去世。崇祯年间,皇帝追赠他为礼部侍郎,谥号"文节"。汤显祖为他撰写了《明故朝列大夫国子监祭酒刘公墓表》。

刘应秋著有《刘大司成文集》《尚书旨》《书经注解》等书。汤显祖在《刘大司成文集·序》中,赞扬好友"不忍一日付天下之事于不治","于世俗嗜好一切无所当,好谈天下事与天下贤人而已",为人是"平生蕴积愤发","言道德而近名法"。汤显祖对刘应秋的为人和著作有过评价,认为"所亡者其人,则东汉之人;所存其文,则南宋人之文也"。

刘应秋的儿子刘同升,是崇祯十年(1637)丁丑科状元。官至兵部左侍郎,巡抚赣南。

抚 州 市

陈 孺

陈孺(1117—?),小名叔祯,字汉卿,一字石老,宋朝抚州临川县移风乡(今抚州市东乡县邓家乡古源村)人。陈孺幼聪慧好学,31岁时以和州助教举进士,是南宋绍兴十八年(1148)戊辰科王佐榜进士,排在江西董德元之后,成为一甲第三名,是该科的探花。

登进士第后,初授明州(今浙江宁波)推官,后历秘书省正字,累官至福建运判,终知江陵府。史称陈孺"慷慨有大节"。他到明州上任前,明州州库曾发生盗窃案,有无辜百姓被当作盗贼拘押,却一直无法破案,县境内人心惶惶。陈孺到任后,经仔细勘问管库吏员失窃情况,终于查明此案是库吏监守自盗,无辜百姓得以洗冤,贪官污吏受到惩处。后调任秘书省正字,掌雠校典籍,勘正文字的九品官。

依附秦桧的臣僚故意诘问陈孺"正字"之官作何解？陈孺当即严肃回答："正字，只是一名微不足道的小官，无法参与朝廷议政。今位居朝廷权臣重僚者，对辽金入侵中原忍气吞声不予抵抗，反而依附议和主张；而身为监察、进之责的大臣又缄默媚上，使敌人的嚣张气焰日盛，以致宋朝国土大片沦陷。这岂是身为正字的小官所能纠劾的？"不久，即被参劾。知处州（今浙江丽水）时，为震慑当地狡猾奸诈的官吏和不守法纪的刁民，他将朝廷法典和各级官府的有关法规公布于众，从此百姓得以安居乐业。任期届满，又逢旱灾，百姓纷纷拦路请求留任。陈孺带头捐献俸禄，建赡民仓，灾民得以度过饥荒，社会秩序得以稳定。调任福建运判时，福建有民众起义，声震四邻。陈孺奉命率兵讨伐，出其不意斩获起义头领，起义军余部溃不成军，纷纷逃逸。淳熙九年（1182）以显谟、郎中守江陵。去世时间不详。

著有《陈正字文集》。

陈宗礼

陈宗礼（1203—1270），字立之，号千峰，宋朝建昌军南丰县（今抚州市南丰县）人。南宋淳祐四年（1244）甲辰科留梦炎榜第三名，是该科的探花。

陈宗礼幼时家境贫寒，身居陋室仍刻苦勤学。绍定三年（1230），陆学二传弟子袁甫任江东提点刑狱时，陈宗礼前去向后来移司鄱阳、讲学学宫、修葺白鹿洞书院、创建贵溪象山书院的先生拜师求学。20岁后，屡次参加进士科考，均不中第，毫不气馁，更加发奋读书。淳祐四年（1244），42岁时，陈宗礼在424名登第进士中名列第三，被理宗皇帝钦点为探花。初授邵武军判官，历国子正、太学博士、国子监丞、秘书省著作佐郎，兼考功郎官，兼国史实录院校勘，兼景献府教授，后升著作郎、尚左郎官兼右司，累官至端明殿学士、签书枢密院事，权参知政事。

陈宗礼为人忠心，敢于直谏。他性格刚直，不趋炎附势，敢于抨击擅权误国的权相。宝祐年间，丞相丁大全把持朝政，网罗党羽，朝廷中人多不敢言政。陈宗礼献言皇帝：要以宗社为大计，得天下四海之心，将忠良作为心腹。当宝祐年间，太学生陈宗等人遭到丁大全及其同党打击陷害时，陈宗礼认为此行为是迫害忠良，会致贤士藏匿，民心大失，危及社稷，遂上疏弹劾丁大全，丁大全极为恼怒，将陈宗礼罢归。开庆元年（1259）十月至景定四年（1263），吴潜、贾似道继为左、右丞相，理宗两次重新任用陈宗礼，而他两次遭其他官员弹劾，两次又被罢官。咸淳元年（1265）度宗继位，陈宗礼就任侍讲，拜殿中侍御史。上疏帝王应以恭俭为德，清白为规，斥诛奸佞。并在进讲《诗》时，劝谏度宗以自己言行影响廷臣。在代理礼部侍郎兼给事中时，他利用进读《孝宗圣训》之机，劝皇帝以革除弊政为己任，以尧舜为榜样，对有功者要封赏，对有罪之人要予以惩处，这样才能防微杜渐，国家才能安宁。

咸淳六年（1270）正月，度宗召他为端明殿学士，签书枢密院事前，而陈宗礼因年老执意辞官，两次均未获得皇帝恩准，至死也未能卸去身上的官职。同年，病逝。逝世后，皇帝追赠他为开府仪同三司、盱江郡侯（公），谥文定。

陈宗礼从政数十年，一生清廉俭朴，除正俸外绝不多取分毫，他为人处事的方式广受人们赞誉。《宋史》卷四百二十一有传，记录他著有《寄怀斐稿》《曲辕散木集》《两朝奏议》《经筵讲义》《经史明辨》《经史管见》《人物论》等。陈宗礼所居地南丰县城安仁里（今胜利路魁星巷）建有魁星坊。

陈希曾

陈希曾（1766/1767—1816），字集正，一字雪香，号钟溪，清朝建昌府新城县钟贤（今抚州市黎川县）人。少年时，与胞兄陈希祖一起向著名文学家鲁九皋求学。乾隆五十四年（1789）乡试第一名中解元后，在乾隆五十八年（1793）癸丑科潘世恩榜获进士一甲第三名。高中探花后，历任翰林院编修、左右春坊赞善、庶子、翰林院侍讲、侍读学士、日讲起居注官、詹事、内阁学士兼礼部侍郎、文渊阁副总裁、工部左侍郎、工部右侍郎、武英殿副总裁官、户部右侍郎兼管钱法堂事务、吏部左侍郎、刑部右侍郎等职。其间，还担任过云南、贵州、江南乡试副考官和顺天乡试主考官、殿试读卷官，四川、山西、江南学政，到浙江、福建主持审理刑狱等。

陈希曾为人谦和，做事慎重。"工为文，娴掌故，有治事才"。督理学政时，对下属、士子严格要求，严禁舞弊，惩恶导善，奖励才干。因此，"士畏其严而仍乐其宽"。在工部、户部任职时，对人员选拔任用和监督审查，也都十分小心谨慎。担任侍郎后，虽位居二品，仍虚怀若谷，使部属得以人尽其言。任国史馆副总裁时，将本朝大臣之政绩，誊录副本，时时览阅作为借鉴。还将编入《四库书目》中江西籍人士著作集成册，予以珍藏。

嘉庆二十二年（1817）陈希曾病故。

会元

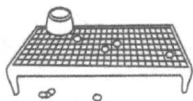

南 昌 市

张圣武

张圣武,生卒年不详,字号不详。明朝南昌府南昌县(今南昌市)人。万历二十六年(1598)戊戌武科会试会魁,是该科的武会元,余事不详。

刘天驷

刘天驷(?—1644),字季骊,明朝南昌府新建县(今南昌市新建县)人。崇祯十三年(1640)庚辰科武会试第一名。

成为武会元之后,总督吕大器、袁继咸先后上疏推荐刘天驷,认为他是人才,可为朝廷大用。恰巧此时,袁州有土寇四处掠抢,扰民安宁。朝廷派刘天驷、郭云凤等率军前往剿平。崇祯十七年(1644),李自成攻入北京,明思宗在北京煤山自杀,明朝灭亡。刘天驷与清江的杨廷麟等倡议勤王。清兵南下时,刘天驷在金陵依附赣州总督李永茂,南明朝廷的第二位君主唐王授他为总统前军都督府事,责令把守龙泉(今遂川县)黄土关,转战螺水,因功晋升为右军都督府同知。吉安未守住,刘天驷与杨廷麟退而守赣州,刘天驷的族人刘靖、刘天柱、刘良瑚、刘良谠等在这之前计划攻克瑞州,未能成功,故前来赣州与刘天驷的军队汇集。清兵在城东排列阵营,每天列队排阵,鸣号角、爬云梯,几次渡水进逼赣州城,双方激战无数次。刘天驷他们终因后援断绝、粮饷匮乏在赣州城被清兵攻破。杨廷麟见大势已去,赴藕塘溺水身亡。刘天驷闻讯,也准备投清水塘与杨廷麟共赴国难,因他部下坚决阻止未能如愿,后被清兵抓获,押解至南昌。清世祖谕旨劝降,刘天驷宁死也不肯归顺清朝,在刑场就义。桂王时,谥刘天驷为"忠烈"。

九 江 市

黄 庠

黄庠(1014—1039),字长善,黄注之子,宋朝洪州分宁县(今九江市修水县)人。其父黄注,字梦升,是北宋天圣八年(1030)庚午科王拱辰榜登第进士。历永兴、公安、南阳三主簿。黄庠博学强记,聪敏过人。北宋明道二年(1033)入国子监,他在参加国子监考试、开封府考试时,皆为第一。景祐元年(1034)礼部省试又是第一,成为这年的省元,在北宋首都开封名声响亮。

黄庠因病未能参加在崇政殿举行的殿试,故而不是严格意义上的进士,只是通过礼部省试的贡士,但历史上人们仍习惯将他视为进士。《宋史·文苑》有传记载,当黄庠生病期间,宋仁宗曾派内侍到他的住处慰问,并赐以药剂。黄庠患病初,曾作诗:"平明右右敞天扉,万笏中楹拱帝晖。交旧尽知怀凤诏,伶仃何苦卧牛衣。骨凡未遂淮禽化,祸转将随塞马归。即日禁廷如给札,拜恩袍笏定牙绯。"人们通常将参加科举考试的文章称作程文,而黄庠的程文十分著名,名动京师,很快传诵天下,远播外夷。

宝元二年(1039)九月二十日,黄庠归江西5年后病逝。

景德镇市

马廷鸾

马廷鸾（1222/1223—1289），字翔仲，号碧梧，晚号玩芳病叟，宋朝饶州乐平县楼前村（今景德镇市乐平市众埠镇）人。淳祐七年（1247）丁未科参加礼部省试取得第一名，是这年的省元。通过殿试成为淳祐七年丁未科张渊微榜登第进士。这年同科状元张渊微、探花雷宜中也是江西人。

马廷鸾哥哥马岩甫，是淳祐六年（1246）举人，以恩荫为江州彭泽县主簿。马廷鸾幼时，因伯父马光无子，生父马灼把他过继给伯父做儿子。他少时努力学习，18岁时乡里人聘请他为童子教学。淳祐七年通过科举考试后，初任池州教授，召试馆职，为史馆校勘、校书郎，后任同知枢密院事，兼权参知政事，累官至右相兼枢密使。

马廷鸾为人刚正不阿。在宝祐三年（1255）任召试馆职，当时奸臣丁大全尚未当相，极力巴结丞相董槐，对当道的宦官卢允升、董宋臣极尽谄媚。马廷鸾却与之相反，不趋炎附势，反而在试策中提出强君德、重相权、收直臣、防近习等观点。早在为浮梁县令时，丁大全就仰慕马廷鸾，曾欲与之交好，但马廷鸾不为所动。在轮到马廷鸾的上殿对策前，丁大全曾私下派马廷鸾朋友王持垕探试马廷鸾的口风，因为是好朋友，又是同事，对于王持垕前来探望，并不忌讳当面谈出自己对丁大全的真实看法。王持垕欺骗他，建议马廷鸾退出上殿对策以求万全，遭到马廷鸾的拒绝后，王持垕把拜访马廷鸾的全过程都告诉了丁大全。马廷鸾在殿门外等候对策时，竟未接到上殿的传讯。第二天，马廷鸾就被监察御史弹劾，并被罢免官职。

开庆元年（1259）丁大全因隐匿军情被罢相，吴潜入相。马廷鸾应召成为校书郎。景定元年（1260）丁大全党羽多已被排斥，但董宋臣仍居内廷，人们多不肯说真话。很多学官上疏抗议，疏上即行。一日，即将发生日食，吴潜写信给马廷鸾："朝廷中有人纷纷上言,都在传说是我唆使的。听说馆中又将奏论,你应该不会参与,来加重我的过失。"马廷鸾表示会持公论,不会因私避嫌。没几日,董宋臣遭贬谪到安吉州。继吴潜后,贾似道为相,权重朝廷,马廷鸾也不依附于他。景定四年(1263)宋理宗想再启用董宋臣,马廷鸾赞成殿中侍御史何郯之说,认为此人不可用,理宗听后就此作罢。

度宗继位后,咸淳元年(1265),马廷鸾升为端明殿学士,签书枢密院事兼同提举编修《经武要略》。不久,母亲去世,他回乡守制。咸淳三年(1267),又以同知枢密院事兼同提举编修该书。咸淳八年(1272)曾九次上疏要求辞官。第二年,他再次提出辞职。辞职归乡十七年后,马廷鸾去世。

《宋史》卷四百一十四有《马廷鸾传》,记载他著有《六经集传》《论孟会编》《洙泗裔编》《读庄笔录》《张氏祝氏皇极观物外篇编》等书,另有《楚辞补记》7卷,《咸淳遗老集》100卷,《碧梧玩芳集》24卷,《碧梧玩芳诗馀》1卷,《读史旬编》80卷,《尚书蔡传汇编》,《仪礼本经疏会》9卷等著作。理宗遗诏、度宗登基诏,均为马廷鸾草拟。

马廷鸾的弟弟马骏孺是宝祐六年(1258)举人,后成为国子监进士。马廷鸾有六子,最为有名是次子马端临,咸淳中漕试第一,以荫补承事郎。元初为柯山书院山长,终台州州学教授,著有《文献通考》传世。五子马端颐,以大师恩赠中书侍郎,今移居婺州之祁门。

程　楷

程楷,生卒年不详,字正之,号念斋,一号廷泽,明朝饶州府乐平县(今景德镇市乐平市泪阳街道办)人。他在成化二十三年(1487)丁未科礼部会试中获得第一名,是这年的会元。在殿试中获得二甲第一名,即殿试第四名。程楷颇有文名,任过翰林院编修等职,先后参与过《皇明会典》《宪宗实录》等书的撰修。他博通经史,文章自成一家。

程楷著有《诗经讲说》20卷、《四书讲章》25卷、《念斋集》14卷、《明断编》1卷、《玉亭录》和《乐平人物传》1卷、《古今一览》等书。

新 余 市

章 颖

章颖（1141—1217），字茂献，号仁斋，又号云山居士。宋朝临江军新喻县（今新余市渝水区城南街道东门章家村）人。南宋淳熙元年（1174）通过乡试，成为解元。在淳熙二年（1175）乙未科礼部省试获得第一，是这年的省元，并通过殿试成为淳熙二年乙未科詹骙榜的登第进士，历任道州教授、侍御史，累官至礼部尚书、集英殿修撰、宝谟阁学士。

章颖祖先来自福建省建安郡浦城县（今南平市浦城县），北宋后期，章颖的曾祖父章仲任临江军节度使推官，致仕后，落籍新喻县。章颖的父亲章濬，任过九江千户军。章颖生于南宋绍兴十一年（1141），幼年笃志好学，20岁时，以兼经中乡荐。《宋史》列传163记载：当时宋孝宗下诏书广开言路，章颖上万言书，礼部奏名第一，孝宗称赞"其文似陆贽"。调通州教授，作周敦颐祠。当时，宜章强盗作乱，攻破外邑，当地百姓皆避兵祸外逃，州中的部分士绅官员也相继逃难，章颖独留城固守，他对知州赵汝谊说："愿与城池共存亡，不畏强暴，誓死守御。"强盗听说城内有所防备，遂弃城溃逃，平定寇乱后，赵汝谊以功入为郎，上奏朝廷说章颖有拒敌守城之功，可以大用，朝廷乃召对，任命章颖为太学录，礼部正奏第一人。章颖说话过于直率，许久得不到提拔，孝宗知他为人正直故任命他为考试官。不久，迁太学博士，妻子去世，服丧满后通判赣州，任命为太常博士。

御史中丞何澹继母去世，他认为继母不是嫡亲母亲，可以不辞官服丧，章颖认为要解除官职，而何澹犹豫不决，要求侍从朝列集议，太学诸生说："朝廷有专门的议礼机构，现在不听议礼职能部门的话，而要在朝廷中讨论，这岂不是开启阿谀奉承风气，而为自己留官提拔的计谋吗？"之后任命章颖为左司谏。当时右相葛邲把持朝政大权，章颖认为葛邲难以承担干大事的责任，为此，上疏二十余次。为了缓和他俩的矛盾，有关官员提出提拔章颖，免除他的左司谏一职。宋光宗说："章颖是个好谏官，为什么要换掉呢？"

宁宗即位，章颖任侍御史兼侍讲，不久暂摄兵部侍郎。当时韩侂胄掌握朝廷大权，宁宗问及赵汝愚被谏官批评一事，其他人都不置可否，唯独章颖主张不让赵汝愚免职，御史弹劾章颖与赵汝愚结党营私,并免除了章颖的职务。太学生周端朝等六人上朝辨析汝愚系被诬陷,章颖讲话纯是出于忠心,周端朝等人也因此被连累获罪,从此党争开始在朝中盛行。

章颖在家闲居了很久,才被任命为知衢州,侍御史林行可弹劾他而又被免职。不久知赣州,御史王益祥弹劾他,后来知建宁府。韩侂胄被杀后,任命为集英殿修撰,累迁刑部侍郎兼侍读。宁宗叹道:"你为权臣侂胄压抑太久。"遂任章颖为吏部侍郎,不久迁他为礼部尚书,后升侍读。淳熙九年至嘉定五年(1182—1212),章颖辅佐孝宗、光宗、宁宗三帝计三十年,宦海沉浮几起几落。然而章颖始终行正走端,生平风节,并不为人生起伏而有所改变,虽仕途多艰,清议与之,乡党颂之。朱熹曾给章颖写信:"世道反复,已足流涕,而握其事者,怒犹末己。未知终安所至极耶?然宗社有灵,公论未泯,异日必有任是责者,非公吾谁望耶?"

嘉定五年(1212)四月,章颖致仕归里。嘉定十一年(1218)十月卒,葬于县城西南仁孝乡(今渝水区界水乡)三江汇合出口处(亦称三江口)之文笔峰。朝廷赠他为光禄大夫,谥号文肃公。他著有《南渡十将传》10卷、《春陵图志》10卷、《文肃公奏议》《诗文集》等。

章颖曾为渝水区很多家族的家谱写过谱序,当地多有记载。据现代国画大师傅抱石家族《石头傅氏族谱》记载,北岗乡章塘村原名湖基,因娶章颖尚书之女,故改其地曰"章塘",地名一直沿袭至今。

吴 汇

吴汇,生卒年不详,字会川,号浩潮,明朝临江府新喻县(今新余市渝水区下村镇)人。明代宗景泰二年(1451)参加礼部会试,获得第一名,是这年的会元;殿试中获得二甲第一名的好成绩。

吴汇是北宋进士,太子中允吴拯十四世孙,从小受到家庭文化的熏陶和优良家风的影响,决心继承先祖遗志,誓将家族好学进取之风发扬光大。他貌伟而质丰,容肃而气温,持身于礼仪。无奈家境败落,饥寒交迫,只能在贫困中度日。但他深信"读书为立身之本""读书能固其永业",发奋自学,家无点灯之油,吴汇取松明代灯火,常常彻夜苦读。景泰二年(1451)登第后进入仕途,担任翰林院编修。由于他勤恳敬业,被调任为国子监司业,正当他在朝廷上开始施展才华时,代宗身体出

了问题,明朝发生"夺门之变",英宗成功恢复皇位。吴汇是景泰时期代宗皇朝的官员,信奉"一朝天子一朝臣"的说法,在这种情形下,吴汇辞官回归故里。有诗为证:"冀北江南两地身,尘泥霄汉自离伦。五堂金马妙文章,伯白石清泉自在。人窃韩公瞻北斗,不逢杨亿抚凌云。槿篱竹屋吟峰下,谁问梅花昨夜春。"

吴汇能文善诗,精于经义,也擅长绘画和书法。回到家乡后,他仍然博览群书,勤奋笔耕,著有《松坡文集》。吴汇所作的图画大部分是树木、花鸟、风雪。后人看完吴汇所作《岁寒高节图》画后,曾题诗赞赏吴汇其人其画:"高人写出竞无穷,一扫园林万木空。紫凤羽毛翻夜月,苍龙鳞甲动秋风。蒋林何必开三径,渭水曾愿隐太公。内翰会川清绝俗,雅怀应与此君同。"

赣 州 市

何其睿

何其睿(1684—1751),字克思,别号慎庵,清朝赣州府赣县(今赣州市赣县韩坊乡长演村)人,乾隆元年(1736)举人,翌年参加礼部会试取得第一名,是该年的会元。参加殿试以二甲第三名成绩,成为乾隆二年(1737)丁巳清高宗弘历登极恩科于敏中榜登第进士。初授翰林院庶吉士、编修,历任咸安宫学总裁,直武英殿校勘,纂修三礼。乾隆九年(1744),主考贵州,乾隆十二年(1747),督学云南,试竣回京,卒于官邸。

何其睿少年丧父,母钟氏立志将他抚育成人。参加童子试时,知县杨玠非常器重他。为诸生时,督学王思训、李钟侨都推他为第一。在清朝科考历史上,江西自顺治十五年(1658)戊戌科出了会元张贞生以后,到乾隆二年(1737)出现会元何其睿,中间已间隔79年。右副都御史兼阁学士李绂说他纯粹是学者模样,相国张廷玉欣赏并器重他,请他为其子作导师。三次考核京官,何其睿都被列为一等。任学宫总裁时,凡是他教育的弟子,都当亲人一样。督学云南时,他教导读书人,意念真诚,言词恺切,不仅文风大变,学子品德行为也随之端正。知府张允随对他说:"校检文化教育的人,未必爱士,爱士,未必体恤人民,体恤人民,未必告诫、勉励官吏,能兼有的,唯有你一人。"对他十分推崇尊重。他为人温厚平和,绝无矜气,而且孝友兄弟,为人处世有长者风度。

著有《无邪斋文集》《使滇集》。

上 饶 市

汪 俊

汪俊（？—1531），字抑之、美之、升之，号石潭、机翁，人称石潭先生。明朝广信府弋阳县（今上饶县弋阳县旗山）人。明弘治二年（1489）乡试第一，成为解元。弘治六年（1493）参加礼部会试获得第一名，是该年的会元。殿试后，成为弘治六年（1493）癸丑科毛澄榜登第进士。

中进士后，初授庶吉士，后升授翰林院编修。正德年间，参加纂修《孝宗实录》，因不肯附和当朝权重一时的宦官刘瑾、焦芳一党，调南京工部员外郎。刘瑾、焦芳倒台后，官复原职。嘉靖元年（1522）时明世宗两次下诏要礼部研究为其生父立庙之事，为此明朝廷中发生"大礼仪"之争，朝廷开始追封世宗的生父为兴献王，众人议论纷纷，汪俊与尚书乔宇、毛澄等人力争成全此事。毛澄引疾去，计划由罗钦顺替代毛澄任礼部尚书，罗钦顺未到任，世宗乃以汪俊为礼部尚书。这时世宗生父已由"献王"加兴献皇帝名号了。主事桂萼复请称皇考，章下廷议，汪俊召集廷臣73人上奏反对，无效，皇帝下诏礼官，加称其生父兴献帝为本生皇考，恭穆献皇帝，择日祭告郊庙，颁诏天下；而别谕建室奉先殿侧，恭礼献皇。汪俊等人根据当时的纲常，据理力争，拒绝执行为世宗父亲立庙，引起世宗不满，朝中有人劝汪俊不要这样做，汪俊说："我宁愿抛弃入阁拜相的机会，也不为皇上先父立庙。"世宗下命遵前旨再议。汪俊遂抗疏乞休，明世宗怒而准允汪俊辞官。

嘉靖二年（1523）辞职返乡。嘉靖八年（1529）病逝家中。《明史》有传，称他"行谊修洁，立朝光明端介"。明隆庆初，皇帝加赠少保，追谥号"文庄"。

汪俊师承程颢、朱熹，后人称其为石潭先生。著有《四夷馆则例》20卷，《四夷馆考》2卷，《濯旧稿》1卷，《怀德堂集》。

汪俊的两个弟弟也是登第进士。汪伟，弘治九年（1496）丙辰科朱希周榜进士。由庶吉士授检讨、南京礼部主事，屡迁南京国子祭酒、吏部右侍郎，转左侍郎。汪伟在《明史》中有传。汪佃，汪伟弟，正德十二年（1517）丁丑科舒芬榜进士，历官翰林院充经筵讲官、松江同知，累官至礼部郎中，晋升太常卿，转詹事府。

吉　安　市

欧阳修

　　欧阳修（1007—1072），字永叔，号醉翁，晚年又号六一居士，宋朝吉州庐陵县（今吉安市永丰县沙溪）人。北宋天圣八年（1030）庚午科参加礼部省试获第一名，是该年的省元。通过殿试成为这一年的登第进士。

　　欧阳修出身官宦之家，其父欧阳观，字仲宾，咸平三年（1000）庚子科陈尧咨榜进士，终泰州判官，因欧阳修官追赠崇国公。叔父欧阳载，字则之，淳化三年（992）壬辰科孙何榜进士，任工部郎中，知江州。他的父亲为官清廉，家无积蓄，在欧阳修4岁那年病逝任上，留下孤儿寡母，家贫如洗，欧阳修到入学年龄也无法入私塾读书，母亲郑氏便成了他的启蒙教师。没钱买笔墨纸砚，郑氏就以荻枝当笔，沙盘当纸，教他认字、写字，这就是"画荻教子"故事的由来。10岁时，欧阳修从邻居家借书抄读。由于天资敏悟，过目不忘，所作诗赋，名播乡里。然而，欧阳修的科举之路可谓坎坷。天圣元年（1023）和天圣四年（1026），两次参加科举都落榜。天圣六年（1028），22岁的欧阳修，携带自写的诗文到达汉阳，拜见翰林院学士胥偃。胥偃阅读后，连声夸奖："你一定会名扬天下！"并将他留置门下，启迪诱导，指点学业。天圣七年（1029）春，欧阳修就试国子监，一举夺魁，被补为广文馆生。同年秋，他参加国子监解试，再获第一，成为解元。天圣八年（1030）正月，他参加礼部考试，又夺第一名。同年三月，他参加殿试，以进士甲科第十四名成绩，成为天圣八年庚午科王拱辰榜进士。初授西京留守推官，开始步入仕途。

　　由于个性刚直，不屈权贵，欧阳修仕途颇为曲折，一生三起三落。景祐三年（1036），开封知府范仲淹向宋仁宗建议改革吏治而触怒了宰相吕夷简，贬知饶州。欧阳修为了替他伸张正义，触犯了谏官高若纳，斥骂高若纳"不复知人间有羞耻事"而被贬为夷陵县令。康定元年（1040）被召回京，官复馆阁校勘职务。

庆历三年（1043），仁宗颁布范仲淹的十项改革措施，史称"庆历新政"。同时任命大力支持改革的欧阳修等人为谏官。保守派诋毁范仲淹等改革人士为"朋党"。欧阳修作《朋党论》予以驳斥，仁宗读后深有感触，升欧阳修任知制诰。庆历五年（1045）因遭小人陷害，欧阳修贬知滁州。后转知扬州、颖州。至和元年（1054）才调回京城，任翰林学士。嘉祐五年（1060）出任枢密副使。次年，改任参知政事。治平四年（1067）欧阳修辞去参知政事一职，转刑部尚书，出知亳州（今安徽亳州），后知青州、蔡州。熙宁四年（1071）以观人殿学士、太子少师致仕。

作为北宋政治家的杰出代表，欧阳修从政四十年，为消除北宋政治、经济、军事等方面的种种弊端和培养人才奋斗了一生。他不避危难，积极参与"庆历新政"，坚决反对因循守旧；为政力主宽简，不务虚名；高风亮节，力矫社会陋习；培育士林新风，开创宋人重人格厚人品的时代精神。

文学方面，欧阳修是"唐宋八大家之一"，苏洵、苏轼、苏辙及曾巩、王安石皆出其门下，是公认的文坛领袖。欧阳修的文学理论和创作实践，表现出强烈的创新精神，他既注重文章的思想内容，又不忽视其艺术价值；既力矫轻靡浮艳的"西昆体"，又痛抑艰涩怪僻的"太学体"。欧阳修上承唐势，下启宋风，发动和领导了北宋古文运动，开创宋代平易流畅的文风。其散文、诗词、赋、文学评论等，均突破传统的束缚，开辟了一条文学创作的新大道，为我国文化的繁荣发展做出了不可磨灭的贡献。

史学方面，欧阳修亦成就斐然。《二十四史》编纂中，他一人独编《新唐书》和《新五代史》两史，这在史学领域较为罕见。

在经学研究方面，欧阳修摆脱了传统名物训诂的轨道，转而进入讲求义理的方向。他的《集古录跋尾》开创了古代金石考古学，他参编的《崇文总目》是我国现存最早的一部国家总书目，他编撰的《欧阳氏谱图》，创制宋以后记载世系传承的谱图法，促进了我国谱牒的繁荣发展。

　　熙宁五年（1072），欧阳修在颍州住所逝世。熙宁八年（1075），欧阳修被葬于河南新郑县旌贤乡刘村（今河南新郑县辛店乡欧阳寺村）。"功名事业三朝相，道德文章百世师"，这是宋神宗对他的政绩、诗文和人品的高度评价。据说，四十多年后，历任仁宗、英宗、神宗三朝宰相的韩琦替欧阳修撰墓志铭，仍然为其当年殿试没有夺魁而深表遗憾。据欧阳修同乡、时任主考官晏殊后来对人说，欧阳修参加殿试未能夺魁，主要是锋芒过于显露，众考官欲挫其锐气，促其成才。确实，欧阳修经过殿试后，仿佛明白了考官们的良苦用心，对于考官晏殊也没有计较，而是始终对他恭敬并执弟子之礼，在之后的仕途和文学创作中也始终铭记教训，终于成为一代宗师。欧阳修在《宋史》卷三百一十九有传。

　　其子欧阳发，字伯和，虽不治科举，但兴趣广泛，对历史、文物天文、地理均有研究。以父恩补将作监主簿，赐进士出身。累迁殿中丞。46岁去世时，苏轼以诗哭之，认为自己得欧阳修之学。其子欧阳棐，字叔弼，治平四年（1067）丁未科许世安榜进士。初授陈州节度推官，终朝奉大夫、直秘阁，知蔡州。

孔武仲

　　孔武仲（1041—1097），字常父，宋朝临江军新淦县（今吉安市峡江县罗田镇安山村）人，北宋嘉祐八年（1063）癸卯科礼部省试第一名，是这年的省元；在殿试中名列甲科第六名，成为登第进士。

　　他的父亲孔延之，字长源，是孔子四十六世孙，以乡试第一名成绩参加礼部省试，是庆历二年（1042）壬午科杨寘榜登第进士，初授钦州军事推官。仁宗时知新建县，终知润州，官司封郎中，赠正议大夫。他的哥哥孔文仲，字经父，是嘉祐六年（1061）王俊民榜登第进士，擢进士丙科。初授秘书省校书郎、余杭县尉。熙宁三年（1070），以台州司户参军应贤良方正制科，入第三等，因反对新法被时相罢黜。元祐元年（1086），拜左谏议大夫，终中书舍人。《宋史》卷三百四十四有《孔文仲传》。

　　孔武仲，以省元身份成为嘉祐八年（1063）癸卯科许将榜进士后，初授谷城县主簿，历任江州（今九江）军事推官、扬州教授、信州（今上饶）军事推官兼教授、谭州湘潭知县等职。元祐三年（1088）九月任集贤院校理。元祐五年（1090）三月为国子监司业，九月兼侍讲。在任国子监司业时，孔武仲曾论科举取士之弊，建议恢复诗赋取士，废除讲大义、尚空谈之弊，加试经策。元祐六年（1091），以宝文阁待制出任宣州（今宣城）、洪州（今南昌）知州。宋绍圣三年（1096）再任宣州知州，因高太后去世，哲宗亲政,朝廷党派斗争激化,孔武仲被免职定居池州。

宋绍圣四年(1097),孔武仲去世,葬池州。后其子江陵通判孔百朋迁其枢,葬九江府德化县先茔旁,后复迁归葬本里金鸡岭,池州今犹有遗冢。元符三年(1100)五月追复为朝奉郎、骁骑尉、奉符县开国子,食邑五百户,赐紫金鱼袋。夫人肖氏封金华郡夫人。

著有《书说》13卷、《芍药图序》1卷、《诗说》20卷、《论语说》10卷、《金华讲义》13卷、《奏议》3卷、《孔氏杂说》1卷、《孔武仲文集》50卷等百余卷。

孔武仲是孔延之的次子,与兄孔文仲、弟孔平仲均是登第进士,人称"临江三孔"。三兄弟在《宋史》卷三百四十四有传,均附于《孔文仲传》之后。其弟孔平仲,字义甫,一作毅父、毅甫,是治平二年(1065)乙巳科彭汝砺榜登第进士,历集贤校理、提举永兴路刑狱,仕至环庆路安抚使。

彭方迥

彭方迥(1236—?)字仲至,一作中至,号止所,小名甲孙,小字敏则,宋朝吉州吉水县(今吉安县北源乡南源村委会丰塘村)人。宝祐四年(1256)省试第一,是这年的省元。

其父彭正甫,是嘉熙二年(1238)戊戌科周坦榜进士。据丰塘村祠堂古钟铭载,彭方迥考试前曾与文天祥一起在丰塘村白茅塘同窗求学,两人同时参加宝祐四年的科举考试。年仅20岁的彭方迥通过礼部考试取得第一名,成为这年的省元。文天祥则通过殿试成为这一科的状元。通过保存下来的宋代《宝祐四年登科录》,我们知道彭方迥以第二甲第四十名的成绩登进士第。

景定三年(1262)五月,彭方迥以学官身份参加学士院官职考试合格,被授予秘书省校书郎一职,后病逝于任上。彭方迥死后,文天祥亲自为其撰写祭文并写下《哭秘书彭止所》诗一首。《全宋文》收录了他的《帝王要经大略论》一文,宋朝著名文学家黄庄也为其作过一首诗《诗美校书郎彭方迥》。

刘梦荐

刘梦荐,生卒年不详,字号不详。宋朝吉州安福县(今吉安市安福县)人。南宋咸淳七年(1271)参加礼部省试获得第一名,是该年的省元。通过殿试,成为咸淳七年辛未科张镇孙榜进士。登进士第后,官至翰林待制。

关于这位南宋省元的资料非常少,我们只知道这年主持科举考试的知贡举是方逢辰，同知贡举是陈宜中、陈存、文及翁。与刘梦荐同时在咸淳七年登进士第的有502人。

宋 琮

宋琮（1366—1453），字万钟，性嗜梅，以梅庵为别号。明朝吉安府泰和县（今吉安市泰和县澄江镇南门村）人，洪武三十年（1397）丁丑科会元，殿试春榜以二甲第九名的成绩成为进士。

宋琮自幼有志，从学于县内名儒陈海桑，后又拜吉安谢易菴为师。洪武二十九年（1396）乡试第二。第二年考取进士后，授任四川道监察御史。他心存仁厚，审判、定罪公正，名重于朝。因得罪权贵，出任永福县知县，后都御史奏留而复职，不久被诬入狱，后得到澄清后罢官返乡。

明成祖登基后，诏求贤才，有人登门劝进，宋琮被荐举为海门训导。在任该职期间循循善诱，造就许多人才。永乐八年（1410）考满后，升刑部给事中，奉命镇守荆州，后以父母年老告假养亲，返京时改詹事府事。明仁宗在青宫恩赏纱衣银带金扇，恩赐甚厚。留春坊点书，升翰林检讨，因老退休。景泰四年（1453）去世，享年87岁。

宋琮著有《梅菴集》。

杨 相

杨相（1379—1412），字之宜，号静轩。明朝吉安府泰和县（今吉安市泰和县澄江镇文田村长塘尾）人，明永乐二年（1404）甲申科礼部会试第一名，是这年的会元。

杨相是杨士奇堂侄，自幼端静，他的父亲经常教导他要刻苦学习。洪武二十九年（1396）江西乡试中举，永乐二年参加礼部会试取得第一名，通过殿试成为永乐二年甲申科曾棨榜进士。该科江西人创造了科举史上的奇迹：状元曾棨、榜眼周述、探花周孟简、二甲第一名杨相、第二名宋子环、第三名王训、第四名王直，都是吉安府人，一府举子囊括了一科进士前7名，这在科举史上是空前绝后的事情。

杨相中进士后,授庶吉士。当时刚刚登上皇位的明成祖锐意文学,选曾棨、杨相等二十八人在皇宫中读书,杨相赐居崇礼坊,给大官膳,参与修撰《文献大成》,后授刑部主事。杨相为官期间,勤职不怠,为人笃于孝友、审于择友。可惜英年早逝,永乐十年(1412)九月二十四日杨相病逝,祀学宫乡贤祠。

著有《易义》并《文集》若干卷。

朱 缙

朱缙,生卒年不详,字犀瑞,明朝吉安府永丰县(今吉安市永丰县古县镇社下村)人,永乐四年(1406)丙戌科会试第一名,是这年的会元。殿试以二甲第一名考取进士。

朱缙自幼庄重,不与平凡的孩童为伍。一入小学便过目即识,悟性很高,牢记不忘。永乐四年登第后,皇上特旨命他与一甲一同在游览故宫,以示宠异。后供职翰林院,参与编修《永乐大典》,书编修完成后,朝廷因其功劳,授任他为刑部福建司郎中。在翰林院时,他与学士解缙出入禁庭,并称同朝青镜两缙。解缙被削职为民遣回老家后,朱缙也上疏奏请皇上赐他归还故里,在家乡去世。

刘 哲

刘哲(1395—?),字号不详。明朝吉安府万安县(今吉安市万安县)人,明朝宣德八年(1433)癸丑科会元,以万安民籍登宣德八年癸丑科曹鼐榜第二甲第三十四名进士。未仕而卒。

彭 华

彭华(1432—1496),字彦实,号文思,又号素庵,明朝吉安府安福县(今吉安市安福县山庄乡大智村官山)人,景泰五年(1454)甲戌科会元,殿试二甲第二十一名登进士第。

他的父亲彭贯,号一斋,明正统元年(1436)丙辰科周旋榜进士;族兄彭时为正统十三年(1448)戊辰科状元,累官至首辅、大学士。彭华聪慧好学,博通经史。受父兄的影响,他决心考上状元,学习十分勤奋。景泰元年(1450)年仅18岁就考取举人。22岁成为景泰五年甲戌科孙贤榜登第进士,是个年轻有为的后生,初选翰林院庶吉士,参与修撰《寰宇通志》,后授翰林院编修,参与编修过《大明一统志》。成化元年(1465)彭华升为侍读,为皇帝讲史传经。成化八年(1472)殿试会考,彭华任授卷官,族兄彭时任读卷官。彭华在主持会考时,有一权贵子弟已列在取之列,他发现朱墨卷互异,属他人代考。其他官员畏于权势不敢定夺。彭华不畏权势,置个人进退不顾,大胆决定除名,以维护科举考试的公正、严肃。接着,彭华被提升为侍读学士、詹事,任期届满后,命兼翰林学士,进阶通议大夫。

随着职务不断提升,他在仕途稳中求进之心日益急切,为巩固自己的官位,他开始熟练地遵循腐败官场的游戏规则,依附当时有实权的文渊阁大学士、太子少保万安和深受明宪宗信任的左通政李孜省等人,逐渐显现出他为人刻薄的本性。《明史》记载(彭)华"深刻多计数,善阴伺人短,可与安、孜省相比"。成化三年(1467)冬,任吏部尚书的李秉,立志澄清仕宦之弊。当时监生候缺的有八千多人,经请示后,李秉分别考核,裁去庸劣的数百人,引起不少人怨恨,因而在朝中树敌很多。其中左侍郎崔恭对李秉当尚书不满,右侍郎尹旻认为李秉疏远他。此时的彭华任侍读学士,他已开始依附宦官,因私事多次求李秉也未能如愿。大理寺卿王概有替代李秉职务之心,于是,王概与彭华合谋,煽动同乡、给事中萧彦庄弹劾李秉,说李秉想自己独揽任用官吏大权。于是明宪宗最终以李秉因私情改变朝廷法例,辜负朝廷信任定罪,免除他太子少保衔,令李秉退职,案情连累许多人,朝臣纷纷议论此事,有人为此打抱不平,但也无法改变李秉退职事实。另外,在吏部先后二十余年,先后任吏部右、左侍郎,后晋升为尚书的尹旻,也是因为在明朝廷公正无私,做了甄别人物、随才受任、使得官员各得其职的事情而招致李孜省的嫉恨。彭华和万安曾经多次请尹旻帮忙办私事,尹旻都未加理睬,两人对尹旻怀恨在心。于是,万安、彭华出面帮助李孜省构陷尹旻,将尹旻之子尹龙贬为平民,令尹旻辞官致仕。当时朝臣都厌恶、害怕彭华他们。后不久,彭华得了风疾去世。彭华在《明史》卷一百六十八有传,附于《万安传》后。彭华去世后,朝廷追赠太子少傅,谥号"文思"。

彭华写诗作文力追古人,法度谨严,数易其稿而后成。他著有《彭文思集》6卷行世,清乾隆年间编纂的《四库全书》,收录彭华著作多卷。宪宗皇帝曾赐《诰命》,称他"操履端纯,才学宏邃"。茶陵诗派领袖、文渊阁大学士李东阳盛赞其文"严整峭洁,力追古作"。

彭氏家族在吉水县当地非常显赫。彭华的二哥彭彦充在彭华登第之后成为明天顺元年(1457)丁丑科黎淳榜进士,官礼部员外郎;他的四弟彭礼,字彦恭,号"七一居士",成化八年(1472)壬辰科吴宽榜进士,官南京都察院左副都御史。彭氏家族五人均为登第进士,当地有"一门五进士"之说。

夏 积

夏积（1425—1464），字孚英，号英斋，明朝吉安府吉水县（今吉安市吉水县金滩镇桑园夏家村）人。天顺元年（1457）丁丑科参加礼部会试，取得第一名成绩，成为这年的会元。殿试中以二甲第二十名成绩登进士第。

他的曾祖为桑园村开基祖夏伯时，祖父叫夏子先。他的父亲夏汝昭，号静庵，以子贵，诰封刑部郎中。夏积成为明天顺元年（1457）丁丑科黎淳榜进士后，观政兵部，官至刑部郎中。

夏积治学严谨，在京城有相当的影响，前来就学之人"自远而来，学者甚众，为之析疑解惑，改正经义，随其才量而教之"。夏积为官时间虽只有 6 年，但他为官清明，在刑部郎中任上"理枉申冤，绝去偏私"，是一个"专尚清苦，毕志殚营"的好官。

明天顺八年（1464），夏积去世，卒年仅 39 岁。虽然英年早逝，但是夏积的品行在乡里及京城，得到较高的评价。明朝理学家、东林党首领之一的邹元标对这位同乡前辈夏积的评价是："正学笃行"。与夏积同时期为官的、吉水人廖庄则称夏积"自幼颖敏，笃志好学"，在治学上"讲明易学，推辞考赴，探索至理，深有得焉"，"君于经书子史、靡不精究，手不释卷。书得颜鲁公，文得欧阳文忠公，而诗则斥去浮靡"。

吉水知县章亮在月舟桥左，为夏积立有会元坊。他的家乡吉水县桑园人为了纪念他，在宗祠悬挂"会元"匾，让世人观之，永远缅怀。

张贞生

张贞生（1623—1675），字干臣，号篑山，一号玉山，又号唾居、篑生，别称定岩主人，明朝吉安府庐陵县（今吉安市青原区）人。顺治十五年（1658）戊戌科礼部会试第一名，是这年的会元。殿试中以二甲第六十五名的成绩成为登第进士。

张贞生出身比较贫寒，但读书非常刻苦用功。顺治十一年（1654）甲午科通过乡试，考中举人。顺治十五年（1658），赴京参加戊戌科礼部会试，考取进士后，初选庶吉士，后授翰林院编修，迁国子监司业、侍讲学士、日讲起居注官。康熙七年（1668）上《谏猎疏》，劝阻圣祖出关田猎，被采纳。康熙十一年（1672）秋，清圣祖康熙帝出关谒陵，有遣大臣巡察之议。张贞生于乾清门面奏，言辞过于激烈，以越位言事降二级，下考功议，被革职为民。

谪归之后，张贞生安家在泰和玉山（即紫瑶山）定岩，把居宅定名为诚意书院，他在《唾居》一文中说："在定岩下，久为废庵，葺而居之，人弃我取，颜曰'唾居'。"他在山上过着清苦的生活，说："玉山笋类多苦，烹之亦有真味。又产苦菜，浸之一宿,饥来啖之,颇胜园蔬。然以其苦,多为人弃。人生营营,无日不苦。日在苦中,安之若饴。至饮食细故,非刀俎物命,便不可下箸。安得携此二苦味,令饱尝耶?"又说道:"玉山金顶之胜在于高,尤在于孤。然不高则不孤,愈高则愈孤,君子立身亦然。"这些生动的语言,反映了他简洁朴实的生活和孤高慎独的性情。他在治学方面,初学王阳明良知学说,谪归后,潜心研究罗钦顺《困知记》。他提倡分知行为二,又以为做学问只有渐进功夫,无顿悟法门,讲顿悟实为害人,与康熙朝重臣熊赐履以理学闻名。

康熙十三年(1674),张贞生奉召回京,恢复原职,仍为侍讲学士。他才华出众,在京时,贫困得不能租屋而居,只能住在吉安会馆。其室内高悬"慎独"二字,壁上书有一副对联:"可危是人禽之介,至紧在义利之间"。他关门著述,不与朝廷其他人士结交。康熙十四年(1675)去世,终年52岁。

张贞生著有《玉山遗响》6卷、《唾居随录》4卷、《庸书》20卷等。

抚 州 市

裴 煜

裴煜,生卒年不详,字如晦,宋朝抚州临川县(今抚州市临川区)人。庆历六年(1046)参加礼部试取得第一名成绩,是这年的省元。参加殿试中进士乙科。皇祐至嘉祐年间,历任国子监直讲。嘉祐七年(1062),为太常博士。后任秘阁校理,知润州。英宗治平元年(1064),知扬州,后知苏州,官至翰林学士。

裴煜在嘉祐年间任礼官时,详定祠礼。《全宋文》录有他的嘉祐七年八月写的《乞岁时祭享增加牲牢奏》《大祀与国忌同者乞用乐奏》,其中,他奏请皇帝确定国家岁时祭享牲牢数、在大祀与国忌日用乐,以成定制。

裴煜平生与北宋著名政治家、文学家、史学家欧阳修,北宋著名现实主义诗人、宋诗的"开山祖诗"梅尧臣,以及北宋著名史学家刘敞交往密切,互通书信,往来酬唱甚密。欧阳修在他的《文忠公集》中曾谈到他与裴煜的交往,记载了裴煜在治平元年(1064)十二月十四日的《与欧阳修书》。裴煜在给欧阳修的书中谈到我国周朝、秦、东汉,往往有铭传于世间,独西汉无有。欧阳修也曾说过家中所集铭传,阙西汉字耳。在裴煜守丹扬时,曾看到一件铜质古物,制作精巧,因辨其刻,是西汉元帝黄龙元年（公元前49）所造，古物上的铭文是之前大家未曾见过的，于是临摹下来，想送给欧阳修，以为可以在编纂《集古录》时派上用场。

裴煜现存三首诗《多景楼》《送程给事知越州》《岘山》，见《全宋诗》卷四百零八，他的书法作品有嘉祐二年（1057）七月的《题褚模禊贴》《久疏贴》等传世。

汪 革

汪革（1071—1110），字信民，号青溪，学者称青溪先生。宋朝抚州临川县腾桥（今抚州市临川区）人。参加宋绍圣四年（1097）礼部省试中获得第一名，成为省元，并通过殿试，成为宋绍圣四年丁丑科何昌言榜登第进士。

汪革少年时就学于北宋教育家吕希哲门下，工诗文，有才名。宋绍圣四年登进士第后，为长沙教授。时逢老母去世，安葬乏资。同僚集资相助，他均辞谢不受。有一次，他见其妻取用官中一锡水壶，便疾言厉色令其投入江中，并沉痛地说："这是毁我声誉。"

汪革性笃实刚正，不附权贵。任宿州教授，曾傍溪盖房，取名"青溪堂"。他一边教学，一边著述，所作诗，风格挺拔，为世所称道。吕希哲将他比作东汉著名贤士黄宪、茅蓉，吕希哲之孙吕本中经常同汪革互相切磋，两人成为莫逆之交。朝廷中人称"六贼之首"的宰相蔡京当权，他想网罗名士附己，曾召汪革为正宗博士。汪革力辞不就，对友人说："我不想在将来把自己列入《奸臣传》中。"不久，为楚州教官，卒于任上，年仅四十。

汪革常常节衣缩食，周济亲友。他一生提倡吃苦耐劳，认为"咬得菜根断，则百事可做"。朱熹认为这句话很有教育意义，把它编入《小学》一书中。

他是江西诗派临川四才子之一，著有《青溪类稿》若干卷，《论语直解》10卷，《菜根谈》1卷，均佚。今仅存诗5首于《宋诗纪事》和《宋文鉴》中代吕紫阳所作《毗陵张先生哀辞》一文。

吴 溥

吴溥（1363—1426），字德润，号古厓，又号古崖，元朝抚州府崇仁县莲塘（今抚州崇仁县东莱乡）人。建文二年（1400）参加礼部会试，获得第一名，是该科的会元。

吴溥幼时刻苦学习，先后拜邓伯泰、李衡为师，得其《春秋》要旨。中举人后，因病一直未参加会试，以教书自娱。后入国子监，建文二年（1400）才参加礼部会试，获第一名，人称会元。殿试时，中进士二甲第一名，即第四名，授翰林院编修，后升修撰。

曾任《永乐大典》副总裁,参与编纂《太祖实录》,在国子监20余年未获升迁。

吴溥非常睿智,处事谨慎。成祖当皇帝前,受封为燕王,他起兵发动"靖难之役",从他侄子惠帝手中夺得皇位。在他攻入南京的前一天,惠帝的大臣胡广、解缙、王艮等江西籍翰林官集聚到吴溥家,商议对策,立誓效忠建文。解缙、胡广表现得尤为慷慨,独王艮流涕不语。三人走后,吴溥对他儿子吴与弼说道:"胡广死节,应是大好事。"话音刚落,传来隔壁胡广吩咐家人的声音:"外面太乱,小心将猪关好。"吴溥笑道:"一豚尚不能舍,肯舍生乎?"不久,王艮果然服毒而死。南京城破,吴溥与胡广等人一起迎接明成祖燕王入南京城。

他为人谦逊,待人彬彬有礼。居官二十余年,廉洁俭朴,操守始终如一,官俸大多接济亲朋,宣德元年(1426),死于任上。去世时家中一贫如洗,竟无法入殓。

吴溥善作诗。作品多反映年华迟暮、仕途艰辛的内心痛苦;也有写景寓情之作,情景交融,文笔清新,诗风淳朴,在明前期诸家中自成一体。清代词人、学者、藏书家朱彝尊在《静志居诗话》中称其"诗格楚楚"。

吴溥著有《古崖诗集》,选入《石仓历代诗选》。现有《古崖先生诗集八卷》明刻本二册传世。

其子吴与弼,是明代学者、诗人,著名理学家、教育家,崇仁学派创立者,在清代黄宗羲的《明儒学案》一书中,《崇仁学案》位列第一,吴与弼为《崇仁学案》的第一人,显示了吴与弼在明代学术思想界的重要地位。

江西历代进士名录

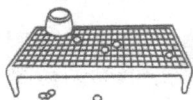

江西进士名录·文进士

唐 代

贞观年间（627—649）

    德兴　董　申（一作贞元年间、一作太和元年）

圣历年间（698—699）

    南昌　徐　玉

神龙元年（705）

    南昌　杨相如　　余干　余　勤

神龙年间（705—706）

    高安　李思玄　　高安　刘　度　　高安　吴　忞

景云元年（710）庚戌榜

    弋阳　方　竦　　弋阳　陈　绰　　弋阳　姚　棠　　弋阳　陈　卿

开元十二年（724）甲子科

    余干　余　盈

开元十三年（725）乙丑科

    余干　余　播

开元年间（713—741）

    南昌　熊　曜　　鄱阳　萧颖士

乾元年间（758—759）

    雩都　赖　裴　　建昌　徐元之

大历元年（766）丙午

　　鄱阳　吉中孚

大历年间（766—779）

　　南昌　熊　暄　　余干　李　俨

建中年间（780—783）

　　贵溪　朱巨川

贞元七年（791）辛未

　　宜春　彭　伉

贞元九年（793）癸酉

　　高安　幸南容

贞元十二年（796）丙子

　　宜春　湛贲　　德化　萧　鍊

贞元十三年（797）丁丑

　　宜春　宋　迪

贞元十四年（798）戊寅

　　丰城　王季友

德宗年间（780—804）

　　高安　吴　陬

元和二年（807）丁亥

　　贵溪　吴武陵

元和五年（810）庚寅

　　宜春　钱　识

元和七年（812）壬辰

　　宜春　贾　謩

元和八年（813）癸巳

　　江州（一作浙江东阳）　舒元舆

元和年间（806—820）

　　南昌　熊孺登　　武宁　张　玿　　建昌　彭　侔　　浮梁　薛仲佐
　　贵溪　朱朝仪　　贵溪　卢　范　　贵溪　卢　贞　　贵溪　卢　侗
　　余干　余　祯　　余干　余再兴

长庆元年（821）辛丑

　　兴安　郑　荣

宝历元年（825）乙巳

　　宜春　易之武

开成元年（836）丙辰

　　宜春　郑史

开成二年（837）丁巳

　　宜春　杨鸿

开成年间（836—840）

　　南昌　喻凫

会昌元年（841）辛酉

　　宜春　谢防

会昌二年（842）壬戌

　　高安　宋震

会昌三年（843）癸亥

　　宜春　卢肇（状元）　　宜春　黄颇（探花）　　宜春　李潜

会昌五年（845）乙丑

　　宜春　易重（状元）　　宜春　鲁受

会昌年间（841—846）

　　新吴　刘麒　新吴　刘麟

大中二年（848）戊辰

　　兴安　郑畋

大中十年（856）丙子

　　宜春　徐涣

大中年间（847—859）

　　浮梁　曾舆　浮梁　韩孚吉

咸通元年（860）庚辰

　　婺源　胡学　婺源　余初扬（一作余初阳）

咸通二年（861）辛巳

　　德兴　程勋

咸通四年（863）癸未

　　赣县　李迈　宜春　尹璠

咸通六年（865）乙酉

　　宜春　卢文秀　宜春　袁皓

咸通十二年（871）辛卯

　　袁州　曾縯

咸通年间（860—873）

　　南昌　来鹄　高安　晏墉　上高　任涛　德化　杨发
　　德化　杨假（一作杨段）　　德化　杨收（一作杨牧）

德化　杨　严

乾符二年（875）乙未

　德兴　程　维

广明元年（880）庚子

　宜春　何　迎

中和四年（884）甲辰

　兴安　郑正承

光启二年（886）丙午

　德兴　陈　庆

光启三年（887）丁未

　宜春　郑　谷　　宜春　曾德迈

唐僖宗乾符至文德年间（874—888）

　兴安　郑文罚

大顺二年（891）辛亥

　宜春　蒋　肱

大顺年间（890—891）

　高安　邓延福

景福二年（893）癸丑

　宜春　易　标　　袁州　卢　邈

乾宁元年（894）甲寅

　萍乡　唐　廪（一说唐禀）

乾宁二年（895）乙卯

　（信州）永丰　王贞白

乾宁五年（898）甲子

　宜春　陈　炯　　宜春　何幼孙　　宜春　王　毂［一说南唐升元元年937年
进士，一说后汉乾祐元年948年进士（即吴保大六年）］

光化三年（900）庚申

　南昌　王定保

光化年间（898—900）

　德兴　陈　宝　　德兴　陈　述

天复元年（901）辛酉

　高安　欧阳持　　德兴　陈　臻

天复年间（901—903）

　贵溪　吴文吉

天复四年（904）甲子 ［即天祐元年（904）甲子 ］

  宜春 李 旭

天祐二年（905）乙丑

  分宜 李令旻 高安 胡 城

天祐年间（904—907）

  南昌 黄 硕（一作天复五年进士） 德兴 董全祯（一作天复五年进士）

年代无考者

  浮梁 凌玉铉 宜春 伍唐珪 余干 赵桧龄

五代十国·吴

顺义二年（922）壬午

  德兴 陈德初

顺义三年（923）癸未

  瑞昌 柯 昶

顺义五年（925）乙酉

  婺源 王 震

年代无考者

  永新 张 翊

南 唐

升元年间（937—942）

  万载 徐 锴

保大元年（943）癸卯

  高安 李徵古 永新 郭 鹏

保大二年（944）甲辰

  高安 梁 纯

保大十一年（953）癸丑

  德兴 舒益彰 德兴 程伯梅

保大十三年（955）乙卯

  贵溪 裴士宗

保大十四年（956）丙辰

　　兴安　郑　霞

年代无考者

浔阳	陈　渤	浔阳	陈　蜕	浔阳	陈　乘	信丰	黄　铎
南康	钟　辐	丰城	王子邳	宜春	徐　琼	宜春	欧阳薰
宜春	李　甲	宜春	张　为	宜春	谢　辟	宜春	陈　嶰
宜春	吴　罕	宜春	黄　讽	宜春	刘　望	宜春	李　沧
宜春	彭　遵	宜春	宋鹏举	宜春	周　确	宜春	张　咸
宜春	许　洞	宜春	蒋　勋	宜春	赵　防	宜春	崔　隆
宜春	刘仁祥	宜春	李余庆	宜春	易廷桢	宜春	彭惟岳
庐陵	欧阳仪	泰和	蒋绍錄	永新	胡元龟		

宋　代

建隆三年（962）壬戌科马适榜

　　湖口　马　适（状元）　　余干　章　诚

乾德二年（964）甲子科李景阳榜

　　婺源　王　询　　婺源　胡日新

开宝五年（972）壬申科安守亮榜

　　庐陵　刘　鹗　　永新　何　画

开宝八年（975）乙亥科王宗嗣榜

　　萍乡　何朝宗（一作咸平三年）

太平兴国二年（977）丁丑科吕蒙正榜

　　南昌　陈　恕　　高安　丁　絪

太平兴国五年（980）庚辰科苏易简榜

　　鄱阳　周　缮　　安成　刘伯雍

太平兴国八年（983）癸未科王世则榜

奉新	涂　錬	高安	胡　平	南丰	曾致尧	宜黄	李简能
宜黄	李简尧						

雍熙二年（985）乙酉科梁灏榜

新喻	萧　方	袁州	易少仪	婺源	张延干	余干	章　端
鄱阳	窦　随	鄱阳	窦　端	鄱阳	谢思恭	庐陵	彭　度
新淦	孙　晃	安福	康　珣	临川	吴表微	南城	陈彭年

端拱二年（989）己丑科陈尧叟榜

洪州 莫 铉	南昌 魏 清	分宁 姜 屿	分宁 陈 灌
德安 刘日章	萍乡 许 载	袁州 姚道古	奉新 胡克顺
奉新 胡用之	庐陵 彭应求	庐陵（一作永新） 段 鹄	
庐陵 刘 颀	临川 李太冲	临川 熊同文	宜黄 胥正伦
宜黄 胥正平			

淳化三年（992）壬辰科孙何榜

武宁 莫 升	武宁 徐 赏	武宁 莫 旭	湖口 李景和
德安 陈延赏	德安 郑天益	萍乡 胡从义（一作咸淳十年）	
新喻 王钦若	宁都 黎仲吉	宜春 胡咸秩	袁州 李 仪
袁州 戴国贞	袁州 刘 说（一作刘悦）		筠州 闻见昌
吉水 曾乾度	庐陵 欧阳载	吉水（一作永丰） 曾 硕	
永新 颜 严（一作颜俨）		南城 危拱辰	南丰 曾士尧
南丰 曾 铠	宜黄 乐黄目	宜黄 乐黄裳	金溪 吴 敏

咸平元年（998）戊戌科孙仅榜

乐平 黄 端	南康 刘元亨	吉水 解希文	太和 张景休
南丰 曾易直	宜黄 乐黄庭		

咸平三年（1000）庚子科陈尧咨榜

奉新　胡用庄（探花）

南昌 魏 庄	湖口 刘 澄	建昌 洪待用	星子 张 季
德化 郑文哲	安仁 董温其	赣县 刘光厚	虔化 余仲吉
虔化 周 薰	会昌 赖克绍	清江 张 曛	奉新 戴 益
奉新 涂 及	高安 郑 罩	婺源 项伯鲁	余干 张可正
余干 张可敬	鄱阳 黄梦松	鄱阳 沈士廉	庐陵 刘 京
庐陵 欧阳晔	庐陵 欧阳颍	庐陵 欧阳观	新淦 潘舜卿
新淦 马 宪	永丰 傅应中	永丰 曾 顗	永丰 曾 容
吉水（一作永丰） 曾 颜		吉水 朱 毅	太和 刘济川
临川 蔡为善	临川 王贯之	南丰 邓希颜	南丰 曾易从

咸平五年（1002）壬寅科王曾榜

贵溪 桂 轲	崇仁 吴有邻		

景德二年（1005）乙巳科李迪榜

新喻　李 谘（探花）

湖口 周 屿（一作周玙）		德安 刘希元	德安 陈 度
浮梁 金鼎臣	新喻 李宗源	奉新 刘 拱	奉新 胡用时
奉新 胡用礼	新淦 饶利用	太和 尹 绛	永新 郭 巽

南城 陈 正　　南城 周 瑾　　宜黄 胥 济

大中祥符元年（1008）戊申科姚晔榜

隆兴府 王士甫　　南昌 袁 抗　　分宁 莫 碏　　德安 刘希孟

德安 刘维翰　　德安 徐 灏　　新喻 刘立之　　分宜 李 衢

石城 许 衮　　上高 易 纶　　庐陵 彭 齐　　吉水 毛应佺

吉水 解文让　　临川 饶 奭　　南城 徐仲儒　　南城 黄 晓

大中祥符五年（1012）壬子科徐奭榜

德兴 徐实托　　婺源 李 乂　　婺源 胡 济

大中祥符八年（1015）乙卯科蔡齐榜

新喻 萧 贯（榜眼）

分宁 黄茂宗　　彭泽 黄 鈇　　建昌 黄凤岐　　星子 陈 巽

新喻 萧 贲　　新喻 萧 贺　　信丰 黄 中　　虔化 孙长孺

袁州 易 随　　奉新 涂 会　　铅山 李 淇（一作李琪）

铅山 虞 肃　　余干 章世白　　庐陵 王居白　　永丰 刘汝楫

永丰 董 淳　　吉水 杨 丕　　临川 王 倚　　临川 王 益

临川 王真卿　　临川 蔡宗晏　　南城 饶光辅　　南城 熊 博

天禧三年（1019）己未科王整榜

德安 郑 谯　　新喻 曾 万　　新喻 刘立德　　新喻 刘立言

袁州 易著明　　奉新 胡用舟　　高安 魏 京　　新昌 蔡用之

德兴 李 钦　　婺源 魏平仲　　婺源 汪 震　　余干 章世宣

庐陵 王务本　　庐陵 萧定基　　新淦 何 禹　　太和 王 赞

南城 危 祐　　南丰 曾舜举

天圣二年（1024）甲子科宋郊榜

分宁 王 固　　分宁 余 贯（本名余贯，改名余良肱）

新喻 刘立礼　　新喻 杨 申　　分宜 夏侯锡　　安仁 周 珣

赣县 刘 钧　　鄱阳 吴 伸　　太和 周中复　　太和 郭仲堪

吉水 毛 洵　　临川 余 白　　南城 蔡 充　　南丰 曾 羿

南丰 夏易曾　　南丰 曾易占　　金溪 吴 芮

天圣五年（1027）丁卯科王尧臣榜

武宁（一作南昌）　胡宾于　　武宁 叶顾言　　武宁 萧 本

武宁 余 规　　武宁（一作分宁）　南宫诚（一作南宫成）

新喻 吴 极　　新喻 萧 泳　　新喻 萧 贽（改名萧暎）

新喻 萧 固　　安仁 汤 夏　　安仁 黄 策　　清江 张 经

清江 聂 言　　清江 廖 访　　鄱阳 沈 璋　　鄱阳 胡 光

鄱阳 王 宿　　鄱阳 吴 仅　　庐陵 彭思永　　庐陵 欧阳寅

永丰	王炳文	太和	张 谭	永新	龙舜举	永新	左 颜
临川	李 高	临川	饶 鼎	南城	陈 肃	南城	黄知良
南丰	瞿元亨						

天圣八年（1030）庚午科王拱辰榜

永新 刘 沆（榜眼）		庐陵 欧阳修（省元）	
分宁 黄 注	浮梁 金汝臣	浮梁 臧几道	安仁 周 铨
虔化 曾奉先	高安 刘 涣	庐陵 欧阳乾曜	新淦 谢 堪
吉水 解希孟	龙泉 蒋 贲	永新 段惟亿	临川 胥 沆
南城 瞿 珣	南城 陈 谏	宜黄 乐 滋	

景祐元年（1034）甲戌科张唐卿榜

南昌 吴 温	分宁 黄 渭	分宁 黄 庠（省元，因病未参加殿试）	
湖口 萧 琛	德安 杨易简	德安 徐 贽	德安 郑 诒
德安 许待问	乐平 马 遵	浮梁 李 覃	浮梁 臧论道
萍乡 朱景旸	宜春 李 奇	奉新 胡真卿	奉新 胡 况
奉新 闵 汾	高安 吴太元	新昌 李 绛	婺源 齐士宽
太和 郭 铨（一作郭佺）	太和 郭之美	新淦 何若谷	
永丰 董 洙	永丰 董 仪	永丰 董 汀	永丰 董师德
永丰 董师道	吉水 毛 偕	吉水 曾奉先	太和 刘 存
龙泉 罗 觉	南城 元 暕	南城 叶 良	宜黄 吴彦先
宜黄 胥正臣	宜黄 胥 伸	宜黄 乐宾国	

宝元元年（1038）戊寅科吕溱榜

分宁 黄 淳	浮梁 臧永锡	贵溪 许 几	贵溪 桂叔宪
信丰 叶 松	丰城 李 秉	新昌 蔡仲舒	弋阳 沈 邈
德兴 舒 源	婺源 汪信臣	婺源 汪 澄	余干 徐 绍
余干 姚一鹗	余干 姚宜先	庐陵 刘 参	永丰 艾君瑜
永新 阮宗道	南城 李冠卿	南城 过 昱（原名过勖）	
南丰 刘 碬	金溪 吴 蒙		

庆历二年（1042）壬午科杨寘榜

新建 夏 旻	分宁 徐民先	分宁 莫 景	分宁 黄 庶
分宁 南宫觌	武宁 叶敷文	建昌 洪 亶	乐平 陈 峤
浮梁 王仲舒	浮梁 金君卿	新喻 刘 敬	安仁 易定基
宜春 李 观	清江 萧 询	丰城 何延世	丰城 李 晃
德兴 张彦方	德兴 董 渊	余干 章 毅	婺源 方 椿
婺源 江 牧	婺源 汪宗颜	婺源 张苍舒	婺源 项文昶
婺源 董 安	婺源 詹彦龄	铅山 虞太宁	鄱阳 黄 巽

鄱阳	刘　宇	庐陵	萧汝励	新淦	陆　起	新淦	孔延之
永丰	邹　勋	永丰	董　修	永丰	萧宗古	吉水	罗日宣
太和	严　震	龙泉	郭师愈	永新	段惟修	临川	王安石
临川	张　杰	临川	江　任	临川	刘　臻	南城	马仲甫
南城	何　潜	南城	许维则	南城	胡舜元	南城	胡穆之
宜黄	胥世澄						

庆历六年（1046）丙戌科贾黯榜

新喻　刘　敞（榜眼）

南昌	袁　陟	南昌	彭　度	南昌	彭　应	分宁	余　高
都昌	邵　庆	湖口	周程万	建昌	李师纯	建昌	吴　铸
德安	石茂祥	德安	梅　玠	星子	宋福三	星子	查元修
新喻	刘　攽	新喻	萧伯英	新喻	萧　注		
分宜	李　梁（更名李士燮）		贵溪（一作婺州金华）		应舜臣		
赣县	曾公尹	赣县	刘　炳	袁州	李　拱	袁州	李　矩
袁州	李　稷	袁州	袁迩臣	清江	胡　昱	清江	阮　赛
清江	欧阳宗越	丰城	李　襄	德兴	董　庄	德兴	祝　谏
德兴	祝　唐	德兴	祝　虞	婺源	汪师道	鄱阳	李唐辅
鄱阳	张　弈	鄱阳	徐　纬	鄱阳	熊　本	鄱阳	熊　弇
铅山	虞太微	庐陵	刘　庚	庐陵	项　卫	庐陵	段叔献
庐陵	欧阳乾度	庐陵	萧汝谐	永丰	曾　匡	永丰	李　鉴
永丰	邹德盈	永丰	黄文辉	永丰	董　倚	太和	胡　衍
南城	刘扶庆	南城	傅天翼	南城	傅　容	南城	蔡冠卿
南丰	曾叔卿	临川	王　沆	临川	蔡元振		
临川	裴　煜（省元）			临川	蔡宗贺	宜黄	侯叔献

皇祐元年（1049）己丑科冯京榜

南昌	游　赟	南昌（一作武宁）		陈　肱		新建	夏　昱
分宁	余从周	分宁	黄　麃（一作黄雍）			建昌	李宗晏
建昌	李　常	建昌	周良卿	建昌	葛文通	星子	查文规
赣县	刘　景	大庾	张　醇	清江	胡　向	清江	胡舜举
清江	廖鼎臣	筠州	刘　嵩	高安	刘　恕	玉山	叶虞仲
铅山	虞太熙	庐陵	王建中	庐陵	李　洵		
新淦	陈公琰（一作陈公炎）		新淦	何　泪		新淦	宋　球
永丰	董唐臣	永丰	董　偁	永丰	董　仅	永丰	董　偕
吉水	杨淳师	吉水	刘良肱	太和	王　亿	太和	萧良肱
太和	谭　磊	龙泉	蒋　概	临川	王安仁		

临川　朱价（一作朱玠）　　　　临川　王衮

临川　晏崇让（原名晏知止）　　临川　江巨源　　南城　邓润甫

南城　许抗　　南城　李山甫　　南城　曾谊　　　宜黄　戴经臣

皇祐五年（1053）癸巳科郑獬榜

　　宁都　郑　獬（状元）

洪州　莫磐　　南昌　叶公望　　分宁　王纯中　　分宁　黄　序

分宁　黄浚　　都昌　皇镇　　　都昌　詹　珍　　湖口　黄西陵

建昌　许昌龄　德安　郑谭　　　德安　郑杨庭　　乐平　金　材

乐平　王复古　乐平　马康民　　乐平　程博文　　新喻　刘　孜

贵溪　桂询　　贵溪　桂公述　　贵溪　桂　颖

贵溪（一作越州会稽）　应　瑜　　贵溪（一作处州丽水）　应　敢

赣县（一作虔化）　桂　珣　　　虔化　孙立节　　信丰　黄克荷

信丰　叶材　　袁州　张拱之　　清江　李　方　　清江　吴　颖

清江　萧澄卿　德兴　万师诏　　德兴　董　休　　婺源　王汝舟

婺源　江庆　　婺源　汪谷　　　婺源　汪以慎　　婺源　汪师熊

鄱阳　李仲堪　鄱阳　刘　定　　庐陵　江　注　　庐陵　曾公范

新淦　邓舜咨　永丰　曾　矩　　吉水　严　颢　　吉水　刘言武

太和　胡叔源　永新　吴　瑾　　永新　刘　瑾　　临川　饶　琪

临川　饶琦　　临川　晏升卿　　南城　于伯达　　南城　邓　陟

南城　单咨　　南城　陈次山　　南城　陈　陟　　南城　陆　坦

南城　王尚贤　南丰　刘　湜　　南丰　曾　炳　　南丰　曾易则

崇仁　吴山甫　宜黄　徐　复

嘉祐二年（1057）丁酉科章衡榜

南昌　王华　　分宁　黄孝宽　　分宁　黄　湜　　分宁　黄　灏

建昌　李宗复　建昌　洪规　　　德安　王　韶　　德化　周　牧

乐平　程中立　乐平　马修辅　　浮梁　程　筼　　安仁　陈　晞

安仁　黄翊　　南安军（一作兴国）　李浑　　　清江　李　中

清江　李鹗　　清江　傅燮　　　德兴　汪　浃　　婺源　胡彭年

鄱阳　熊皋　　临川　王正辞　　临川　潘　洙　　临川　蔡元导

临川　蔡承禧　南城　王无咎　　南城　邓考甫　　南城　吴　干

南丰　曾巩　　南丰　曾　牟　　南丰　曾　布　　南丰　曾　阜

庐陵　张格　　庐陵　萧汝器　　吉水　胡　辟　　太和　郭元通

龙泉　萧世京　永新　张君卿

嘉祐四年（1059）己亥科刘辉榜

　　铅山　刘　辉（状元）

德兴	万巽	德兴	董本中	太和	萧国镇	龙泉	萧佐
临川	祝用之	临川	晏朋	南城	陈光道	南丰	曾庠
金溪	周谌						

嘉祐六年（1061）辛丑科王俊民榜

分宁	黄廉	浮梁	臧仪	浮梁	臧伟	浮梁	程节
新喻	刘奉世	安仁	陈繁	安仁	周若讷		
奉新	邹珂（一作邹轲）			奉新	胡泽	德兴	张宗谔
婺源	李士严	庐陵	刘宗孟	新淦	孔文仲	龙泉	萧玠
临川	王安礼	临川	吴易良	临川	董沂	南城	瞿绍
南丰	曾宰	金溪	黄庆基				

嘉祐八年（1063）癸卯科许将榜

南昌	李廉夫	南昌	吴居厚（初名吴居实）			分宁	徐仪
浮梁	宁润	萍乡	朱彦博	新喻	欧阳成	赣县	刘牖
赣县	曾准	龙南	唐国忠	雩都	黄炎	德兴	张须
德兴	张绶	铅山	傅概	庐陵	邓安	庐陵	欧阳粲
新淦	孔武仲（省元）			永丰	董乾粹	永丰	董敦逸
龙泉	萧世范	龙泉	罗冲	安福	刘祥	永新	刘偁
临川	徐廓	临川	潘行	金溪	周衮		

治平二年（1065）乙巳科彭汝砺榜

鄱阳	彭汝砺（状元、省元）						
新喻	梁完	赣县	陈衮臣	兴国	李子高	袁州	彭持
清江	张镇	德兴	董钺	德兴	张允	德兴	张滂
德兴	董义	婺源（一作浮梁）	张逢（一作张逢）				
鄱阳	张琬	庐陵	段藻	新淦	孔平仲	吉水	萧规
龙泉	郭知章	临川	李权	南丰	曾觉	宜黄	刘蒙

治平四年（1067）丁未科许世安榜

南昌	汪曼	分宁	黄庭坚	湖口	周槐	德安	骆欲
乐平	马顺	乐平	张孚	萍乡	罗尚友	贵溪	桂砺
赣县（一作建州建安县）	阮述		虔化	黎珣	赣县	胡玠
兴国	李潜	临江军	胡彦明	清江	傅肩	清江	杨俌
清江	胡蒙	筠州	龚子与	德兴	张汲	婺源	汪适正
余干	余乔	鄱阳	江汝钦	鄱阳	梅南仲	庐陵	陈噩
庐陵	欧阳棐	新淦	何正臣	新淦	邹庸	吉水	解通
安福	伍诰	临川	王雱	临川	朱君仪（一作朱君义）		
南城	江焕	南丰	曾肇	宜黄	邹极		

熙宁三年（1070）庚戌科叶祖洽榜

南昌　王訽　　分宁　余宏　　建昌　李如埙

建昌　洪师民（一作洪民师）　　星子　周思　　星子　洪涛

彭泽　蒋应元　　乐平　刘隽德　　浮梁　臧浑

浮梁（一作常州武进县）　史邈　　萍乡　黄醇　　贵溪　徐绍

贵溪（一作常州武进县）　应昭式　　雩都　郭峻（一作郭竣）

筠州　陈奕　　德兴　汪安仁　　婺源　项舜钦　　鄱阳　吴宰

鄱阳　彭迪明　　庐陵　刘襄　　吉水　解澄　　安福　彭复

龙泉　罗审理　　龙泉　彭育　　永新　龙思　　临川　李庚

临川　吴处休　　临川　吴孝宗　　南城　邓祐甫（一说治平二年）

南城　周谓　　南城　幸济　　南城　饶之翰　　南城　饶锐

南城　傅权（一作傅拳）

熙宁六年（1073）癸丑科余中榜

分宁　黄公器　　浮梁　臧谌　　新喻　梁宽　　贵溪　徐麟瑞

贵溪（一作处州丽水）　应适　　袁州　梁公价　　清江　黄抗

清江　廖择　　清江　傅彦明　　清江　傅彦辅

庐陵（一作越州新昌）　石景略　　庐陵　马希孟（一作马晞孟）

庐陵　李浩　　庐陵　彭醇　　庐陵　钟希孟　　庐陵　江中复

庐陵　李元衡　　新淦　郭时亮　　太和　张汝贤　　临川　黄安中

南城　甘丰　　南城　周璠　　南城　叶圭　　南城　丁梦弼

新城　周申　　南丰　朱京　　南丰　傅汝舟

熙宁九年（1076）丙辰科徐铎榜

南昌　黄介　　南昌　彭仍　　新建　魏乔　　武宁　吴尚浩

建昌　谢仪甫　　德安　梅惇　　浮梁　郑彻　　浮梁　朱振

萍乡　高渐　　安仁　汤义　　安仁　汤仁　　安仁　周知默

安仁　周尹甫（初名周如愚，以字行）　　清江　聂复

清江　萧镇　　丰城　黄朋　　玉山　徐轲　　玉山　徐辅

德兴　董宜卿　　婺源　胡三省　　铅山　虞蕡　　余干　虞逢源

鄱阳　彭汝霖　　太和　曾安止　　吉水　刘浞　　南城　朱适玉

南城　胡舜卿　　南城　陈汝器　　南城　傅辅德　　南城　熊冀周

南丰　朱彦　　南丰　刘演　　南丰　刘孝立　　宜黄　邹锐

宜黄　涂伯达

元丰二年（1079）己未科时彦榜

南昌（一作分宁）　徐祐　　南昌（一作连州）　唐觐　　武宁　李无党

分宁　黄培　　分宁　冷忞　　彭泽　陶冶　　建昌　张好古

星子	胡憶	赣县	周干臣	赣县	萧迪	兴国	李存
兴国	李格	瑞金	刘鹏	清江	傅耕道	清江	胡遵道
新昌	李丹	筠州	张格	余干	都随	余干	都颉
德兴	董介卿	德兴	董若	婺源	方劲	婺源	胡安节
庐陵	王廷彦	庐陵	欧阳中立	吉水	刘显	吉水	杨安平
吉水	杨桓	太和	曾安中	龙泉	郭履泰	临川	王尧弼
南城	危之邵	临川	季几复	临川	洪敏修	临川	晏中
临川	董天经	临川	董天隐（一作崇宁二年）			南城	丁致祥
南城	王侃	南城	陈湍	南城	陈缨	南丰	符授

元丰五年（1082）壬戌科黄裳榜

南昌	周刊	南昌	张彪	南昌	涂汲	南昌	周格
新建（一作德安）	郑中立			德安	郑琛	分宁	黄庚
德安	徐子开	德安	廖迈	乐平	许循	浮梁	程祈
浮梁	宋之才	新喻	萧从	贵溪	卢航	安仁	黄晔
龙南	钟仙	清江	孙淑	清江	陈秉	清江	敖知言
奉新	邹辂	德兴	万如石	德兴	张根	婺源	胡锏
铅山	徐正彦	余干	许谓	鄱阳	熊侗	庐陵	萧服
新淦	何正功	新淦	何铎	新淦	孔淑	新淦	何执礼
吉水	高文中	吉水	杨同	吉水	杨彦修	龙泉	梁俊
龙泉	萧美成	永新	左书言	永新	吴衮		
临川	王当（改名王田）			临川	吴履中	临川	饶师传
临川	舒勉	临川	舒劭	崇仁	熊知常	南城	叶光
南城	许公岳	南城	陈愈	南城	夏千	南城	聂序
南城	龚汉卿	南城	聂景纯	宜黄	邹余		

元丰八年（1085）乙丑科焦蹈榜

南昌	彭泌	南昌	张为	南昌	陈衍	分宁	莫援
分宁	余彦明	分宁	王本	德安	杨固	德安	徐章
乐平	洪彦升	乐平	潘迥	乐平	程翰	浮梁	张诚
新喻	谢世充	新喻	谢举廉	新喻	谢岐	新喻	谢懋
新喻（一作番禺）	谢棠			分宜	夏侯公绩	安仁	李元
清江	廖圣谟	清江	廖灏	清江（一作新淦）	刘渤		
丰城	王乂宁	奉新	龚弁	奉新	王庸	筠州	雷尧弼
德兴	万造	德兴	张浩	德兴	张睦	德兴	董励
婺源	俞应之	余干	章毅	庐陵	彭构	庐陵	杨存
新淦	陈遘	新淦	娄瑄	新淦	邹洵武	新淦	杨俊臣

新淦　邹才邵　　万安　周　睿　　万安　曾　仔　　龙泉　郭知微
龙泉　梁　伟　　安福　欧阳知晦　永新　吴天锡　　临川　季　复
临川　饶　蒙　　南城　石　松　　南城　陈光远　　南城　陈孔明
南城　范柔中　　南城　蔡徽卿　　南城　谢伯俞　　宜黄　吕　才

元祐三年（1088）戊辰科李常宁榜

分宁　黄叔夏　　瑞昌　易　莞　　乐平　马　存　　乐平　吴大明
乐平　程　完　　浮梁　张公明　　安仁　李　允　　安仁　周奚辩
虔化　孙　緦　　上犹　谢　钧　　袁州　曹　传　　袁州　曹　藻
袁州　曹　迁（一作崇宁二年）　　清江　胡　暇　　清江　吴游宗
丰城　孙　发　　丰城　李　安（赐名李昌龄）　　丰城　黄得礼
饶州　程　衮　　玉山　詹丕远　　玉山　虞　暮　　德兴　余师民
德兴　张　珏　　鄱阳　张　玘　　德兴　张　珌　　德兴　董宾卿
婺源　李文简　　婺源　汪子友　　余干　方骏声　　鄱阳　彭汝发
庐陵　葛敏修　　庐陵　李知章　　庐陵　段万顷　　新淦　孔　滋
新淦　宋　祯　　新淦　邹元载　　新淦　陈　册　　新淦　陈　竑
新淦　陈　臻　　新淦　彭　闻　　新淦　邹原中　　新淦　郭奉世
吉水　王端礼　　吉水　萧守中　　吉水　解持国　　吉水　萧公瑜
临川　朱献明　　临川　吴　昉　　临川　黄　覃
临川　王　采（改名王清臣）　　南城　邓君仪
南城（一作南丰）　吴君明　　南城　蔡　沔
南城（一作南丰）　李　莘（一字李华）　　　　南丰　幸之武
南丰　张适中　　南丰（一作邵武军）　黄邦彦　　南丰　饶　造
崇仁　曾　怀

元祐六年（1091）辛未科马涓榜

南昌　戴孚中　　新建　胡晋侯　　新建　周国赞　　分宁　黄叔敖
分宁　黄成允　　建昌　黄元杞　　贵溪　应　选　　安仁　董行之
赣县　王舜举　　赣县　滕　振　　虔化　李陟明　　石城　卢　炤
清江　傅倚平　　清江　欧阳天奉　丰城　徐大任　　上饶　周宗师
上饶　詹　铠　　玉山　毛　迥　　玉山　周　因　　德兴　吴　经
德兴　张士纲　　德兴　张　述　　余干　吴宗胜　　鄱阳　阎与道
庐陵　李　忱　　庐陵　张汝明　　庐陵　彭闻名　　庐陵　李彦弼
庐陵　李彦瞻　　庐陵　段　贲　　新淦　何幡然　　新淦　曾　釜
吉水　李　楸　　吉水　杨　求　　永新　龙　溁　　临川　吴　可
南城　唐　哲　　南城　黄　覃　　南城　黄　毅　　南丰　刘　况
宜黄　涂大㹕　　宜黄　涂大琳　　宜黄　黄　仪

绍圣元年（1094）甲戌科毕渐榜

南昌 洪刍	南昌 洪炎	南昌 陈常	新建 闵泾
分宁 姜蹈中	星子 黄复	乐平 朱谌	乐平 李俨
乐平 金极	乐平 胡曼	乐平 胡邃	乐平 程若稷
乐平 程致禄	浮梁 江义	浮梁 冯荣	新喻 吴淮
赣县 刘渤	赣县 陆立夫	兴国 李朴	兴国 李楫
清江 钟祖猷	靖安 范琯	新昌 段修敏	新昌 彭祐
新昌 蔡康国	筠州（一作苏州） 胡安平		上饶 陆渐
上饶 卢绚	上饶 陈升	上饶 郑默	玉山 毛迈
德兴 张植	德兴 张琮	德兴 周熊	德兴 杨泽
婺源 王愈（初名王悰）		婺源 胡绍	婺源 滕申
余干 李孝先	余干 章公弼	庐陵 曾定国	新淦 孔源
永丰 张冕	永丰 袁彦直	永丰 曾治	永丰 曾瞻
吉水 萧公厂	太和 刘鼎臣	太和 萧时彦	万安 许贵
临川 许滂	临川 李复	临川 李维	临川 咎昌
临川 蔡持	南城 王絪	南城 李并	南城 陈泽
南城 黄洙	南城 张诘	南城 黄彦中	南城 刘昌
宜黄 涂大经	金溪 黄符		

绍圣四年（1097）丁丑科何昌言榜

新淦 何昌言（状元）

南昌 洪羽	新建 陈平	新建 余赟	分宁 帅扬
分宁 余持中	分宁 余彦直	分宁 黄肩	武宁 李嵩
乐平 向允中	乐平 向机	乐平 徐庚	
浮梁 朱有文（一名朱有同）		浮梁 朱褒	浮梁 吴令升
浮梁 金格	新喻 李大有	贵溪 王尧辅	贵溪 周谌
赣县 李本	赣县 刘揆	袁州 彭俞	袁州 刘滂
清江 傅安节	丰城 黄颖	筠州 蔡披	高安 谢舜举
奉新 胡直孺	玉山 詹从俭	德兴 汪恺	德兴 陈觉
德兴 傅伯通	婺源 王愷	婺源 汪路	婺源 项范
婺源 胡伋	婺源 胡伸	婺源 孙范	铅山 孙暄
鄱阳 陶节夫	庐陵 曾定成	庐陵 彭合	庐陵 彭衍
吉水 萧子厚	永丰 董兴乾	龙泉 李谷	
临川 汪革（省元）		临川 朱沆	临川 朱旂
临川 周公弼	临川 周遵道	临川 黄成	临川 饶彦纯
临川 晏绍休	南城 王缊	南城 李深	南城 聂思孝

南城　曾景清　　南城　傅　默　　南丰　幸　义　　南丰　曾　经
宜黄（一作崇仁）李君泽　　　宜黄　黄庭言

元符三年（1100）庚辰科李釜榜

分宁　黄无悔　　乐平　马之美　　乐平　许　中　　乐平　马　辨
乐平（一作德兴）朱　授（一作朱绶）　　乐平（一作婺源）周　穗
乐平　程不器　　乐平　程　商　　浮梁（一作婺源）方　洙
浮梁（一作德兴）史　迅　　萍乡　李　格　　新喻　萧　褒
贵溪　李　裁　　贵溪　周　孚　　贵溪　周师源　　贵溪　杨　照
贵溪　郑　晋　　安仁　沈公权　　安仁　汤　耘　　赣县　周　廉
赣县　曾　懋（一作曾梾）　　　上犹　谢　铉　　清江　孙　昂
丰城　黄　诚　　丰城　范　本　　筠州　彭以功　　新昌　龚　端
玉山　卢　冕　　玉山　周　烈　　玉山　郑　骧　　玉山　柴文骊
玉山　柴文庚　　德兴　王元夫　　德兴　米　绶　　德兴　余　常
德兴　程舜霖　　婺源　方　开　　婺源　方　勃　　婺源　李　曦
婺源　吴　源　　婺源　黄元庆　　弋阳（一作德兴）齐之礼
庐陵　刘　周　　庐陵　姜汝能（一作江汝能）　　庐陵　谢之才
新淦　邹　规　　新淦　娄　晒　　吉水　李　贯　　吉水　董正一
太和　曾安强　　临川　李公彦　　南城　张　遵　　南城　王　吉
南城　黄　曦　　南城　傅　炳　　南丰　朱　褒　　南丰　汪公著
南丰　汤书言　　崇仁　黄　倚　　宜黄　涂大任

崇宁二年（1103）癸未科霍端友榜

南昌　骆　谷　　新建　袁公概　　分宁　黄公概　　建昌　董有林
德安　王　莱　　德安　余　彦　　星子　张　固　　星子　宋天骥
乐平　夏　骏　　乐平　程　沆　　乐平　程　棣
乐平（一作余干）董之才　　贵溪　郑俊民　　赣县　曾　开
赣县　曾　弼　　赣县　曾　班　　南康　钟　振　　清江　叶祖义
清江　黄　冽　　筠州　欧阳言　　上饶　张天民（信州）
永丰　叶　杞　　德兴　王元石　　德兴　张　相　　德兴　张　瑜
德兴　余　敛　　德兴　张　振　　德兴　董　攸　　婺源　汪　藻
婺源　汪　度　　婺源　汪次言　　婺源　金　党　　婺源　胡刚中
婺源　胡　侔（更名胡侃）　　铅山　杨　钺　　余干　柴　援
余干　虞　思　　鄱阳　孙　琳　　新淦　邹　雱　　新淦　曾益柔
新淦　陈宗孟　　吉水　朱蒙正　　太和　刘南立　　龙泉　郭元卿
龙泉　郭大受　　安福　欧阳琚　　安福　欧阳戬　　永新　刘　個
永新　张安节　　临川　余　秉　　临川　蔡兴祖　　临川　蔡兴国

崇宁五年（1106）丙戌科蔡嶷榜

南昌	周制	新建	李偓	德安	陈牟	乐平	许天益
乐平	洪勋	浮梁	李辙	萍乡	汤梦观	萍乡	夏侯安雅
南康	张翼	雩都	陈云	石城	陈邦光	石城	温勋
玉山	周蒙正	玉山	詹叔迥	玉山	詹叔宁	德兴	方孟卿
德兴	万伦	弋阳	余应球	德兴	张扩	德兴	董浚
德兴	董天才	婺源（一作德兴）	余器			婺源	汪端生
庐陵	欧阳珣	新淦	陈尧道	新淦	谢施	安福	戴特立
临川	余宪卿（一作俞宪卿）			临川	周颖达	临川	饶文度
临川	曹时修	南城	黄锐	南城	徐上文	南城	黄翔
南城	黄愈	南城	廖莘	南城	蔡绛	南城	童邦直

大观三年（1109）己丑科贾安宅榜

南昌	张毅	分宁	陈天瑞	建昌	李元亮	建昌	雷杭
德安	刘作	乐平	王举	乐平	程耸	乐平	程滂
乐平	洪楫	乐平	程若藻	浮梁	李舜田	浮梁	汪天任
浮梁	李参	贵溪	余永	贵溪	张康衢	贵溪	桂韶
贵溪	郑王宾	安仁（一作德兴）	乌文仲			赣县	刘彭年
虔化	宋瑗	兴国	萧行可（一作萧可行）			石城	朱裳
南康	黄符	石城	许国	清江	张端礼	清江	陈大任
清江	欧阳瑰	丰城	王益	高安	吴莘	上饶	徐几
（信州）永丰	周琛			德兴	万如邱	德兴	邵昂
弋阳	余安行	德兴	周励	德兴	张朴	德兴	张迪
德兴	洵聚	德兴	董振	德兴	董吁	铅山	朱光
婺源	李侃	余干	史廷俊	鄱阳	杨浚	庐陵	李振
庐陵	曾尚德	新淦	邹昌龄	永丰	李大方	永丰	曾元忠
吉水	刘琼	太和	曾国器	太和	周罍	龙泉	孙元量
安福	欧阳识	安福	刘跃	临川	聂昌	临川	崔絪
临川	郗恺	临川	晏敦复	临川	周美	临川	饶伯达
南城	于孜	南城	叶升	南城	于颐	南城	朱冕
南城	李林	南城	危泾	南城	周义	南城	黄履中
南城	黄彦威	南城	黄锷	南丰	刘硕		
南丰（一作越州新昌）	过卓			南丰	戴天休	崇仁	王耕

政和二年（1112）壬辰科莫俦榜

南昌	王浚	南昌	熊梦跃	新建	陈晕	新建	刘天瑞
新建	伍先觉	分宁	莫钟	武宁	叶若清	建昌	李章

都昌　彭　寿　　都昌　曹　省　　都昌　陈　杰　　都昌　陈　衡
德安　石彦明　　乐平　许亢宗　　乐平　程　兖　　乐平　许　尹
乐平　马　毅　　乐平　汪　邑　　浮梁　朱定国　　浮梁　臧崇之
浮梁　臧祐之　　萍乡　黄　法　　新喻　刘延年　　贵溪　应　确
贵溪　赵　誉　　贵溪　应　彬　　贵溪　毛泰亨　　贵溪　郑　熄
贵溪　桂　冲　　安仁　吴作式　　安仁　沈公绰　　南康　田如鹗
虔化　李　衮　　雩都　陈　欤　　会昌　唐　稷　　袁州　黄裳元
清江　欧阳然　　清江　简　修　　清江　萧　林　　清江　黄　汸
清江　廖　翼　　丰城　何　莫　　丰城　黄彦辅　　筠州　蔡　登
新昌　李允成（一作李允武）　　新昌　雷　孚　　高安　幸　扩
上饶　徐海运　　上饶　余尧弼　　德兴　万　格　　德兴　张　遵
德兴　叶　极　　德兴　张　光　　德兴　祝　开　　德兴　汪　品
德兴　董　彬　　德兴　董直卿　　余干　毛　喆　　余干　虞　景
婺源（一作德兴）　胡　铨　　　婺源（一作鄱阳）　汪　发
婺源（一作饶州）　汪廷直　　　临川　周孚先
临川　蔡兴世（改名蔡泽民）　　临川　祝光庭　　临川　邹彦亨
南城　蔡　履　　南城　饶之翰　　南城　过廷中　　南城　江中立
南城　曾公著　　南城　朱　竑　　南城　邓　义　　南城　郑　义
南城　毛　悦　　南丰　丁　煜　　南丰　刘孟隆
南丰　黄　府（一作黄俯）　　南丰　曾　繣　　南丰　彭　逵
崇仁　陈尧常　　崇仁　熊　溥　　宜黄　张　敏　　宜黄　王　宰
崇仁　易　东　　庐陵　王廷老　　新淦　宋　熹　　新淦　黄与能
新淦　钱昌武　　太和　郭允升　　吉水　李　求　　吉水　杨　杞
吉水　萧　邃　　永丰　曾　度　　安福　周师道　　龙泉　孙叔通
龙泉　郭　劲　　万安　郭廷干

政和五年（1115）乙未科何㮚榜

龙泉　郭孝友（探花）
南昌　徐成可　　分宁　余惠迪　　分宁　黄　榛　　分宁　徐天庭
武宁　叶若虚　　都昌　彭图南　　都昌　陈好谦　　都昌　陈允翰
建昌　杜　萃　　建昌　刘安雅　　德安　梅元实　　星子　利　泽
星子　许尧允　　星子　侯文炳　　星子　胡汝楫　　乐平　洪　禧
乐平　李利用　　乐平　洪　皓　　乐平　洪　纶　　浮梁　朱　俊
浮梁　程　逵（一作程达）　　浮梁　胡　涓
浮梁（一作乐平）　李　涧　　　浮梁（一作乐平）　鲍　昱
浮梁（一作乐平）　臧　励　　　萍乡　黄泽厚　　贵溪　桂　萃

贵溪	桂 材	安仁	汤孙将	赣县	刘作孚	赣县	王 言
信丰	尹 耕	虔化	宋大猷	南康	田如鹄	袁州	罗长庚
袁州	费绍祖	清江	傅 掖	清江	朱 竑	筠州	曹 渭
奉新	帅日宣	德兴	吴 察	德兴	陈 充	德兴	董 伋
德兴	董 铸	德兴	程宗泰	德兴	董 佴	婺源	汪 芭
婺源	汪 掀	婺源	胡天矜	鄱阳	李允敬	庐陵	刘敏才
庐陵	李文刚	庐陵	陈 早	庐陵	彭 较	新淦	宋 炎
新淦	娄汝砺	永丰	张明膺	吉水	李克复	太和	康 烈
太和	王遐年	临川	王尧封	临川	晏敦临	临川	崔 纵
临川	詹 砺	南城	邓 节	南城	邓 升	南城	刘时敏
南城	朱 希	南城	李去非	南城	周 默	南城	陈大节
南城	陈 起	南城	陈 菱	南城	姚 叙	南城	黄 义
南城	黄 况	南城	黄 铎	南城	童 蒙	南丰	邓康臣
南丰	符行中	崇仁	熊 将	宜黄	郭 泾		

政和八年（1118）戊戌科王昂榜

德兴　张　焘（探花）

南昌	周献民	南昌	熊俊民	新建	刘 撰	进贤	罗 政
分宁	王 镗	分宁	陈 升	分宁	陈 昂	分宁	徐行可
建昌	李时亮	乐平	朱良弼	乐平	洪 游	乐平	胡 亦
乐平	向 亿	乐平	韩端卿	浮梁	李椿年	浮梁	鲍 琚
浮梁	李廷实	浮梁	臧博文	浮梁	胡 澄	分宜	李 珏
贵溪	应晋释	贵溪	祝处仁	贵溪	舒昌祚	贵溪	桂南升
贵溪（一作慈溪）		桂 舟（一作桂丹）				安仁	吴嘉谟
赣县	萧 铎	赣县	谢陟明	赣县	陈 勋	南康	田 杞
宁都（一作金华）		胡 野		雩都	钟 岳	袁州	骆仲举
清江	朱师善	清江	邹 伟	清江	傅 雾	丰城	范 浚
丰城	邹 扬	靖安	吕延年	筠州	谢庭芝	新昌	姚 旦
新昌	谢良干	饶州	陈 充	上饶	徐中行	弋阳	朱 邈
弋阳（一作安仁）		吴公才（一作吴公材）			弋阳（一作贵溪）		郑 范
德兴	舒廷臣	德兴	董 巩	德兴	王 铺		
德兴	陈 克（一作陈允）			德兴	董朝奇	德兴	董端忠
婺源	王 建	婺源	朱 松	婺源	吴 渊	婺源	余道潜
铅山	朱 履	余干	史仁彦	鄱阳	方 隅	鄱阳	左守道
鄱阳	徐秉哲	鄱阳	张永宁	鄱阳	徐商霖	庐陵	王允蹈
庐陵	邓柔中	庐陵	李文度	新淦	谢定之	吉水	李 午

吉水	解 茂	太和	刘在中	龙泉	郭浩成	龙泉	彭从虎
龙泉	郭思柔	安福	王庭珪	永新	谭观光	临川	洪知柔
临川	饶好裕	临川	饶惠卿	南城	李彦昌	南城	陈邦直
南城	陈邦光	南城	陈公衮	南城	陈 植	南城	熊 琯
南城	谌 思	南丰	甘之则	南丰	余 漕	南丰	黄 仰
南丰	黄次渊（佚名，以字行）			南丰	黄元授	南丰	彭文定
南丰	曾秀之	宜黄	涂天明（改名涂德明）				

宣和三年（1121）辛丑科何涣榜

南昌	宋 翰	南昌	胡彦先	分宁	余彦恭	分宁	黄无咎
分宁	黄 骞	都昌	赵公宣	都昌	魏移中	都昌	伍高宣
建昌	葛 清	德安	刘 宏	乐平	程大任	浮梁	金 举
浮梁	金作砺	浮梁	吴廷实	新喻	欧阳表	贵溪	张 运
贵溪（一作上虞）	桂 章			赣县	李 点	赣县	马觉民
袁州	赵安仁	袁州	沈庄可	宜春	钟 硕	宜春	钟 琬
清江	郭南仲	清江	傅 葵	筠州	阮 冠	新昌	胡 早
丰城	陈 廷	丰城	顿 涣	玉山	周世修	弋阳	陈康伯
德兴	程如式	德兴	张 械	德兴	汪 发	德兴	董时敏
婺源	李 操	婺源	胡 昶	婺源	胡义和	婺源	项利用
余干	吴 衍	鄱阳	李景山	鄱阳	李吉孚（一作李孚吉）		
鄱阳	何澄冰	鄱阳	徐 晖	庐陵	刘 彰（一作刘章）		
庐陵	胡 份	庐陵	戴 极	吉水	李 鼎	永丰	曾民瞻
永丰	董 陟	龙泉	王忠臣	万安	罗复继	永新	江 楹
万安	李 章	万安	萧彦章	永新	尹 躬	临川	饶当可
临川	晏 肃	临川	黄 童	临川	何 苪	临川	许世京
临川	刘 益	临川	许 昌	南城	陈 确	南城	陈克诚
南城	廖 容	南丰	曾 悟	南丰	幸 宇	宜黄	涂正胜

宣和六年（1124）甲辰科沈晦榜

弋阳	周执羔（榜眼）						
南昌	马文虎	南昌	卢 震	南昌	李 谊	南昌	周 禧
新建	张 抡	进贤	周时举	分宁	余 充	武宁	余 浚
都昌	陈治原	都昌	邵 棠	彭泽	姚彦祥	彭泽	张梦祥
德安	单孝择	德安	刘文中	星子	张鹏举	星子	陈 慕
乐平	石 昉	乐平	朱嗣孟	乐平（一作浮梁）	余世泽		
乐平	邹 盛	乐平	魏安行	浮梁	程 瑀	浮梁	程克俊
浮梁	臧 梖	贵溪	江公荣	贵溪	乐一宏	贵溪	乐有声

贵溪　乐起鹏　　贵溪　桂南运　　安仁　汤东野　　安仁　熊彦诗
安仁　逢汝舟　　安仁　逢汝霖　　雩都　莫俦　　兴国　李开端
大庾　吴元亨　　大庾（一作果州）　冯尧庭（一作冯尧廷）
南康　田如鳌（一作田汝鳌）　　袁州　李师愈　　袁州　黄次元
清江　韦汤辅　　清江　傅大猷　　丰城　徐升　　丰城　邹薖
奉新　王从言　　奉新　舒邦彦　　新昌　刘愿　　万载　萧杞
玉山　周彦辉　　玉山　郑骧　　弋阳　姚思文　　德兴　王南
德兴　王朴　　德兴　王冻（一作王栋）　　德兴　王浩
德兴　余畲　　德兴（一作徽州）　余宾兴　　德兴　祝闵
德兴　张杞　　德兴　董国庆　　德兴　董颖　　婺源　方湜
婺源　王昺　　婺源　王筼　　婺源（一作德兴）　汪利和
婺源（一作德兴）　汪处厚　　婺源　俞宾兴　　婺源　黄遵
鄱阳　翟熙　　鄱阳　聂俊义　　庐陵　胡敏　　新淦　何许
永丰　游大亨　　永丰　董观　　永丰　曾彦明　　吉水　彭浩然
吉水　李尚义　　吉水　王鹗举　　太和　郭元侯　　龙泉　郭勋
永新　刘彦登　　临川　王琮　　临川　季尧俞（一作李尧俞）
临川　饶思永　　南城　陈克勤　　南城　李朝弼　　南丰　张泰定
南丰　曾崇　　南丰　曾纬　　崇仁（一作泉州晋江）　刘振
崇仁　邬执权　　宜黄　侯知刚

建炎二年（1128）戊申科李易榜

南昌　李赟　　南昌　叶广　　新建　时举　　武宁　汤邦德
都昌　向中亮　　都昌　黄唐发　　建昌　李公懋　　建昌　陈汝舟
建昌　张汝明　　德安　杨祝　　乐平　许山　　乐平　韩邦俊
乐平　马固　　萍乡　喻榆　　萍乡　文彦光　　安仁　邓谭
赣县　苏迪民　　南康　吴永　　南康　李谞　　南康　田如鹏
石城　张文郁　　石城　叶熙元　　清江　傅大献　　清江　傅实
清江　傅谳　　丰城　徐洪　　丰城　姚齐贤　　筠州　邹及
高安　梁思齐　　新昌　罗时举　　上饶　徐珣　　玉山　张零
玉山　朱通　　弋阳　方畴　　弋阳　余安族　　弋阳　郑悫
德兴　万锷（一作万谔）　　德兴　方昭辅　　德兴　李烨
婺源　张颖　　德兴　张隶　　德兴　董元量　　德兴　程止
德兴　曾愶　　婺源　汪偰　　婺源　汪杞（原名汪利国）
婺源　汪利往（一作汪利德）　　婺源　胡琏　　婺源　韩邦光
余干　邵浚　　庐陵　邓泾舟　　庐陵　李孝恭　　庐陵　刘德骥
新淦　朱辂　　庐陵　罗上行　　庐陵　罗武冈　　庐陵　胡铨

庐陵	刘德象	庐陵	罗辈恭	新淦	邹邦直	新淦	邹 丰
新淦	俞处俊	永丰	董强立	吉水	刘中伟	太和	刘 獬
太和	刘 錡	太和	陈千龄	太和	曾强立	龙泉	梁 岳
永新	左友德	永新	龙 溥	临川	王 珪	临川	李能一
临川	李 熊	临川	汪 莘	临川	饶邦休	南城	李 准
南城	张 理	南城	徐 彻	南城	张 匪（一作张筐）		
南城	姚师文	南城	彭宗彦	南城	蔡 曷	南丰	黄 雷
崇仁	陈康国	崇仁	严 广	崇仁	王尚宾	金溪	吴 栗

绍兴二年（1132）壬子科张九成榜

南昌	万 贞	都昌	段时发	乐平	石昌国	乐平	许舜求
乐平	韩昌期	乐平	韩 屏	浮梁	吕虞卿	新喻	欧阳庠
安仁	周世昌	赣县	刘 泽	上犹	黄有文	清江	江知常
清江	胡绍烈	奉新	李三俊	上饶	刘 曙	上饶	朱 懋
上饶	龚安国	德兴	董 衍	德兴	余 玑	婺源	方 楹
婺源	王 文	婺源（一作鄱阳）	胡 溢			婺源	潘舜辅
余干	姚若中	鄱阳	项 旦	新淦	孔 括		
新淦（一作安仁）	邹敦礼			新淦	董良史	永丰	董 绘
永丰	邹德懋	永丰	张 灌	吉水	李孝谦	吉水	杨 迈
吉水	刘德中	吉水	邹 愈	万安	刘四愚	龙泉	李 植
安福	刘禹锡	安福	萧 颖	永新	吴 勃	永新	刘 價
永新	陈德一	临川	王 湛	临川	李 沆	临川	洪知彰
临川（一作新城）	傅 霖			临川	饶 裕	南城	邓 曷
南城	李昭隐	南城	欧元一	南城	陈 宾	南丰	胡 烈
南城	饶廷直	南丰	彭汝霖	南丰	曾 发	崇仁	吴 尚
宜黄	邹丕宪						

绍兴五年（1135）乙卯科汪应辰榜

玉山　汪应辰（高宗赐名，初名汪洋，状元）

南昌	李宗臣	建昌	李宗辰	建昌	黄廷本	乐平	程 迈
安仁	李 奕	安仁	冯 涣	安仁	汤之尹	安仁	汤保衡
南康	卢 绚	上犹	黄有立	虔化	廖安节	虔化	廖贵高
雩都	罗 恺	袁州	李祖枢	丰城	李 实	丰城	徐时动
丰城（一作奉新）	甘庭珪（一作甘廷珪）					丰城	孙 褒
丰城	周承弼	奉新	李 球	靖安	胡敦实	玉山	俞 毕
玉山	徐人杰	玉山	詹叔沄	玉山	詹叔羲	德兴	万 清
德兴	王 扩	德兴	方大中	德兴	余永年	德兴	余永弼

德兴 余 瀚　　德兴 董 仕　　德兴（一作婺源）　滕 恺
婺源（一作德兴）　余 幽　　　婺源（一作德兴）　余康乂
婺源 余 赫（一作余林）　　　　婺源 汪 廓
婺源（一作德兴）　汪 迪　　　婺源 胡表东　　婺源 张敦实
余干 余 检　　余干 余国才　　鄱阳 焦吉甫　　新淦 何待聘
安福 刘庭圭　　抚州 江 华　　临川 江 汇　　临川 赵勋之
临川（一作宜黄）　杜育德　　　临川 邹汝贤　　临川 黄龟从
临川 戴节性　　南城 丁希旦　　南城 陈千能　　南城 黄 聂
南城 饶 傅　　南城 饶 郊　　南丰 曾 景　　南丰 黄 钺
宜黄 涂 埙

绍兴八年（1138）戊午科黄公度榜

南昌 万嘉谟　　分宁 南宫瑞　　都昌 熊 辉　　建昌 彭君弼
建昌 雷申锡　　德安 吴 玠　　星子 陶 稷　　乐平 李 异
乐平 王必中　　浮梁 汪 澈（一作汪彻）　　安仁 郑 肇
雩都 朱 份　　大庾 卢 时　　南康 田如鸿　　靖安 胡敦诗
上饶 徐作则　　上饶（一作江山）　姜俊民　　玉山 汪 涓
婺源 方 泾　　婺源 张敦颐　　铅山 温 珏　　鄱阳 王九龄
太和 倪师尹　　安福 刘 洽　　临川 周 迈　　临川 周 倚
临川 彭时举　　南城 万孝骞　　南城 邓廷言　　南城 毛允闻
南城 余汝弼　　南城 刘尚达　　南城 陈 早　　南城 陈 炳
南城 陈光祖　　南城 周 尚　　南城 张 屏　　南城 章 炜
南城 黄幡然　　南城 夏献民　　南城 童邦杰　　南城 傅 深
南城 谢 特　　南城 蔡 韫（一作蔡缊）　　新城 刘 懋
南丰 甘 晋　　南丰 陈作德　　南丰 郑彦仕　　崇仁 何 蕴

绍兴十二年（1142）壬戌科陈诚之榜

南昌 熊大盈　　新建 叶羽成　　新建 陈 烈　　都昌 汪万夫
都昌 萧之敏　　德安 王彦举　　德化 吴唐友　　乐平 夏康佐
乐平 谢 阄　　浮梁 余时言　　浮梁 张 滂　　浮梁 鲍安世
贵溪 桂 缜　　赣县 钟 泽　　南康 傅伯祥　　袁州 潘 郢
袁州 彭 蔚　　清江 廖清臣　　丰城 李惟深　　丰城 黄彦正
丰城 黄元之　　丰城 黄望尧　　奉新 刘 獬　　上饶 周直清
（信州）永丰　王居中　　　　德兴 万 拓　　德兴 万汝楫
德兴 王时奇　　德兴 余扬廷　　德兴 张公平　　德兴 汪 悫
德兴 程文炳　　婺源（一作德兴）　王允恭　　鄱阳 侯 适
鄱阳 陈 介　　庐陵 李 章　　庐陵 李 悫　　庐陵 高 夔

庐陵	欧阳充	新淦	徐挺之	永丰	徐 维	永丰	徐椿年
太和	刘邦昌	安福	董安稷	安福	萧 隶	临川	傅 溥
南城	李 浩	南城	叶 优（一作叶铣）			南城	曾 献
南城	章 炳	南城	胡 邈	南城	刘 觉	南城	阮 僎
南城	黄 琮	南城	邓俊彦	南城	曾廷直	南城	汤景仁
南城	黄彦才	南城	邓廷美	南城	张 密	南城	曾 度
南城	饶 思	南丰	刘 絪	南丰	甘 阅	南丰	甘若虚
崇仁	王 盈						

绍兴十五年（1145）乙丑科刘章榜

乐平	王刚中（榜眼）						
南昌	李彦质	新建	翁德粹	进贤	林 霆	进贤	龚宗杰
都昌	陈伟烈	都昌	吴 中	建昌	雷 桢	星子	叶 倚
彭泽	陶世臣	乐平	罗 巩	浮梁	李应时	浮梁	查文颠
浮梁	查 维	新喻	胡润直	贵溪	李大亮	贵溪	李 嵩
贵溪	施 霆	贵溪	夏 畴	贵溪	桂 绩	南康	卢 绚
南康	蔡 爽	南康	蔡 权	大庚	刘公辅	上犹	钟三杰
虔化	陈忠言	丰城	王 枢	靖安	余商霖	奉新	袁去华
奉新	邹 定	高安	陈友直	上饶	王 庭	上饶	施 輗
上饶	郑 洙	上饶	应 材	德兴	祝 鼎	余干	柴 额
鄱阳	丁维翰	婺源（一作德兴）		李 绮			
德兴（一作贵溪）		方正己		德兴	张 撰		
婺源（一作德兴）		程九万		婺源（一作德兴）		汪安仁	
庐陵	罗 汇	庐陵	邓祖予	庐陵	胡 镐	庐陵	郭 份
安福	刘庭直（一作刘廷直）			临川	王 駊	临川	吴 迈
临川	黄 巽	南城（一作泰州）		李 鼎		南城	过美中
南城	余去病	新城	刘虢瑞	南城	张大经	南城	周 楠
南城	陈 靖	南城	黄德显	南城	姚 甄	南城	傅 裹
南丰（一作新城）		刘尧臣		崇仁	邓执规	宜黄	徐世英
金溪	陆 筠						

绍兴十八年（1148）戊辰科王佐榜

永丰	董德元（榜眼）			临川	陈 孺（探花）		
武宁	王念安	乐平	洪邦直	乐平	余 童	乐平	许冰清
乐平	邹 孟	乐平	汪处实	乐平	聂端权（一作聂端礼）		
浮梁	包 府	浮梁	朱伯雄	浮梁	鲍安行	新喻	萧 燧
新喻	杨 獬	新喻	欧阳文起	安仁	陈 溚		

南康	刘庭扬	南康	杨　应	清江	彭邦光	弋阳	方师尹
上饶	龚　溁	玉山	詹叔善	玉山	程千里	玉山	韩大宁
玉山	俞　晔	德兴	方　颜	德兴	叶元凯	德兴	汪端彦
婺源	朱　熹	临川	余彦广	南城	朱　咠	南城	陈德修
南丰	黄文昌	南丰	赵　邦	新城	叶民极	新城	刘希旦
庐陵	李兼善	新淦	俞处约	吉水	毛惠直	万安	萧南式
安福	刘安世	安福	刘　棠	安福	萧　肃	永新	袁富文
永新	左庆延						

绍兴二十一年（1151）辛未科赵逵榜

分宁（一作平江府）　余　松（探花）

分宁	赵　昌	武宁	费　义	都昌	冯大声	建昌	李宗启
建昌	李兴绍	德安	蔡蚩英	乐平	王三锡	乐平	许佐车
浮梁	程宏远	浮梁	鲍安国	浮梁	臧　桶	新喻	杨　愿
贵溪	周德祐	安仁	詹彦通	安仁	陈　奭	南康	刘　昂
南康	魏敦仁	临江	何安宅	清江	廖邦宁	丰城	揭商霖
奉新	陈特立	奉新	胡嗣立	新昌	赵彦偊	新昌	黄子谅
玉山	毛世显	玉山	朱　奕（一作朱弈）			玉山	周彦耀
德兴	万舜臣	德兴	王　枏	德兴	程文辉	德兴	程　舟
德兴	张栖筠	德兴	张　轵	德兴	董时伸	婺源	胡　搏
婺源	黄时伸	铅山	傅钦臣	余干	章　伦	鄱阳	马待问
鄱阳	章　涣	太和	刘令猷	安福	许世将	安福	周　因
临川	黄　兑	南城	万　叙	南城	王　垂	南城	王　庸
南城	毛公圭	南城	朱　玑	南城	余经邦	南城	符　愈
南城	陈经武	南城	杨邦翰	南城	赵公说	南城	黄　奥
南城	黄　衮	南城	揭秀实	南城	雷　丰	南城	童宗说
南城	曾孝颖	南城	彭彦邦	南丰	甘　开	南丰	陈　俞
南丰	刘孝恭	南丰	江秉钧	新城	刘　向	宜黄	李半千
宜黄	涂四友	乐安	何　睿	宜黄	戴友正（一作戴存正）		

绍兴二十四年（1154）甲戌科张孝祥榜

进贤	舒显祖	都昌	曹兴宗	星子	郭敦熙	乐平	徐彭年
乐平	黄居信	浮梁	施　升	浮梁	胡　珪	浮梁	张嘉谋
浮梁	郑　卓	新喻	刘靖之	分宜	欧阳椿	安仁	王　箴
宁都（一作处州龙泉）	管　灂	宁都	郑　茂	南康	朱　纹		
南康	叶　革	清江	徐梦莘	清江	黄世昌	清江	杨　善
丰城（一作南昌）	徐文远	奉新	许叔达	上饶	王　楫		

上饶	项寿	上饶	吴渊	上饶	余舜宾	上饶	汪南一
上饶	徐安世	上饶	郑大年	德兴	祝文明		

婺源（一作德兴） 祝华　　　　婺源（一作德兴） 汪械

婺源	李知己	婺源	吴大吉	婺源	洪闵	铅山	赵不迁
鄱阳	王将	南城	黄敷忠	南城	黄良辅	南城	许可久
南城	王邦彰	南城	陈彧	南城	邓布	南城	陈用中
南丰	侯登	崇仁	何异	乐安	董克正	宜黄	涂光大
庐陵	邓祖善	庐陵	李恕	吉水	杨万里	吉水	杨辅世
太和	刘廷俊	太和	刘体	永新	周鼎		

绍兴二十七年（1157）丁丑科王十朋榜

南昌	陈作乂	新建	京镗	都昌	曹觉	都昌	陈务敏
都昌	萧之美	建昌	皮汝平	建昌	李表辰	星子	查子固
星子	叶永龄	浮梁	李芝才	浮梁	朱琇	新喻	刘清之
新喻	谢谔	赣县	谢均玉	宁都	严兴义	清江	傅攸受
丰城	王三杰	丰城	范大用	丰城	徐孝伯	丰城	曾光
丰城	黄嘉运	奉新	袁凤	奉新	余绍祖	上饶	余禹成
上饶	施师点	玉山	刘璧	玉山	郑克进	玉山	詹汝贤
德兴	方梦祥	德兴	程坦	德兴	董文昌	德兴	程伯盛
德兴	程中正	婺源	王作谋	婺源	张硕	婺源	黄澈
余干	吴廷俊	余干	董振	庐陵	李盛	庐陵	刘鼎
庐陵	罗良弼	庐陵	曾大鼎	吉水	李诵	安福	刘之方
临川	姜之茂	南城	邓行中	南城	刘大亮	南城	危琯
南城	吴杞	南城	宗振	南城	参徐		

新城（一作南城） 徐宗振　　　　南城 黄元（一作开禧元年）

南城	黄俊民	南城	黄笏	南城	赵善宰	南丰	祝霆
南丰	刘铎	崇仁	王益	宜黄	涂藏		

绍兴三十年（1160）庚辰科梁克家榜

南昌	熊彦琦	武宁	苏邦俊	都昌	黄灏	建昌	李衡
建昌	李宗望	乐平	高通	乐平	钟炤之（一作钟照之）		
浮梁	叶晞旦	贵溪	方显	贵溪	郑物	贵溪	龚丕显

贵溪（一作临川） 桂友龙　　　　大庾 朱处约　　　　上犹 钟作霖

宜春	袁孝显	清江	王三恕	清江	张绶	清江	袁震
清江	欧阳汝从	高安	赵企之	筠州	胡商隐	上饶	杨恂
德兴	姜罴	婺源	李冠之	婺源	赵善佑	铅山	赵善邻
鄱阳	胡应宗	鄱阳	俞商衡	庐陵	胡籍	临川	王僖

临川　赵祈之　　临川（一作处州龙泉）　管　铸　　临川　谢　源
南城　邓　伦　　南城　熊胜之　　新城　刘　旦　　宜黄　唐汝舟

隆兴元年（1163）癸未科木待问榜

南昌　徐庭玉　　南昌　万　源　　新建　邓舜臣　　进贤　简世杰
都昌　曹　晟　　建昌　谢大方　　彭泽　何　焕　　彭泽　蔡元和
德安　王　阮　　星子　戴师愈　　乐平　马信卿　　乐平　徐　枢
乐平　徐　庚　　乐平　董伯熊　　乐平（一作临安府昌化）　程起宗
浮梁　计　衡　　贵溪　刘　曙　　贵溪　管　俣　　贵溪　韩　忠
贵溪　龚安国　　安仁　蔡鸿裂　　雩都　郭　祀　　上犹　钟　祐
袁州　赵善敕　　丰城　刘德秀　　丰城（一作贵溪）　桂　轮
丰城　范人杰　　丰城　涂昌期　　上饶　余舜扬　　玉山　刘允迪
玉山　陈　诚　　玉山　姜　凯　　德兴　李一鸣　　德兴　朱　琏
德兴　张　增　　德兴　程文彪　　德兴　董端义
余干（一作昆山）　赵公高　　　　余干（一作昆山）　赵彦竦
德兴　江　介　　婺源　胡　持　　婺源　孙自成　　婺源　黄时亨
铅山　赵不迹　　铅山　赵不遏　　铅山　赵不逐　　龙泉　孙逢吉
龙泉　李　旼　　安福　刘　易　　临川　王　谦　　临川　吴践言
临川　赵善仮　　南城　周　熺　　南城　陈力学　　南丰　曾　炎
南丰　曾　樽（一作曾摶）　　　　南丰　游少游　　崇仁　吴　镒
崇仁　吴　瀣

乾道二年（1166）丙戌科萧国梁榜

南昌　石孝友　　建昌　陈叔达　　德安　杨天奇　　乐平　洪中行
乐平　程昌龄　　浮梁　程宏图　　新喻　刘诚之　　新喻　严嘉宾
新喻　萧　宾　　安仁　吴　尹　　安仁　汤　诰　　宜春　黄　希
宜春　郭昌明　　宜春　彭大年　　清江　李浩然　　清江　陈　琦
清江　赵不隘　　清江　赵不伪　　丰城　孙　琳　　奉新　胡　价
筠州　赵彦初　　高安　幸邦辅　　新昌　邹　澈　　新昌　蔡　澡
上饶　张光远　　上饶　管　璆　　上饶（一作衢州开化）　徐大章
上饶（一作富阳）　徐安国　　　　（信州）永丰　徐　向
德兴　叶伯起　　德兴　鲍　明　　婺源（一作德兴）　祝　浩
婺源　胡汝器　　铅山　赵不迪　　鄱阳　段　毅　　鄱阳　范　浩
庐陵　彭　恪　　庐陵　罗全略　　新淦　刘倡仪　　新淦　曾三聘
吉水　刘　敞　　吉水　陈梦材　　吉水　徐　辙（一作徐彻）
吉水　郭有凭　　太和（一作常德府沅江）　陈　邦　　龙泉　孙逢辰
龙泉　李　充　　安福　刘　浚　　永新　刘明老　　临川　王厚之

临川　许　镗　　临川　孙有庆（更名孙洧）　　　临川　严思义

临川　赵彦璨　　南城　刘居正　　南城　黄人杰　　南城　李如愚

南城　聂　洧　　南丰（一作常州）　曾　焘

崇仁（一作临川）　熊　桂　　宜黄（一作邵武军）　上官骏

乾道五年（1169）己丑科郑侨榜

南昌　汪　胶　　乐平　舒　振　　乐平　汪　洪　　浮梁　臧　衡

新喻　丁南强　　新喻　黄光宗　　新喻　赵善周　　贵溪　柴厚义

安仁　郑三贤　　赣县（一作会稽）　曾　概　　大庚　刘兴祖

宜春　孟　浩　　清江　韦　楫　　清江　朱景文　　清江　彭龟年

丰城（一作新建）　高　鼎　　丰城　李修己　　新昌　雷孝友

玉山　陈　球　　玉山　徐　辉　　德兴　姜　廓　　德兴　舒　光

德兴　张　烜　　婺源　王仲强　　婺源　王　炎　　婺源　王待问

婺源　张循然　　婺源　詹　洙　　鄱阳　汪　径　　庐陵　罗维藩

庐陵　罗维翰　　新淦　曾三复　　安福　刘怀英　　安福　彭　扶

临川　李　缨　　临川　朱　绂　　临川　杨叔元

临川（一作宜黄）　黄　则　　南城　赵师彤

南丰　曾　晞（一作曾映）　　南丰　赵希郇　　金溪　陆九龄

宜黄　吴　荣　　金溪　葛逢时　　乐安　曾　丰　　新城　吴　中

乾道八年（1172）壬辰科黄定榜

南昌　王　岳　　浮梁　朱　霖　　浮梁　鲍升之　　新喻　欧阳朴

新喻　李梦熊　　新喻　欧阳昌邦　安仁　郑三友　　雩都　孙　吴

宁都　廖　颜　　大余　莫士先　　清江　赵不柔　　清江　蔡浩然

丰城　赵善择　　靖安　刘　垣　　奉新　刘　吉　　筠州　赵汝晦

（信州）永丰　吴　绍　　（信州）永丰　杨　炳　　玉山　王　荡

玉山　王　庚（一作王唐）　　玉山　汪　逵　　德兴　程　复

德兴　黄大本　　德兴　章　泳　　德兴　章　洙　　婺源　汪　洪

铅山　赵不沮　　鄱阳　吴　雾　　庐陵　罗全材　　龙泉　孙逢年

龙泉　罗克开　　临川　俞庭椿（一作俞廷椿）　　临川　蔡　诜

南城　张有为　　南城　陈绍是　　南城　傅　泉　　南丰　刘　骥

乐安　张　锷　　金溪　陆九渊

淳熙二年（1175）乙未科詹骙榜

崇仁　罗　点（榜眼）

南昌　刘邦本　　进贤　郑晞颜（一作郑希颜）　　都昌　邵　倬

都昌　黄　翰　　湖口　萧朝凤　　德安　刘省成　　乐平　蔡胜之

乐平　许　锡　　萍乡　彭公信　　新喻　胡　极　　新喻　萧　寅

新喻 谢谘　　新喻 章　颖（省元）

贵溪嵊县（一作绍兴府）　桂　森　赣县 钟必胜　　南康 蔡仲堪

上犹 钟　禔　　上犹 谢　荐　　兴国 李　谦　　清江 章之纯

丰城 邓　元　　丰城 王　熙　　丰城 孙觉之　　丰城 吴丕绩

筠州 赵汝映　　上饶 余禹和　　上饶 余禹绩　　上饶 张　僖

玉山 郑建德　　德兴 万圭锡　　德兴 余禹畴　　德兴 余　敦

婺源 汪　诜　　婺源 叶淑辉　　铅山 贾遵祖　　余干 李　登

余干 徐谦亨　　余干 吴　森　　鄱阳 张　玘　　鄱阳 董南一

鄱阳 徐　荣　　万安 陈嘉荣　　安福 刘德礼　　安福 曾光祖

安福 戴翊羽　　临川 许　可　　临川 孙　洵（更名孙子直）

临川 孟　涣　　南城 胡有开　　南城 张有闻　　南城 李光辅

新城 傅梦泉　　新城 傅　庸　　宜黄 刘名世　　宜黄 徐　嵇

宜黄 晁百谈

淳熙五年（1178）戊戌科姚颖榜

南昌 韩　充　　新建 周申甫　　乐平 程　愈　　乐平 胡飞英

安仁 冯文载　　大庾 钟　鹗　　上犹 谢　苣　　兴国 周泰来

宁都 廖　光　　袁州 赵伯薇　　清江 廖　焕　　丰城 王佐才

丰城 甘同叔　　丰城 李　郭　　丰城 黄　瀛　　丰城 黄畴若

丰城 孟　程　　高安 赵善闺　　（信州）永丰 舒　昊

德兴 万　珪　　德兴 程　淳　　庐陵 李昌龄　　新淦 娄　武

永丰 王梦得　　永丰 王总孚　　吉水 曾天若　　吉水 曾天从

吉水 罗明弼　　太和 康　职　　太和 倪求己　　太和 王化原

安福 周有永　　临川 赵彦玚　　临川 董居厚　　临川 邹安道

临川 赵彦瓛　　临川 赵汝铲　　南城 邓约礼　　南城 丘良翰

南城（一作新城）　吴　中　　南城 张元晋　　宜黄 饶梦龙

淳熙八年（1181）辛丑科黄由榜

新建 李时敏　　分宁 王智中　　分宁 王　概　　武宁 胡元衡

都昌 于公梁　　都昌 曹彦约　　湖口 杨　邠　　德安 赵　炳

德安 张维允　　浮梁 卢友源　　萍乡 吴　琯　　新喻 丁南金

虔州 李　绅　　上犹 黄梦良　　上犹 黄有成（一作淳熙十一年）

上犹 左　章　　清江 宋　蒙　　清江 刘孟容　　丰城 于　革

靖安 舒邦佐　　上高 李端本　　上饶 郑舜扬　　上饶 汪　尹

玉山 赵善采　　玉山 陈　铭　　德兴 万　燽　　德兴 余深美

德兴 万　郯　　婺源 李行成　　婺源 滕　璘　　铅山 傅　兆

鄱阳 詹林宗　　庐陵 罗全德　　新淦 郭应祥　　安福 李梦符

安福 刘忠卫　　永新 张钢　　临川 杨汝明　　临川 赵师栗
临川 董居谊　　南城 李肃　　南城 张镇　　南城 黄弥邵
南丰 刘思忠（一作刘师忠）　　崇仁 杨证

淳熙十一年（1184）甲辰科卫泾榜
南昌 贾瀛　　新建 崔敦义　　武宁 李自得　　武宁 黄实
都昌 夏之时　　都昌 曹一夔　　建昌 张克明　　德安 王澄
星子 刘淇　　德安 潘世章　　乐平 余杞　　新喻 胡梦白
安仁 吴浩淳　　赣县 李谦　　南康 钟处仁　　大庚 何先之
大庚 李居梦　　大庚 蓝庭坚　　瑞金 王纲（一作王一刚）
袁州 石镇　　袁州 李长民　　清江 徐得之　　清江 徐筠
丰城 黄遵　　丰城（一作临川）　黄绍宗　　丰城 揭飞雄
信州 黄杰　　上饶 王大猷　　上饶 王克己　　上饶 黄勋
上饶 舒武　　德兴 万轵　　德兴 万成允　　德兴 张瀛
婺源 王棠　　婺源 余宜卿　　吉水 李伯贤　　龙泉 李迫
临川 徐德全　　临川 徐浩　　临川 赵师范　　临川 吴炳若
南城 周韭　　南城 陈元　　南城 张元观
南城（一作南丰）　曾贯道　　南城 熊允恕　　崇仁 吴琮
广昌 何坦　　宜黄 邹非熊　　宜黄 饶时亨

淳熙十四年（1187）丁未科王容榜
南昌 熊浚　　新建 裘万顷　　建昌 黄楷　　建昌 石如圭
建昌 黎献　　建昌 葛安　　星子 杨日新　　星子 周彦敏
浮梁 朱去奢　　浮梁 吴宗玉　　萍乡 柳著　　萍乡 赵善愬
新喻 萧逵　　贵溪 应元衮　　贵溪 段旦　　大庚 朱执圭
龙南 缪瑜　　清江 胡卿月　　丰城 王峦
丰城 王衡仲（一作王仲衡）　　丰城（一作临川）　黄峦
筠州 毛俊义　　上饶 余禹安　　上饶 余禹畴　　上饶 姜岩
德兴 张大振　　德兴 汪祚　　德兴 程度　　婺源 滕珙
余干 刘视　　鄱阳 李安行　　庐陵 王琳　　庐陵 郭弥邵
新淦 郭应龙　　吉水 高如鸿　　龙泉 蒋天民　　安福 彭杰
临川 王克勤　　临川 冯旦　　临川 危积（孝宗赐名，旧名危科）
南城 刘材　　南城 邓仁勇　　南城 胡有光　　南城 张春
南城 陈纲　　金溪 黄炎

绍熙元年（1190）庚戌科余复榜
南城 曾渐（榜眼）
南昌 梅凤（一作杨凤）　　都昌 曹户　　都昌 余待问

都昌	詹 义	建昌	李 燔	乐平	程应申	浮梁	计 黉
萍乡	张 枢	萍乡	周大德	贵溪	桂如篪	赣县	陈邦荣
宜春	张嗣古	袁州	赵企夫	袁州	赵善救	清江	丁居易
清江	李 直	筠州	吴从周	新昌	赵师柄	上饶	方龟龄
上饶	王 曾	上饶	余禹言	上饶	余 铸	上饶	施 楮
玉山	詹 继	德兴	齐 石	德兴	沈隆兴	德兴	董与几
德兴	董文炬	婺源	王元龟	婺源	俞元方	婺源	程万里
余干	余 鉴	余干	赵崇方	余干	赵伯瑊	余干	柴中行
鄱阳	齐三杰	鄱阳	师 壹	庐陵	罗 瀛	庐陵	赵伯淇
新淦	陈 经	永丰	文元鼎	永丰	邹才正	永丰	曾定谨
吉水	曾 焕	泰和	曾之谨	安福	戴重熙	安福	罗天成
临川	赵师嵘	临川	赵邻之	临川	梁成章	南城	毛文炳
南城	刘 恭	南城	利元吉	南城	陈 高	南城	周伯熊
南城	胡允文	南城	聂子述	南丰	赵彦恺	南丰	赵伯操
宜黄	唐元龄						

绍熙四年（1193）癸丑科陈亮榜

南昌	欧 鉴	都昌	王惟一（一作王维一）			都昌	刘元龙
都昌	宋 仁	都昌	冯 椅	建昌	李大中	建昌	陈 显
建昌	熊不愚	星子	杜 琮	乐平	李半千	乐平	许 溪
乐平	徐俊章	乐平	徐君召	新喻	刘性之	贵溪	叶安诗
贵溪	应 集	贵溪	应元鼎	上犹	黄梦符	宁都	廖季高
袁州	刘 堪	袁州	欧阳绾	丰城	孙伯温	丰城	李恕己
丰城	黄 竑	高安	赵善偰	上饶	余禹宁	德兴	余嘉猷
德兴	余嘉绩	德兴	徐清臣	德兴	夏文昌	婺源	项维垣
鄱阳	董 煟	庐陵	文 辉	庐陵	王大任	庐陵	刘千钧
庐陵	刘克俊	庐陵	许 凌	庐陵	邓应兴	庐陵	彭叔夏
庐陵	彭 彬	新淦	刘 镒	吉水	李如圭	吉水	李 鼎
吉水	李 骥	吉水	莫 洙	太和	谭一飞	太和	陈嗣宗
临川	赵汝釭	临川	赵汝鐾	临川	赵汝诘		
临川（一作晋江）	谢 赐			宜黄	李梦白	崇仁	吴无隐
南城	赵彦北	南丰	赵师稽	南丰	汤 周	南丰	黄啬夫
新城	黄 开	广昌	李 回				

庆元二年（1196）丙辰科邹应龙榜

南昌	万士贵	南昌	陶 武	新建	张 汉	武宁	冷 熙
都昌	邹 纪	都昌	陈鹏图	建昌	洪允迪	建昌	李 镰

浮梁　郑子思	浮梁　程有俊	贵溪　桂如渊	安仁　汤　千
安仁　吴云翼	安仁　董梦传	赣县　袁　岳	赣县　张　合
赣县　曾　勋	南康　阳万彻	宁都　饶英材	清江　郑人杰
袁州　黄　淮	清江　蔡　鉴	靖安　廖　宓	筠州　吴　丙
筠州　陈　杰	高安　李彦衡	上饶　周　巩	上饶　徐应龙
上饶　徐　楹	上饶　徐　竦	德兴　万　何	德兴　王与权
德兴　叶　蕃	德兴　余　羣	德兴　张更生	
德兴　夏　荃（一作夏筌）		德兴　董　焯	德兴　董　琮
余干　史　本	鄱阳　洪舜臣	庐陵　罗清宪	太和　杨炎正
太和　杨梦信	庐陵　郭显文	太和　郭询直	安福　刘有声
临川　吴元子	临川　赵汝岩	临川　赵汝钟	南城　江　武
南城　刘　造	南城　利　恺	南城　陈　逵	南城　陈　赟
南城（一作临川）　曾逢辰		南城（一作邵武军）　上官简	
南丰　赵彦郿（一作赵彦晒）		南丰　赵彦壻	南丰　罗　献
宜黄　邹　龚			

庆元五年（1199）己未科曾从龙榜

都昌　牛斗南	都昌　陈　范	都昌　段友龙	都昌　曹　椿
建昌　丁　鸿	星子　刘　丙（一作刘炳）		星子　张　申
星子　涂　坦（一作涂垣）		乐平　邹近仁	浮梁　李大有
浮梁（一作德兴）　朱进之		浮梁　程有徽	
贵溪（一作衢州西安）　桂昭然（一作桂照然）			清江　韦　卫
丰城　徐　伦	丰城　熊元灿	高安　范仲武	上饶　杨　修
上饶　俞日新	上饶　郑　堪	上饶　周得高	上饶　周　熙
上饶　郑大年	上饶　徐有孚	（信州）永丰　赵　适	
德兴　余　鼎	德兴　李　骏	德兴　汪　浩	德兴　董仲荣
余干　赵崇尹	余干　赵崇悆	庐陵　彭汝翼	庐陵　彭梦弼
庐陵　欧阳士龙	新淦　赵师陶	永丰　王　镐	太和　刘文郁
太和　赵师共	太和　曾　戬	安福　许　浚	临川　黄大中
临川　徐子石	临川　聂　洙	临川　谢　枢	南城　朱　平
南城　刘仁荣	南城　利正吉	南城　陈　观	南城　姚虞宾
南城　陶　述	南城　黄　鉴（一作南丰黄鉴，嘉泰二年进士）		
南丰　朱梦吉	崇仁　何　迟	南丰　赵希回	南丰　黄　枢
乐安　黄尧咨	宜黄　涂　枋	宜黄　吴　盟	宜黄　邹幼仁

嘉泰二年（1202）壬戌科傅行简榜

南昌　刘亨叔	分宁　沈　连	都昌　黄　理	都昌　江　杞

建昌	王俊民	德安	王遂	乐平	许泾	乐平	洪友诚
乐平	程玘	新喻	欧阳必泰	贵溪	卢孝孙		
贵溪	叶梦得	大庚	曾文豹	兴国	刘袚	兴国	胡希章
袁州	张耕	清江	吴南一	清江	欧阳仁政	筠州	陈允恭
高安	幸元龙	新昌	阮寅	德兴（一作乐平）		王	佐
德兴（一作乐平）		程浚川		婺源	齐嵩		
婺源	孙昌朝（一作孙昌期）			余干	彭震		
鄱阳	（一作乐平）彭唐卿			鄱阳（一作瓯宁）		邱	樋
庐陵	徐楚	吉水	罗子介	吉水	曾忱	太和	赵师德
太和	赵师异	太和	袁士安	万安	杨昌朝	临川	万一之
临川	林子正	临川	徐光德	临川	黄锐	南城	严世明
南丰	赵时侃	南城	陶述尧	南城	戴自诚	南丰	赵师侃
宜黄	张似之	宜黄	邹临				

开禧元年（1205）乙丑科毛自知榜

南昌	卢仲隽	新建	万居安	湖口	李日迈	湖口	邹益发
建昌	陈安节	德安	吴元	德安	吴宏	德安	吴愈
乐平	程遂	乐平	许桂	虔化	陈艾	宁都	黎松
宁都	廖寿翁	清江	刘昌诗	清江	赵希坡	清江	徐天麟
清江	傅晞曾	丰城	余林	丰城	范应铃		
丰城	王武子（一作王武，一作王子武）					玉山	吴周
德兴	万孝恭	德兴	张应辰	德兴	程崧卿	德兴	程南可
德兴	俞禹畴	德兴	董梦程	德兴	董岫	婺源	方邦振
婺源	李枬	婺源	胡自厚	婺源	董龄	余干	刘伯正
余干	邹孟卿	余干	赵汝玤	余干	赵汝珣	余干	赵汝觐
余干	赵汝循	鄱阳	余挺	庐陵	杨洽	庐陵	彭建极
庐陵	萧麟	新淦	彭震	吉水	邹直	吉水	周直方
太和	谭经	安福	王绍登	安福	刘泾	安福	刘日章
永新	左谟	临川	许之选	临川	危和	临川	夏应期
临川	游祖武	新城	陈鉴	南丰	黄材	南丰	曾瑞
宜黄	陈希望	崇仁（一作临川）		熊仲熊		广昌	饶复

嘉定元年（1208）戊辰科郑自成榜

进贤（一作临川）		黄埔		进贤（一作临川）		黄垺	
武宁	汪刚中	武宁	胡玠	都昌	刘一新	都昌	李焕
都昌	夏禹迹	建昌	黄士燮	乐平	余天赐	乐平	许阶
浮梁	郑梦龙	赣县	高世贤	信丰	叶敷荣	袁州	赵师阡

清江	张洽	清江	胡必大	丰城	廖士正		
筠州（一作南昌）	游谓			德兴	王闻一	德兴	汪相如
德兴（一作浮梁）	张弼			德兴	董铢	德兴	董师古
婺源	孙倬	婺源	程伯圻	余干	史寅仲	余干	高淮
余干	章起宗	鄱阳	刘梦得	庐陵	刘世臣	庐陵	刘龟年
庐陵	刘邦凤	庐陵	周必贤	庐陵	罗有开	庐陵	胡烓
庐陵	彭去泰	庐陵	廖显祖	永丰	邹近礼	永丰	曾天锡
吉水	李如金	太和	白夏起	太和	袁士表	永新	左利见
永新	张渊	永新	段昌武	临川	李昂	临川	晏大正
临川	黄梦得	临川	赵希干	南城（一作南丰）	甘梦元		
南丰	甘嵩	南城	李复	南城	张自明	南城	连惠连
南城	赵希嵩	南城	赵崇政	南城	黄春	南城	黄弥明
南城	熊刚礼	新城	赵崇信	新城	傅梅叟	南丰	李万
南丰	彭蠡	崇仁	元璩（初名元焘）			崇仁	李刘
崇仁	曾柬之	宜黄	陈冠	宜黄	曹锡		

嘉定四年（1211）辛未科赵建大榜

南昌	李纯仁	南昌	翟采	南昌	郑明卿	新建	周良佐
进贤	万一荐	都昌	李竑	都昌	曹士中	都昌	邵仁杰
都昌	曹问	彭泽	陈秉文	建昌	陈可	建昌	雷度
德安	桂褒	星子	赵规	星子	蔡则	星子	欧阳焕然
浮梁	朱振	浮梁	金从龙	萍乡	文琯	萍乡	赵崇渭
新喻	赵希迨	新喻	赵希谟	贵溪	郑会	贵溪	郑芝秀
安仁	汤思中	赣县	周原	瑞金	赖梦雷	丰城	徐少庚
丰城	熊炎	奉新	帅应和	高安	涂应楠	高安	赵崇荫
玉山	徐文卿	德兴	李元吉	德兴	程梅卿	婺源	李尚
婺源	李升之	婺源	汪牧	婺源	汪幡然	婺源	张泳
婺源	赵崇亢	鄱阳	董云才	庐陵	刘时发	庐陵	胡机
庐陵	黄豹	庐陵	彭去非	新淦	应梦武	吉水	周一之
吉水	萧森	安福	彭拱辰	永新	彭子合	永新	谭梦贤
永新	谭源	临川	朱元庆	临川	危嵩	临川	邹斌
临川	周思诚	临川	罗几仲	临川	姚鹿卿	临川	章洪
临川	程千里	南城	孔圣义	南城	赵与鉴	南城	黄高
新城	傅沂	南丰	危伯明	南丰	李陕	南丰	赵与杰
南丰	赵启夫	崇仁	陈元晋	崇仁	饶谊	乐安	舒复宗
金溪	陆浚						

嘉定七年（1214）甲戌科袁甫榜

南昌	王行之	新建	李伯坚	新建	胡逸驾	新建	阙伯益
新建	田居正	进贤	戴三德	分宁（一作南丰）	黄峦		
武宁	邢凯	武宁（一作南昌）	杨三益			都昌	邵良
都昌	孙惟寅	都昌	杜元	建昌	欧阳晔	星子	赵楷夫
浮梁	宁时凤	浮梁	程立之	安仁	王庚应	安仁	汤巾
安仁	李秋山	袁州	赵崇玠	丰城	范之巽	丰城	赵丛甫
丰城	傅叔昂	筠州	赵括大	筠州	赵崇絪	筠州	赵崇轲
清江（一说闽县）	张元简			德兴	王渭	婺源	吕康年
余干	余鉴	余干	赵悃夫	余干	赵璞夫	鄱阳	朱宗尹
鄱阳	汪迪	鄱阳	彭大雅	庐陵	郭公朝	庐陵	萧允恭
庐陵	习胜己	庐陵	周必从	庐陵	刘富国	庐陵	赵崇
吉水	江通一	吉水	刘良嗣	吉水	彭钥	吉水	曾宏誉
太和	严杞	太和	陈汉孙	太和	黄宋英	安福	张钦
永新	刘洙	永新	刘子绎	永新	彭壆	临川	叶履祥
临川	赵汝厐	临川	赵汝讯	临川	赵端颐	临川	赵涯
临川	章文昌	南城	邓筠	南城	李宗起		
南城（一作南丰）	陈纪			南城	陈觉	南城	陈策
南城	周良	南城	杨庸	南城	张思恒	南城	姚德冀
南城	童颐	南城	熊简	崇仁	吴焱	崇仁	周穆
崇仁	饶子庸	崇仁	谢公旦	崇仁	熊有宗		

嘉定十年（1217）丁丑科吴潜榜

南昌	徐允	新建	戴汝谐	进贤	罗必元	建昌	王克乘
建昌	胡端	浮梁	郑森	浮梁	包禾	萍乡	王孚
萍乡	刘日宣	新喻	刘成季	新喻	彭沂	新喻	萧仲昱
贵溪（一作兴国）	桂如震			贵溪（一作鄂州）	桂如琥		
袁州	陈文涣	筠州	闵端义	新昌	沈钧	玉山	詹九渊
婺源	王斌	婺源	李嘉猷	婺源	李德厚	婺源	胡湜
婺源	黄相	余干	许致祥	余干	徐万	余干	赵崇畏
余干	赵崇和	庐陵	彭士楚	庐陵	张希萃	庐陵	罗汇
庐陵	朱涣	庐陵	张溪	庐陵	张涣	永丰	毛钺
吉水	胡梦昱	太和	刘泳（一作刘詠）			太和	倪灼
太和	谭维	安福	刘梦骥	安福	欧阳赓	临川	陈一荐
临川	孟大壮	临川	吴陵	临川	张宏	临川	林应龙
临川	赵必椠	临川	赵崇泗	临川	饶一新	临川	章子先

临川 龚焕　　临川 谢子新　　新城 甘瑞　　南丰 陈宽
广昌 曾钰

嘉定十三年（1220）庚辰科刘渭榜

南昌 吴浩　　进贤 陶梦桂　　分宁 平仲信　　都昌 冯去疾
都昌 陈稷　　都昌 黄源　　都昌 曹子文　　建昌 刘泾
建昌 汤竦　　星子 赵良殊　　建昌 胡泓　　建昌 谭应斗
乐平 甘梦祥　　乐平 王进　　乐平 许烜　　丰城 李义山
袁州 赵熙夫　　丰城 徐𩅥　　筠州 沈钧　　筠州 赵崇点
筠州 赵与麟　　高安 幸溥中　　新昌 邹旦　　德兴 李刚
德兴 金诺　　德兴 程潜　　德兴 董松　　婺源 项用元
余干 毛友郑　　庐陵 刘良　　庐陵 金兴祖　　庐陵 曾烑
庐陵 曾镐　　新淦 孔伯元　　新淦 孔伯迪　　吉水 刘梦遵
吉水 郭简　　太和 邓有兴　　太和 刘子澄　　太和 曾历
万安 周子扬　　万安 萧应新　　安福 王绍宗　　临川 邓刚
南城 邓泳　　临川（一作乐安）　董士元
临川（一作乐安）曾钰　　南城 包恢　　南城 朱均
南城 罗亮功　　南城 陈巩　　南城 胡杭　　南城 黄镇
南城 曾子顺　　南城 曾朱　　新城 邓祖禹　　南丰 曾钲
南丰 张端　　崇仁 林彦挨　　崇仁 陈唅　　崇仁 饶锷
崇仁 谢琳　　乐安 罗梦昱　　金溪（一作崇仁）周国华

嘉定十六年（1223）癸未科蒋重珍榜

新建 程必东　　新建 蔡荐　　进贤 雷应云　　都昌 吴三杰
都昌 彭来有　　都昌 赵汝仪　　都昌 谭梦白　　都昌 欧阳林
建昌 邓从龙　　建昌 杨友直　　乐平 许梦开　　乐平 钟宏
浮梁 包有辉　　浮梁 黎弥振　　新喻 萧仲丙　　贵溪 宋儒
赣县 马梦炎　　宁都 谢元凤　　清江 胡洙　　清江 苏元龙
丰城 徐鹿卿　　筠州 袁应老　　高安 陈乘之　　新昌 熊良治
新昌 熊良辅　　玉山 韩补　　玉山 韩祥　　玉山 陈钦
（信州）永丰 黄从龙　　　　德兴 王遇　　德兴 齐振
德兴 李蒲　　德兴 余有本　　德兴 余建　　德兴 祝明
婺源 余千能　　婺源 胡政　　余干 赵必溥　　余干 黄秀发
庐陵 罗君贤　　庐陵 罗浚　　庐陵 黄炳　　庐陵 郭子晟
庐陵 彭舜恺　　庐陵（一作吉水）萧渊　　新淦 邓子龙
新淦 何嘉谟　　吉水 邓刚　　吉水 刘元刚　　吉水 陈琪
吉水 曾宏迪　　太和 袁櫄　　万安 刘益之　　万安 张伯俊

永新	左师召	永新	左梦高	永新	萧仪凤	永新	朱梦龙
临川	艾燮	临川	毕允升	临川	朱梦青	临川	赵广谊
临川	赵必谞	临川	赵继盛	临川	黄茂良	临川	游銮
临川	上官时发	南城	石行之	南城	邓勇敏	南城	严粲
南城	赵希詹	南城	黄初	南城	黄新		
新城	黄祈（一作黄沂）			南城	龚梦鲤	崇仁	饶梦吕
崇仁	欧阳颐	乐安	何谷	乐安	张贵德	乐安	熊应鹏
宜黄	万开	宜黄	许梦龄	宜黄	涂恢	广昌	刘刚中

宝庆二年（1226）丙戌科王会龙榜

南昌	刘文星	南昌	罗盛得	南昌	游藩	南昌	谢尧夫
新建	陈孟震	新建	裴由庚	进贤	吴庆之	江州	曹永年
分宁	王仲雅	分宁	祝如川	分宁	黄端亮	分宁	熊苗
都昌	江万里	都昌	冯扦	都昌	赵杰夫	都昌	赵时夏
都昌	赵彦扬	都昌	赵师亮	都昌	翁大有	乐平	李南金
浮梁	朱准	浮梁	程辉	萍乡	彭世范	萍乡	赵彦倃
萍乡	赵崇微	萍乡	赵师回	萍乡	赵汝钥		
萍乡（一作分宜）		赵若烛		贵溪（一作潭州湘阴）		林誄	
贵溪	桂柔夫	安仁	汤中	安仁	倪举	赣县	严宗
兴国	王钦	宁都	廖应刚	宁都	廖友文	清江	吕开
清江	王采	清江	赵希孚	清江	傅实之	丰城	王廷瑞
丰城	吴子源	丰城	徐一鸣	丰城	徐经孙（初名徐子柔）		
瑞州	赵崇伋	瑞州	赵崇刚	瑞州	赵汝吕	瑞州	赵希概
瑞州	赵崇昂	瑞州	蔡安国	高安	幸应中	高安	赵保夫
高安	赵崇膺	德兴	王禹钧	德兴	李仁垕	德兴	童元
德兴	夏吁	德兴	程应振	德兴	程雄	婺源	汪文
婺源	汪应时	余干	李万	余干	李天瑞	余干	宗实
余干	赵崇斌	余干	赵崇要	余干	赵崇焕	余干	赵与侁
余干	赵必德	余干	赵希岑	余干	姜士龙	庐陵	李居安
庐陵	曹功臣	太和	萧逢辰	新淦	张一鸣	新淦	赵汝急
吉水	李介石	吉水	杨应廉	吉水	罗大经	吉水	罗应雷
吉水	罗梦祥	太和	刘简子	太和	刘奎	太和	严元龙
安福	刘噶	安福	周居安	安福	蒋孝恭	永新	左文杰
永新	左文翁	临川	艾釜	临川	赵与刊	临川	赵必楙
临川	赵崇濴	崇仁（一作临川）		赵端苣		临川	赵崇明
临川	赵邦夫	临川	赵瞥夫	临川	赵汝庶	临川	赵崇瀚

临川 赵希瑊　　临川 赵继准　　临川 赵继代（一作赵继大）
临川 徐元德　　临川 章平与　　临川 程琳　　临川 樊应亨
崇仁 谢洪　　南城 赵汝柳　　南城（一作萍乡）　赵汝粲
南城 梅均　　南城 徐璿　　南城 祝沂　　南城 钟鉴
南城 徐晔　　南城 赵希祐　　南城 赵与连　　南城 赵英夫
南城 周得之　　南城 赵与昱　　新城 傅巩　　南城 傅拱
南丰 甘珵　　南丰 甘俟　　南丰 赵希战　　南丰 赵崇璪
南丰 赵希导　　南丰 黄师銮　　南丰 赵汝概　　南丰 赵汝贻
南丰 赵崇偿　　南丰 赵与概　　崇仁 李荣夫　　乐安 聂焱
广昌 揭思愿

绍定二年（1229）己丑科黄朴榜

隆兴府 林公志　　南昌 万益之　　南昌（一作新建）　罗应荐
南昌 徐叔伦　　新建 程霆炎　　新建 曹一龙　　进贤 赵来夫
江州 骆养正　　分宁 冷应征　　武宁 叶履和　　都昌 赵梓夫
乐平 洪斗祥　　萍乡 何梦彰　　萍乡 潘诜　　新喻 萧应元
新喻 萧泰来　　贵溪 郑益　　贵溪 郑芰　　贵溪 桂卯
安仁 曾洸（一说淳祐元年）　赣县 郭镒　　大庾 严寅
袁州 易乾　　袁州 赵彦闰　　袁州 赵汝海　　袁州 赵希瑂
清江 王棨　　清江 皮巽　　清江 阮炎正　　丰城 苏思诚
丰城 黄伯荄　　丰城 揭三京　　丰城 熊野　　靖安 吕怀祖
瑞州 晏大烈　　高安 陈英发　　德兴 万坚　　德兴 余成大
德兴 董益之　　婺源 王声之　　婺源 齐一正　　婺源 李玘
婺源 李震东　　婺源 李德升　　婺源 项次龙　　余干 叶极
鄱阳 濮斗南　　庐陵 刘得遇　　庐陵 吴俊　　庐陵 汪知几
庐陵 汪应午　　庐陵 杨仲癸　　庐陵 郭明　　新淦 杨攀龙
新淦（一作永丰）　董云从　　永丰 张应龙　　永丰 王应雷
吉水 朱发　　吉水 胡大同　　吉水 胡大成　　吉水 胡文谏
吉水 黄登　　吉水 曾宏用　　太和 刘至德　　太和 杨时可
太和 陈尧登　　太和 胡复　　太和 钟明叔　　太和 袁文焴
太和 袁樵　　太和 萧仲才　　太和 萧梦元　　太和 谭叔德
龙泉 王炳　　龙泉 王季雍　　永新 张橚　　永新 颜铺
临川 刘允武　　临川 吴拭　　临川 周楫　　临川 周焱
临川 赵继禹　　临川 赵继伟　　临川 赵继儒　　临川 赵汝恒
南城 孔延桂　　南城 郑观仕　　南城 黄伯枢　　南城 徐琳
新城 张玠　　南丰 甘治　　乐安 黄云从　　宜黄 许岳宗

宜黄　徐园老

绍定五年（1232）壬辰科徐元杰榜

上饶　徐元杰（状元）

南昌	沈国光	新建	赵日辟	武宁	李鸿渐	都昌	陈　纪
都昌	赵时苗	都昌	赵时偶	都昌	曹　晏	乐平	洪　傲
乐平	徐　炳	浮梁	李遇龙	萍乡	何简易	萍乡	黎　韶
新喻	萧　剀	新喻	胡三省	新喻	丁　㷀	贵溪	郑　芬
贵溪（一作慈溪）		桂去疾		南康	卢自明	兴国	桂锡孙
宜春	侯　俣	清江	彭梦渔	丰城	甘茂荣		
丰城（一作临川）		王庭椿		丰城	丁　治	瑞州	范　坦
上饶	王应龙	德兴	王应辰	德兴	祝　淮	德兴	董　洪
婺源	齐日敏	婺源	吴遇龙	婺源	胡　炬	婺源	胡　照
余干	史　宗	余干	许　浩	余干	赵崇整	庐陵	牛仲卿
庐陵	邓斗元	庐陵	邓　奎	庐陵	李公秀	庐陵	罗应龙
庐陵	郑衡之	庐陵	晏　陶	庐陵	傅维烈	新淦	何嵩之
新淦	张　元	新淦	俞梦洛	新淦	萧元肃	永丰	刘文炳
吉水	李晦之	吉水	胡梦虎	太和	倪　立	太和	陈闻诗
太和	杨梦启	永新	左　誉	永新	刘东父	永新	谭敬叔
永新	谭献叔	临川	李荣祖	临川	严象祖	临川	陈　铎
临川	张　恢	临川	饶　愿	临川	俞　炳	临川	董士龙
南丰	赵与榭	崇仁（一作宜黄）		乐　甫		崇仁	饶应子
崇仁	熊元龙						

端平二年（1235）乙未科吴叔告榜

余干　李伯玉（初名李诚，榜眼）

南昌	万元杰	南昌	游　炳	新建	胡　纯	进贤	罗一龙
分宁	南宫靖一	武宁	冷梦虎	都昌	李叶端	都昌	吴应中
都昌	赵与僧	都昌	黄雄飞	乐平	洪　芹	萍乡	丘　骅
萍乡	赵时皓	宁都	胡三杰	清江	张　桂	丰城	黄子椿
瑞州	赵孟宗	瑞州	赵孟造	（信州）玉山	詹文杓		
弋阳	韩　禾	德兴	王与义	德兴	余应先	德兴	罗叔刚
德兴	夏任仲	婺源	项文度	余干	支应酉	余干	李　过
余干	李　显	庐陵	朱　渊	庐陵	吴道夫	庐陵	刘受祖
庐陵	刘天定	庐陵	彭五隽	庐陵	曾应新	庐陵	欧阳文龙
永丰	黄应介	太和	刘说卿	太和	陈　彬	太和	杨应珍
万安	戴养正	安福	刘洪范	永新	张幼杰	临川	元仲进

临川	危国材	临川	张桂	临川	符遂	南城	吴瑜
南城	吴梦坚	南城	杨茂子	南城	盛喆	南城	廖斗南
南城	童蒙雷	南丰	孙瑞	南丰	赵与骓	宜黄	王汝玉
崇仁	吴湜	崇仁	饶应龙	崇仁	饶宋英	宜黄	邹槃

嘉熙二年（1238）戊戌科周坦榜

隆兴府	王子登	隆兴府	王仕甫	隆兴府	王梦经		
隆兴府	祝林宗	南昌	龚日升	南昌	秦朱高	南昌	万钟鸣
新建	裘应材	分宁	王稆	分宁（一作临川）	黄钾		
分宁	黄端简	都昌	陈直卿	都昌	陈维新	建昌	陈约
建昌	赵应中	建昌	熊应中	浮梁	朱应声	浮梁	李亨嘉
浮梁	汪洪	浮梁	程有文	贵溪	郑兰	贵溪	郑蔼
兴国	钟绍安	宁都	赖人俊	袁州	李发	清江	丘世先
清江	王选	高安	刘应龙	高安	陈仲微	高安	涂幼醇
上饶	徐子卿	玉山	詹攀鳞	德兴	齐颜叔	德兴	张从龙
德兴	程垌	德兴	夏迪为	余干	赵必大	余干	徐宪
庐陵	牛大来	庐陵	邓容	庐陵	刘木	庐陵	刘惠祖
庐陵	吴发	庐陵	彭奎	庐陵	郭公亮	庐陵	曹珏
新淦	赵汝綋	永丰	吴俊（一作吴浚）			吉水	李旻
吉水	刘南甫	吉水	彭正甫	太和	陈午	太和	萧梦得
万安	张天定	安福	刘梦材	安福	欧阳叔思	永新	刘必济
临川	冯坚	临川	孙应登	崇仁	吴从龙	临川	陈成甫
临川	张俊民	南城	刘景昭	南城	陈鼎新	南城	陈秀发
南丰	赵希恢	乐安	董同	宜黄	吴炎（一作吴焱）		
宜黄	许德新	宜黄	曹衍				

淳祐元年（1241）辛丑科徐俨夫榜

新淦	邹瑄（榜眼）						
南昌	徐州	南昌	刘鄂	新建	杨韶父	进贤	陶应罳
都昌	冯去非	都昌	张荣霆	都昌	曹去非	湖口	曹文敬
湖口	曹愚	湖口	曹舁	南康军	曹孝庆	乐平	赵希欐
乐平	程宁	乐平	程季卿	乐平	章恢	浮梁	臧洪
浮梁	臧泽	浮梁	操斗祥	临江军	曾公略	贵溪	郑莞
贵溪	郑擎柱	安仁	李兴	赣县	韩奕	大庚	张南金
清江	张宪	清江	邹珤	清江	赵与轴	高安	龚琦
上高	赵与仜	新昌	李梦庚	上饶	郑忆	上饶	郑忿
德兴	余胜之	德兴	李应龙	德兴	程时彦	德兴	董更生

德兴	董烈	德兴	董甫	婺源	王俊民	婺源	李泰来
婺源	吴觉	婺源	汪渊	婺源	赵希璠	婺源	赵良键
婺源	赵良鉴	余干	甘梦英	余干	赵必枲	余干	赵必瑄
余干	霍震龙	庐陵	刘丙阐	庐陵	胡岩孙	庐陵	胡梦觉
庐陵	谢应祥	庐陵	欧阳守道	新淦	何有奇	新淦	罗梦得
新淦	罗苣夫	永丰	罗贡	永丰	罗登崇	永丰	董梦得
吉水	郭有道	吉水	曾嘉	吉水	萧师川	太和	袁清伯
安福	刘一龙	安福	彭嗣定	安福	欧阳子栖		

安福　欧阳梦皋（一作永新人，一作咸淳十年进士）　永新　段平甫

临川	吴文荐	临川	李士明	临川	张原明	临川	段浚
临川	饶龟龄	临川	高伋	临川	黄应德	南城	利登
南城	吴攀龙	南城（一作新城）　刘视			南城	李觉	
南城	黄应龙	南城	周子荣	南城	黄正一	南城	崔准

崇仁　吴坚（一作吴监）　　　崇仁　刘圣符　乐安　许应昌

乐安　许振南　乐安　詹元吉

淳祐四年（1244）甲辰科留梦炎榜

南丰　陈宗礼（探花）

南昌	汪梦雷	南昌	汪一鹗	进贤	叶政	进贤	黄一鸣
进贤	曹应龙	分宁	章鉴	武宁	冷文英	都昌	万必车
都昌	陈奋豫	都昌	赵若瑵	乐平	胡衷然	浮梁	朱魏孙
浮梁	郭渊	临江军	曾公巽	安仁	汤汉	赣县	刘德元
宁都	曾勋	大庾	莫如德	清江	杨李野	清江	章采
丰城	马韶	丰城	陆士朴	丰城	赵汝经	靖安	徐成章

靖安（一作长溪）　唐玠　　上高　易子炎　　（信州）永丰　周天骥

（信州）永丰　蒋定国　　　　　德兴　余轸　德兴　张显

德兴	胡琦	德兴	程淳	德兴	程烨	德兴	程燧
德兴	程梦苏	德兴	董炎	婺源	吕士达	婺源	许月卿
婺源	李念祖	婺源	李时	婺源	赵希瑷	婺源	俞恒
婺源	俞勋	铅山	杨关	铅山	赵汝濩	余干	时洧
余干	佘桂荣	余干	李有大	余干	周梦炎	鄱阳	吴仁杰
庐陵	王櫟	庐陵（一作安福）　王一鹗			庐陵	刘一雷	
庐陵	刘实甫	庐陵	罗相之	永丰	俞琰	太和	龙登
太和	刘顺孙	太和	王奎	吉水	刘应守	吉水	萧钢
万安	萧必荐	安福	刘启宗	安福	刘志叔	安福	尹四聪
永新	邓炎	永新	欧阳大黻	临川	伍行简	临川	陈元桂

临川　张梦牛　　临川　黄　围　　南城　李　总　　南城　陈梦曾

南城（一作广昌）饶梦雷　　　　南城　黄　阑　　南城　黄梦麟

新城　傅　涌　　新城（一作南丰）　傅　岩　　南丰　吴应辛

崇仁　李　进

淳祐七年（1247）丁未科张渊微榜

新城　张渊微（状元）　　　　　丰城　雷宜中（探花）

南昌　王景伯　　南昌　徐　洪　　南昌　谈　采　　新建　潘鼎新

进贤　罗一鹗　　江州　陈有宗　　武宁　叶维华（一作叶惟华）

都昌　彭振采　　都昌　彭　炜　　建昌　谢　载　　建昌　谢　章

星子　陶桂一　　乐平　马廷鸾（省元）　　乐平　钟季玉（初名钟诚）

浮梁　宁　鳞　　浮梁　李杞之　　浮梁　李应雄

婺源（一作真州六安）　汪立信　　新喻　萧　弁　　新喻　丁　煠

安仁　陈学心　　南康　钟　钥　　上犹　黄敏学　　清江　钟　积

丰城　范　严　　丰城　邹得源　　靖安　舒　椅　　新昌　李武仲

新昌　蔡志学　　瑞州　赵与岑　　瑞州　邹逢吉　　高安　赵彦潍

德兴　王　焕　　德兴　王　烜　　德兴　余伯符　　德兴　舒大成

德兴　董　鹏　　德兴　王　缪　　德兴　余有闻　　德兴　余季芳

婺源　马大原　　婺源　胡　震　　庐陵　吴寿孙　　庐陵　胡士行

庐陵　彭梦登　　庐陵　郭公署　　庐陵　康行之　　新淦　陈茂濂

新淦　赵与钦　　新淦（一作清江）　欧阳居义　　永丰　曾大发

永丰　曾万敌　　吉水　周文礼　　吉水　周秉礼　　吉水　胡　穗

吉水　萧　澥　　太和　黄士隆　　安福　王大猷　　安福　张　楫

安福　彭仁师　　万安　萧　俫　　永新　周应星　　永新　段仁叔

永新　龙　熹　　临川　吴必大　　临川　陆鹏升　　临川　杨　揆

临川　赵与谆　　临川　赵继洋　　临川　章　用　　临川　程　辉

南城　车　东　　南城　吴文容　　南城　李文叔　　南城　黄万石

南城　龚梦龙　　新城　李仁叔　　新城　傅正则　　南丰　李清叔

南丰　陈尧举　　崇仁　邓应金　　崇仁　吴易直

　　　　乐安（一作崇仁）　杨　砼

淳祐十年（1250）庚戌科方逢辰榜

南昌　黄时若　　南昌　胡　元　　南昌　侍其师龙　南昌　王之渊

新建　胡德高　　新建　李宏远　　进贤　陈南强　　进贤　樊梦辰

武宁　周应合　　武宁　涂应元　　都昌　赵若珏　　建昌　王　振

建昌　李　鏖　　乐平　许　诜　　乐平　朱　振　　浮梁　戴　金

萍乡　丘应从　　新喻　李桂高　　赣县（一作福州闽县）　张廷彦

赣县	厉 宁	宁都	朱 桂	宁都	萧立等	石城	巫双端
石城	黄 裕	大庾	朱桂高	清江	宋持正	清江	彭文森
丰城	陈 杰	丰城	徐 海	靖安	余应雷	奉新	孙 林
瑞州	杨乔年	瑞州	赵与涔	高安	刘元高	高安	胡斗元
高安	胡仲云	高安	漆大登	上高	漆秀彦		
（信州）永丰	徐宗仁			德兴	李元勇	德兴	董 淡
余干	赵必抚	庐陵	吴逢龙	庐陵	李震亨	庐陵	陈梦吉
庐陵	胡士武	庐陵	胡翼龙	庐陵	胡 垓	庐陵	彭师锡
庐陵	郭本忠	吉水	萧汉杰	庐陵	萧斗元	永丰	吴应丑
吉水	张同老	吉水	曾宏定	吉水	萧季定	太和	曾如骥
安福	王达父	安福	刘 洋	安福	周伯嵩	永新	周福升
永新	周应鳌	永新	谭癸原	临川	朱应龙	临川	陈元植
临川	杨仲立	临川	赵良鉁	南城	万斗祥	南城	许 该
南城	李自明	南城	李应星	南城	李应材	南城	赵崇颁
南城	黄文雷	新城（一作南城）	邓 艮			新城	邓祐孙
新城	傅均礼	南丰	曾渊子	南丰	曾鸿子	崇仁	吴 泰
崇仁	吴梦得	乐安	曾应龙	宜黄	戴应星	宜黄	谭炳发

宝祐元年（1253）癸丑科姚勉榜

高安　姚　勉（状元）

南昌	万道同	南昌	徐 琦	南昌	徐 檰	新建	唐元龄
进贤	周文举	进贤	胡文举	进贤	陈 荣	武宁	冷应登
南康军	刘以仁	都昌	黄飞雄	都昌	王子和	建昌	吕 坼
建昌	余巽龙	建昌	李梦科	浮梁	李儒珍	浮梁	张 明
浮梁	赵介如	新喻	章持敬	赣县	刘震霆	大庾	何衢亨
广昌	丘 挺	袁州	潘宗权（以字行）			清江	邓 道
丰城	范 登	丰城	赵崇鋆	靖安	涂泰亨	奉新	阴幼遇
德兴	王 植	德兴	齐梦龙	德兴	余 辅	德兴	张天瑞
德兴	张澄渊	德兴	赵良增	德兴	夏崇节	德兴	夏 椅
德兴	舒大邦	婺源	朱洪范	婺源	李碧山	婺源	胡 升
婺源	滕武子	余干	许元龙	余干	赵孟达	余干	赵若珫
庐陵	陈思善	庐陵	周智叔	庐陵	彭子西	庐陵	曾 丰
庐陵（一作永新）	彭振辰			新淦	孔宗武	吉水	李应扬
吉水	黄 恺	吉水	萧德老	吉水	欧阳炎起	太和	姚梦犇
安福	许雷发	临川	孙梦魁	临川	李居信	南城	邓必凯
南城	邓祥隆	南城	刘友隆	南城	吴 鳞	南城	李士坝

南城	陈咨	南城	饶团	南丰	朱淮	南丰	苏必錸
南丰	赵良伦	崇仁	赵嗣谨	乐安	黄介	宜黄	涂演
广昌	揭崇庆						

宝祐四年（1256）丙辰科文天祥榜

庐陵　文天祥（状元）

南昌	喻用国	新建	王景俠	新建	汤长卿	进贤	吴良弼
新建	程瀡	新建	陶叔量	德化	文拱辰	都昌	刘文甲
建昌	胡岩如	建昌	张应中	建昌	李成大	浮梁	李雷应
浮梁	臧灼	萍乡	周明复	新喻	丁至	新喻	刘师中
新喻	章赟	新喻	章魁孙	分宜	田镇则	贵溪	周正子
贵溪	谢枋得	宜春	甘谈	清江	聂嘉	丰城	杨梦斗
丰城	胡宏子（一作胡宏）			丰城	黄宏子	靖安	胡元壹
上高	漆秀实（一作漆秀茂）			新昌	陶寅	玉山	张雍正
德兴	汪有道	婺源	俞士千	余干	江山德	鄱阳	余嗣道
吉州（一作台州临海）		林雷		庐陵	朱埴	庐陵	罗椅
庐陵	刘应辛（一作刘应星）			庐陵	胡炎发	庐陵	鄢晋
庐陵	刘曾	永丰	刘午道	吉水	李应革	永丰	罗斗南
吉水	周焱	吉水	黄梦荐	吉水	彭方迥（省元）		
吉水	萧桦	吉水	颜太来（一作颜泰来）			太和	蔡源
太和	王刚中	太和	陈詠	龙泉	王壑	安福	刘祥南
安福	李核	安福	陈詠	永新	谭方平	临川	陈元发
临川	章又新	南城	李觉民	南城	周方	南城	黄澄
崇仁	陈震炎	乐安	曾惠迪	乐安	廖子实	乐安	何时
乐安	张桂龙	乐安	张浚仲	宜黄	张声子	金溪	邓蛰英
金溪	朱酉吉						

开庆元年（1259）己未科周震炎榜

南昌	黄惟寅	南昌	万正	南昌	谌贤甫	进贤	吴益
进贤	胡霆桂	进贤	余用虎	武宁	杨友龙	都昌	陈大猷
都昌	武举	建昌	刘泾	建昌	黄黻	乐平	朱俊龙
浮梁	章可大	浮梁	李俊	浮梁	李葶	浮梁	胡云龙
萍乡	刘应龙	宁都	彭斯爽	宁都	曾逢龙	宁都	何柬之
清江	彭应旴	清江	彭飞	清江	陶应元	丰城	李复道
丰城	范金	丰城（一作分宁）		赵崇转		奉新	帅以达
奉新	陈熙	新昌	罗天酉	德兴	余千之	婺源	赵良锦
余干	董近仁	庐陵	文璧	庐陵	邓旂龙	庐陵	罗耕

庐陵	梁瑨	庐陵	萧琳	庐陵	戴曜鳞	庐陵	独孤君选
新淦	叶宪章	新淦	陈伯大	新淦	严幼清	新淦	周三省
新淦	简谅	永丰	张铉	永丰	陈炎发	永丰	邵应辰
永丰	赵崇榛	吉水	胡范	吉水	解龙翔	太和	萧俊叔
太和	周中和	太和	倪白	龙泉	王祐	安福	刘龙骏
安福	欧阳庆祖	永新	彭子与	临川	孙性之	临川	余应登
临川	赵大务	临川	赵良镡	临川	赵良鋝	临川	赵良辉
临川	胡桂芳	临川	饶庚龙	临川	徐彪	南城	甘希圣
南城	吴中	南城	吴浚	南城	黄斗祥	南城	黄吴老
南丰	赵良塘	南丰	谢师圣	新城	傅曾礼	崇仁	吴君召
乐安	张元凯	乐安	黄应星	宜黄	张叔英	宜黄	周山甫
宜黄	胡英孙						

景定三年（1262）壬戌科方山京榜

太和　张槐应（探花）

新建	田应武	南昌	汪鸿渐	南昌	宗必应	南昌	宗必经
新建	饶应子	南昌	葛应鳣	新建	魏登	都昌	刘元龙
都昌	李延龙	都昌	李嘉龙	都昌	赵次晋	都昌	段梦傅
湖口（一作彭泽）	李珍之			建昌	何晔	建昌	胡嵩
星子	欧阳文虎	乐平	王一谔	乐平	李睦	乐平	朱梦端
乐平	洪龙起	浮梁	赵若激	分宜	赵若烛	贵溪	江景仁
贵溪	桂逢辰	赣县	赵嗣莲	南康	刘举发	宁都	谢元龙
清江	韦成功	清江	黄应高	清江	黄桂	清江	徐卿孙
丰城	王义山	丰城	任六吕	丰城	李毅通	丰城	范昌斗
丰城	周彦约	丰城（一作进贤）	徐思立			丰城	涂应雷
奉新	袁洙	靖安	舒桦	瑞州	赵必蒇	新昌	黄梦炎
新昌	李辰庚（一作李长庚）			（信州）永丰	韩观国		
（信州）永丰	徐炎午	（信州）永丰	俞克堪	德兴	叶张遇		
德兴	齐兴龙（一作齐兴隆）			德兴	张洪	德兴	张湘
德兴	童应刘	德兴	董应钟	婺源	汪复	婺源	李元凤
婺源	俞君选	婺源	俞天倪	余干	胡宪	余干	赵若扞
余干	袁登	余干	熊震龙	庐陵	王国望	庐陵	王梦震
庐陵	邓光荐（一作邓剡）			庐陵	朱一飞	庐陵	朱士可
庐陵	刘炎发	庐陵	刘景丰	庐陵	刘璪	庐陵	刘辰翁
庐陵	李振龙	庐陵	陈解	庐陵	萧硕	庐陵	萧曾
庐陵	曹杰	新淦	陈翔文	吉水	刘士器	吉水	刘镕子

吉水	李天碌	吉水	李有守	吉水	张彪	吉水	萧来新
吉水	萧焱龙	太和	陈闵子	太和	杨启		
太和	蔡顺孙（一作蔡顺）			太和	梁蕃	太和	谭祖烈
永新	王孟孙	永新	龙文伟	永新	龙应桥	永新	刘文川
安福	刘养正	安福	刘霖	永新	周原甫	永新	黄辛解
永新	彭晞武	永新	曾会龙	永新（一作永丰）		曾晞颜	
永新（一作永丰）		萧大成		临川（一作宜黄）		乐谊	
临川	许炎震	临川	危炎震	临川	赵良燨	临川	赵孟瑶
临川（一作宜黄）		黄名梓		南城	王子直	南城	宁文彦
南城	邓有俊	南城	江泌	南城	许希仲	南城	张栋
南城	周应雷	南城	欧良	南城	范紫芝	南城	饶季理
南丰	赵希族	南城	赵孟穆	南丰	赵崇侧（一作赵崇侧）		
南城	高登	南城	徐簪	新城	萧雷龙	南丰	赵时玿
崇仁	陈绘	乐安	何霖	崇仁（一作南城）		邓林	
广昌	陈宗翰	广昌	饶履				

咸淳元年（1265）乙丑科阮登炳榜

南昌	龚斗南	南昌	余绍鸿	南昌	胡震	南昌	雷震
南昌	李天麟	进贤	万一鹗	进贤	胡起龙	进贤	樊必荐
武宁	李大宾	都昌	叶荣龙	都昌	吴震	都昌	赵若异
都昌	赵若珪	都昌（一作星子）		赵嗣元		都昌	赵继夫
都昌	赵崇缕	都昌	彭应祈	都昌	傅仕龙	建昌	赵孟宝
建昌	赵希镥	星子（一作都昌）		赵必炽		星子（一作都昌）	赵良夫
乐平	吴应炎	浮梁	宁安常	浮梁	朱珍	浮梁	李午
浮梁	李昱	浮梁	洪梦斗	浮梁	陈师圣	浮梁	赵时砺
浮梁	赵良明	浮梁	赵时灼	浮梁	赵时琥	浮梁	程东凤
新喻	丁熺	新喻	周与端	贵溪	江均德	安仁	陈诗川
安仁	陈牵	赣县	陈应星	赣县	赵若畴	赣县	赵若株
赣县	赵时凌	赣县	赵元卿	赣县	赵崇斿	南康	赵若谆
宁都	廖应和	清江	胡震元	清江	赵与埚	清江	赵时卫
清江	赵必玥	清江	彭暐	清江	熊翊龙	丰城	袁灏熙
丰城	徐遇顺	丰城	陈霖	丰城	彭履道	靖安	刘正己
靖安	余丙发	靖安	张有庆	靖安	涂幼庆	奉新	余炎午
瑞州	赵时燹	瑞州	赵崇懦（一作赵崇儒）			瑞州	赵必达
瑞州	赵必逮	瑞州	赵时燧	瑞州	赵与潭	瑞州	赵必道
瑞州	赵必侄	瑞州	赵嗣镱	瑞州	赵彦湎	瑞州	赵应时

高安	赵彦瀶	高安	赵彦虞	高安	姚龙起		
高安	杨应时（一作新建人，咸淳四年进士）					新昌	陶复亨
婺源	江润身	婺源	李道儒	婺源	汪元龙	婺源	马贵玉
婺源	程龙	婺源	程应明	婺源	赵必琢	婺源	赵良翰
婺源	赵孟櫄	婺源	赵柜夫（一作赵柜）			婺源	赵崇夸
余干	李谨思	余干	姚鹗	余干	董殊	余干	赵必佩
余干	赵希桥	余干	吴浩	余干	朱尧佐	余干	朱若招
余干	赵孟穟	余干	毛友龙	余干	毛孟明	余干	章申子
庐陵	李继蹈	庐陵	沈应申	庐陵	周景祥	庐陵	邹宁孙
庐陵	罗可权	庐陵	黄应鼎	庐陵	黄渊然	庐陵	萧元登
庐陵	鄢鼎新	新淦	何仲翔	新淦	吴凤孙	新淦	赵与枫
新淦	赵孟瀶	新淦	赵时鍪	新淦	赵嵂夫	新淦	赵宗范
新淦	赵劣夫	清江	赵良仁	新淦	赵与镐	新淦	萧庚龙
新淦	廖梦元	永丰	张应飞	永丰	阙定甫	永丰	钟维祺
永丰	曾登龙	永丰	曾尹	吉水	刘三异	吉水	刘仁荣
吉水	王集珍	吉水	朱鼎来	吉水	刘天声	吉水	李丙翁
吉水	李寅孙	吉水	李埈	吉水	李炳	吉水	周秉纯
吉水	曾革	吉水	赵必壆	吉水（一作临江军）		曾先之	
太和	陈道全	万安	严逢原	龙泉	康梦吉	安福	伍应简
安福	刘坦	安福	刘声道	安福	胡泰来	安福	彭子绅
安福	谢应鹏	临川	王广寿	临川	冯兴子	临川	何晋
临川	何梦与	临川	何桂发	临川	李方载	临川	张平
临川	陈震龙	临川	赵大胜	临川	赵大珏	临川	赵与课
临川	赵友瀺	临川	赵必格	临川	赵必楝	临川	赵若沁
临川	赵若渊	临川	赵孟炏	临川	赵孟詠	临川	赵孟珣
临川	赵良樋	临川	赵良㶑	临川	赵良缨	临川	赵希瓘
临川	赵崇潆	临川	赵崇燧	临川	黄庭兰	南城	江士龙
南城	利子远	南城	吴嗣亮	南城	宁永己	南城	吴应发
南城	邓祥龙	南城	吴良弼	南城	罗均实	南城	吴焘
新城	胡梦魁	新城	赵孟焴	新城	傅贵早	南丰	赵崇
南丰	赵得夫	南丰	赵崇段	南丰	赵希瞪	南丰	赵崇懒
南丰	赵崇巉	南丰	赵汝唐	南丰	赵崇祥	南丰	赵瀷夫
南丰	赵孟漐	南丰	赵与则	南丰	赵必锐	南丰	赵希呐
南丰	赵彦订	南丰	赵希峨	南丰	赵希㤭	南丰	赵希竚
南丰	赵若悠	南丰	赵希衡（一作赵希衙）			南丰	赵希秸

乐安　何　尧　　崇仁　赵嗣诏　　崇仁　黄丙炎　　广昌　揭梦登

广昌　揭梦拱

咸淳四年（1268）戊辰科陈文龙榜

新喻　黎立武（探花）

南昌　万应登　　南昌　王　从　　南昌　王子翼　　南昌　王明仲

南昌　白至中　　南昌　罗应新　　新建　陈懋卿　　进贤　王午孙

进贤（一作建昌）　李同发　　进贤　杨龙伟　　分宁　冷秉

分宁　莫　祯　　分宁　黄　簪　　武宁　冷应荧　　武宁　冷亨龙

都昌　邓登龙　　建昌　邓　轮　　建昌　刘　震　　建昌　戴应高

乐平　洪以中　　乐平　程显甲　　乐平　詹载采　　浮梁　马应雷

浮梁　刘宾卿　　浮梁　吴兴龙　　浮梁　李遇凤　　浮梁　汪有成

浮梁　汪有明　　浮梁　汪有新　　浮梁　汪有大　　浮梁　汪有才

浮梁　徐廷孙　　新喻　傅正则　　贵溪　程绍开　　赣县　张时得

赣县　谢贵卿　　南康　邓必元　　大庚　何光龙　　上犹　黄志学

上犹　黄桂开　　临江军　曾云祥　　清江　胡　升　　清江　赵希䄍

丰城　丁显祖　　丰城　范宜损（一作范宜揊）

丰城　范荣道（一作范性道）　　丰城　黄一元（本姓万）

丰城　徐炎发　　丰城　熊　发　　丰城　熊汝垔　　瑞州　赵若沖

瑞州　姚天端　　高安　陈元亮　　高安　姚云文（更名姚云）

新昌　黄履信　　弋阳　张卿弼　　德兴　王显龙　　德兴　程　禧

婺源　王士表　　婺源　齐如珍　　婺源　齐如庭　　婺源　李天锡

婺源　李　说　　婺源　汪宗臣　　婺源　汪　革　　婺源　胡次焱

余干　吴良弼　　余干　张　介　　余干　周　岳　　庐陵　王应午

庐陵　王德辉　　庐陵　刘梦曾　　庐陵　汪会龙　　庐陵　易斗元

庐陵　胡应星　　庐陵　彭逢辰　　庐陵　曾雷作　　永丰　邹一鸣

永丰　罗惠孺　　永丰　钟尧俞

吉水　王　介（更名王开先，一作庐陵，一作景定三年）

吉水　刘次云　　吉水　刘应远　　吉水　刘荣钊　　吉水　李同卿

吉水　陈　升　　吉水　李晋之　　吉水　邹　岩　　吉水　郭元亨

吉水　萧符世　　吉水　欧阳梦旂　　太和　王　寅　　太和　刘元衡

太和　刘新民（一作吉水人，咸淳七年进士）　　太和　郭子炎

太和　萧志行　　太和　陈震雷（一作吉水人，咸淳七年进士）

安福　邓　燎　　安福　李复登　　安福　贺元正　　万安　叶振文

万安　吴　轼　　万安　郭　载　　万安　萧启宗　　永新　康应凤

永新　刘昞元　　永新　刘　文　　临川　艾可叔　　临川　邓志新

临川	危彪	崇仁	李渐	临川	汪梦得	临川	邹子直
临川	杨德祥	临川	张中	临川	赵与枏	临川	赵时瑑
临川	赵时瑞	临川	赵良炳	临川	娄南良	临川	徐龙贵
临川	黄跃鳞	临川	廖槐	临川	龚孟夔	南丰	邓德秀
南丰	赵与莲	崇仁	赵嗣谅	崇仁	胡以逊	崇仁	熊幼学
乐安	朱一鹗	乐安	陈子升	乐安	陈定德	金溪	曾子良

咸淳七年（1271）辛未科张镇孙榜

新建	陈时遇	南昌	梅升龙	南昌	涂幼度	南昌	余天麟
南昌	熊震	南昌	夏钟应	新建	喻元	新建	程巽申
新建	赵孟纯	进贤	叶登龙	进贤	吴仲轩	进贤	汪应辰
进贤	汪炎	瑞昌	易准	瑞昌	程伯侃	瑞昌	程宇
瑞昌	程宙	瑞昌	程用霖（一作程霖）			都昌	刘文举
都昌	陈宗原	彭泽	唐儒	彭泽	童潮	建昌	熊应瑞
星子	李震	浮梁	李雷复（一作咸淳十年）			浮梁	汪应炎
浮梁	张雷龙	浮梁	胡朝京	浮梁	郑大中	浮梁	黄相
浮梁	凌碧潭	新喻	赵与泌	新喻	赵孟漕	赣县	赵若固
南康	刘介元	兴国	钟逢午	宁都	孙长孺	宁都	宋爱
宁都	郑茂	宁都	周勋	宁都	曾奉先	宁都	黎珣
清江	丁应高	清江	刘方大	清江	杨梦有	清江	晏兼善
清江	欧阳性可	丰城	张宏毅	丰城	赵用信	丰城	徐逢震
奉新	邹兰孙（改名邹兰国）			瑞州（一作进贤）	陈淑		
上高	萧尹	德兴	叶梦雷	德兴	吴柬		
婺源（一作江阴军）	王龙应		婺源	江雷	婺源	赵良钧	
婺源	胡廷桂（一作胡庭桂）		余干	史笔	余干	甘棠	
余干	许方	余干	张舜俞	余干	赵与微	余干	赵与懰
余干	赵希润	余干	胡元	余干	胡定	余干	章如旦
余干	谭獬	余干	熊朝	余干	熊瑞	鄱阳	黎廷瑞
庐陵	李定甫	庐陵	李熙	庐陵	张应斗	庐陵	胡天牖
庐陵	胡野	庐陵	彭幼珍	庐陵	曹应条	新淦	李端
新淦	傅合	永丰	陈应沐	永丰	邹应卿	永丰	罗开礼
永丰	赖东升	吉水	李大临	吉水	陈处恭	太和	袁明
太和	曾唯	太和	萧益孙	安福	刘能可		
安福	刘梦荐（省元）			安福	刘雷震	安福	宋茂子
永新	李谦	安福	萧岩受	安福	康民献	安福	彭应龙
安福	彭梦龙	临川	宋朝英	临川	李正发	临川	赵良证

临川　赵必楸　　临川　莫　若　　临川　莫雷显　　临川　黄炎发
南丰　赵孟侪　　南丰　赵由台　　南丰　孙焕龙　　乐安　刘茂炎
乐安　何天声　　金溪　吴名扬　　乐安　曾仲光　　乐安　董定得
乐安　詹应矗

咸淳十年（1274）甲戌科王龙泽榜

南昌　路万里（榜眼）　　　　　永新　胡幼黄（探花）
南昌　王庚孙　　南昌　余以道　　新建　王　森　　新建　毛应龙
都昌　陈之栋　　建昌　李必先　　建昌　邓　舆　　建昌　葛克勤
星子　赵若垓　　星子　赵崇微　　星子　程正臣　　乐平　许　倬
乐平　汪思学　　浮梁　李　荣　　浮梁　李霄震　　浮梁　李雷泽
浮梁　李雷震　　浮梁　汪东正　　浮梁　闵辰应　　浮梁　范　樵
浮梁　范镰　　　浮梁　张会龙　　浮梁　胡　珪　　浮梁　陆碧泽
浮梁　郑云龙　　浮梁　臧文通　　萍乡　叶景武　　萍乡　宋应登
新喻　赵若墅　　新喻　简　廉　　分宜　欧阳化龙　贵溪　叶　杞
贵溪　叶仲济　　贵溪　卢　京　　贵溪　卢应龙　　贵溪　卢好礼
贵溪　卢嘉猷　　贵溪　卢世仁　　贵溪　卢　霖　　贵溪　卢维纲
贵溪　邵士英　　贵溪　杨　亮　　贵溪　杨　侃　　贵溪　周叔翰
贵溪　周子禄　　贵溪　周超岩　　贵溪　龚　倡　　贵溪　夏如愚
贵溪　裴　铎　　贵溪　裴　俭　　贵溪　裴　仪　　贵溪　童为政
贵溪　薛洪士　　贵溪　薛敦实　　贵溪　薛敦诗　　贵溪　薛敦礼
贵溪　薛敦义　　贵溪　薛敦信　　赣县　赵若橛　　大庾　李文子
上犹　黄桂林　　袁州　孙　亿　　袁州　孙　伋
清江　王　镃（一作王滋）　　　　清江　廖　甫　　清江　黄孟隽
清江　庞行之　　清江　张元晋　　丰城　朱汝岳　　丰城　夏益朝
丰城　熊　介　　丰城　熊朋来　　瑞州　邹兼善　　瑞州　邹　璒
瑞州　胡希寅　　高安　幸文兴　　玉山　詹　繁　　德兴　王　易
德兴　王龙友　　德兴　叶　澄　　德兴　汪　漂　　德兴　张蒙泉
德兴　祝　泌　　德兴　程龙斗　　婺源　李温如　　婺源　汪伯晦
婺源　项文荐　　婺源　赵良镰　　余干　王　荣　　余干　高　祥
余干　章士龄　　余干　章士祐　　鄱阳　吴元履　　鄱阳　吴元复
鄱阳　周　垕　　庐陵　刘逢吉　　庐陵　李应珍　　庐陵　罗应奇
庐陵　罗　沆　　庐陵　赵宗强　　庐陵（一作镇江府）　胡传心
庐陵　彭进登　　庐陵　曹　淯　　庐陵　曾　晞　　庐陵　段炎发
庐陵　谢介翁　　新淦　刘国华　　新淦　刘洪福　　新淦　聂三凤
新淦　曾　寅　　永丰　王舜弼　　永丰　张伯澄　　永丰　曾希鲁

吉水	刘化龙	吉水	李可方	吉水	李允方	吉水	李道夫
吉水	项士龙	吉水	高先登	吉水	裴钺	吉水	萧惟清
吉水	萧炳	太和	萧浑	安福	刘景皋	安福	刘应凤
安福	刘惟贤	安福	彭瑞子	安福	崔应林	永新	龙洪甫
永新	龙鑫	永新	李再芝	永新	谭登龙	抚州	杜国华
南城	李浙	崇仁	刘巽翁	崇仁	饶正孙	乐安	何希之
乐安	何梦牛（一作何梦午）			宜黄	艾天鲤	宜黄	邹次陈
宜黄	胥作霖	金溪	吴可孙	金溪	徐商卿		

年代无考者

江西	陈刚	洪州	朱采	洪州	佘斌	洪州	李后林
洪州	英秉臣	洪州	魏拱	洪州	魏兼	南昌	陈并
南昌	季修己	南昌	季恕己	新建	柳宠	江州	陶直夫
江州	陶舜咨	江州	陶舜卿	分宁	王莘	分宁	黄滋
武宁	余大川	武宁	李宗道	都昌	黄唐俊	湖口	李景范
湖口	曹伯明	湖口	曹伯渊	德安	王采	德安	王实
德安	江潜	德化	史温	德化	都民望	德安	吴观
德安	陈可	乐平	徐唐	浮梁	李弥世	浮梁	李辄
浮梁	金君佐	浮梁	金君佑	浮梁	金君著		
浮梁（一作歙县）	程祁			新喻	刘衡	新喻	博侯初
新喻	萧映	新喻	谢渭	新喻	谢漳	新喻	谢澧
贵溪	许宗举	贵溪	高可仰	安仁	汤师中	赣县	张方
南康	杨鼎	信丰	黄民瞻	上犹	谢茂希	上犹	谢严整
会昌	尹天民	宜春	程瑾	清江	常楫	丰城	王允文
瑞州	蓝守一	高安	刘森	高安	刘淼	高安	刘信道
高安	陈忠	高安	邹仁翁	高安	张叔达	高安	萧节
新昌	姚锡	信州	申颢	信州	徐德正	（信州）永丰	柴端义
（信州）永丰	舒子诚			上饶	俞尧弼	上饶	祝得之
弋阳	周汝谐	德兴	汪忱	德兴	汪远之	余干	孙镇
余干	杨垓	余干	赵良懋	余干	赵喜宾	余干	章综
余干	章桥	余干	虞舜举	婺源	王允智	婺源	王待举
婺源	江资深	婺源	吴通	婺源	汪致平	饶州	杭开
饶州	范昱	鄱阳	程遵彦	鄱阳	许必胜	鄱阳	陈汝言
鄱阳	陈阜成	鄱阳	洪棹	鄱阳	黄夏（原名黄安道）		
鄱阳	彭时	鄱阳	董佐	吉州	明觊	吉州	黎仲
吉州	刘廷隽	吉州	牟企	庐陵	王邦英		

庐陵　刘简之（佚名，以字行）　　　庐陵　李忠复　　庐陵　彭　衡
庐陵　彭尧辅　　庐陵　萧汝士　　　庐陵　萧汝奭　　新淦　孔　经
永丰　曾有邻　　永丰　李　荐　　　永丰　刘各（一作刘觡）
（信州）永丰　徐　珣　　　　　　　永丰　曾　纯　　吉水　季次鱼
太和　姜士华　　太和　彭　吕　　　太和　曾安辞　　太和　萧明哲
安福　王　頔　　安福　奔　衍　　　安福　周大本　　安福　周以道
安福　彭　丝　　抚州　汪　闳　　　抚州　胥世臣　　抚州　游　元
临川　李几复　　临川　饶　竦　　　建昌军　过翊急
建昌军　邓　峒（一作邓均）　　　　建昌军　张彦文　建昌军　傅仲默
南城　邓　立　　南丰　黄新淦　　　金溪　吴　臬　　金溪　吴　賈
金溪　吴　蕃　　金溪　宋　铨　　　金溪　陆若济　　金溪　胡　晏
金溪　胡　敏　　宜黄　涂大节　　　崇仁　程时翼
广昌　何自强（以字行）

元　代

延祐二年（1315）乙卯科张起岩榜（左榜）
　　浮梁　郑合生　　信州　彭幼元　　武宁　叶　绩
　　吉水　萧立夫　　泰和　杨景行　　庐陵　罗　曾　　上高　李　路
　　新淦　杨晋孙　　南城　许晋孙　　新城　李政茂
延祐二年（1315）乙卯科护都答（沓）儿榜（右榜）
　　龙兴　僁哲笃
延祐五年（1318）戊午科霍希贤榜（左榜）
　　婺源　程　栗　　乐平　李　粲　　弋阳　汪文瓒　　上饶　祝　尧
　　玉山　郑原善　　宁州　祝　彬　　泰和　陈阳凤　　新喻　萧　汎
　　崇仁　虞　槃　　乐安　黄　常　　南城　欧阳南
延祐五年（1318）戊午科忽都答儿榜（右榜）
　　龙兴　僁玉立
至治元年（1321）辛酉科宋本榜（左榜）
　　鄱阳　周　暾　　浮梁　方均玉　　弋阳　张纯仁
　　玉山　孙刚中（字自强，以字行）　奉新　胡　鉴　　富州　周尚之
　　吉水　王　相　　吉水　高若凤　　吉水　刘　震　　袁州　夏　镇
至治元年（1321）辛酉科达普化榜（右榜）
　　龙兴　僁朝吾

泰定元年（1324）甲子科张益榜（左榜）

　　永丰　曾　翰（探花）

　　婺源　赵宜中　　鄱阳　章　谷　　上饶　刘　野

　　庐陵　彭士奇（初名庭琦，以字士奇入仕，入字为名）

　　永新　冯翼翁　泰和　杨　衢　龙泉　李　运　抚州　张　观

泰定元年（1324）甲子科八刺榜（右榜）

　　龙兴　傁直坚　　龙兴　默理契沙

泰定四年（1327）丁卯科李黻榜（左榜）

　　上饶　徐　容（探花）

　　弋阳　方回孙　宁州　余　贞　富州　张　异　庐陵　刘文德

　　永丰　戴　迈　南城　江存礼　南城　谢升孙　新城　龚善翁

泰定四年（1327）丁卯科阿察赤榜（右榜）

　　龙兴　善著

至顺元年（1330）庚午科王文烨榜（左榜）

　　上饶　杨　观　乐平　黄　常　吉水　夏日孜　吉水　杨　扚

　　安福　刘　性　安福　刘　闻　乐安　黄　昭　崇仁　罗　朋

　　万载　欧阳朝

至顺元年（1330）庚午科笃列图榜（右榜）

　　龙兴　傁列篪

元统元年（1333）癸酉科李齐榜（左榜）

　　吉水　王充耘　新建　李　炳　庐陵　李　毅　永丰　陈　植

　　奉新　邓　梓　富州　徐邦宪　新城　朱　彬　龙兴　艾云中

　　富州　熊　燋

元统元年（1333）癸酉科同同榜（右榜）

　　南康　脱　颖　临江　铎护伦

至正二年（1342）壬午陈祖仁榜（左榜）

　　德兴　傅贵全　德兴　程养全　吉水　毛元庆　安福　李　廉

　　安福　彭所存　金溪　刘　杰　抚州路（今临川）　徐　业

　　新喻　胡行简　新城　朱　倬

至正二年（1342）壬午拜住榜（右榜）

　　揭毅夫（蒙古族）　　龙兴　贴谟补化（蒙古族）

至正五年（1345）乙酉张士坚榜（左榜）

　　乐平　邹　成　玉山　徐　观　奉新　舒　泰　永新　吴从彦

　　临江　黎应物　金溪　陈　异　乐安　黄伯渊

至正五年（1345）乙酉普颜不花榜（右榜）

　　龙兴　贴哥　　龙兴　正宗　　龙兴　雅理　　袁州　海牙

至正八年（1348）戊子王宗哲榜（左榜）

　　鄱阳　章柄　　余干　董朝宗　　乐平　董彝　　铅山　傅常

　　南昌　辜中　　进贤　傅箕　　富州　周普德　　庐陵　龙元同

　　临川　黄绍　　临川　吴彤　　金溪　葛元哲　　永新　吴师尹

至正八年（1348）戊子阿鲁辉贴穆尔榜（右榜）

　　龙兴　阿儿思兰　　吉水　马速忽

至正十一年（1351）辛卯文允中榜（左榜）

　　金溪　吴　裕（榜眼）

　　吉水　萧飞凤　　清江　聂洪衷　　吉水　萧受益　　乐安　何　淑

　　赣县　刘承直　　婺源　吕　诚　　清江　裴梦霆　　进贤　朱梦炎

　　德化　刘应纲

至正十四年（1354）甲午科牛继志榜（左榜）

　　金溪　曾　坚（榜眼）　　彭泽　祝应美

至正十七年（1357）丁酉科王宗嗣榜（左榜）

　　南昌　李　颐　　宜春　夏以忠

至正二十年（1360）庚子魏元礼榜（左榜）

　　金溪　危　於　　金溪　王　彰

至正廿三年（1363）癸卯科杨辀榜（左榜）

　　婺源　俞元膺　　金溪　曾　仰　　金溪　陈　介

年代无考者（左榜进士）

　　上饶　严弥坚　　吉水　刘志行　　分宜　李　观　　南城　万　清

年代无考者（右榜进士）

　　马合末（一作马合木）

明　代

洪武四年（1371）辛亥科吴伯宗榜

　　金溪　吴伯宗（状元）

　　泰和　杨自立　　吉水　丁　辅　　鄱阳　吴　镛　　奉新　黄　载

　　泰和　杜浚　　丰城　熊　谊　　庐陵　周子谅　　南昌　毛　煜

　　德兴　姚宗敬　　贵溪　叶孝友　　清江　聂　铉　　永丰　刘光先

　　泰和　康缙　　德兴　齐季舒　　吉水　彭　泰　　南城　严　植

庐陵 李初　　宁都 管贞　　进贤 吴权　　吉水 刘伯钦
南昌 刘铸　　安福 伍洪　　丰城 黄德润　丰城 丁时敏
吉水 刘长辅　临川 黄钺

洪武十八年（1385）乙丑科丁显榜

新淦 练子宁（榜眼）　　　　　分宜 黄子澄（探花、会元）
南昌 程以善　万安 张衡　　乐平 彭汝器　泰和 萧子韶
泰和 陈仲述（一作陈继先）　乐平 徐旭　　临川 廖孟瞻
鄱阳 戴安　　进贤 向宝（一作向珤）
吉水 张士凯（一作张士恺）　南丰 陈立　　宜春 阳定周
兴国 王本道　雩都 严鹗　　金溪 危瓛　　乐平 邹仲实
南康 谭翼　　上高 李渊　　万安 彭子俊（一作彭仁俊）
赣县 许恒　　宜春 甘泉　　广昌 魏卓　　乐平 彭庆
南昌 蔡英　　南城 施晶　　湖口 李耀　　南昌 胡铉
贵溪 李源深　乐平 刘麟（一作刘奉）　新城 余钦
上高 易大华（一作易大年）　临川 陈用行　鄱阳 徐复
上饶 叶文德　赣县 陆载　　吉水 周从善　永丰 金敏文
新淦 徐子权　贵溪 王良弼　南城 陈权　　余干 刘荣
德兴 张公宣　新昌 钱逊　　临川 徐彦和
德兴 胡信（一作胡兴）　　　婺源 程源　　南昌 唐贤
丰城 杨腊　　丰城 夏原震　丰城 游维善　进贤 樊用良
奉新 陈宗礼　武宁 罗士应　乐平 孙仲猷　浮梁 俞敬德
浮梁 查仲源　德兴 汪彦思　贵溪 李原野　永丰 郭昌
永丰 李伯冲　万载 朱秉恭　南康 蔡询

洪武二十一年（1388）戊辰科任亨泰榜

永丰 吴观玄　宁县 艾旭　　新建 范敬先　新昌 吴鉴
吉水 解缙　　泰和 曾克伟　永丰 刘学政　新喻 喻世英
南昌 何奎　　庐陵 李子容　吉水 黄金华　新城 黄弘
新城 饶增　　泰和 姚与成　吉水 解纶　　新喻 李范
南城 聂任　　吉水 王无将

洪武二十四年（1391）辛未科许观榜

泰和 龙子钧　余干 丘秬　　龙泉 刘文　　萍乡 黄仲声
龙泉 柴子远

洪武二十七年（1394）甲戌科张信榜

新喻 胡成　　安福 彭汝舟　临川 黄绍烈　浮梁 郑隆
泰和 夏彦民　南昌 万文昭　清江 周铨　　玉山 周伯康

南昌　李　镒　鄱阳　董　凤　乐平　匡　显　金溪　徐孟恕

南昌　刘　瑜　吉水　陈　诚

洪武三十年（1397）丁丑科陈安榜

　　泰和　尹昌隆（榜眼）　　泰和　宋　琮（会元，一作朱琮，一作伏伯安）

南城　芮　善　南昌　邹　修　南昌　胡　泰　万安　邹　进

庐陵　曾凤韶　泰和　郭子卢　丰城　黄宗载　庐陵　许子谟

清江　周　铎　浮梁　唐　恕　永丰　曾　纯　泰和　陈善方

鄱阳　戴　安　庐陵　刘履节　万安　郭士道　南城　朱复亨

建文二年（1400）庚辰科胡广榜

　　吉水　胡　广（建文帝赐名胡靖，状元）　　吉水　王　艮（榜眼）

庐陵　李　贯（探花）　　崇仁　吴　溥（会元）　　南丰　朱　塔

新淦　金幼孜　新淦　何士让　乐平　方　孚　永丰　邓时俊

新建　李　敬　进贤　傅　行　南昌　王　高　南昌　李　时

吉水　邓　亮　婺源　朱原贞　南昌　宋彦名　新建　万　忠

南昌　刘　复　南昌　熊文成（一作熊又成）　　永丰　刘　虬

吉水　刘迪简　清江　杨　渤　宁县　石彦成　奉新　帅用昌

永乐二年（1404）甲申科曾棨榜

　　永丰　曾　棨（状元）　　吉水　周　述（榜眼）

　　吉水　周孟简（探花）　　泰和　杨　相（会元）

吉水　宋子环　庐陵　王　训　泰和　王　直　安福　彭汝器

泰和　独孤乐善　吉水　周　忱　泰和　陈士启　吉水　刘子钦

泰和　余学夔　新淦　张　彻　泰和　欧阳俊　星子　卢　翰

临川　吴　旭　临川　梁　任　吉水　萧　宽　丰城　熊　直

丰城　杨永芳　庐陵　李昌祺　吉水　罗汝敬　清江　刘　灏

南城　李永年　泰和　萧省身　庐陵　刘孟铎　金溪　王　英

崇仁　刘　绍　吉水　张宗琏　星子　余　鼎　安仁　李复观

泰和　汤　流　泰和　曾与贤　龙泉　蒋敏完　宁都　曾　慎

新城　涂　顺　玉山　喻则成　新城　涂　敬　上高　邹惟宗

建昌　彭　辉　吉水　李　贞　建昌　胡　忠　吉水　陈资善

清江　陈　纲　安福　李时勉　建昌　陈　旭　龙泉　唐　观

南城　钟　旭　新喻　李子英　奉新　胡　澄　上饶　王　宅

乐平　袁　迤　新建　张　新　进贤　陈　阳　乐安　黄　阳

新喻　陈重器　宜春　彭　斌　清江　杨　灿　奉新　熊本诚

上饶　徐与聆　万载　龙　仪　临川　封孜昶　南康　赖　礼

玉山　吴　渊　上饶　王　哲　永丰　陈伯恭　鄱阳　汤以安

安福	邓时轨	新昌	朱贵	高安	况琛	南昌	阳仪凤
上高	邓谦	龙泉	谭原信	婺源	俞士贞	宜黄	吕文质
星子	俞用	南昌	漆霁	吉水	刘澄	德兴	程希偃
上犹	赖生启	高安	陈昌	庐陵	刘子敬	上饶	游亨
湖口	王恪	建昌	方丰	崇仁	刘浚	南昌	邓铖
进贤	樊静	建昌	周英	靖安	陈善	新建	杜忠
新昌	邓友	上饶	张侃	万安	刘子渊	湖口	王汝霖
玉山	郑道通	赣县	曾恕	高安	赵进	庐陵	罗处富
余干	段永	星子	郭庆	乐平	吴景	婺源	汪良仕
宁县	曾希贤	上高	晏文铭	永新	刘宏	星子	查孚
永新	陈兴	永新	刘英	南城	赵济	上高	祝文
上高	李勉						

永乐四年（1406）丙戌科林环榜

永丰	刘素（探花）	永丰	朱缙（会元）	临川	王资益		
进贤	周炜	吉水	江殷	安福	胡启先	新淦	卢永
永新	张叔豫	庐陵	黄所载	泰和	陈位京（应作陈孟京）		
永新	解朝夫	建昌	师性	南康	蔡彬	永丰	李岳闰
吉水	周仲举	泰和	邓成	吉水	邓尘	永丰	刘弹
泰和	陈孟祥（应作陈孟洁）	丰城	吴叔间	吉水	张铉		
泰和	曾春龄	泰和	黄献	湖口	屈伸	吉水	钱遂志
泰和	罗仲深	奉新	张昭	永新	李伯尚	泰和	胡雅
南丰	彭益	新昌	李士辉	奉新	邵彦辉	贵溪	姚原立
清江	余昱	新喻	周珏	南昌	雷韶	南昌	许铭
丰城	甘田	临川	乐时逢	上饶	张尊受	丰城	汪昌言
高安	潜溟	宁都	陈勉	吉水	刘持节	龙泉	李九畴
上饶	陈纪	铅山	辛佑	贵溪	汪璧明	南丰	甘霖
上饶	李鉴	（信州）永丰	吕奭			南昌	王春
建昌	魏源	浮梁	吴忠				

永乐九年（1411）辛卯科萧时中榜

庐陵	萧时中（状元）						
吉水	胡概	泰和	陈赏	金溪	邓昌	浮梁	朱敬
永丰	陈衡	泰和	王铉	万安	何敬	上高	王纲
丰城	罗贵素	万安	朱与言	新城	邓义	德兴	张式
吉水	钱习礼	进贤	陈子伦	安福	王贵庄	鄱阳	贺祖嗣
高安	涂克敏	乐平	程静	上饶	张志文	万安	萧常

清江　傅　良　　安福　王　彦　　泰和　梁　辀　　丰城　史　安
丰城　李曰良　　金溪　刘　鸣

永乐十年（1412）壬辰科马铎榜

崇仁　饶　安　　泰和　刘　咸　　南昌　鲍　英　　吉水　杨　政
泰和　郭公绪　　永丰　曾　鼎　　永丰　刘长吾　　贵溪　江　殷
清江　黎　恬　　吉水　钱　述　　金溪　徐则宁　　泰和　陈　礼
崇仁　杨　勋　　吉水　熊　伦　　南丰　赵　礼　　新喻　傅玉润
泰和　王嗣先　　乐平　倪　良　　新喻　胡　琏　　永丰　王　询
吉水　陈正伦　　南康　王时习　　新建　崔彦俊　　临川　熊自诚
进贤　徐　行　　吉水　罗　通　　新喻　傅玉良　　泰和　欧阳和

永乐十三年（1415）乙未科陈循榜

泰和　陈　循（状元）

吉水　宋　魁　　乐平　倪　益　　泰和　曾　弘　　靖安　涂　锃
吉水　陈资深　　德兴　孙原贞　　吉水　胡　瀔　　南城　章文昭
庐陵　罗　端　　永丰　刘智安　　南昌　徐　义　　吉水　曾令得
庐陵　李　学　　吉水　周崇厚　　吉水　张　永　　新建　章　旭
德兴　张彦昺　　乐安　萧　仪　　分宜　严孟衡　　安福　彭麟应
永丰　艾　广　　新喻　习　侃　　吉水　杨　敝　　新淦　萧　奇
吉水　刘鼎贾　　吉水　周敏学　　乐平　汪克升　　金溪　余　庆
安福　尹　循　　贵溪　裴德泽　　丰城　邬在恭　　吉水　郭处靖
永丰　彭　勖　　南城　聂　循　　乐安　李　泉　　弋阳　胡添麒
高安　朱　益　　新建　李时佐　　临川　黄　完　　上饶　余　钦
进贤　吴　预　　永丰　高公望　　贵溪　王增佑　　都昌　巴　铺
清江　皮　玙　　金溪　江　胜　　彭泽　周泰亨　　南昌　周　英
彭泽　刘　铎　　南丰　谭　信　　泰和　廖　谟　　南城　黄　敬
德兴　蒋忠谏　　南丰　李　立　　泰和　尹崇高　　分宜　杨　渊
泰和　彭百炼　　泰和　梁　泂　　广昌　赖　巽　　万载　易　节
丰城　黄　璘　　丰城　丁　铉　　靖安　李　重　　乐平　叶　恕
永新　戴　礼　　新淦　吴　扬　　都昌　余　谦　　丰城　刘全节
乐安　詹　勖　　泰和　刘　涣　　建昌　熊　鉴　　万载　刘　蒡
湖口　邹　杰　　吉水　郭　显　　新淦　何　卓　　乐安　袁　旭
进贤　樊　鉴　　永丰　袁　贺　　丰城　雷　诚　　高安　杨　润
丰城　胡　轸　　进贤　熊　渊　　德安　黄　振　　乐安　张　遂
彭泽　曹　逊　　余干　徐　爵　　彭泽　刘　昱　　婺源　张文忠
永丰　张嘉会　　乐安　邹　良　　上饶　姜启隆　　丰城　李　实

清江　陈　感　　丰城　徐孔奇

永乐十六年（1418）戊戌科李骐榜

吉水　邓　珍（探花）

吉水	周　叙	吉水	尹凤岐	吉水	罗坤泰	余干	邬　逊
丰城	周懋昭	新淦	邹　凤	乐平	周　礼	庐陵	刘　英
新喻	习嘉言	南昌	万韫辉	新喻	黄　裳	庐陵	刘礼让
玉山	程　钫	临川	方　辂	信丰	黄　门	乐平	倪　鼎
高安	幸　实	高安	易　輗	大庾	刘　永	临川	莫绍贤
泰和	曾　泉	新城	刘　性	新喻	李子恢	吉水	李居正
南昌	杨　衡	鄱阳	陶　圭	吉水	洪　渊	临川	许同书
安福	刘　干	泰和	萧　进	丰城	喻　俊	浮梁	刘为政
德兴	方　册	泰和	尹　源	吉水	梁　硕	德兴	余　深
泰和	任敬敏	新淦	陈绍夔	金溪	吴会同	丰城	雷成睿
南昌	钱文贵	丰城	胡　远	广昌	赖　瑛	南昌	李　偶
玉山	周　铨	新淦	宋　常	安福	彭　琉	泰和	萧　镗
吉水	陈　素	南城	左　瑞	丰城	熊　翰	新喻	胡　钦
乐平	蔡　贵	新淦	陈孟浩	上饶	周　贤	广昌	何文渊
新昌	游　奎	靖安	胡　恭	新建	王　琏	乐平	方　珏
安仁	吴　䩁	丰城	杨　仪	鄱阳	刘　莘	湖口	曹　魁

永乐十九年（1421）辛丑科曾鹤龄榜

泰和　曾鹤龄（状元）

清江	陈　安	靖安	舒　敬	清江	张　铎	新喻	张复阳
吉水	王　骥	丰城	黄　成	南昌	周　升	丰城	游　和
吉水	艾凤翔	大余	蒋　诚	丰城	夏希纯	清江	刘　谦
丰城	丁　玑	庐陵	郭　循	安福	刘　球	丰城	任　礼
丰城	郑　原	丰城	聂好谦	进贤	傅　端	南昌	万　观
丰城	熊　昱	丰城	聂用义	泰和	康　颣	泰和	欧阳哲
庐陵	伍　奇	进贤	陈　谷	庐陵	刘　庄	泰和	杨　颢
建昌	彭　鉴	高安	王　喆	丰城	徐　琳	永丰	杨夔章
浮梁	冯　诚	乐平	徐　亮	永丰	黄　卓	上饶	郑　安
庐陵	陈邦贞	浮梁	程道兴	浮梁	陈　鐥（一作程鐥）		
永新	江志昂	进贤	李　坝	泰和	王　绂	安福	万　节
进贤	沈　庆	永丰	徐　铎	吉水	朱立新	泰和	张　金
新喻	张　韫	建昌	胡　新	乐平	舒　谟	建昌	张　鉴
临川	张士贞	临川	王学敏	丰城	李元凯	新喻	胡思学

新昌　毛　伦　　庐陵　刘　冲　　丰城　范　衷　　新喻　施　静
上饶　尹　安　　泰和　彭　震　　吉水　罗　智　　永新　左　高
吉水　黄　占　　吉水　裴　诚　　进贤　邓　敏　　浮梁　吴　惠
建昌　邵　嵩　　临川　吴昌衍　　临川　吴邦直　　乐平　吴　堂
建昌　顾　源

永乐二十二年（1424）甲辰科邢宽榜

丰城　孙曰恭（探花）

泰和　康　琰　　安福　鲍　时　　万安　刘广衡　　乐安　张　纯
安福　陈　铉　　吉水　周南巽　　庐陵　彭　谦　　新淦　胡　器
安福　王　让　　丰城　徐　正　　万载　郭　瑾　　新淦　李　叙
广昌　揭　稽　　南昌　魏　淡　　鄱阳　高　举　　进贤　舒　颙
吉水　李在修　　浮梁　李　安　　泰和　欧阳洙　　丰城　杜　敬
永丰　李　春　　丰城　杨　诚　　进贤　吴　晟　　临川　徐文瞻
余干　喻　义　　南城　邓　荣　　吉水　曾惟珍　　永丰　宋原端
吉水　汪　奎（一作江奎）　　　　浮梁　计　澄　　永新　尹　祥
都昌　柳　芳　　都昌　吴　旺　　新淦　毛　俊　　丰城　张　彦
庐陵　刘惟彬　　永丰　周　宁　　庐陵　段顺孜　　临川　艾度昭
永丰　朱　硕（一作陈硕）　　　　余干　郑　烈

宣德二年（1427）丁未科马愉榜

永新　江玉琳　　金溪　王　裕　　泰和　刘　准　　金溪　李应庚
新淦　金昭伯　　上饶　徐仲麟　　丰城　甘　瑛　　新淦　孔　初
丰城　吴　显　　泰和　萧　镒　　吉水　王　佐　　金溪　何自学
泰和　罗崇本　　永新　刘克彦　　新城　丁　芹　　龙泉　萧　启
泰和　萧　晅　　泰和　欧阳汤　　永丰　陈　城（一作陈诚）
新淦　张万中　　浮梁　崔　远　　新建　马　俊　　新城　程　通
泰和　曾　序　　吉水　王　理　　高安　陈　鉴　　丰城　丁　俊
乐平　汪　云　　庐陵　邹　宜　　新淦　黄　恕　　乐安　张　庆

宣德五年（1430）庚戌科林震榜

大庾　蔡云翰　　婺源　程　宪　　进贤　熊　炼　　新淦　丁　伦
崇仁　吴　文　　安福　吴　节　　安福　刘　实　　崇仁　杨　祖
余干　高　峻　　庐陵　邓　让　　临川　范　镕　　庐陵　萧维祯
吉水　廖　庄　　吉水　胡端祯　　安福　谢　牧　　乐安　胡　澄
新淦　宋　琏　　吉水　邓履纯　　安福　万　霁

宣德八年（1433）癸丑科曹鼐榜

永丰　钟　复（探花）　　　　　　万安　刘　哲（会元）

吉水	刘 益	吉水	刘 祯	大庾	蒋 铭	鄱阳	王 弼
临川	傅 纲	临川	黄 瓒	新喻	吴方大	吉水	黄 瓒
清江	张 彝	吉水	尹 昌	安福	李 绍	南城	郑 悠
乐安	姜 洪	吉水	宋 怀	泰和	曾 翚	永丰	谢 磷
吉水	张 杰	泰和	萧 璁	新淦	金辅伯	新喻	张 固
婺源	汪 敬						

正统元年（1436）丙辰科周旋榜

庐陵	陈 文（榜眼）			永丰	刘定之（探花、会元）		
吉水	王 鉴	泰和	袁 和	浮梁	戴 瑞	安福	刘 钺
吉水	李同仁	泰和	梁 粲	安福	彭 贯	安福	王 高
泰和	龙 文	乐安	谢 辅	临川	李 毅	泰和	杨德敷
吉水	刘 静	婺源	程思温	安福	戴 相	新建	陈 安

正统四年（1439）己未科施槃榜

泰和	刘 孚	丰城	罗 瑛	瑞昌	丰 庆	安福	刘 玭
丰城	聂 智	临川	单 宇	丰城	李 郁	万安	刘善庆
永新	萧 翼	吉水	李 茂	乐安	杨 贡	上饶	李 奈
南丰	李 逊	庐陵	刘 同	贵溪	刘 益	吉水	刘 观

正统七年（1442）壬戌科刘俨榜

吉水	刘 俨（状元）						
泰和	陈 宜	新淦	龙 澄	万安	刘 曦	兴国	黄 裳
安福	潘 鉴	德兴	余 瓒	永新	左 鼎	丰城	孙振望
泰和	刘 锴	庐陵	王 概	泰和	郑 清	泰和	王 俨
丰城	刘华甫	吉水	邓 贵	庐陵	罗如墉	万安	周 铎
丰城	郑 温	永丰	高 安	万安	谢 绅	安福	王 理
安福	路 璧	永新	尹 礼	安福	左 辅	湖口	骆 敏
吉水	欧阳正	永丰	黄 祯	南城	丘 嵩	吉水	鄢 海
乐平	汪 琰	新建	熊 文	丰城	甘 节	南昌	万 祥

正统十年（1445）乙丑科商辂榜

泰和	曾蒙简	泰和	萧 彝	永丰	陈 律	安福	张 洪
吉水	许 振	乐安	黄 霖	吉水	李庸修	万安	刘 孜
安福	刘 斌	鄱阳	周 旋	吉水	刘 谕	南昌	罗 篪
铅山	胡 浚	泰和	袁 广	泰和	杨 涣	安福	尹 恕
丰城	涂 谦	庐陵	陈 方	丰城	陈 宽	吉水	周 璠
万安	严 枢	吉水	胡 端	永丰	曾 卓		

正统十三年（1448）戊辰科彭时榜

安福　彭　时（状元）

泰和	罗　俊	弋阳	黄　溥	安福	胡　暐	安福	周　瑚
临川	王　常	泰和	康　珪	清江	朱　厚	贵溪	刘　洙
都昌	谭　广	婺源	程　昊	浮梁	戴　珉	弋阳	李　玘
丰城	黄　节	金溪	王　芳	安福	彭　广	安福	刘　泰
贵溪	叶　禄	鄱阳	刘　济	德化	吕　铎	乐安	廖　俊
丰城	杨　进	乐平	卢　升	信丰	黄得温		

景泰二年（1451）辛未科柯潜榜

永新　刘　升（榜眼）　　　　新喻　吴　汇（会元）

泰和	吴　遵	庐陵	刘　春	（信州）广丰	吕　晟		
吉水	江　彤	安福	周　监	南昌	刘子肃	安福	周必兆
安福	刘　宣	永新	李　钧	庐陵	胡　钦	吉水	王　琳
南城	陶　复	安福	周　达	贵溪	高　明	鄱阳	董　轩
安福	邓　明	永丰	陈　蕙	丰城	李　瓛	庐陵	彭　烈
永丰	汤　懋	庐陵	胡　炼	安福	张　业	永新	刘　敷
浮梁	刘　俭	丰城	游　明	安福	刘　彝	吉水	阳显嘉
永新	龙　需	泰和	欧阳熙	贵溪	吴　立	贵溪	李　直
高安	张　瑄	龙泉	项　倬	建昌	黄　晖	乐平	郑　冕
永丰	钟　同	永新	吴　绰	安福	邓　秀	永新	左　兴
吉水	黄　重						

景泰五年（1454）甲戌科孙贤榜

安福　彭　华（会元）

新喻	胡　荣	乐安	谢　绶	进贤	王朝远	安福	刘　釪
泰和	陈　龙	新喻	张　黼	新淦	卢　秩	安福	王　齐
丰城	宋　荣	丰城	范　镛	临川	黄　会	广昌	何乔新
庐陵	曾　唯	弋阳	李曰良	靖安	涂　淮	泰和	杨　琚
泰和	尹　直	庐陵	刘　溥	安福	刘伦正	永丰	傅　韶
丰城	袁　润	湖口	杨　恕	泰和	单　昂	安福	丰　载
吉水	龙　晋	永新	刘　璧	庐陵	李　褒	德兴	胡德盛
兴国	曾　清	德化	劳　钺	永丰	刘　恕	永新	马　聪
安福	刘　珂	永新	汤　清	安福	刘　谟	吉水	罗　淮
丰城	杨　瑄	安福	王　重	泰和	王　用	浮梁	冯　馘
南昌	周　正	永新	刘寅之	清江	彭　盛	德化	史　珍
乐平	吴　中	泰和	康　骧	丰城	聂　元	金溪	王　稽

丰城 李　裕	南昌 刘季清	乐安 杨　宣	信丰 龙　霖
乐安 武　齐	庐陵 王　璘	崇仁 罗　明	安福 伍　骥
婺源 程　永	丰城 李　述	丰城 汪　振	丰城 毛　伦
安福 刘　充	庐陵 陈　俨	安福 刘　瑜	南昌 熊　惠
吉水 王　度			

天顺元年（1457）丁丑科黎淳榜

金溪 徐　琼（榜眼）　　　　　吉水 夏　积（会元）

庐陵 罗崇岳	安福 彭彦充	南城 左　赞	丰城 袁　芳
安福 路　璋	（信州）永丰 刘伯川		安福 刘任治
浮梁 计　昌	永丰 曾　文	永丰 徐　显	临川 王　显
安福 吴　远	庐陵 刘　隆	吉水 罗　训	丰城 游　浩
新淦 周　谟	新淦 何　衷	新建 刘　观	吉水 杨　魁
贵溪 邵　震	安福 刘　秩	婺源 朱　稳	南城 方　嵩
金溪 车　振	（信州）永丰 潘　珪		丰城 丁　璐
吉水 周同伯	永新 马体乾	丰城 夏　环	安福 罗　修
丰城 熊　怀	泰和 易居仁	婺源 程　广	吉水 高　安
浮梁 徐　贵			

天顺四年（1460）庚辰科王一夔榜

新建 王一夔（状元，后复姓谢）

崇仁 吴　英	丰城 张元祯（初名张元徵）		吉水 周　巽
安福 周正方	丰城 涂　观	丰城 胡　泾	丰城 范　锁
丰城 涂　棐	余干 叶　盛	浮梁 刘　骥	永新 张　同
安仁 辜　颛	鄱阳 丘　霁	（信州）永丰 汪　贵	

天顺八年（1464）甲申科彭教榜

吉水 彭　教（状元）　　　　　泰和 罗　璟（探花）

安福 张敷华	丰城 傅　实	高安 敖　和	上饶 王　让
新昌 陈　政	泰和 萧　祯	安福 周　重	庐陵 彭　序
丰城 章　甫	吉水 郭　瑞	吉水 张　鸾	安福 伍希渊
泰和 萧彦庄	泰和 张　达	浮梁 计　礼	新喻 傅　瀚
新建 胡　深	安福 阮　玘	安福 李　勋	新淦 陈　英
庐陵 郭缉经	安福 周　宾	新喻 夏　景	浮梁 戴　珊
丰城 聂蒙昌	庐陵 刘　钝	泰和 康　玠	丰城 孙　缉
婺源 汪　进	泰和 萧器用	进贤 于大节	丰城 陈　昭
新淦 刘　浚	贵溪 郑　节		

成化二年（1466）丙戌科罗伦榜

永丰　罗　伦（状元）

婺源	张　黻	上饶	娄　谦	泰和	陈　鹤	德兴	舒　清
贵溪	江　璞	安福	彭　善	清江	张　敏	安福	李　瑢
永新	戴　僖	贵溪	毕　瑜	永新	邹　袭	湖口	梅　愈
吉水	宋应奎	安福	李　元	崇仁	周　翰	乐安	曾　麒
安福	万　绣	安仁	刘　烜	安福	刘　镔	高安	朱　汉
新淦	何　纯	乐平	董　旻	丰城	熊　绣	丰城	袁　祯
泰和	龙　伯	进贤	陈　琏	浮梁	李　敦	乐安	黄　本
新昌	王　相	进贤	杨　峻	乐平	黎　福	丰城	邹　儒
泰和	萧　苍	新淦	戴　中	万安	戴　用	泰和	张时谨
万安	刘　乔	泰和	萧　润	南昌	罗　经	永丰	刘　忠
金溪	徐　霖	乐安	陈　义	婺源	汪　奎	安福	刘资厚
高安	王　谦	宜春	袁鲁训	浮梁	戴　琏	新建	李士实

成化五年（1469）己丑科张升榜

南城　张　升（状元）　　　　　宁都　董　越（探花）

泰和	萧　玙	丰城	李　延	丰城	毛松龄	建昌	邓存德
庐陵	周孟中	南昌	熊　景	庐陵	王　臣	临川	陈　勉
弋阳	郑　龄	余干	刘　宪	安福	尹　仁	庐陵	李　茂
上高	黄　景	新喻	邹　霭	新淦	孙　仁	庐陵	陈遵毅
鄱阳	贺　霖	弋阳	李　镜	德兴	祝　澜	泰和	萧　冕
安福	彭　朗	安福	刘　瓛				

成化八年（1472）壬辰科吴宽榜

安福　刘　震（榜眼）

吉水	张　祥	吉水	张　黻	永新	马　铉	安福	彭　礼
泰和	萧本容	新淦	王　宜	南昌	彭　载	新喻	简　显
新淦	陈　寿	乐平	朱　本	龙泉	萧　显	宁县	周季麟
德兴	张　英	德兴	张　宪	吉水	袁　道	浮梁	孙　弁
临川	吴　哲	新喻	王　肃	临川	章　武	进贤	朱　赞
德兴	孙　需	铅山	胡　汉	清江	余　铎	进贤	樊　金
建昌	胡　荣	吉水	王　弁	分宜	李　云	庐陵	胡　缙

成化十一年（1475）乙未科谢迁榜

安福　刘　戬（榜眼）

浮梁	程廷琪	安福	伍希闵	南城	左　悠	余干	苏　章
庐陵	王　岳	清江	彭　纲	安福	尹　珍	金溪	江　贵

弋阳	汪凤	临川	吴嵩	永新	刘时	吉水	周盈
安福	管达	庐陵	萧惠	吉水	谢富阳	万安	郭秩
万安	张广	新淦	何善	新喻	李行	进贤	向荣
新淦	袁凤	宜春	郭绅	吉水	李辉	南城	王华
铅山	费瑄	安福	张超	南昌	秦升	安福	周启

成化十四年（1478）戊戌科曾彦榜

泰和	曾彦（状元）			泰和	曾追（探花）		
安福	朱临	安福	唐敦	安仁	周璁	庐陵	周渊
临川	刘质	高安	刘允中	丰城	杨鼏	乐平	张约
新城	李泰	玉山	周鹏	乐安	袁清	进贤	熊禄
吉水	龙腾霄	鄱阳	郭宗	南昌	赵昂	乐平	周荣
泰和	萧集	进贤	王建	婺源	汪舜民	宜春	刘琬
南昌	丁隆	南昌	丁佑	宁都	丁积	上饶	蒋蕃
雩都	袁庆祥	永丰	钟瑾	新淦	刘缨	永丰	刘彬
丰城	涂升	安仁	刘岳	新淦	邓概	婺源	倪进贤
南昌	熊达	吉水	李暹	丰城	丁炼	吉水	杜桓
安福	刘逊	安福	周浚	庐陵	吴文	上饶	蒋钦
永新	龙德周	余干	吴秀	德化	刘清	宜春	刘聪
弋阳	姜绾	丰城	涂畴				

成化十七年（1481）辛丑科王华榜

丰城	江潭	泰和	郭祥鹏	泰和	王櫺	余干	张吉
乐平	彭福	南昌	艾璞	进贤	饶泗	上饶	娄性
德化	夏英	南昌	余洪	临川	姚隆	进贤	左辅
南城	江澂	安福	欧阳旦	清江	孙治	吉水	汤建
宜春	张凤	乐平	汪律	新喻	傅潮	弋阳	汪馔
浮梁	张桓	安福	周应熙	泰和	刘勋	吉水	龙用升
新喻	廖纯	宜春	萧义	（信州）永丰	郑轼		
吉水	邓淮	龙泉	梁文	乐安	谢缉	龙泉	王杲
婺源	汪坚	上饶	蒋淡				

成化二十年（1484）甲辰科李旻榜

泰和	邓鼎	玉山	李侃	高安	朱继祖	安福	王爵
安福	刘棐	新喻	敖毓元	建昌	张楫	鄱阳	胡韶
德兴	祝径	德兴	程崧	贵溪	詹玺	靖安	舒玠
安福	刘缜	乐平	朱璧	临川	章蓍举	安福	欧阳哲
婺源	潘珏	丰城	黄芸	贵溪	姚文灏	泰和	尹嘉言

德兴	张 熊	安仁	姜 绶	安福	王中立	泰和	曾望宏
吉水	曾 焕	乐安	董时望	泰和	徐 贡	丰城	刘 巽
永丰	王 寿	泰和	尹万化	高安	黄 山		

成化二十三年（1487）丁未科费宏榜

铅山	费 宏（状元）			乐平	程 楷（会元）		
进贤	季 源	庐陵	周 夔	安福	刘 孟	大庾	谢 通
浮梁	范 玶	进贤	万 福	丰城	涂 旦	丰城	李 汉
丰城	熊 祥	弋阳	方 仁	南城	罗 玘	安仁	官 昶
吉水	曾 昂	新淦	刘 麟	德兴	吴 浚	临川	黄 济
鄱阳	虞 坤	泰和	欧阳鹏	安福	伍 符	新喻	罗 政
都昌	邵遵道	乐安	胡 镐	建昌	黄玄龄	南丰	李 玺
龙泉	彭 瓒	金溪	黄 昌	鄱阳	彭 程	庐陵	萧艮宣
鄱阳	徐 诜	安福	刘 丙	新淦	梁廷宾	临川	王 约
丰城	杨 廉	新昌	陈怀经	安福	刘 浩	上饶	程 顼
新淦	周 昂	安仁	蔡 辅				

弘治三年（1490）庚戌科钱福榜

吉水	彭 杰	金溪	吴世忠	庐陵	周 统	（信州）永丰	周 序
清江	黄 绣	宜春	龙 夑	宁都	胡 易	吉水	彭 桓
安福	尹 灏	（信州）永丰	郑 轵			弋阳	吴 晟
安福	赵 璜	万安	刘 挺	吉水	刘 绩	安福	王 奎
崇仁	洪 钟	临川	王 统	临川	吴 潜	进贤	胡 江
赣县	谭 升	泰和	尹 颂	新喻	符 观	新淦	邹 虞
鄱阳	彭 诚	高安	况 景	新淦	张 钢	安福	彭惟方
安福	路 麟	庐陵	萧巨源	临川	陈 威	都昌	于庭春
吉水	杜 楷	进贤	饶 塘	鄱阳	邓文质	安福	伍希齐
临川	左 璋	贵溪	徐 泫				

弘治六年（1493）癸丑科毛澄榜

吉水	徐 穆（榜眼）			泰和	罗钦顺（探花）		
弋阳	汪 俊（会元）						
临川	陈 婴	万安	萧 柯	新喻	张 文	宁县	周季凤
玉山	李 宽	庐陵	刘 昭	贵溪	杨 泮	吉水	周 鲁
进贤	杨二和	都昌	余 濂	弋阳	范希淹	安福	王 选
安福	刘廷策	庐陵	龙 越	新淦	陈 阳	鄱阳	刘 琏
新城	何 垕	安福	欧阳介	贵溪	李 祚	永新	刘 袤
南城	黄 清	临川	李 哲	新淦	张 琼		

弘治九年（1496）丙辰科朱希周榜

泰和	陈凤梧	新喻	胡献	宁都	董天锡	宜春	周臣
上高	简芳	新建	熊伟	安福	刘祥	宜春	龙霓
永新	李珪	新建	谢麒	婺源	戴敏	婺源	王寿
安福	彭夔	弋阳	汪伟	进贤	傅习	南丰	徐联
新喻	黎凤	婺源	叶天爵	都昌	邵有道	铅山	欧阳琼
宁都	萧敏	金溪	徐行庆	丰城	范兆祥	安福	胡道
上饶	方仑	临川	熊吉	新淦	何正	九江	赵慰
贵溪	夏鼎	婺源	戴铣	庐陵	王玺	宁县	周季邦
泰和	罗凤	进贤	姜文魁	万安	刘玉	丰城	熊卓
安仁	刘麟	余干	彭震	乐平	程乾	安福	邹贤
安福	刘烈						

弘治十二年（1499）己未科伦文叙榜

泰和	罗钦忠	安福	罗善	泰和	罗钦德	贵溪	江潮
南城	张恩	临川	赵礼	吉水	罗循	南城	张明
上饶	郑毅	乐平	程诰	鄱阳	余祐	安福	刘潮
泰和	欧阳云	南昌	陈奎	安福	刘天泽	安福	李锐
安仁	姜桂	玉山	詹恩	安福	刘子厉	新建	熊桂
吉水	曾得禄	南昌	刘廷重	大庚	张九逵	弋阳	陈善
庐陵	萧选	新淦	涂祯	贵溪	李云	新淦	朱良
泰和	萧士安	新建	金禄	安福	刘才	临川	官伦
铅山	万廉	弋阳	谢琛	吉水	罗侨	安福	王伟
（信州）永丰	吕翀			万安	萧乾元	进贤	朱廷声
吉水	刘寅	贵溪	姚琳				

弘治十五年（1502）壬戌科康海榜

（信州）永丰	吕夔			吉水	刘吉	泰和	欧阳诰
新淦	徐儁	贵溪	毕济川	安福	欧阳恂	婺源	汪鋐
丰城	叶钊	新淦	廖俊	清江	卢学书	泰和	康纪
崇仁	吴钺	高安	陈祥	婺源	方进	丰城	江淙
新建	张元春	吉水	上官崇	金溪	洪范	玉山	祝浚
吉水	曾直	吉水	刘谌	安仁	舒晟	婺源	潘珍
丰城	吴祺	鄱阳	张岐	安仁	于聪	南昌	胡训
高安	胡镇	新淦	陈萧	新喻	李奎昭	新淦	张芹
清江	孙伟	靖安	涂文祥	金溪	王宣	安福	刘时望
新喻	符乐	丰城	涂敬				

弘治十八年（1505）乙丑科顾鼎臣榜

分宜 严 嵩	奉新 宋 景	南昌 许 谏	金溪 江 珏
南昌 刘 节	婺源 潘 旦	弋阳 方 位	
庐陵 郭 瑾（一作郭灌）	德化 熊 遇	进贤 万 铠	
新喻 刘澄亮	吉水 刘 恒	新喻 胡 远	安福 刘 蓝
安福 刘 纮	临川 吴 华	婺源 程 文	安福 刘 瓒
泰和 萧世贤	上饶 李 艾	南昌 刘伯秀	永丰 金 瑜
新建 魏 荣	新喻 傅 元	上饶 叶 鹄	临川 乐 頀
永新 贺 宽	鄱阳 吴 盈	乐安 黄 琮	贵溪 江良贤
婺源 潘 选	新昌 王光佐	贵溪 徐 盈	

正德三年（1508）戊辰科吕柟榜

庐陵 欧阳重	南昌 杨 薰	泰和 周尚化	永新 甘公亮
德兴 张 栾	安福 刘 文	泰和 欧阳席	安福 王 淮
安福 刘 鹏	安福 伍 全	安福 欧阳申	吉水 戴 冠
婺源 胡 德	永新 吴期英	高安 朱实昌	吉水 毛伯温
泰和 欧阳铎	泰和 张 焕	南城 夏良胜	新淦 谢 艮
新淦 谢 阶	余干 胡 守	新喻 黎 龙	南城 叶 宽
丰城 李 金	高安 况 照	婺源 潘 鉴	安福 谢能继
余干 张 俅	鄱阳 俞 缁	宁州 周期雍	浮梁 方 选
丰城 朱 概	安仁 张 钺	吉水 易 蓁	高安 熊 相
丰城 胡 洁	玉山 李 玘	建昌 杨 凤	安福 刘秉监
进贤 万 镒	宜春 李 彦	安福 张 廌	清江 孙 佐
大庾 王 銮	泰和 钟卿密	泰和 郭 仕	龙南 黄 芳

正德六年（1511）辛未科杨慎榜

安福 邹守益（探花、会元）

永新 尹 襄	赣县 黄 钟	安福 王世文	贵溪 宋应奎
贵溪 李文华	贵溪 毕济时	永丰 刘 翀	进贤 孙继芳
婺源 戴 吉	新喻 胡 琎	铅山 费 采	（信州）永丰 夏尚朴
弋阳 姜 清	泰和 王 思	安福 尹 京	金溪 王 奭
安福 伍 箕	永新 贺 缙	安福 刘 泉	吉水 杨必进
安福 王 玺	浮梁 汪 本	安福 伍希儒	泰和 欧阳嵩
安福 刘 禔	安仁 桂 萼	清江 龚守愚	上高 聂 琪
安福 李 校	南昌 熊 兰	安福 刘廷篁	高安 龚 进
崇仁 饶 富	玉山 詹 轼	丰城 周 清	泰和 欧阳嵓
上饶 汪 渊	浮梁 卢 琼	进贤 李 镇	丰城 陆时通

婺源	潘　锜	清江	彭　昉	（信州）永丰	郑　浙		
乐安	詹　崇	贵溪	杨　濂	丰城	金　选	安福	张鳌山
进贤	万　潮	新喻	简　佐	安仁	张　琥	余干	陈　宪

正德九年（1514）甲戌科唐皋榜

贵溪　黄　初（榜眼）

吉水	李　中	婺源	叶天球	安福	王学夔	上高	简　沛
南昌	熊　浃	奉新	余　祯	南城	王　鏉	宁州	查仲道
吉水	李　相	贵溪	周时望	贵溪	汪　金	大庚	刘　寅
贵溪	詹　晨	万安	陈　辅	建昌	黄　祺	永新	刘梦诗
余干	章　书	永新	李　俨	新城	周　伟	新昌	蔡　时
贵溪	詹　升	吉水	谢　善	丰城	杨　铨	进贤	杨　林
临川	傅　桂	铅山	丁　洪	崇仁	刘　寓	宁州	周　昺
永新	萧　樟	贵溪	江良材	安福	伍希周	鄱阳	余廷瓒
贵溪	周　忠	丰城	王国光	庐陵	刘近光	庐陵	刘辅宜
新喻	简　霄	奉新	邓显麒	南昌	姜　仪	安福	刘　佐
临川	刘　颖	上饶	徐　伦	安福	李　乔	庐陵	黄国用
庐陵	何良辅	（信州）永丰	周　佐				

正德十二年（1517）丁丑科舒芬榜

进贤　舒　芬（状元）

弋阳	汪　佃	萍乡	文　明	永丰	王　纶	弋阳	黄　易
贵溪	叶桂章	玉山	詹　瀚	婺源	汪　思	安福	刘　昌
安福	彭本用	安福	欧阳必进	安福	谢　显	贵溪	陈　焕
宜春	郭　叙	万安	王时柯	贵溪	夏　言	南昌	涂　相
龙泉	梁朝宗	乐平	范　鏓	崇仁	刘　最	鄱阳	詹　珪
婺源	程　资	临川	叶　竦	高安	高　夔	新喻	胡　誉
安仁	汤惟学	婺源	江元辅	浮梁	李　煌	永丰	聂　豹
吉水	张　瀚	安福	王　文	清江	黄　相	安福	彭　文
万安	郭持平						

正德十六年（1521）辛巳科杨维聪榜

铅山　费懋中（探花）

贵溪	江汝璧	玉山	詹　泮	贵溪	方　缙	鄱阳	陈　璜
南昌	李　浙	清江	龚　亨	清江	敖　英	丰城	袁　城
进贤	徐曰忠	吉水	萧　晚	分宜	李　香	婺源	潘　镒
鄱阳	王　道	乐平	舒　林	泰和	刘　乔	德化	王汝宾
婺源	潘　潢	新淦	姚　激	临川	姜　文	万安	刘　道

上饶	杨麒	贵溪	丘九仞	临川	邹架	宁州	陈由正
吉水	刘迥	安福	周煦	新淦	黄仁山	万安	刘宗谏
广昌	曾梧	新淦	胡奎				

嘉靖二年（1523）癸未科姚涞榜

吉水	张絅	泰和	欧阳德	贵溪	丘民范	安福	刘汝輗
余干	万象	玉山	陈九成	婺源	程煌	分宜	易鸾
安福	彭黯	临川	章衮	进贤	夏谧	婺源	叶份
吉水	曾存仁	崇仁	刘案	南昌	陈冠	南昌	王臣
进贤	傅炯	庐陵	萧璆	广昌	李乔	婺源	汪琯
德化	蔡文魁	鄱阳	刘录	安福	刘模	婺源	方升
新建	万虁	余干	赵珩	丰城	甘勋	贵溪	吴琢
安福	王良卿	临川	陆冈	乐平	叶瑞	吉水	周延
金溪	黄直	新建	魏良弼	南丰	徐行健	安福	郭弘化
庐陵	刘体观	丰城	陆梦麟	乐平	程嘉行	安福	王学孔
奉新	万义	新喻	傅鹗	进贤	何祉	新建	郑濂

嘉靖五年（1526）丙戌科龚用卿榜

泰和　欧阳衢（探花）

南昌	张鏊	南昌	熊汲	铅山	费懋贤	高安	况维垣
贵溪	裴近	婺源	程霆	进贤	张臬	乐平	朱继忠
贵溪	江以达	新建	魏良辅	星子	梁尚德	泰和	欧阳塾
进贤	江汇	泰和	刘应授	婺源	余耒	德兴	余镝
泰和	胡尧时	德兴	戴儒	德兴	祝文冕	丰城	杨经
泰和	曾忏	泰和	杨世相	进贤	傅应祥	贵溪	杨育秀
丰城	李遂	贵溪	江以朝	浮梁	曹煜	安福	王士俊

嘉靖八年（1529）乙丑科罗洪先榜

吉水　罗洪先（状元）

庐陵	胡经	吉水	李联芳	安福	王学益	万安	朱麟
婺源	汪大受	丰城	涂楗	新淦	吴迷	南丰	李圮
临川	钱世贤	安义	周志伟	万安	郭春震	进贤	樊臣
泰和	曾翀	吉水	王仲锦	贵溪	汪似	南昌	刘伯跃
吉水	罗余庆	吉水	周汝员	丰城	孙世祐	丰城	李逢
婺源	王钜	弋阳	舒国光	丰城	朱冕	玉山	夏浚
婺源	方舟	安福	周洪范	贵溪	丘汝良	宜春	何偁
安福	胡永成	进贤	江满	鄱阳	刘塾	彭泽	丁湛
泰和	陈昌福	吉水	谢应岳	新淦	饶思聪	泰和	郭应奎

嘉靖十一年（1532）壬辰科林大钦榜

庐陵 李启东　　南昌 熊 洛　　庐陵 曾孔化

（信州）永丰 吕 怀　　（信州）永丰 吕 瑚　　上饶 欧阳清

崇仁 陈 祯　　贵溪 徐 樾　　贵溪 何天启　　进贤 曾 钧

星子 赵愈和　　万安 朱 衡　　婺源 洪 垣　　万安 刘天授

金溪 吴 悌　　彭泽 陶钦夔　　南昌 刘仕贤　　进贤 朱宪章

临川 刘廷范　　奉新 廖天明　　丰城 雷 礼　　浮梁 闵 旦

丰城 郭希颜　　鄱阳 胡 岳

嘉靖十四年（1535）乙未科韩应龙榜

高安 吴 山（探花）

丰城 李 玑　　高安 敖 铣　　永新 尹 台　　新喻 钱 冲

丰城 范 庆　　新喻 敖 璠　　分宜 彭 凤　　安福 易 宽

武宁 方孟缙　　泰和 萧体元　　进贤 汪 集　　乐平 余 爌

乐平 黎 秀　　泰和 萧祥曜　　永丰 艾 朴　　永丰 聂 静

峡江 张 绪　　临川 吴 璁　　南昌 李东光　　永新 龙 遂

新建 魏良贵　　南昌 胡 植　　湖口 梅凌云

嘉靖十七年（1538）戊戌科茅瓒榜

泰和 罗 珵（榜眼）

贵溪 吴 春　　新建 丁以忠　　泰和 陈昌积　　贵溪 汪 俅

南昌 万 敏　　贵溪 毕竟容　　安仁 吴元璧　　余干 李廷春

鄱阳 刘 润　　余干 江 鲲　　南昌 齐 誉　　婺源 潘 钺

安福 王士翘　　宜春 杨以诚　　新喻 敖宗庆　　信丰 黄 注

新淦 胡叔廉　　德兴 吴 宠　　南康 刘昭文　　宜春 郭 进

浮梁 程时思　　南昌 叶 照　　东乡 徐良傅（一作徐良溥）

吉水 谢体升　　婺源 查秉彝　　庐陵 黄如桂　　丰城 吴道南

泰和 杨载鸣　　南昌 万虞恺　　婺源 游霓得（一作游震得）

吉水 萧 轼　　南昌 万文彩　　南昌 罗崇奎　　万安 张 雨

浮梁 汪 柏　　丰城 杜 拯　　余干 徐文亨

嘉靖二十年（1541）辛丑科沈坤榜

上饶 叶 镗　　南昌 张希举　　永新 尹祖懋　　贵溪 毕竟夔

德化 罗 衣　　南昌 张 纬　　泰和 曾于拱　　新建 李 迁

丰城 徐南金　　丰城 鄢懋卿　　新建 龚秉德　　贵溪 陈其乐

泰和 罗时霖　　临川 曾 佩　　宜黄 黄 钲

丰城 雷 逵（一作雷达）　　丰城 雷 贺　　新淦 彭 谨

南昌 姜 博　　浮梁 曹天宪　　鄱阳 舒载道　　永丰 李继宗

临川	陈 炌	新城	王 材	大庾	李 鸾	南昌	熊彦臣
乐平	程 良	崇仁	杨挺高	万安	周 奎	泰和	刘逢恺

嘉靖二十三年（1544）甲辰科秦鸣雷榜

丰城	涂 铉	清江	熊 逮（一作熊达）			万安	刘 悫
新喻	刘 松	进贤	雷梦麟	新建	吴桂芳	新建	李 逊
南丰	江 冕	南丰	李 桥（一作李乔）			南昌	张 仲
南昌	万 恭	庐陵	张子弘（一作张子宏）			鄱阳	舒春芳
庐陵	刘 佃	宜黄	谭 纶	丰城	陆梦豹	德化	余文献
新昌	邬 琏	鄱阳	计士元	彭泽	陶钦皋	安福	刘朝佐
南城	朱大器	进贤	熊汝达	永丰	徐 易	泰和	欧阳震
奉新	宋国华	泰和	王鸣臣	永丰	汪克用	新喻	萧一鹗
南丰	李万实	高安	胡惟中	新建	郑 河	新淦	蔡扬金
临川	万 善	赣县	李逢时	丰城	万 采		

嘉靖二十六年（1547）丁未科李春芳榜

新喻	张 春（榜眼）						
南昌	张正和	乐平	黎 澄	丰城	胡 杰	贵溪	徐光启
安福	王一夔	安福	王时槐	南昌	熊 琦	高安	蓝 璧
丰城	彭登瀛	南城	吴 衍	南昌	万思谦	进贤	江 治
新建	金 铣	德化	熊勉学	永新	贺 镂	峡江	边 毅
南昌	刘廷梅	南昌	李天荣	南昌	朱伯辰	丰城	袁光翰
星子	钱 炉	浮梁	方 祥	庐陵	贺 泾	临川	乐其雅
泰和	杨 海	庐陵	陈嘉谟	丰城	黄 䏚	永丰	宋仪望
南昌	喻显科	浮梁	詹 册				

嘉靖二十九年（1550）庚戌科唐汝楫榜

鄱阳	姜金和（探花）						
吉水	李 淑	上犹	黄 甲	浮梁	曹天祐	进贤	万 仲
南昌	余应举（改名余曰德）			南昌	李 仲	婺源	方邦庆
丰城	张 益	高安	况叔祺	永丰	陈 庆	浮梁	操守经
永丰	丘文学	靖安	赵文同	临川	任良贵	浮梁	张 灯
金溪	吴翰词	南昌	黄 垣	鄱阳	罗元祯	南昌	吴一澜
都昌	江一川	龙泉	彭继业	丰城	夏 杙	南昌	杨乾亨
南昌	钟崇武	南昌	万虞龙				

嘉靖三十二年（1553）癸丑科陈谨榜

进贤	万 浩	饶州	叶万禄	丰城	李 贵	婺源	江一麟
南昌	李 裘	兴国	曾 镒	新建	阮文中	金溪	徐善庆

临川	王希烈	泰和	杨綵	南昌	余朝卿	新建	喻南岳
万安	周贤宣	浮梁	戴时雍	浮梁	张仙	萍乡	周鉴
南城	曾杰	乐平	黎德充（一作黎德克）			婺源	汪春时
南昌	张正位	星子	胡涌	鄱阳	胡士彦	丰城	李东华
南昌	魏元吉	南昌	钟沂	铅山	江北	泰和	会梅
南城	罗汝芳	庐陵	王文炳	庐陵	曾廷芝	南昌	刘曰材
德化	沈维藩	庐陵	萧九峰	大庾	李凤	万安	罗良
南昌	叶龙	进贤	樊傲	南昌	姜傲		
永丰	郭汝霖（一作郭世霖）			临川	黄纪	金溪	高应芳
鄱阳	史桂芳	庐陵	萧九成	永丰	曾濂	浮梁	侯有功
金溪	黄希宪	南昌	罗复				

嘉靖三十五年（1556）丙辰科诸大绶榜

　　浮梁　金　达（探花、会元）

丰城	黄翰	奉新	余良翰	新建	方来崇	鄱阳	邹光祚
南昌	张正谟	安福	王凝	泰和	胡直	奉新	蔡国珍
安福	邹善	万安	黎桂	贵溪	张相	吉水	陈汲
丰城	李廷观	星子	熊俸	临川	俞汝器	德化	劳堪
永新	李承芳	万安	刘岘	南昌	杨汝辅	浮梁	程汝盛
临川	章汝槐	宜春	杨衍庆	彭泽	曾省吾	清江	杨标
雩都	袁淳	清江	董懋	安仁	周舜岳	瑞昌	夏可范
吉水	陈应诏	湖口	张科	临川	吴朝仪	浮梁	操时贤
安福	伍令						

嘉靖三十八年（1559）己未科丁士美榜

新建	吴椿	南昌	朱奎	南昌	袁贞吉	德安	桂枝扬
吉水	曾同亨	丰城	周汝德	丰城	皮豹	南昌	郭廷臣
婺源	游醇卿	新淦	宋豫卿	万安	张尚大	南昌	叶宪
安福	欧阳谷	临川	舒化	南昌	刘曰睿	泰和	王育仁
丰城	黄国华	南昌	黄枢	吉水	邓洪震	彭泽	欧阳一敬
广昌	何源	万安	张敏德	南昌	魏时亮	武宁	潘儁
南丰	徐钺	万年	郑栋	安福	赵格	万安	赖嘉谟
新建	谢廷杰	进贤	李辅	新城	张樻	丰城	熊秉元
南昌	罗大玘						

嘉靖四十一年（1562）壬戌科徐时行榜

丰城	李材	南昌	万廷言	浮梁	王廷辅	进贤	刘经纬
南昌	徐栢	永新	史诩	铅山	费尧年	南昌	杨汝允

丰城	游季勋	南昌	万振孙	湖口	段孟贤	新淦	蔡叔逵
南昌	王祯	南城	黄文炜	丰城	蒋机	婺源	李寅宾
南昌	刘仕阶	南昌	杨文明	泰和	刘泮	永新	李承绪
丰城	李橡	安福	周采	婺源	程文著	吉水	萧大亨
南昌	钟崇文	南昌	高则益	上饶	周以敬	临川	陈文燧

嘉靖四十四年（1565）乙丑科范应期榜

南昌　陈栋（探花、会元）

清江	徐云程	南昌	涂渊	吉水	廖如春	上饶	杨时乔
高安	范伋	婺源	游应乾	上高	吴学诗	丰城	袁国宁
丰城	涂梦桂	安福	张秩	临川	陈文焕	万载	宋良佐
南城	丘浙	清江	晏仕翘	德化	蔡廷臣	金溪	聂廷璧
湖口	张道	德兴	舒鳌	新昌	熊子臣	建昌	熊炜
南丰	王玺	进贤	龚以正	丰城	李杙	高安	傅孟春
庐陵	贺一桂	临川	徐儒	浮梁	张德夫	宜春	易可久
南昌	姜忻	南昌	熊汝器	丰城	鄞一相	临川	桂天祥
南昌	万通（一作万几）			（信州）永丰	周守愚		
南昌	杨一桂	临川	傅良谏	新喻	李采菲	德兴	笪东光
婺源	余一龙	婺源	俞一贯	南昌	萧敏道	南昌	刘良弼
万安	萧廪	临川	曾如春	东乡	程文	临川	刘世亨
婺源	汪文辉	临川	施爱	南昌	周芸	南丰	邵廉

隆庆二年（1568）戊辰科罗万化榜

新淦	朱孟震	吉水	李维桢	南昌	赵来亨	新建	张位
弋阳	汪审	新昌	蔡文范	丰城	胡绪	余干	李颐
新昌	刘体道	南昌	张偲	鄱阳	刘应麒	新喻	敖鲲
金溪	聂良杞	南城	张巂	金溪	陈所敏	新淦	张克文
东乡	万钟禄	鄱阳	杨时宁	上高	王京	金溪	戴文宗
庐陵	习孔教	南昌	熊瑞	南昌	刘浃		
高安	张东旸（一作张东阳）			弋阳	詹世用	临川	徐汝阳
临川	傅元顺	南城	许洛	丰城	黄焯	丰城	范谦
临川	朱东光	万安	刘应雷	临川	帅机	奉新	陈九畴
婺源	胡用宾	贵溪	周一经	浮梁	余钦	金溪	陈一夔
婺源	余懋学	南昌	辛明试	吉水	罗征竹	丰城	杜循
鄱阳	刘铉	安福	谢廷敬	南城	吴鉴	庐陵	刘禹谟
浮梁	方学孟	安福	万一贯	新建	喻均	永丰	张镗
新建	穆炜	鄱阳	陈文衡				

隆庆五年（1571）辛未科张元忭榜

峡江　刘　瑊（榜眼）　　　　新建　邓以讚（探花、会元）

安福	刘　台	南丰	李际寅	金溪	王懋德	宁州	陈以朝
上饶	郑邦福	奉新	余良枢	广昌	吴思学	丰城	杜　㩦
南昌	熊惟学	南昌	甘一骥	安福	邹德涵	泰和	龙宗武
泰和	郭子章	金溪	谢廷采	安福	张　程	南昌	陈　赞
丰城	袁应旂	高安	王许之	南昌	齐世臣	南昌	伍士望
婺源	俞文达	金溪	王民顺	临川	周邦杰	乐安	董　裕
新建	张　誉	新淦	朱　珽	贵溪	徐贞明	南昌	漆　彬
安福	傅应祯	丰城	袁实遂	金溪	张应雷	泰和	王一乾
丰城	范　梅	雩都	李　涞	都昌	詹全觉	新建	涂　杰
临川	吴㧑谦	奉新	余良祯	进贤	江　和	安福	周　宪
宁州	吴从龙	庐陵	彭应时	高安	孙鸣凤	建昌	秦　绅
南昌	刘　珠						

万历二年（1574）甲戌科孙继皋榜

泰和	萧景训	婺源	汪应蛟	赣县	谢　诏	南昌	万文卿
庐陵	刘孟雷	南昌	黄凝道	南城	张时亨	大庚	李良柱
鄱阳	杨四知	高安	范世美	鄱阳	杨时馨	南城	王一言
余干	舒邦儒	婺源	余启元	吉水	陈应芳	临川	陈文炌
进贤	饶廷锡	贵溪	姚士观	永新	刘朝疆	金溪	胡桂芳
南城	王懋中	清江	董廷策	南昌	胡汝宁	泰和	杨寅秋
金溪	吴　潆	吉州	丁当谦				

万历五年（1577）丁丑科沈懋学榜

分宜	宋希尧	丰城	李元龄	永新	甘　雨	南昌	吴子韶
临川	胡　泰	泰和	马象乾	新建	金　炅	安福	伍惟忠
万安	朱维京	南昌	陈　瑶	高安	敖文祯	安福	刘士瑗
金溪	李日文	庐陵	王命爵	丰城	李　琯		
（信州）永丰	徐上达			南昌	章允儒	南昌	饶学诗
南城	邓　炼	新建	丁此吕	乐安	詹事讲	丰城	宋　附
清江	程　达	进贤	支应瑞	高安	范　俊	吉水	邹元标
吉水	曾乾亨	南昌	罗用敬	高安	陈邦科	萍乡	简继芳
宁都	卢　迻	信丰	甘士价	南昌	谭　桂		

万历八年（1580）庚辰科张懋修榜

安福	王德新	泰和	杨　现	南昌	黄子美	南昌	徐秉正
南昌	刘曰桂	贵溪	邵伯悌	新喻	张乔松	德化	彭国光

进贤	徐自兴	进贤	饶 位	临川	周孔教	安福	谢时泰
丰城	袁 奎	万安	张鸣冈	南昌	章邦翰	星子	但贵元
大庾	谭一召	丰城	李廷谟	清江	彭而珩	浮梁	李大钦
庐陵	刘日升	南昌	余继善	上饶	王梦旸	南昌	陈子贞
广昌	罗万程	乐安	曾维伦	金溪	黄 桦	南昌	涂嘉会
金溪	郑国柱						

万历十一年（1583）癸未科朱国祚榜

吉水　刘应秋（探花）

进贤	饶 伸	安福	邹德溥	丰城	徐即登	南城	张寿朋
婺源	潘士藻	南昌	叶 修	湖口	段克允	南昌	涂宗浚
新建	万国钦	泰和	萧汝芳	临川	刘一澜	新建	陈良轴
泰和	陈秉浩	丰城	李复阳	德化	罗心尧	南昌	涂文奎
新淦	张尧文	新城	冯 渠	贵溪	朱星耀	新建	罗朝国
金溪	戴朝用	进贤	饶 仑	万载	张 璧	庐陵	彭健吾
临川	汤显祖	上高	聂应科	奉新	涂文焕	金溪	张廷相
临川	黄廷宝	婺源	汪道亨	新喻	何 伟	安福	刘思瑜
庐陵	蒋 荐						

万历十四年（1586）丙戌科唐文献榜

新建	陈道亨	南昌	张守颐	浮梁	闵文卿	安福	刘以焕
新建	熊宇奇	东乡	王 志	泰和	康梦相	吉水	罗大纮
安福	邹德泳	丰城	李启美	泰和	萧云举	南昌	李汝珪
南昌	钟允复	丰城	陆应川	南城	张时显	泰和	周应鳌
信丰	黄大节	南昌	刘日梧	南昌	周 著	新淦	彭锡命
南昌	彭 烨	丰城	熊鸣夏	湖口	吴尚友	德化	邢懋敬
南昌	杨廷兰	南昌	范以淑	安福	王如坚	丰城	萧重望
清江	黄之俊	新建	王士昌	临川	周献臣	南昌	叶 麀
湖口	许汝魁	奉新	宋应和	上饶	徐庭绶	德化	吴文灿

万历十七年（1589）己丑科焦竑榜

崇仁　吴道南（榜眼）

南昌	李成章	南昌	刘曰宁	安福	刘应钶	进贤	饶景晖
高安	陈良材	玉山	夏子阳	安福	周懋相	贵溪	毕三才
永新	龙文明	南昌	万建崑	高安	朱吾弼	德兴	祝世禄
赣县	谢廷策	进贤	孙羽侯	南昌	黎道炤	丰城	蒋汝瑚
南昌	涂乔迁	广昌	刘文卿	金溪	徐 伸	安福	欧阳东凤
婺源	汪以时	丰城	罗 栋	新昌	熊 敏		

丰城	李右谏（一作李若谏）	金溪	周兆圣	南昌	刘仕瞻
安福	周懋卿	金溪	谢继科	万安	朱道相	东乡	李自芳
南城	左宗郢	贵溪	蔡文会	金溪	吴仁度	清江	杨为栋
婺源	游朋孚	峡江	朱文璧	金溪	刘启元	鄱阳	陈嘉训
东乡	胡思宾						

万历二十年（1592）壬辰科翁正春榜

安福	刘孔当	南昌	熊钟文	新昌	胡大成	浮梁	姚 善
进贤	饶景曜	南昌	毛志尹	清江	熊 镆	临川	徐仲佳
临川	周 训	南昌	刘一焜	浮梁	朱一桂	上高	李开春
南昌	喻言兴	南昌	刘廷柱	彭泽	王演畴	新建	熊 寅
南昌	舒曰敬	进贤	徐应鹤	万载	彭自新	新建	罗 相
余干	徐梦旸	南昌	陈维春	婺源	汪鸣鸾	临川	周曰庠
婺源	余懋衡	新昌	赵应选	德化	陈幼良	临川	曾如海
庐陵	萧 椿	庐陵	曾 皋				

万历二十三年（1595）乙未科朱之蕃榜

金溪	何宗彦	南昌	刘一煜	建昌	徐鸣凤	南丰	甘 来
南昌	邓士龙	庐陵	萧近高	安福	朱世守	进贤	饶景暐
丰城	李景春	高安	陈 儒	婺源	叶凤翔	婺源	汪国楠
浮梁	陈大绶	南昌	李光祖	永新	周文谟	婺源	汪尚谊
婺源	江起鹏	南昌	喻 政	南昌	魏时应	丰城	熊尚文
南昌	赵国琦	南昌	刘洪谟	泰和	刘国缙	南昌	刘一爆
金溪	谢廷谅	南昌	刘一爌	泰和	王尔康	进贤	吴文英

万历二十六年（1598）戊戌科赵秉忠榜

婺源	何如宠	浮梁	黄龙光	新建	丁此召	临川	陈以德
金溪	谢廷讚	彭泽	曹文纬	婺源	何如申	南昌	晏文辉
宜春	袁业泗	婺源	汪怀德	新城	邓 渼	婺源	程克显
婺源	游汉龙	高安	陈邦瞻	丰城	傅宗皋	南昌	熊廷弼
鄱阳	程再伊	新建	徐良彦	南丰	赵师圣	临川	张凤翔
南昌	张时弼	新昌	黄建中	丰城	刘应乾	安福	胡登明
婺源	潘之祥	南城	黎民范				

万历二十九年（1601）辛丑科张以诚榜

丰城	袁懋谦	庐陵	彭惟成	清江	熊 化	婺源	梅友月
丰城	徐 鉴	永宁	龙遇奇	庐陵	郭一鹗	安福	谢应祥
丰城	罗宪凯	都昌	陈学继	庐陵	杨师孔	婺源	程汝继
南昌	王 训	庐陵	文立缙	新建	夏其光	临川	徐 穆

南昌　王时熙　　清江　郭　炜　　进贤　熊明遇　　南昌　杨世勋

安福　颜欲章　　龙南　曾汝召　　万年　蔡毅中　　南昌　刘　是

上饶　郑以伟　　丰城　熊剑化　　星子　吴道长　　庐陵　彭端吾

万历三十二年（1604）甲辰科杨守勤榜

新城　璩光岳　　新城　邓　澄　　南城　黄承试　　丰城　丘士毅

吉水　李邦华　　临川　章正岳　　新淦　聂心汤　　婺源　余懋孳

安义　刘朝聘　　泰和　欧阳充材　南昌　龚一振　　新建　喻致知

南昌　李继周　　乐安　詹尔达　　南昌　万崇德　　庐陵　萧象烈

新喻　彭凌霄　　南昌　万廷擂　　新昌　戴九玄　　进贤　樊良枢

德安　郭一轮　　萍乡　吴三益

万历三十五年（1607）丁未科黄士俊榜

丰城　唐大章　　安福　彭笃福　　（信州）永丰　詹士龙

进贤　李光元　　丰城　熊鸣岐　　星子　夏应台　　赣县　刘思海

上高　曹汝兰　　新喻　施天德　　丰城　宋良翰　　德兴　董有光

建昌　熊德阳　　南丰　谭　锴　　庐陵　旷鸣鸾　　南昌　杨春茂

余干　江之滨　　金溪　张应吾　　清江　祝耀祖　　进贤　朱身修

进贤　孙　谷　　临川　易应昌　　广昌　刘　伸　　广昌　陈所志

浮梁　侯之翰　　乐平　方应庚　　安福　康新民　　新城　涂国鼎

新昌　邹维琏　　南城　周朝瑞　　金溪　桂绍龙　　鄱阳　江　和

万历三十八年（1610）庚戌科韩敬榜

南城　郑之文　　进贤　陈应元　　永丰　钟　惺　　临川　吴之甲

安福　王汤孙　　南丰　张凤图　　吉水　施逢元　　南昌　周以典

丰城　游士任　　婺源　汪元哲　　临川　朱钦相　　东乡　魏光国

鄱阳　胡继美　　金溪　蔡国用　　安福　欧阳调律　安福　周　训

南昌　熊维卿　　临川　郑元昭　　玉山　董继周　　南昌　陈维鼎

万安　曾学镜　　余干　胡舜胤　　（信州）永丰　俞廷华

峡江　黄一凤　　临川　丘兆麟

万历四十一年（1613）癸丑科周延儒榜

德化　赵师尹（探花）

德化　赵赞化　　新昌　胡维霖　　临川　章光岳　　泰和　刘大受

泰和　萧　基　　庐陵　刘士登　　新喻　晏日启　　庐陵　郭如闇

临川　傅　櫆　　（信州）永丰　徐邦华　　　　　　南城　马焕宾

新建　邓良知　　南昌　罗汝元　　庐陵　萧命官　　大庚　王三重

万安　赖良佐　　庐陵　田　仰　　进贤　陈良训　　泸溪　石文器

临川　吴之仁　　清江　黎祖寿　　南城　张以化　　永丰　纪孟礼

进贤	金廷璧	新建	邹复宣	南昌	王廷试	宁州	周希令
南昌	吴羽文	吉水	李日宣				

万历四十四年（1616）丙辰科钱士升榜

南昌	杨弘备	泰和	杨嘉祚	庐陵	刘铎	庐陵	谢琏
金溪	祝万龄	安福	王惟光	南昌	万爆	峡江	曾樱
浮梁	郑履祥	上饶	夏启昌	临川	游王廷	南昌	章允儒
临川	曾国祯	临川	曾栋	进贤	樊尚爆	丰城	袁蕭臣
清江	钱应华	南昌	胡良机	新淦	黎国器		
（信州）永丰	詹以晋			万安	刘廷佐	奉新	帅众
安义	徐大相	婺源	江秉元	上饶	徐应雷	临川	李芬
南昌	涂世叶	丰城	喻思恂	南昌	刘斯埭	庐陵	黄宪卿
宁都	温国奇	临川	曾应瑞	庐陵	胡一龙		

万历四十七年（1619）己未科蒋继昌榜

庐陵	王振奇	新建	涂绍煃	新建	姜曰广	丰城	黄大受
庐陵	习孔化	安福	邓英	婺源	何应奎	进贤	樊维城
南康	段高选	彭泽	曹钦程	浮梁	金秉乾	临川	万谷春
泰和	何可及	泰和	康承祖	进贤	吴士元	新淦	黎国俊
分宜	张承诏	进贤	陈以瑞	鄱阳	郑觐光	丰城	杨廷诏
安福	刘仲熹	南昌	龚而安	南昌	胡以良	丰城	李维乔
临川	陈钟盛	宜春	潘士闻	都昌	余应桂	安福	康元穗
宜春	袁一凤	临川	徐天衢	南昌	熊钟吴	新建	闵谨

天启二年（1622）壬戌科文震孟榜

进贤	傅冠（榜眼）						
南昌	万国相	新喻	张茂颐	金溪	刘先春	丰城	雷化鳞
分宜	钟炘	吉水	李元鼎	婺源	汪秉忠	新喻	简钦文
东乡	谢德溥	安福	李长春	南丰	谭昌应	临川	陈民情
高安	王鹗	安福	邓启隆	丰城	朱道光	吉水	王宏
彭泽	刘日曦	庐陵	刘轩孺	进贤	饶京	临川	祝徽
宜黄	邓来鸾	金溪	聂文麟	南昌	万鹏	安福	伍承载
新喻	敖荣继	清江	廖大亨	南昌	龚一程	广昌	黄孙茂
金溪	车梦瑶	南昌	李明睿	临川	邹毓祚	吉水	周瑞豹
南丰	邓天伦	万安	刘士祯	贵溪	徐大仪	泰和	萧士玮
临川	傅朝佑						

天启五年（1625）乙丑科余煌榜

南昌	李綦隆	德化	赵光抃	东乡	王廷垣	靖安	陈以诚

万安	黄绍杰	永丰	徐际旦	分宜	黄金贵（一作黄希宪）
高安	陈四宾	南昌	万元吉	丰城	李右谠	安福	王绩灿
东乡	王肇对	安福	刘若金	南昌	万永康	龙泉	郭维经
安福	刘垂宝	宜春	袁继咸	进贤	武起潜	安福	周昌祚
南昌	胡志藩	金溪	熊开元	丰城	金炼色	金溪	龚廷献
清江	张寿祺	清江	张叔铿	金溪	张 斌（一作姚张斌）
宁都	曾就义	临川	邹士楷	庐陵	胡中龙

崇祯元年（1628）戊辰科刘若宰榜

余干	胡 琏	南昌	黎元宽	新昌	熊士逵	铅山	李国球
新昌	吴甘来	新城	黄端伯	湖口	叶初春	宜黄	吴载鳌
新建	朱统鈳	上饶	郑尔说	崇仁	陈其赤	婺源	余自怡
清江	皮应举	南昌	李汝璨	新城	过周谋	吉水	郭之祥
（信州）永丰	程九万			临川	熊 经	新昌	李九华
都昌	邵传一	泰和	王 芳

崇祯四年（1631）辛未科陈于泰榜

清江	杨廷麟	上饶	王 䣝	泰和	龙起弘（一作龙起宏）
乐安	詹尔选	进贤	朱 徽	新昌	吴泰来（一作吴太来）
泰和	刘士琏	丰城	罗大任	宜春	梁佳植
新昌	陈泰来（一作陈太来）			吉水	周瑞旭	新淦	胡应诏
瑞昌	余朝相	婺源	汪国士	金溪	刘应迪	建昌	熊维典
临川	杨云鹤	永新	刘光震	新昌	漆嘉祉	金溪	王士俊
婺源	汪游龙	（信州）永丰	詹兆恒			彭泽	柯友桂
庐陵	黄日芳	南昌	龚 奭	广昌	何三省	瑞金	杨以任
临川	刘太垣（一作刘大垣）			新建	唐良懿	新建	熊文举
南昌	涂必泓（一作涂必宏）			永新	龙大维	浮梁	朱应熊
新淦	周一松

崇祯七年（1634）甲戌科刘理顺榜

广昌	刘大巩	永丰	程 峋（一作程珣）			宁都	曾应遴
弋阳	汪希甲	庐陵	欧阳主生（一作欧阳主正）			南昌	万文英
南昌	龚震英	临川	游正中	高安	刘文翰	婺源	汪元兆
金溪	刘星耀	吉水	李陈玉	鄱阳	詹时雨	德化	文德翼
临川	陈志忠	临川	龚鼎孳	乐安	黄配玄	吉水	段文炳
鄱阳	贺登选	高安	王明德	余干	胡 璇	南丰	黄文经
临川	曾亨应	新建	朱统铚	泰和	杨仁愿
浮梁	方廷涫（一作王廷焸）			金溪	王化澄	婺源	汪国策

清江	彭元祚	临川	万民表	万安	王大宪	临川	刘逵
南昌	刘鸣谦	新昌	漆园	（信州）永丰	俞墨华		
临川	陈际泰	金溪	傅云龙	彭泽	喻以恕（一作喻以忠）		

崇祯十年（1637）丁丑科刘同升榜

吉水　刘同升（状元）

广昌	刘大年	余干	叶应震	临川	揭重熙	上饶	徐敬时
湖口	邹逢吉	龙泉	欧阳铉	南昌	邓林枝	龙泉	袁胤隆
南昌	黄国琦	丰城	邹守尝	进贤	胡奇伟	吉水	萧琦
金溪	傅振铎	铅山	胡梦泰	安福	蓝絅	临川	张世溶
丰城	甘大绥	都昌	余忠宸	鄱阳	姜荃林	进贤	熊人霖
吉水	李世元	临川	李茹春	浮梁	冯秉清	新喻	符溯中
南丰	萧汉	安福	欧阳烝	临川	李曰池	南昌	吴翔凤

崇祯十三年（1640）庚辰科魏藻德榜

新昌	冯垣登	德化	黄云师	高安	丁时魁	崇仁	杨汝良
安福	王华玉	南城	徐芳	婺源	游有伦	浮梁	鲍文弘
南昌	吴犖昌	南丰	汤来贺	南丰	季秋实	新建	朱统鈺
湖口	叶承光	清江	廖履亨	新建	王锡	金溪	周亮工
金溪	徐鹏起	余干	卢兆熊	安福	彭三益	建昌	张士璠
临川	傅鼎铨	安福	谢良瑾	安福	曾高桓	新城	张之奇

崇祯十六年（1643）癸未科杨廷鉴榜

新喻	万发祥	永丰	钟抡芳	南昌	周定礽	吉水	钟性朴
婺源	曹鸣远	南昌	朱议泭	永丰	程兆科		
南昌	罗宪文（一作罗宪汶）			南昌	万适	玉山	刘霖懋
丰城	史垂誉	南昌	朱统（一作朱镝）			安福	刘肇国
婺源	汪铉	新喻	熊纬	浮梁	李思谟	吉水	彭遇颽
南昌	龚茱	丰城	孙之昊	湖口	叶富春	广昌	陈经文
新建	万翔	丰城	刘逢盛	南丰	汤绍中	南昌	朱统鐵

清　代

顺治四年（1647）丁亥科吕宫榜

| 新建 | 杜果 | 丰城 | 黄炳启 | 南昌 | 罗大猷 | 进贤 | 朱天宁 |

顺治六年（1649）己丑科刘子壮榜

进贤　朱绂

顺治九年（1652）壬辰科邹忠倚榜

临川 李来泰　　进贤 杨西狩　　金溪 艾 秀（一作郑秀）

新建 罗光众　　德化 夏安运　　新建 赵曰冕　　鄱阳 史虓古

金溪 苏汝霖　　永宁 谢九官　　清江 钱天心　　丰城 熊侪鹤

丰城 范显祖　　金溪 王 坤　　临川 单国玉　　金溪 戴旭华

东乡 梁 奇　　新建 饶宇栻

顺治十二年（1655）乙未科史大成榜

南昌 郭曰燧　　安福 伍 柳　　临川 张有杰　　新城 杨日升

南昌 杨元蕃　　丰城 雷光业　　广丰 冯 镛　　分宜 欧阳光缙

顺治十五年（1658）戊戌科孙承恩榜

新昌 毛 逵　　庐陵 张贞生（会元）　　　　　　新城 涂景祚

新建 邹度珙　　安福 顾象龙（一作颜象龙）　　金溪 洪 业

新建 罗士毅　　临川 游东升　　永新 刘作梁　　金溪 张飚

南昌 熊如旭　　庐陵 邹 弘　　安福 刘业广　　奉新 宋士琇

南昌 龚 苏　　龙泉 康国祥　　南丰 黄 熙　　临川 游名柱

永新 张 瑛

顺治十六年（1659）己亥科徐元文榜

贵溪 郑日奎　　安福 欧阳动生　　金溪 王有年　　临川 管 恺

南昌 刘 昆　　南昌 吴志灏　　南丰 汤其升　　南昌 姚自弘

南昌 吴于繢　　庐陵 刘遇奇　　丰城 陆履敬　　婺源 詹养沉

南昌 杨 贞

顺治十八年（1661）辛丑科马世俊榜

新建 张士骃　　吉水 龙 榜　　清江 熊 僎　　南昌 徐 镇

丰城 黄叔鋐　　南昌 徐芳升（一作涂芳升）　　南丰 傅大业

奉新 胡大成　　德化 叶荵奉（一作叶宓春）　　吉水 萧法何

丰城 余配元　　金溪 张士任　　安福 王 吉　　浮梁 鲍一复

崇仁 陈石麟　　临川 张应胜　　广昌 魏宗衡　　湖口 程良器

南昌 吴曰爌　　南昌 邓 性

康熙三年（1664）甲辰科严我斯榜

新建 夏以锋　　南昌 熊飞渭　　南昌 熊一潇　　高安 吴克生

宜春 袁继梓　　丰城 李 基　　丰城 丁序珙　　南昌 谌绍洪

永宁 谢上举

康熙六年（1667）丁未科缪彤榜

进贤 万 任　　南丰 彭 期　　丰城 丁 蕙　　南城 潘翘生

新建 邹度镛　　安福 王嘉禄

康熙九年（1670）庚戌科蔡启傅榜

新建 陈国纲	丰城 万 谦	临川 吴天璧	上饶 葛觊昌
吉水 李振裕	泰和 王愈扩	南城 曾逢年	南昌 刘 征
宁都 温应崇	东乡 乐师夔	吉水 李鹤鸣	新建 张泰来
吉水 李次莲	南昌 汪懋勋	丰城 余配乾	金溪 傅其彦
崇仁 缪士元	南城 刘日晞	乐平 洪 炜	奉新 廖弘伟
南城 罗 冠	崇仁 章元科	临川 徐春溶	庐陵 贺世封
星子 钱正振	德化 张秉铉	临川 曾应星	新淦 李焕斗
泰和 陈邦祥	新昌 张禄图	进贤 胡 澄	

康熙十二年（1673）癸丑科韩菼榜

| 清江 曾 寅 | 新建 夏熙采 |

康熙十五年（1676）丙辰科彭定求榜

丰城　李云龙（改名李云会）

康熙十八年（1679）己未科归允肃榜

| 泰和 梁 弓 | 新淦 王 言 |

康熙二十一年（1682）壬戌科蔡升元榜

| 安福 邹 球 | 安福 刘 骊 | 高安 朱 珊 | 庐陵 王上选 |
| 兴国 王思轼 | 泰和 欧阳充铗 | 婺源 江清征 | |

康熙二十四年（1685）乙丑科陆肯堂榜

| 新城 鲁 瑷 | 南城 梅之珩 | 清江 王斯年 | 新城 潘大璘 |
| 清江 傅克生 | | | |

康熙二十七年（1688）戊辰科沈廷文榜

| 庐陵 彭殿元 | 进贤 舒 宽 | 南昌 蔡秉公 | 高安 徐曰晅 |

康熙三十年（1691）辛未科戴有祺榜

| 金溪 江 球 | 鄱阳 王 传 | 南丰 邹 瑄 | 庐陵 萧道弘 |
| 进贤 朱 嵩（一作朱槁） | 乐安 詹琪芬 | | |

康熙三十三年（1694）甲戌科胡任与榜

万安 朱锡鬯	临川 陈廷桂	清江 刘琪征	高安 陈守创
清江 杨希鲁	德兴 祝文彬	南丰 李长祚	高安 朱 轼
永宁 袁有龙	广昌 易 乘		

康熙三十六年（1697）丁丑科李蟠榜

建昌 李凤翥	高安 徐 旭	宁都 彭兆迹	鄱阳 陈 冕
南城 邹图云	安福 康五瑞	鄱阳 左有言	彭泽 刘 堂
弋阳 李廷勋	新建 曹家甲	安福 王屿孙	新建 裘君弼
赣县 刘时通	新城 胡 铨	庐陵 欧阳齐	

进贤　支　邑（一作支温邑）

康熙三十九年（1700）庚辰科汪绎榜

广昌　魏必大	分宜　严开昶	临川　晁子管	广昌　魏方泰
安福　马国屏	安福　王　珀	新城　李　抡	德化　金　瑛
崇仁　刘芳远	金溪　徐继昌	高安　杨苏臣	庐陵　蓝　嵒
庐陵　刘作楫	浮梁　吴从至	星子　干建邦	永丰　张元锐
新建　夏熙泽	安福　刘孟弘	吉水　许殿元	

康熙四十二年（1703）癸未科王式丹榜

德兴　王　迈	临川　罗兴义	南昌　熊学烈	宜黄　黄大德
吉水　李景迪	新建　万肃铎	浮梁　汪兆熊	

康熙四十五年（1706）丙戌科王云锦榜

南昌　彭廷训	南昌　熊　本	奉新　宋一端	广昌　魏定国
新城　何　鉴（一作杨鉴）		安福　彭　倩	新城　邓廷相
建昌　周　杰	南城　徐能容	奉新　张懋能	

康熙四十八年（1709）己丑科赵熊诏榜

临川　李　绂	宁都　丘尚志	德化　李　贲	南城　陶　成
龙南　陈余芳	临川　李　炯	新城　孔毓玠	永新　段世缙

康熙五十一年（1712）壬辰科王世琛榜

新昌　漆绍文	新城　鲁　立	丰城　徐启统	永新　刘三策

康熙五十二年（1713）癸巳清圣祖玄烨六旬万寿恩科王敬铭榜

南昌　万承苍	永丰　陈学海	龙南　王之骥	南城　梅廷对
上高　潘述祖	龙南　曾振宗	临川　李茹旻	广昌　何人龙
南丰　汤大瑜	奉新　甘汝来	德化　严启汉	丰城　鄢大年
浮梁　吴　翀			

康熙五十四年（1715）乙未科徐陶璋榜

南丰　汤　俟	南丰　李凤岐	南城　罗　爌	南城　周之祯
庐陵　罗勉仁	庐陵　王大年	庐陵　刘梦龙	德兴　张景谦
广昌　魏　协	高安　朱之问	奉新　严盛昌	新昌　周　球

康熙五十七年（1718）戊戌科汪应铨榜

建昌　李志沆	安义　熊应璜	南城　王　炜	南昌　胡士侨
德化　黄　图	庐陵　刘　矗	安福　管学宣	新城　饶世经
南丰　赵与鸿	南城　姚永先	崇仁　刘　彤	上高　任际虞
丰城　李景运	会昌　萧师谔		

康熙六十年（1721）辛丑科邓钟岳榜

泰和　梁　机	金溪　冯　詠	金溪　冯　谦	瑞金　杨于位

新建	罗克拔	宜黄	应上苑	南城	梅 枚	南昌	吴 锟
南丰	彭 亮	南城	严 洁	金溪	刘葆采		
南丰	邓 枚（一作邓牧）			南丰	谢国维	新喻	晏斯盛

雍正元年（1723）癸卯清世宗胤禛登极恩科于振榜

新建	周学健	南昌	万承芩	奉新	帅念祖		
南昌	吴龙（一作刘吴龙，一作刘龙）			南城	张 江		
金溪	徐大梁	南丰	江天泰	龙泉	张振义	新建	裘君彀
南昌	骆光宸	新城	邓士楚	宜春	袁起涛	乐平	胡景定
金溪	何齐圣	安福	贺同珠	建昌	郑显正	新城	黄 祐
高安	朱之辨	上高	晏命世	彭泽	何 觊	安福	郭 㯏

雍正二年（1724）甲辰科陈德华榜

南昌	熊直宋	新昌	熊晖吉	宜黄	应 雯	新淦	王泰牲
南昌	饶允服（一作杨允服，一作杨云服）			南城	丁 煌		
万安	郭 位	南丰	陈之溁	长宁	邱上峰	星子	胡南藩
新淦	杨凤然	宜春	黄在中	临川	李 纮	信丰	杨廷为
浮梁	汪 埙	安福	伍 环	永新	苏作睿	崇仁	艾 芳
彭泽	袁学谟	瑞昌	章国录	南昌	骆梦观	吉水	罗廷猷
高安	徐济言	南丰	周传昌	婺源	汪作楫	上高	黄光岳
万安	燕文僎	广昌	魏希范				

雍正五年（1727）丁未科彭启丰榜

分宜	严宗喆	宜黄	余 栋	永新	刘世衢	贵溪	江 皋
南城	潘安礼	赣县	罗大本	清江	杨锡绂	庐陵	高乃听
南昌	李匡然	石城	黄轩臣	建昌	李玉琅	浮梁	李教文
南丰	汤大坊	浮梁	金梦熊	金溪	王 鳌	南城	罗 铨
临川	郑 澐	安福	康五瓒	崇义	雷鸣阳		

雍正八年（1730）庚戌科周澍榜

新建	曹绳柱	南昌	朱凤英	临川	李安民	南城	章秉铨
广昌	陈九韶	吉水	刘瞻林	崇仁	陈象枢	鄱阳	徐 玑
泰和	梁 钦	南昌	熊学鹏	金溪	黄师范	新城	鲁 淑
上犹	朱 语	安福	王 图	吉水	解 韬	南城	程 煜
安福	伍 炜	丰城	袁守定	安福	伍 焕	南城	陶思贤
新建	裘思录	广昌	陈学山	南城	饶士蔼		

雍正十一年（1733）癸丑科陈倓榜

新淦	王云翔	新城	潘中立	高安	吴学瀚	广昌	李光祚
庐陵	刘高培	赣县	方 科	新建	杨廷英	临川	何辉宁

信丰	俞世治	泰和	袁宗圣	兴国	钟飞鹏	贵溪	江　峰
湖口	黄河昆	德兴	董宗德	永新	贺祥珠	新城	鲁　游
德化	叶　荪	分宜	欧阳瑾	万年	聂位中	湖口	熊　淇
南城	王　笙	庐陵	黄文昭				

乾隆元年（1736）丙辰科金德瑛榜

新建	曹秀先	广昌	黄永年	信丰	黄世成	奉新	涂锡禧
信丰	袁钟秀	奉新	甘志道	新建	胡中藻	高安	朱　瑊
新淦	王云焕	吉水	上官谟	石城	温必联	宁都	李宜青
高安	吴　琇	新建	叶一栋	宜黄	邱肇熊	庐陵	黄岗竹
雩都	黄士钧	清江	黄　垣	新城	黄文则	安义	詹　易
德安	燕侯然	石城	陈同威	广昌	赖万程	铅山	杨富仑
新昌	张文杜	新城	涂学烜	瑞金	胡　泰	南昌	涂武升
新建	凌之调						

乾隆二年（1737）丁巳清高宗弘历登极恩科于敏中榜

赣县	何其睿（会元）			宁都	李龙官	宁都	谢　礼
南昌	徐玉田	奉新	赵开元	泸溪	邓　观	新建	张位清
新城	饶国材	广昌	罗大侃	宁都	曾廷翰	南昌	余　畅
宜黄	黄含章	赣县	胡相忠	安福	刘　朴	新建	杨甘雨
宁都	曾昌麟	南丰	吴　炳	庐陵	刘柬之	南城	周方燧
宁都	邱时随	泸溪	傅　彤	靖安	熊　铨	奉新	帅家相
广丰	周起炃	宜黄	符乘龙	新城	黄培任	玉山	李仲良
吉水	张　蒲	宁都	蔡廷瑞	余干	段　藻		

乾隆四年（1739）己未科庄有恭榜

南昌	涂逢震（榜眼）						
新建	裘曰修	新建	曹　经	南城	罗　华	南昌	喻　炜
赣县	赵天衢	高安	朱之铎	南昌	蔡正笏	南昌	胡华训
临川	傅　溥	南丰	李　湖	定南	钟一诚	临川	吴　亿
南城	王元音	南昌	李大鹏	湖口	曹天瑾	龙南	钟　秀
南昌	刘起芬	庐陵	段毓灵	宁都	彭作霖	高安	吴跃龙
宜黄	熊　倬	赣县	陈兆昌	赣县	阳　岐	铅山	程　岩
金溪	江　牧	分宜	欧阳星	新城	黄　福	安远	唐学海
临川	彭绍兹						

乾隆七年（1742）壬戌科金甡榜

宁都	应士龙	上高	江学训	雩都	管　乐	南丰	赵由忠
石城	李　冕	新建	熊日华	宁都	曾昌龄	贵溪	葛天申

吉水	罗暹春	奉新	甘为仁	东乡	王廷枢	南昌	秦璜
义宁	周孔从	广昌	何汉	广丰	张弥	安福	王星照
南康	蔡韶清	信丰	黄占鳌	宜黄	程九区	新城	黄冈竹
宜黄	吴琯	湖口	崔谟	南城	朱元锡	新建	樊骏
龙南	廖运芳	新建	熊为霖	南城	聂士珩	宁都	李乔青
丰城	游方震	金溪	汪学诗	新城	鲁鼎梅	广昌	幸洪诏

乾隆十年（1745）乙丑科钱维城榜

临川	李友棠	萍乡	邓锡礼	金溪	李建中	铅山	张绍渠
南昌	周庭草	奉新	张星景	金溪	彭建修	余干	汪正泽
新淦	刘世宁	新昌	刘伯兴	奉新	赵春福	南城	周方炽
奉新	涂锡毂	新城	鲁庆	南城	罗鳌	新城	吴一嵩
新昌	李植	永丰	陈文谟	峡江	边镛	广昌	何仁
武宁	余腾蛟	南城	崔起茂	鄱阳	周铭诒	吉水	裴廷洛
莲花	陈迥	丰城	唐光云	奉新	徐维纲	崇义	谢凤诏
建昌	淦良绘	上高	李实	临川	龚奏绩	彭泽	欧阳梦旗

乾隆十三年（1748）戊辰科梁国治榜

峡江	李天植	新建	周学伋	瑞金	杨方立	宜黄	黄捷山
赣县	刘宗魏	新建	曹发先	南城	陶金谐	广昌	赖晋
安福	刘希甫	广昌	何在勇	新城	鲁成龙	建昌	曹家桂
新城	陈道	彭泽	欧阳坦	龙南	谭庄	星子	干从濂
南城	梅云程	东乡	王廷符	广昌	唐辰	分宜	黄汝亮
义宁	陈镆	宁都	谢昌言	浮梁	叶宏	南丰	邱岳
永新	龙能勤	莲花	颜云笪				

乾隆十六年辛未科（1751）吴鸿榜

广昌	饶学曙（榜眼）						
婺源	王应瑜	宁都	卢明楷	南城	潘从龙	东乡	何向宸
永丰	丁国干	新建	杜泰	龙泉	周坝		
永丰	钟声俊（一作钟声峻）			吉水	李鸿楷	金溪	吴疎
南丰	谭尚忠	南丰	赵由僖	南昌	张吴彰	奉新	宋五仁
新建	胡国济	莲花	李世辅	临川	饶上位	上饶	王勋
金溪	黄文梓	彭泽	何显	广昌	黄丹书	德化	陈公问
德化	李腾渊	弋阳	黄鸿阁				

乾隆十七年（1752）壬申皇太后六十万寿恩科秦大士榜

安福	刘甫岗	奉新	甘立功	南昌	万廷兰	清江	杨有涵
新建	杜锜	分宜	林有席	新淦	邹隆	信丰	江大仪

新建　欧阳上（一作欧阳尚）　　　　义宁　徐耀祖　　浮梁　邓梦琴
彭泽　施发元　　南城　陶其愫　　　都昌　黄学璠　　金溪　邹奠邦
广丰　周家琰　　彭泽　王　化　　　南丰　刘秉钧　　丰城　毛凤雏
峡江　陈联拔　　鄱阳　程　矩　　　星子　干运恒　　建昌　吕　炯
鄱阳　朱能恕　　清江　徐之玭（一作徐之甡）　　　临川　李孝洪

乾隆十九年（1754）甲戌科庄培因榜

崇仁　袁文观　　金溪　李　珏　　　奉新　徐维纶　　南丰　邓来祚
分宜　严秉琏　　南昌　闵　鉴
新城　黄　涟（一作黄澄，原名黄登灏）　　　　　广丰　徐　昙
南昌　彭良骞　　贵溪　董　醇　　　金溪　周　鼎　　南丰　邱大英
奉新　王世仁　　崇仁　刘　轼　　　鄱阳　史　珥　　南昌　龚元玠
鄱阳　史　斑　　浮梁　叶廷裕　　　鄱阳　王之浩　　都昌　黄流瓒
南丰　刘光藜　　雩都　段　彩　　　南城　王　艮　　进贤　雷跃龙
新建　刘　侑

乾隆二十二年（1757）丁丑科蔡以台榜

南昌　彭元瑞　　铅山　蒋士铨　　　新建　刘　芬　　大庾　戴第元
南昌　刘成驹　　奉新　徐曰明　　　南城　陶　淑　　建昌　李瑞麟
南昌　熊之福　　金溪　杨服彩　　　分宜　严思浚　　万年　王朝翰
新城　吴　瀚　　南昌　衷以埙　　　奉新　涂祖澜　　新城　涂应槐
赣县　胡相良　　湖口　周仁栋　　　宜黄　陈洪谟　　南丰　唐之岳
奉新　曾正浩　　建昌　郭卫城　　　新建　毛受松　　新建　陈献琪
进贤　樊恭桂

乾隆二十五年（1760）庚辰科毕沅榜

安义　熊启谟　　新建　裴　麟　　　德化　陈奉兹　　鄱阳　徐　斌
南昌　赵椿龄　　南城　刘　璋　　　建昌　杨赓飚　　临川　管学泗
新建　刘　谦　　龙南　欧阳立德　　金溪　李　楫　　星子　陈翰爵
临川　曾正本　　彭泽　宋　觐　　　雩都　段廷遴　　新淦　周嗣绂
奉新　金光斗　　南城　章开宗

乾隆二十六年（1761）辛巳皇太后七旬万寿恩科王杰榜

乐平　胡翘元　　南丰　刘　焯　　　南康　谢启昆　　金溪　傅钟岳
建昌　郭祚炽　　安义　杨先春（一作杨先椿）　　　南丰　李之尊
奉新　熊家振　　新建　喻宗泽　　　金溪　蔡上翔　　泸溪　黄　堂
奉新　甘　山　　南丰　徐　珏　　　吉水　李照远　　奉新　严盛日
会昌　钟俨祖　　泰和　欧阳柱　　　分宜　欧阳钦

乾隆二十八年（1763）癸未科秦大成榜

婺源	齐翀	金溪	周邦	南丰	吴森	南昌	宗开煌
玉山	邱日荣	安福	欧阳新	新城	鲁河	鄱阳	高墉
新城	鲁鸿	德化	聂宗阳	靖安	涂宁先	鄱阳	李中龙
万载	李荣陛	高安	吴锦元	庐陵	胡兆爵	金溪	周肃文
赣县	袁嘉德	大庾	杨宗岱	崇仁	吴本	安义	熊爵勋
奉新	帅光祖	金溪	刘𬭚	乐平	朱光训		

乾隆三十一年（1766）丙戌科张书勋榜

泰和　姚颐（榜眼）

新建	喻升阶	奉新	邹玉藻	奉新	甘立德	南丰	傅作霖
新城	喻宝忠	新城	黄人骧	安义	黄家礼	南丰	刘绍安
鄱阳	程晋锡	奉新	邹人敏	雩都	宋昌玲	南丰	罗经
玉山	尹文炳	乐平	汪谟	永丰	解文燧	高安	熊中砥
丰城	徐秉霖	奉新	熊廷聘	新城	杨鈜		

乾隆三十四年（1769）己丑科陈初哲榜

清江	杨寿楠	南丰	刘炳	新建	刘之宸	南昌	朱纫兰
南康	卢镇苑	南丰	刘绍锦	庐陵	王用仪	会昌	廖占鳌
新城	鲁兰枝	奉新	徐曰都	宜黄	洪星焕	新城	鲁仕骧
建昌	顾长绂	新昌	姚芳远	新建	杜均	新城	涂焕
高安	陈象渭	南城	朱光斗				

乾隆三十六年（1771）辛卯皇太后八十万寿恩科黄轩榜

湖口	周厚辕	新城	杨以湲	铅山	熊枚	金溪	蔡辉祖
星子	项家达	武宁	张华甫	新城	鲁仕骧	德安	燕位璋
吉水	郭绶光	清江	杨楘珩	奉新	彭孕星	清江	杨殿梓
湖口	沈廷献	南康	陈作芹	湖口	彭锡璜	德兴	董维城
铅山	程巉	雩都	宋昌芹	新昌	邹拔祖		

乾隆三十七年（1772）壬辰科金榜榜

新建	朱绂	分宜	钟定邦	新城	黄寿龄	萍乡	颜培天
金溪	王基	鄱阳	周崧晓	奉新	余瑚	婺源	王佩葵
南丰	揭廷锦	南昌	李静渊	南丰	赵宜勤	南昌	彭元玩
奉新	徐曰言	新城	杨元藻	婺源	胡光琦	安义	詹鹤龄
星子	查复经	德安	聂智瑜	乐安	詹龙光		
上犹	蔡大均（一作蔡泰均）						

乾隆四十年（1775）乙未科吴锡龄榜

大庾	戴心亨	南城	曾廷樏	分宜	林大宏	新建	涂日焕

奉新　陈凤漪　　大庾　戴均元　　吉水　李象井　　新建　胡　荣
新城　黄嵩龄　　南丰　吴大文　　新建　高学濂　　南昌　刘起厚
南昌　魏春华　　南丰　黄　炜　　奉新　余心畅　　鄱阳　余名塈
新建　程鹏抟　　奉新　谢士廷

乾隆四十三年（1778）戊戌科戴衢亨榜

大庾　戴衢亨（状元）
奉新　徐冕南　　南昌　彭翼蒙　　浮梁　汪　泩　　义宁　徐文干
南城　邓　晅　　崇仁　刘伯谦　　瑞昌　文凤堂　　安仁　倪逮衍
新城　黄奕瑞　　乐平　徐学勤　　上高　晏善澄　　南丰　刘绍珽
德兴　祝煌燔　　金溪　王　谟　　鄱阳　谢元安　　德化　罗为孝

乾隆四十五年（1780）庚子清高宗七旬万寿恩科汪如洋榜

奉新　甘立猷　　新昌　漆成美　　湖口　彭锡珖　　南昌　雷　纯
安义　杨继熊　　鄱阳　胡克家　　南丰　刘显祖　　宜黄　李崇礼
奉新　宋鸣珂　　南城　周　召　　广丰　傅景錞　　崇仁　李　红
上饶　纪征善　　新城　涂　梁　　丰城　罗　拔　　金溪　王洪序
定南　黄吉芬　　赣县　罗修造

乾隆四十六年（1781）辛丑科钱棨榜

崇仁　欧阳健　　南丰　胡金英　　崇仁　方凌翰　　义宁　荣锡楷
义宁　万承风　　南昌　邓朝缙　　德兴　余廷球　　奉新　涂日烜
新建　梁启让　　南城　曾　燠　　新城　黄　图　　安义　詹锡龄
南丰　徐光祚　　新建　胡梦兰　　奉新　严廷典　　靖安　舒谦福
星子　汪回澜　　万载　陈池凤　　新昌　刘大成

乾隆四十九年（1784）甲辰科茹棻榜

峡江　习振翎　　临川　李宗澍　　吉水　郭缙光　　新城　陈　观
泸溪　魏若虚　　南丰　周祚熙　　建昌　郭祚炳　　金溪　杨　頀
鄱阳　李肖筠　　乐平　汪树鏕

乾隆五十二年（1787）丁未科史致光榜

大庾　李如筠　　南丰　汤　藩　　临川　李传熊　　婺源　李承端
南丰　雷维霈　　新城　王　轼　　南城　谢其情　　南城　丁大猷
新城　邓文炳　　清江　杨世锐　　新昌　漆　銮　　清江　吕　铭
奉新　宋鸣琦　　婺源　胡永焕

乾隆五十四年己酉科（1789）胡长龄榜

萍乡　刘凤诰（探花）
安福　王正雅　　萍乡　萧光浩　　临川　游　艺　　南城　胡　森
南城　章为棣　　宜黄　程卓梁

乾隆五十五年（1790）庚戌清高宗八旬万寿恩科石韫玉榜

　　万载　辛从益　　　新城　陈希祖　　　分宜　杨曰鲲　　　南康　卢元伟
　　南康　刘敬熙　　　庐陵　刘　珏　　　义宁　陈鹤鸣

乾隆五十八年（1793）癸丑科潘世恩榜

　　新城　陈希曾（探花）
　　南丰　谭光祥　　　南昌　郭世谊　　　临川　李宗瀚　　　南城　周葆善
　　义宁　陈世章　　　靖安　舒懋官　　　高安　吴居阆　　　清江　杨学光

乾隆六十年（1795）乙卯清高宗禅位于清仁宗颙琰恩科王以衔榜

　　新城　黄因连　　　定南　黄时沛　　　湖口　蔡孔易　　　南昌　许庭梧
　　南城　廖　连　　　安义　詹　坚　　　南康　赖相栋　　　湖口　曹梦鹤
　　新建　曹憙华

嘉庆元年（1796）丙辰清仁宗登极恩科兼正科赵文楷榜

　　乐平　汪守和（榜眼）
　　彭泽　张锦枝　　　南昌　许应暗　　　南丰　吴应咸　　　德化　蔡　炯
　　南昌　许廷椿　　　南城　万世发　　　会昌　刘廷珍　　　婺源　王恩注
　　金溪　黄丹桂　　　高安　熊如洵　　　奉新　幸　翰　　　广丰　俞日灯
　　高安　萧德充　　　南城　崔　本　　　南城　程　俊　　　鄱阳　周家锐
　　万载　辛绍业　　　泸溪　林　策

嘉庆四年（1799）己未科姚文田榜

　　婺源　汪桂　　　　龙南　徐名绂　　　武宁　卢浙　　　　新城　涂以辀
　　德化　余霈元　　　新城　孔昭铭　　　南昌　彭良裔　　　奉新　赵敬襄
　　南昌　黄维烈　　　新城　杨腾达　　　南城　蔡梦麟　　　新昌　张光曙
　　南城　萧鸿图　　　武宁　张富业　　　清江　黄郁章　　　龙泉　高世书
　　金溪　朱嗣韩　　　新建　叶立笙　　　宜黄　应　轩　　　鄱阳　李远烈
　　崇义　杨良木

嘉庆六年（1801）辛酉太上皇高宗弘历九旬万寿恩科顾皋榜

　　乐平　邹家燮（探花）
　　南昌　方　振　　　永丰　张琼英　　　南城　喻　鸿　　　新城　陈用光
　　贵溪　邱藜照　　　高安　傅作求　　　奉新　严晖吉　　　奉新　严　拱
　　分宜　钟师唐　　　丰城　昌光焕　　　新建　熊德慎　　　玉山　杨云开
　　鄱阳　周国瑛　　　泸溪　丁步曾　　　高安　熊如澍　　　奉新　徐心田
　　南城　姚　观　　　安福　张日升　　　庐陵　彭贯一　　　德化　李鸿宾

嘉庆七年（1802）壬戌科吴廷琛榜

　　婺源　董桂新　　　宜黄　洪占铨　　　奉新　徐必观　　　东乡　饶向荣
　　宜黄　黄锡襐　　　南康　谢学崇　　　南昌　黄中杰　　　泸溪　周毓麟

瑞昌　柯光蔚　　湖口　曹基申　　高安　徐　骧　　会昌　赖泽霖
会昌　钟德宾　　建昌　吴崇绅　　乐平　胡周询　　南城　崔秉链
临川　黄元轩　　龙南　王元梁　　宁都　彭　炌　　婺源　施　彰
铅山　张步虚　　南丰　罗中锦　　新建　夏修恕

嘉庆十年（1805）乙丑科彭浚榜

婺源　董桂敷　　南昌　彭邦畴　　湖口　曹芸缃　　弋阳　周尚莲
南丰　鲁垂绅　　分宜　习家驹　　德化　骆应炳　　浮梁　邓傅安
分宜　欧阳敬　　宜黄　黄锡祺　　南昌　徐学晋　　南城　王　钟
兴国　萧朗峰　　南城　包　菜　　湖口　黄　榜　　崇仁　刘庆麟
新建　裘元淦　　万载　辛炳晟　　分宜　习家骎

嘉庆十三年（1808）戊辰科吴信中榜

宜黄　谢阶树（榜眼）

新城　饶绚春　　吉水　解运衢　　湖口　彭嘉恕　　奉新　李保中
万载　郭大经　　新建　熊遇泰　　新城　涂　晋　　婺源　戴杨辉
南丰　刘斯宁　　南城　程钟灵　　鄱阳　高泽履　　安义　高　崧
南昌　黎葆醇　　宜黄　席元榜　　南城　朱华临
清江　杨　鸿（一作扬鸿）　　　　崇仁　朱光照　　浮梁　黄　承
南昌　龚秉衡　　宜黄　熊学渊　　泸溪　魏　瑞

嘉庆十四年（1809）己巳清仁宗颙琰五旬万寿恩科洪莹榜

南昌　黄中模　　婺源　齐彦槐　　新城　周之桢　　南城　邱云腾
南城　邓存詠　　宜黄　黄　旭　　铅山　熊常錞　　鄱阳　何观海
湖口　李厚泰　　南城　曾　炌　　宜春　徐辅忠　　新建　曹　熊
龙南　钟振超　　南昌　万启昀　　南昌　宗维垣　　泸溪　于旭钟
都昌　戴凤翔　　南丰　汤世培　　金溪　王　韶

嘉庆十六年（1811）辛未科蒋立镛榜

庐陵　王赠芳　　临川　汤储璠　　新建　程裔采　　南丰　刘斯嵋
宜黄　罗以丰　　南丰　赵　湘　　新昌　戴廷选　　广丰　徐　谦
宜春　周德润　　新建　阮贻昆　　新城　杨以澄　　新城　鲁　鼎
新建　曹师恕　　鄱阳　周凤喈　　婺源　王　根　　南丰　黄　爔
石城　黄　颖　　德化　张金煜

嘉庆十九年（1814）甲戌科龙汝言榜

新建　裘元善　　奉新　帅寿昌　　南昌　彭邦畯　　新建　王协梦
新建　程楟采（原名程赞采）　　　南昌　周春祺　　南昌　毛启阅
新城　涂鸿仪　　南昌　李廷荣　　南丰　徐　新　　湖口　郭在磐
鄱阳　程题雁　　新城　邓寅春　　玉山　陈正颐　　临川　陈金台

婺源　齐　康　　都昌　徐凝绩　　瑞昌　程鹏里　　南城　邓士瑛
南昌　周昌期

嘉庆二十二年（1817）丁丑科吴其浚榜

新昌　胡锡麟　　新昌　彭玉田　　南丰　雷文模　　宜春　易曰廉
新昌　蔡学川　　上饶　周如兰　　万年　刘冀程　　新建　熊　璞
新建　裘元俊　　武宁　张富经　　泰和　彭履坦　　新建　伍绍诗
新城　汪　河　　彭泽　方亨衢　　南丰　雷文楣　　德化　黄绥诰
南丰　刘斯誉　　德化　罗丰宾　　广昌　李开元

嘉庆二十四年（1819）己卯清仁宗颙琰六旬万寿恩科陈沆榜

婺源　俞诵芬　　安福　阮灿辉　　广丰　张其玗　　上犹　蔡家珏
玉山　萧秉莹　　德化　李昭美　　宜春　刘　潮　　奉新　涂　崧
南城　李鸿卓　　余干　洪锡光　　乐平　黄华璧　　鄱阳　周　彦
奉新　张启庚　　新昌　冷　煌　　新昌　彭三寿　　德化　吕梦飞
安福　周步骧　　泰和　王　晸

嘉庆二十五年（1820）庚辰科陈继昌榜

泰和　周作楫　　南昌　方用仪　　德化　刘俊德　　南昌　周学光
新建　万　辕　　新建　程焕采　　新昌　邢福山　　新建　郭文汇
新建　夏　勋　　南昌　邓梦舟　　丰城　吕　溶
奉新　邹万南（一作邹嵩南）　　武宁　陈世馨　　南丰　罗宜诰
安义　凌祥炬

道光二年（1822）壬午清宣宗旻宁登极恩科戴兰芬榜

上高　郑秉恬（榜眼）

德化　李儒郊　　安福　阮文藻　　靖安　舒恭受　　南丰　刘斯增
万载　卢昆銮　　奉新　赖以立　　新城　彭　龄　　新昌　胡　筠
都昌　黄有华　　龙南　徐思庄　　零都　严长宦　　乐平　彭定泽
新城　何逢青　　崇仁　孙枝秀　　新昌　熊　燮　　临川　李培谦
丰城　万启心

道光三年（1823）癸未科林召棠榜

南昌　陶福恒　　宜春　曾际虞　　奉新　徐盛持　　婺源　董桂科
宜黄　黄爵滋　　兴国　谢鹤翎　　贵溪　毕　楷　　上高　傅九渊
鄱阳　程　煊　　南昌　胡允珍　　宜黄　黄迪策　　南昌　龚焕枝
乐平　石景芬　　义宁　荣怀藻　　泰和　张恩溥　　湖口　郭世圚
新昌　陈毓元　　湖口　周仲墀　　东乡　胡嗣瑗　　德化　罗仲玉
临川　何刘育　　婺源　吴宪文

道光六年（1826）丙戌科朱昌颐榜

奉新　帅方蔚（探花）

新建	熊守谦	南丰	赵　铺	新建	郭觐辰	婺源	江之纪
新昌	熊炳离	新昌	蔡凤仪	吉水	罗超曾	高安	傅绍祖
新昌	袁玉麟	义宁	袁鸣谦	都昌	陈章炳	新建	鲁秉礼
彭泽	凌鹤鸣	鄱阳	萧　钧	新建	阮莹暹	安福	邹　照
武宁	卢鸿翱	新昌	卢殿衡	新昌	宋林曙	高安	熊锡祺

道光九年（1829）己丑科李振钧榜

丰城	杨日襄	新城	陈兰祥	南丰	刘良驹	鄱阳	苏孟旸
南城	李熙龄	南昌	袁彦龄	广丰	俞树风	星子	干廷㬉
南丰	刘澐	奉新	余　炽	安义	熊廷基	南康	卢元良
都昌	黄慎修	莲花	金储英	安义	彭斗山	鄱阳	汪　杰

道光十二年（1832）壬辰清宣宗旻宁五旬万寿恩科吴钟骏榜

南丰	赵德潾	万载	辛师云	铅山	叶抒清	宜春	胡光莹
南丰	吴光业	临川	杨　仁	萍乡	胡增瑞	新城	杨元燮
奉新	赵致和	新建	夏廷桢	新城	饶拱辰	德化	黄凤楼
宜黄	许道藩	鄱阳	舒学魏	鄱阳	周秉文	武宁	刘馨朝

道光十三年（1833）癸巳科汪鸣相榜

彭泽　汪鸣相（状元）　　　　都昌　曹履泰（榜眼）

奉新	宋延春	清江	黄庆昌	庐陵	黄赞汤	武宁	舒　鼎
南昌	车　瀛	崇仁	汪培基	南昌	徐宝森	峡江	胡嵩年
玉山	王　㪍	新建	陶春元	信丰	王汝和	新建	夏廷榘
长宁	刘德熙	丰城	袁铭泰	新建	杜　浣	南昌	王　槐
庐陵	康孔昭						

道光十五年（1835）乙未科刘绎榜

永丰　刘　绎（状元）　　　　新建　曹联桂（榜眼）

萍乡	喻增高	德化	蔡　燮	分宜	易炳晃	金溪	徐奏钧
铅山	张积勋	庐陵	晏淳一（一作晏纯一）			新淦	陈锡麟
南昌	曹　笏	高安	萧　淦	临川	李训钊	南城	黄守训
丰城	徐锌庚	新城	陈椿冠	庐陵	刘克迈	奉新	徐树楠
浮梁	朱思敬	新建	邓　烜	新建	丁芳兰	南丰	周应祖

道光十六年（1836）丙申太后六十万寿恩科林鸿年榜

丰城	徐士谷	德安	李道生	德化	熊浦云	安福	赵　坦
萍乡	敖星煌	安义	詹景钟	石城	温鹏翀	南城	梅　棠
宜黄	谢云华	南昌	胡　馨	永丰	张舒翘	鄱阳	黄孟鸿

崇义　余遂生　　　南康　卢昌辅　　　玉山　吴华淳

道光十八年（1838）戊戌科钮福保榜

兴国　钟音鸿　　崇仁　谢兰生　　龙南　刘印星　　南丰　吴嘉宾
广丰　俞绍型　　新昌　彭惠畴　　玉山　吴廷金　　上犹　李临驯
南丰　汤云林　　宜春　费凌云　　清江　杨式坊　　奉新　廖为庸
广丰　顾兰生　　德化　谭　瑛　　南丰　邹希孟　　上饶　张思铠
鄱阳　周　诰　　武宁　陈之敬

道光二十年（1844）庚子科李承霖榜

南城　黄麟祥　　德化　万青藜　　金溪　李希郊
庐陵　彭飞鸿（改名彭庆钟）　奉新　许振礽　　都昌　万起鸿
上饶　郑　钧　　德化　蔡殿齐（改名蔡寿祺）　南丰　汤云松
铅山　雷维翰　　鄱阳　黄桂馥　　庐陵　黄赞禹　　金溪　黄梦菊
德化　冯　杰　　东乡　艾　畅　　金溪　谢宝树　　赣县　谢重毅

道光二十一年（1841）辛丑清宣宗昱宁六旬万寿恩科龙启瑞榜

新建　胡家玉（探花）
上饶　卢定勋　　奉新　甘　晋　　婺源　朱锡珍　　新城　邓元资
都昌　袁廷燮　　萍乡　彭涵霖　　南丰　谭承礼
德兴　杨元白（改名杨重雅）　德化　万兆霖　　永丰　张舒翰
南昌　喻秉醇　　德化　吴世春　　南昌　吴启楠　　南昌　张建翎
永新　盛　昺　　崇仁　陈开第　　宁都　彭鸣盛　　乐平　朱元增

道光二十四年（1844）甲辰科孙毓桂榜

萍乡　王景淳（改名王景澄）　贵溪　朱梦元　　铅山　华日新
高安　萧浚兰　　瑞昌　田丰玉　　新昌　刘拱辰　　安福　周立瀛
新建　杜　防　　庐陵　王廷柱　　泸溪　石元珪　　德兴　笪慕韩
都昌　吴朝凤　　建昌　吕　圻　　南昌　曾作舟　　南昌　万承绎
宜黄　应学漋　　东乡　高廷锁　　余干　张梦拯

道光二十五年（1845）乙巳太后七旬万寿恩科萧锦忠榜

兴国　钟启岈　　铅山　蒋志淳（改名蒋志章）　临川　李联琇
都昌　黄文奎　　南城　王锡龄　　南城　章光斗　　萍乡　萧玉铨
龙南　徐德周　　彭泽　高会嘉　　崇仁　华廷杰　　宜黄　程培礼
长宁　钟荣光　　奉新　赵润芳　　鄱阳　吴冠㟁　　金溪　陈汝峰

道光二十七年（1847）丁未科张之万榜

宜黄　谢　煌　　南昌　胡寿椿　　铅山　华祝三　　临川　叶士焕
湖口　彭嘉炯　　德安　张青简　　婺源　王友端　　宜春　李友梅
彭泽　周　劼　　德化　李明埧　　清江　王宏谟　　永新　李　森

清江　谢佳玉（一作谢佳士）　　　清江　扬仪韶（一作扬翎）

鄱阳　黄淳熙　　新建　万　良　　新建　阮寿松　　德化　郑奎龄

星子　刘熙敬　　新淦　邓培槐

道光三十年（1850）庚戌科陆增祥榜

庐陵　匡汝谐　　广丰　刘维岳　　铅山　李时敏　　宜黄　符鼎庸

新建　夏献烈　　鄱阳　但　绅　　分宜　杨承烈　　新城　赵世绪

泰和　孙志铭　　临川　汪贺迁　　安仁　陈谟　　东乡　徐　行

广丰　林廷杰　　丰城　徐传冕　　安仁　洪瑶　　清江　余盛藻

咸丰二年（1852）壬子清文宗奕詝登极恩科章鋆榜

德化　罗瀚隆　　南丰　吴嘉善　　南昌　梅启照　　清江　邓兆熊

萍乡　贺澍恩　　南丰　饶世贤　　德化　廖秩玮　　武宁　陈寿元

鄱阳　何桂芳　　新建　夏廷楫　　上饶　王效虞　　安福　赵廷恺

南昌　吴芳蕙　　玉山　章学淳　　上高　任起鹏　　大庚　马世璜

宜黄　邹峄麟　　弋阳　汪雨时

咸丰三年（1853）癸丑科孙如仅榜

彭泽　欧阳云　　都昌　余　鹏　　玉山　任廷槐　　兴国　蓝拔奇

新昌　熊钟麟　　吉水　张其文　　广丰　郑维驹　　临川　刘志沂

宜黄　黄秩韶　　奉新　赖运扬　　新城　潘国镛　　临川　曾椿寿

宜春　李佩琳　　南昌　傅起岩　　高安　金益谦　　上高　况逢春

上高　李上林

咸丰六年（1856）丙辰科翁同龢榜

瑞昌　周才锦　　新建　夏献馨　　南昌　喻秉绶　　南丰　李文瀛

都昌　刘庭辉　　南昌　陶宝森　　都昌　黄文璧　　新建　夏献蓉

高安　彭桂馨　　南昌　吴增逯　　金溪　傅　驯　　鄱阳　王达材

永丰　张元健　　德化　方炳文

咸丰九年（1859）己未科孙家鼐榜

奉新　余九谷　　莲花　朱之杰　　清江　关耀南　　铅山　饶佩勋

德化　张　燮　　铅山　祝秉章　　新昌　黎金炬

新城　江延杰（一作江廷杰）　　　建昌　勒箴言

咸丰十年（1860）庚申清文宗奕詝三旬万寿恩科钟骏声榜

湖口　高心夔　　安义　彭泽春　　庐陵　彭世昌　　南丰　胡昌铭

丰城　傅大章　　永丰　刘宗岱　　鄱阳　王廷鉴　　鄱阳　苏　辂

南丰　刘绪　　南昌　彭克仪　　金溪　李宝铭　　萍乡　蔡振玉

进贤　焦有森　　临川　郑培基　　金溪　许廷桂　　武宁　余瓒馨

同治元年壬戌科（1862）徐郙榜

德化　刘瑞祺　　南昌　黄　彬　　南昌　童毓英　　新建　涂修政
南丰　揭裕文　　都昌　段福昌　　德化　陈　楠　　永新　盛一朝
新昌　刘朝升　　宜黄　黄文棠　　乐平　石学阶　　广丰　顾菊生
婺源　汪正元　　清江　熊镇湘

同治二年（1863）癸亥清穆宗登极恩科翁曾源榜

庐陵　罗振云　　奉新　许振祎　　安福　王椿荫　　南昌　梅启熙
新建　高　梧　　安福　伍锡钊　　德化　郑梦锦　　萍乡　黄绍薪
南丰　饶世贞　　万载　汤肇熙　　奉新　宋家蒸　　永新　盛一林
进贤　胡景辰　　南城　周友檀　　彭泽　欧阳焘　　德化　蔡　钟
丰城　朱昌言　　高安　章光斗

同治四年（1865）乙丑科崇绮榜

南丰　黄　煦　　贵溪　姚步瀛　　德安　李鸿逵
南城　欧阳烜（一作欧阳煊）　　瑞昌　吴耀斗　　新昌　熊茂林
永新　龙文彬　　安福　彭　美　　安福　刘　澐　　湖口　曹鸿荣
安福　王邦玺　　奉新　甘　杰（改名甘澧铭）　　瑞昌　丁正文
永丰　符为霖　　南昌　杨　钜　　泰和　刘华邦　　奉新　余澍千
奉新　甘启运　　南昌　黄　峻　　新建　蔡卓人　　彭泽　方家模

同治七年（1868）戊辰科洪钧榜

南丰　谭承祖　　南丰　鲁琪光　　广丰　顾树屏　　南丰　周芳杏
南昌　徐兆澜　　婺源　余　鉴　　鄱阳　张赓飏　　彭泽　许振祥
奉新　严必大　　安福　欧阳衔　　新建　程志和　　乐平　汪文枢
南昌　章淡如　　兴国　陈作霖　　婺源　滕希甫　　南丰　赵从佐
玉山　吴联奎　　新城　黄兆槐　　万载　辛孚德　　宜春　陈　瑜
新城　黄长森　　临川　彭辉升　　崇仁　华　煜　　南丰　罗德緌
余干　曾福善

同治十年（1871）辛未科梁耀枢榜

吉水　陈炳星　　上高　陈卿云　　贵溪　朱　琛　　安义　彭垚曦
新昌　漆　埔　　奉新　甘常俊　　高安　金桂馨　　南城　李长龄
武宁　刘　镇　　新昌　晏　燊　　安福　李　宾　　铅山　刘　珏
南丰　赵惟鳞　　南丰　鲁宗颐　　德化　罗大佑　　赣县　尹起鸾
金溪　陈焕文　　新建　程秉钧　　南丰　包鹏飞　　南昌　姚再薰
宜春　易均鼎　　南城　李云来　　万载　胥寅亮

同治十三年（1874）甲戌科陆润庠榜

南丰　赵惟善　　萍乡　张明毅　　宜黄　程其珏　　兴安　滕　经

都昌	江南金	南丰	曾道唯	南丰	曾秀翘	都昌	胡廷玉
南城	李之藩	奉新	邓树声	南城	李时杰	赣县	陈存懋
万载	赖焕辰	永新	尹丽枢	安福	刘槃	婺源	李昭炜
泰和	彭启瑞	永新	龙启涛（一作龙起涛）			余干	谭为霖
新建	傅观光	奉新	胡瀛生	进贤	舒朝冕	长宁	曾行崧
临川	邓襄宸						

光绪二年（1876）丙子清德宗载湉登极恩科曹鸿勋榜

新建	陶福同	安福	周桢	新建	况桂馨	临川	张志龙
奉新	徐桂莘	南昌	魏起鹏	南昌	李持柏	新昌	蔡宝善
新建	黄秉均	清江	聂兴礼	南城	曾长治	南昌	陶缙绶
武宁	郑子龄	石城	廖燨	萍乡	欧炳琳	东乡	涂官俊
高安	廖廷珍	奉新	闵荷生	南昌	张振期	婺源	藩江

光绪三年（1877）丁丑科王仁堪榜

弋阳	江澍畇	吉水	徐道焜	崇仁	谢希铨	乐安	胡宗澄
莲花	朱益濬	新建	胡湘林	奉新	甘焘	铅山	潘彬
新建	郭庆棠	婺源	张贵良	丰城	涂翔凤	广昌	饶世缨
石城	郑文思	庐陵	匡心湛	丰城	陈福谦	义宁	陈世求
武宁	邓衍熹	南城	程钟	兴国	谢配鹏	进贤	胡成均
安仁	吴炳	彭泽	张煦春	都昌	刘贞	奉新	宋立球
南昌	陶家驹						

光绪六年（1880）庚辰科黄思永榜

临川	彭士芳	丰城	刘焕	万载	郭赓平	安福	伍兆鳌
南昌	吴成熙	高安	熊尔梅	兴国	黄英采	义宁	徐鉴铭
婺源	余文蔚	南城	连培基	高安	熊尔卓	玉山	吴士俊
万年	聂济时	婺源	俞炳辉	南昌	万立钧	高安	王家宾
婺源	郑振声	新建	范金铺	婺源	查荫元	兴国	黄成采
南城	程兰阶	弋阳	唐步云	宁都	胡郁	南丰	邹用中

光绪九年（1883）癸未科陈冕榜

新昌	熊亦奇	临川	饶昌麟	崇仁	华辉	南城	傅汝梅
新建	陶福祖	新建	陈日新	永新	刘昺燮	临川	汪如练
高安	彭琨生	星子	左运昌	萍乡	陈增玉	新淦	邓福初
奉新	刘家谦	兴国	陈濬书	丰城	任宗泰	新城	鲁卫
玉山	王福钟	萍乡	樊学贤	临川	李翊涛	武宁	郑昌运
新昌	巢凤冈	德化	沈赞勷	婺源	江廷燮	萍乡	柳思诚

光绪十二年（1886）丙戌科赵以炯榜

德化	蔡金台	进贤	陈志喆	丰城	徐嘉言	鄱阳	周承光
南丰	刘孚京	弋阳	江德宣	临川	李翊煌	南昌	梅汝鼎
丰城	杨祖兰	临川	黄祖直	鄱阳	何联禧	婺源	江峰青
永新	刘翰藻	高安	朱暄	武宁	李子春	兴国	黄兆岷
南昌	熊拜昌	浮梁	程搏万	安福	刘榆生	赣县	黄绍曾
金溪	黄运春	新淦	聂佐虞				

光绪十五年（1889）己丑科张建勋榜

德化 李盛铎（榜眼）

南城	饶士腾	高安	熊方燧	彭泽	欧阳熙	丰城	毛庆蕃
赣县	赖绍濂	永新	段友兰	德化	万和锡	南昌	章绍曾
莲花	朱寿慈	萍乡	喻兆蕃	义宁	陈三立	新昌	刘宝森
建昌	杨墉	南城	连培型	婺源	程元恺	萍乡	李柏龄
安福	赵金寿	安仁	超诣	新建	魏志良		

光绪十六年（1890）庚寅清德宗亲政恩科吴鲁榜

萍乡 文廷式（榜眼）

莲花	朱益藩	南城	谢佩贤	新淦	黄家杰	清江	黄澍荣
玉山	洪嘉与	南丰	赵惟熙	宜黄	吴锜	湖口	沈捕清
金溪	周翔凤	靖安	舒信孚	广丰	徐桂馨	新昌	邹炳文
德化	吕道象	临川	张祖祺	新建	万有严	进贤	樊景曾
德化	蔡镇	南昌	刘兆暄	泰和	顾肇鼎	万载	龙赓言
新昌	蔡宝仁						

光绪十八年（1892）壬辰科刘福姚榜

庐陵 刘福姚（状元）

南城	饶士端	临川	吴家俊	萍乡	李豫	南城	谢甘盘
高安	蓝钰	宜黄	吴钫	进贤	陈应辰	清江	杜作航
南昌	章文绶	新建	赵协莘	萍乡	文缉熙	新建	陶福履
宁都	温锡纯	德化	吕曾	赣县	陈存志	临川	黄鸿逵
新建	叶浚	新昌	刘素存	南昌	王室藩	瑞昌	朱云从
奉新	游三立						

光绪二十年（1894）甲午慈禧太后六旬恩科张謇榜

湖口	吴廷芝（一作吴庭芝）		新建	胡绍苏	南城	饶芝祥
南丰	谭承元	德化	刘廷琛	南丰	储英翰	清江	裴汝钦
高安	傅运生	萍乡	萧立炎	武宁	叶泰椿	南丰	赵从蕃
兴国	谢远涵	新建	万庆昌	丰城	涂翀凤	丰城	徐苞

南城　鄢　坤　　新昌　刘宝寿　　南城　王熙龄　　临川　邱士林
奉新　涂步衢　　铅山　韩兆霖　　上饶　郑崧生

光绪二十一年（1895）乙未科骆成骧榜

临川　李瑞清　　萍乡　彭树华　　新昌　刘云衢　　新昌　胡思敬
龙南　许受衡　　金溪　何莘耕　　奉新　廖基钰　　德化　万本端
南昌　魏元旷　　崇仁　黄维翰　　泰和　旷子椿　　新建　高崧生
万年　凌洪才　　高安　蓝　铺　　彭泽　高暄阳　　靖安　陈永昌
都昌　张拱辰

光绪二十四年（1898）戊戌科夏同龢榜

石城　黄大埙　　崇仁　华　焯　　宜春　易子猷　　永新　龙学泰
德安　李华伯　　新建　杨增莘　　南丰　张履春　　安福　赵恩纶
清江　聂谦吉　　德化　张美玉　　弋阳　王拔群　　新建　程式谷
南城　饶士翘　　婺源　江忠振　　赣县　蔡世信　　新淦　邓曾护
赣县　刘景熙　　新建　郭显球　　高安　陈其昌　　崇仁　黄惠安
临川　陈兆坤　　南昌　熊光瓒

光绪二十九年癸卯补行庚子并科（1903）王寿彭榜

南城　刘凤起　　新建　胡　藻　　宁都　李泽兰　　玉山　徐士瀛
清江　杜述琮　　都昌　黄锡朋　　高安　沈泽生　　庐陵　萧丙炎
南昌　魏元戴　　清江　杨绳藻　　新建　吴　璆　　奉新　宋功迪
南昌　胡献琳　　德化　陈中孚　　德化　李盛銮　　新建　鲁　藩
丰城　万　篪　　浮梁　程起凤　　庐陵　谢慕韩　　德化　刘道春
萍乡　张德渊　　南昌　王益霖

光绪三十年（1904）甲辰慈禧七旬万寿，改正科为恩科刘春霖榜

高安　熊　坤　　奉新　宋育德　　吉水　郭寿清　　萍乡　叶先圻
德化　张世畸　　德化　阎祖训　　高安　单志贤　　彭泽　许业笏
奉新　宋名璋　　丰城　舒伟俊　　分宜　欧阳绍祁　　清江　聂传曾
德化　周观涛　　新建　雷　恒　　德化　黄为基　　新建　叶　湘
永宁　李臣淑　　新建　陈迪吉　　南昌　饶孟任　　新建　李　凝

江西进士名录·武进士

唐　代

大中元年（847）丁卯科
　　乐平　舒　贺

宋　代

崇宁五年（1106）丙戌科
　　乐平　徐　衡（状元）
乾道二年（1166）丙戌科
　　婺源　李知诚
淳熙八年（1181）辛丑科
　　临川　廖几先　　临川　刘　耸
绍熙元年（1190）庚戌科
　　婺源　赵彦规　　婺源　赵彦相　　婺源　赵崇重
庆元二年（1196）丙辰科
　　宜黄　徐有开
绍定二年（1229）已丑科
　　清江　彭九万
淳祐四年（1244）甲辰科
　　余干　吴　岹　　庐陵　刘　耐
淳祐七年（1247）丁未科
　　吉州　刘　简
咸淳元年（1265）乙丑科
　　婺源　赵爝夫　　庐陵　刘泰来

年代无考者

　　清江　胡　静　　清江　蔡　鉴　　德兴　余之森

　　婺源　胡宏休（徽宗朝）　　吉水　刘伯文（南宋末）

明　代

永乐十二年（1414）甲午科

　　高安　邹九柱

嘉靖十一年（1532）壬辰科

　　赣县　郭朝濂

嘉靖二十六年（1547）丁未科

　　大余　钟坤秀

隆庆五年（1571）辛未科

　　高安　朱士元

万历二年（1574）甲戌科

　　新建　王申锡　　德化　孙守礼

万历七年（1579）己卯科

　　新建　朱重光

万历八年（1580）庚辰科

　　金溪　傅良桥

万历十四年（1586）丙戌科

　　南昌　黄腾龙（探花）

　　进贤　曾拱垣　　浮梁　汪凤翔

万历十七年（1589）己丑科

　　新建　叶当春

万历二十年（1592）壬辰科

　　浮梁　汪腾蛟　　赣县　陈大器　　丰城　葛　暹

万历二十三年（1595）乙未科

　　彭泽（一说南京）　黄　钺

万历二十六年（1598）戊戌科

　　南昌　张圣武（会元）

　　金溪　黄朝聘　　金溪　傅文骠　　泸溪　李伯威

万历二十九年（1601）辛丑科

　　新建　叶应春　　高安　陈邦濡

万历三十二年（1604）甲辰科

　　新建　张神武（状元）

万历三十五年（1607）丁未科

　　新建　陈嘉训　　高安　杨世清　　庐陵　胡学龙　　泰和　王应将
　　泰和　萧鸿昌　　安仁　刘三捷

万历三十八年（1610）庚戌科

　　进贤　饶大良

万历四十一年（1613）癸丑科

　　东乡　王人喆

万历四十四年（1616）丙辰科

　　新建　刘良将　　新建　张　超

万历四十七年（1619）己未科

　　南城　陶定祥

天启二年（1622）壬戌科

　　分宜　罗云从　　高安　陈　鑅　　婺源　俞虎臣　　金溪　徐即达

天启五年（1625）乙丑科

　　新建　张能武　　进贤　姜望朝

崇祯元年（1628）戊辰科

　　新建　熊九焜　　新建　喻南玉　　德兴　王志平

崇祯四年（1631）辛未科

　　建昌　勒燕然　　新昌　蔡勋国　　婺源　汪之斌

崇祯七年（1634）甲戌科

　　婺源　李　起

崇祯十年（1637）丁丑科

　　德化　文　武（状元）

　　新建　胡宣花　　进贤　万　英　　德化　徐必达　　德化　吴衡棠
　　瑞金　熊瑞明　　丰城　皮士器　　奉新　熊文昌　　临川　袁自新
　　临川　胡从龙　　金溪　许而桢　　泸溪　李大开

崇祯十三年（1640）庚辰科

　　新建　刘天驷（会元）

　　新建　张　干　　新建　熊伯弼　　临川　李德仁　　临川　邓日昭
　　金溪　许铨国　　建昌　杜　斌　　南城　敖　斌　　婺源　程　策
　　婺源　戴国泰

崇祯十六年（1643）癸未科

　　建昌　王之臣　　婺源　汪钟铭　　临川　杨孔威　　金溪　唐大武

年代无考者

南昌　熊式武（一作熊嗣武、熊仕武）　　　　南昌　谌应华

南昌　刘孔昭　　南昌　吴国龙　　南昌　黄金印　　南昌　齐世陛

南昌　李　芳　　新建　黄自勉　　都昌　许定国　　婺源　汪毓洙

丰城　刘中正　　清江　方　起　　清江　方　品

清　代

顺治六年（1649）乙丑科

　　铅山　陈圣章

顺治九年（1652）壬辰科

　　金溪　吴　豪

顺治十二年（1655）乙未科

　　南昌　刘元録　　南昌　万　㓮　　东乡　上官珩　　金溪　詹明远

顺治十五年（1658）戊戌科

　　新建　黄致中　　德化　叶尚乾　　贵溪　鲁绍连　　安仁　陈匡国

　　丰城　卢定远　　临川　陈　士　　临川　杨国栋　　东乡　赵孟英

顺治十八年（1661）辛丑科

　　南昌　沈宏学　　彭泽　张学烈　　奉新　吴祖晋　　高安　陈　龙

　　东乡　冯　曰　　金溪　王起龙

康熙三年（1664）甲辰科

　　南昌　郭曰煜　　新建　傅梦弼　　金溪　吴文仪

康熙六年（1667）丁未科

　　建昌　秦藩信（状元）

　　新建　刘士浤　　新建　许惟鼎　　永丰　张良佐　　临川　周天象

　　南城　万　云

康熙九年（1670）庚戌科

　　新建　王国聘　　余干　胡天佑　　临川　熊　经　　乐安　游兼材

康熙十二年（1673）癸丑科

　　南昌　刘元鑛（一作刘元矿）　　　　彭泽　王国祯

康熙十五年（1676）丙辰科

　　新建　刘人英　　婺源　董三策

康熙十八年（1679）己未科

　　新喻　黄之楗　　丰城　熊　略　　高安　刘国俊　　金溪　苏秉慎

康熙二十一年（1682）壬戌科
　　建昌　袁冠军
康熙二十四年（1685）乙丑科
　　丰城（一说崇仁）戴　冠　　高安　曾日炳　　金溪　傅应贵
　　金溪　傅　文
康熙二十七年（1688）戊辰科
　　定南　黄允爵　　金溪　杨其武　　金溪　徐占魁　　宜黄　吴　飞
康熙三十三年（1694）甲戌科
　　于都　宋应桂　　高安　范文龙　　金溪　徐起龙
康熙三十六年（1697）丁丑科
　　建昌　燕　颔　　彭泽　程文安　　庐陵　刘承基　　临川　郑　恺
康熙三十九年（1700）庚辰科
　　会昌　李得梁　　庐陵　刘汉超　　庐陵　尹元烈　　广昌　游道亨
康熙四十二年（1703）癸未科
　　南昌　章元勋　　新建　朱　缨　　赣县　刘良祺　　庐陵　刘景会
　　永丰　张士遴
康熙四十五（1706）丙戌年科
　　鄱阳　洪　涣
康熙四十八年（1709）己丑科
　　永丰　李鸣岐　　金溪　邱志栋
康熙五十一年（1712）壬辰科
　　庐陵　罗兼能　　南城　万国宁
康熙五十二年（1713）癸巳科
　　信丰　段　斌　　金溪　吴大章　　南城　邓云路
康熙五十四年（1715）乙未科
　　奉新　李　嵩　　峡江　萧腾麟　　庐陵　刘景忠　　安福　吴　访
　　临川　吴光彩　　临川　罗　略　　金溪　李祖卫
康熙五十七年（1718）戊戌科
　　新建　龚　炳
康熙六十年（1721）辛丑科
　　南昌　骆飞熊　　赣县　王之标　　永丰　李华国
雍正元年（1723）癸卯科
　　定南　黄恒红　　鄱阳　邹邦俊　　南丰　刘　敬
雍正二年（1724）甲辰科
　　南昌　朱士连（朱士琏）　　彭泽　欧阳晟

雍正五年（1727）丁未科
　　新建　熊宗拔　　宁都　曾　凤　　庐陵　蒋飞鹏　　乐安　康定国
雍正八年（1730）庚戌科
　　庐陵　刘景毅　　南城　余廷相　　宜黄　熊大捷
雍正十一年（1733）癸丑科
　　彭泽　孙至刚　　彭泽　汪　持
乾隆元年（1736）丙辰科
　　新建　杨之澍　　庐陵　晏夺魁
乾隆二年（1737）丁巳科
　　南昌　刘世禄　　永丰　聂　鼎　　永丰　李含芬
乾隆四年（1739）己未科
　　赣县　马朝渲　　于都　谭　源　　安远　赖宗阳　　奉新　徐学炀
　　永丰　丁烈光
乾隆七年（1742）壬戌科
　　安义　万　岱　　靖安　涂尚忠　　新昌　张鸣珂
乾隆十三年（1748）戊辰科
　　新建　刘廷元　　彭泽　欧阳国柱　　大余　陈斯亮　　宁都　叶　信
　　安福　赵　燕
乾隆十六年（1751）辛未科
　　南昌　黄腾蛟　　新建　刘廷魁　　新建　刘廷栋　　大余　钟洪声
　　长宁　古　刚　　永丰　程履安
乾隆十七年（1752）壬申科
　　高安　谢鸿诏　　南丰　曾节基
乾隆十八年（1753）癸酉科
　　南康　董　勖
乾隆十九年（1754）甲戌科
　　赣县　陈廷珏（一作陈廷理）　　长宁　古风度　　奉新　熊鹰翱
乾隆二十二年（1757）丁丑科
　　南昌　胡念国　　临川　李　偾
乾隆二十五年（1760）庚辰科
　　南昌　朱定鳌　　安远　李遇春　　南丰　罗凤藻
乾隆二十六年（1761）辛巳科
　　大余　朱士伦　　龙南　雷闻凤　　奉新　严以和
乾隆二十八年（1763）癸未科
　　安远　唐全毅　　长宁　陈开殿

乾隆三十一年（1766）丙戌科
　　宁都　邱之万　　　靖安　舒时可
乾隆三十四年（1769）己丑科
　　永新　曾毓秀
乾隆三十六年辛卯（1771）科
　　赣县　刘天骥
乾隆三十七年（1772）壬辰科
　　赣县　徐德垣（一作徐德恒）
乾隆四十年（1775）乙未科
　　南昌　章应翔
乾隆四十三年（1778）戊戌科
　　瑞金　廖　辉
乾隆四十五年（1780）庚子科
　　宁州　卢鸿章
乾隆四十六年（1781）辛丑科
　　泰和　刘　赟
乾隆四十九年（1784）甲辰科
　　临川　黄兆奎　　　南丰　聂克滨
乾隆五十二年（1787）丁未科
　　临川　万年光
乾隆五十四年（1789）己酉科
　　金溪　刘光祖
乾隆五十五年（1790）庚戌科
　　宁州　卢必显　　　广丰　严梦彪
乾隆六十年（1795）乙卯科
　　宁州　李　崑
嘉庆元年（1796）丙辰科
　　宁州　李世芬
嘉庆四年（1799）己未科
　　安仁　舒桂芳　　　广丰　徐邦泰
嘉庆六年（1801）辛酉科
　　乐平　汪凤临　　　新昌　熊　瓒
嘉庆七年（1802）壬戌科
　　武宁　张大鹏（榜眼）　　　万载　易金凤

嘉庆十年（1805）乙丑科

　　乐平　黄朝选　　安仁　潘飞鹏

嘉庆十三年（1808）戊辰科

　　义宁州　卢吉临　　龙泉　郭奇驭

嘉庆十四年（1809）己巳科

　　乐平　汪道诚（状元）　　新昌　刘功成

嘉庆十六年（1811）辛未科

　　乐平　彭中杰　　丰城　傅金鼋

嘉庆十九年（1814）甲戌科

　　南昌　李庆龙

嘉庆二十二年（1817）丁丑科

　　新昌　熊玉藻

嘉庆二十四年（1819）己卯科

　　南昌　万飞鹰

嘉庆二十五年（1820）庚辰科

　　南昌　任树藩

道光二年（1822）壬午科

　　南昌　姜殿标　　新昌　李廷杰

道光三年（1823）癸未科

　　乐平　蔡应台　　兴国　刘成斌　　安远　卢希旦　　崇仁　许从虎

　　新城　曾思仁

道光六年（1826）丙戌科

　　南康　廖际清　　铅山　华云龙

道光九年（1829）己丑科

　　乐平　蔡庆云　　于都　谢云龙　　安远　杜遇春　　龙南　石位均

道光十二年（1832）壬辰科

　　宜春　汪光兴　　德兴　董用威（一作董田威）　　龙泉　廖　堃

道光十三年（1833）癸巳科

　　德兴　张协忠（探花）　　龙泉　古惟藩

道光十五年（1835）乙未科

　　浮梁　程声书　　清江　杨世英　　新昌　熊凤仪　　弋阳　汪光瑞

　　德兴　傅邦枢

道光十六年（1836）丙申科

　　上饶　方　台（榜眼）　　龙泉　黄瑞麟

道光十八年（1838）戊戌科

　　萍乡　蓝炳暄　　萍乡　童星魁　　定南　吉礼治　　丰城　李联鏚
　　丰城　蔡廷翰

道光二十年（1840）庚子科

　　南康　卢鼎昭　　上饶　汪安邦　　铅山　秦应龙　　万安　陈葆初

道光二十一年（1841）辛丑科

　　安仁　胡明扬　　铅山　余照阳（一作余照旸）　　广丰　杨正鼇
　　龙泉　古春魁

道光二十四年（1844）甲辰科

　　萍乡　钟　声　　万载　彭殿鼇　　上饶　杨锦山
　　上饶　李　煌（一作李湟）　　玉山　吴金鼇

道光二十五年（1845）乙巳科

　　进贤　吴应龙　　德安　夏炽南　　安仁　彭凤标　　丰城　邹炳照
　　永新　刘拔秀　　广丰　罗时中

道光二十七年（1847）丁未科

　　乐平　汪定元　　宜春　梁国雄

道光三十年（1850）庚戌科

　　萍乡　张秉星　　兴国　韩进春

咸丰二年（1852）壬子科

　　萍乡　梁宝田　　金溪　徐炳燦

咸丰九年（1859）己未科

　　上饶　徐经营

同治元年（1862）壬戌科

　　贵溪　李英华

同治二年（1863）癸亥科

　　南昌　李占元　　都昌　邵洪魁

同治四年（1865）乙丑科

　　湖口　周献高　　乐平　戴炎珖　　临川　饶荣恩

同治七年（1868）戊辰科

　　义宁州　李国华　　义宁州　胡应星　　安仁　乐朝阳　　临川　许荣恩
　　临川　何　清　　临川　章秀麟

同治十年（1871）辛未科

　　新昌　熊三宝　　万载　郭应魁　　万载　宋光裕　　德兴　郭继禄
　　崇仁　陈仕勋　　抚州　章柏骥　　临川　徐思达（一作徐思远）

同治十三年（1874）甲戌科

  建昌 郝梦熊 安仁 程永忠 新昌 罗思忠 万载 龙云兴

  玉山 聂文忠 鄱阳 吴凤池 临川 游国珍

光绪二年（1876）丙子科

  新昌 熊经纬 广丰 徐钟杰 鄱阳 方协忠 临川 章伯俊

  南城 饶鹤万

光绪三年（1877）丁丑科

  义宁州 黄朝甲 义宁州 冷在中 义宁州 冷春魁

  都昌 殷开第 安仁 彭鸣霄 丰城 李有福 铅山 詹兆藩

  宜黄 罗士诰

光绪六年（1880）庚辰科

  进贤 万世钊 湖口 吴在魁 萍乡 李声杨 万载 郑国胜

  上饶 廖飞熊 临川 吴家斌 宜黄 丁 鹏

光绪九年（1883）癸未科

  南昌 杨柳春 万载 辛赐洪 万载 郑国胜 万载 辛国志

光绪十二年（1886）丙戌科

  萍乡 徐家玉

光绪十五年（1889）己丑科

  南昌 涂芳兰

光绪十六年（1890）庚寅科

  宜丰 王作楫 宜丰 熊炳燊 丰城 涂连元

光绪二十年（1894）甲午科

  鄱阳 张鸿焘（状元） 南昌 胡应龙

光绪二十一年（1895）乙未科

  南昌 余寿祺 宜丰 李鹤林

光绪二十四年（1898）戊戌科

  丰城 蒋 捷

年代无考者

  袁州 彭云章 袁州 彭德润 袁州 彭季淑 袁州 彭日成

  上饶 廖飞雄

编后记

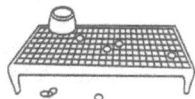

　　"江西方志文化丛书"是由江西省地方志编纂委员会办公室组织编纂的一套精品文化丛书,从 2014 年开始由省、市、县(市、区)三级地方志机构合力打造。《江西进士》编纂工作启动之后,省、市、县(市、区)三级地方志工作者倾注了全力,历经稿件撰写、编辑、初审、复审、终审各个环节,最终完成此书。

　　书中重点介绍的进士由县(市、区)地方志办参照"江西方志文化丛书编纂方案"所发样稿和行文规范编纂初稿,经市地方志办审核后报送省地方志办《江西进士》编辑部初审和编辑,执行主编余日蓉、执行副主编王小军对全部稿件进行交叉复审,最后由丛书主编梅宏,副主编周慧、杨志华审定。

　　《江西进士》编辑部 3 名人员工作分工:余日蓉负责南昌市、九江市、鹰潭市稿件的编辑,王小军负责新余市、赣州市、吉安市稿件的编辑,黄锐和余日蓉负责景德镇市、萍乡市、宜春市、上饶市、抚州市稿件的编辑。余日蓉、王小军分别负责明朝前后江西进士身份的核校工作,在首轮《江西省人物志·江西进士名录》基础上,先后查阅了徐松(清)的《登科记考》,龚延明主编的《宋登科记考》,萧启庆(台湾)的《元代进士辑考》,朱保炯、谢沛霖的《明清进士题名碑录》,当代进士研究相关论文、专著等重要研究成果,以及旧省志、府志、县志等资料。

　　本书编撰过程中,得到江西省各设区市地方志办同仁,特别是婺源县志办方华军主任、江西省图书馆何振作副馆长、特藏部程学军主任、特藏部工作人员的大力支持;江西师范大学历史系吴晓红博士,江西省地方志办公室退休人员黎传记编审、李目宏副编审为本书资料查找提供相关史料书籍和新线索;江西省方志馆张满满馆长、邓静副馆长为相关书籍的购置、图片和文字的转换工作及时提供帮助;武汉大学出版社的领导和编辑为"江西方志文化丛书"的编辑出版付出了辛勤的努力,为本书增光添彩。在此,对所有参与本书编纂出版工作的同志表示真诚的感谢!

由于时间仓促,加之编纂者水平有限,书中错误在所难免,希望广大读者批评指正,以便再版时能得到进一步完善。

江西省地方志编纂委员办公室
2017 年 12 月